蛙声风语

——曹澍纪念文集

曹澍 著

春风文艺出版社

·沈阳·

图书在版编目（CIP）数据

蛙声风语：曹澍纪念文集 / 曹澍著. -- 沈阳：春
风文艺出版社，2025. 4. -- ISBN 978-7-5313-6925-7

Ⅰ．K825.6-53

中国国家版本馆 CIP 数据核字第 2025U1C019 号

春风文艺出版社出版发行

沈阳市和平区十一纬路 25 号 邮编：110003

河北文盛印刷有限公司印刷

责任编辑：仪德明		助理编辑：余 丹	
责任校对：陈 杰		印制统筹：刘 成	
装帧设计：百悦兰棠		幅面尺寸：170mm×240mm	
字　　数：440 千字		印　　张：27	
版　　次：2025 年 4 月第 1 版		印　　次：2025 年 4 月第 1 次	
书　　号：ISBN 978-7-5313-6925-7		定　　价：98.00 元	

"大家"与"小家"

1. 少年曹澍"大家"全家福　　2. 青年曹澍"大家"全家福
3. 曹澍"小家"全家福（一）　　4. 曹澍"小家"全家福（二）
5. 1997年10月2日，曹澍与母亲、大妹、大妹女儿及儿子曹丛葳旅游照。
6. 曹澍一家人与岳母、妻姐一家、妻妹及其女儿合影。

1	2
3	4
5	6

夫与妻

父与子

特立独行的"大陆老曹"

学生喜欢的历史老师

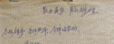

1	2	3
4	5	6

1—2. 曹澍在学校第 14 个教师节上的发言稿节选

3—6. 学生家长于 1991 年 12 月 14 日写给"曹老师"的感谢信

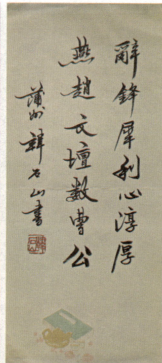

1. 2014年1月25日，曹澍60岁生日，好友郭连莹赠送的寿联。
2—3. 有"文坛刀客"之称的著名作家韩石山先生为曹澍纪念文集题字
4. 曹澍读书看报时喜欢勾勾画画且随手批注
5. 曹澍荣登《文学自由谈》封面
6. 曹澍致编辑信函

| 1 | 2 | 3 |
| 4 | 5 | 6 |

读者爱看的杂文作家②

1	2
3	4
5	6

1. 1976年冬，曹澍22岁时照于武汉大学。
2. 1977年5月1日，曹澍（二排左六）在武大结业照。
3. 1996年4月18日，曹澍（右七）与文友郭连莹（左三）参加《河北工人报》副刊部在天桂山举办的"春之韵"笔会。
4. 2020年1月4日，"曹澍先生追思会"合影。
5. 2020年9月，荀子研究学者荀马新民先生在莫恩公学的曹澍图书捐赠仪式上介绍曹澍的生平事迹。
5. 2012年9月，曹澍（前排右三）与文朋师友游览响堂山石窟时合影。

日记·读书笔记·手稿

思念我的先生曹澍（代序一）

叶红

曹澍，1954 年 1 月 25 日出生于河北省石家庄市。从小跟随父母在石家庄、兰州、邯郸生活学习过。1971 年 12 月至 1981 年 2 月，在湖北工作；1981年 2 月，随父母调回邯郸，在汉光机械厂工作；1985 年 3 月，调到汉光学校任历史教师，直到 2014 年 1 月退休。2019 年 12 月 29 日，因胃癌在邯郸病逝，享年 65 岁。

1984 年春节，我和老曹经人介绍在石家庄相识。因为我们两人的父母都在石家庄的同一个单位。第一次见面，他穿了一件洗得发了白的蓝色中山装，高高的个头，戴副眼镜，书生气十足。由于我们俩都在邯郸工作，接触多了，双方有了好感，在 1984 年自然而然步入了婚姻的殿堂。

1987 年，我们有了自己的儿子，从此生活变得一地鸡毛，整天就是孩子哭了笑了。老曹非常喜欢孩子，每天晚上睡觉前要给孩子讲故事，有些是书中有的，大多数是他自己编的，孩子听了笑个不停。孩子到了 4 岁，老曹自己写了一大堆"三字经"，让孩子背。有一次我带孩子回北京姥姥家，姥姥让孩子表演，孩子就背起了三字经，从这屋背到那屋，足足背了 20 多分钟。姥姥惊奇不已，说这孩子是怎么培养的。孩子 5 岁的时候我们要孩子拿一本图画书照相，孩子说我要科技书。这么小的孩子就知道科技书好，我们感到非常惊讶。

孩子到了上学的年纪，由于老曹在汉光学校工作，就肩负起培养教育孩子的重任。也许老曹爱好文学，孩子也继承了他爸爸的这一爱好，从 7 岁开始枕头底下总有一本厚厚的全字书，不几天就能看完。我们都认为孩子在看着玩，谁知道他全能看懂。在他上初中、高中阶段，我家电视从来没有开过，怕影响他学习。孩子上初中后，有一次跟同学去网吧玩游戏，我们怕他去网吧学坏了，就专门给他买了台计算机（在当时，花了我们半年的收入）。他高考考上了北京工业大学。

老曹，你以你那伟岸的身躯，给孩子撑起了一片蓝蓝的天！

老曹爱做饭，刚开始是十道菜一个味，后来经过潜心研究，十道菜十个味。每道菜怎么买、怎么洗、怎么切、怎么炒、怎么装盘都有讲究，且达到色香味俱全，摆上桌的饭菜既好看又好吃。他有时跟同事下饭馆，经常为学习一道菜的做法，跑到后厨去取经。他最拿手的一道菜就是油焖大虾，比饭店做得好吃多了。我跟他生活这么多年也让我饱了口福。

老曹，有你在，就有浓浓的家的味道，好温暖！

老曹跟很多男同志一样，在生活方面是非常大手大脚的，他不抽烟不喝酒，就是喜欢吃好东西。看见好吃的，不问钱多少，就买。有一次买了一箱黄桃罐头，大概花了30多块钱，要知道，当时我们每个月的收入也就70元钱。他花钱如流水，我拿1分钱能攥出水来，我们的消费观截然不同。为了避免不必要的矛盾，我们生活开支就用他的工资，我的工资就存起来备用。几十年来，我俩的工资都是各自管各自的，他一周不买书手就痒痒，每到一个新地方先找书店，报纸杂志也订阅了一些。所以我们家里就有了11个书柜，成了书的海洋。

老曹，你活得很潇洒！

老曹虽然工作、家庭任务很重，却始终没有放弃他的文学梦想，总能看见他抽空背诵诗词，看见好的文章，也要全部背下来。书读多了就有写作的冲动，从1991年底，他开始在《邯郸日报》《北京晚报》（为我写的《甜甜的米酒》在此刊发）、《新民晚报》《羊城晚报》等全国各地报纸上发表小豆腐块的文章。有自己投稿的，也有别人转载的。2001年开始在《经典杂文》《散文百家》等多家杂志上发表文章。到了 2016 年，老曹开始经常在《文学自由谈》杂志上发表文章。

老曹通过写作结识了邯郸市及全国各地许多文学界的知名人士，经常与他们在一起研究文学创作，成为挚友。

网络发展得太快，老曹也紧跟时代大潮，开始学习使用计算机，从滚动条的使用开始学起，越来越熟练，后来写文章都直接在计算机上打字，不写手稿了。尤其在天涯网站上发表了很多文章，也在那里结识了很多文学挚友。

老曹，身为业余作家，你很优秀！

老曹 50 岁后爱上了冬泳，从夏天开始游泳，一直坚持到冬天。游泳成为他写作后的第二大爱好。他的蝶泳、自由泳姿势都非常优美，强劲有力，生龙活虎，在泳池里他的泳姿成了一道亮丽的风景。我学游泳也是他教会的，他给我买了一套游泳装备，让我从只能游 50 米，到一气能游 500 米，只用了半个月的时间。

老曹，作为冬泳爱好者，你好棒！

其实，早在 2012 年前，老曹的病就有征兆。那时，每隔两个月左右吃饭就会噎着，过一会儿就好了。我让他去看病，他不愿意去，强撑着。不是为了钱，主要他也怕自己接受不了坏的结果。刚开始是吃米饭偶尔会噎着，后来吃面条也会被噎。最后一两年，吃米饭只能泡水吃会好些。

在这期间，老曹的饭量还是不少，为了防止噎着，饭吃得很慢，他仍然能坚持游泳。最后一年体重开始明显下降，噎饭越来越频繁。我还是让他去检查一下，他说等今年（2019 年）体检时再去检查。没想到还没有等到单位组织体检，他在 2019 年中秋节早晨吃了一个月饼，一直噎到中午，他才觉得有必要去检查了。一起冬游的韩力杨教授陪他去市医院做了胃镜切片检查，切片拿到石家庄第二医院被确诊为小细胞胃癌。当时他知道后紧张了一天，后来他也想通了，顺其自然吧。

为了能优雅地离开，他没有接受石家庄二院医生的建议做化疗，他不能接受鼻饲这种非人的生活。

老曹，你始终是一位很绅士很优雅的人，直到临终都是这样！

请原谅老曹的不辞而别。

老曹一生都很要面子，非常帅气，衣服始终干净笔挺，一副老教授的模样。他不能接受自己癌症晚期瘦骨嶙峋的样子，所以，关于他的病情，不让我告诉他的朋友们。

老曹于 2019 年 12 月 29 日 3 时永远地离开了我们，享年 65 岁。悄悄是离别的笙箫，你挥挥衣袖，不带走一片云彩。

老曹病重期间，他在邯郸师范第一附属小学的同学岳伟光多次到医院、来家里探望，岳伟光的爱人郝韩英在天津，也多次打电话来询问病情。汉光厂的马凯军在上海，也多次来电话询问老曹病情。少儿时的友情，天长地久！

老曹走后，田奇庄先生组织邯郸文学界的人士给他开了追思会，参会人员30 多人，有从南京赶来的刘猛教授，有从北京赶来的左力好友，张昭和王姨家的老二也来了……

老曹，我为你有这么多文学挚友而感到高兴和自豪！

老曹，作为一位作家，你的确很优秀！

老曹，你走后，汉光中学的好友魏少波、刘志强等来家里悼念。你的学生，现在中科院工作的付江铎，特意向我要了你的墓地地址，要去看你。

老曹，作为教师，你够格！

老曹，你现在和家人在一起，可以安息了！

老曹，我们一切安好，你就放心吧！

永远思念你的妻子　叶红

2022 年 7 月 28 日

老曹，您好（代序二）

郭连莹

"当代中国，除了曹澍，还有谁能把杂文随笔耍得这样幽默犀利潇洒漂亮。"——名片盛行时，这是曹澍先生印制的名片正面正中间醒目的一行字。名片的右上角是鲁迅先生浮雕侧面像，鲁迅对望的左上角是"曹澍"二字；在二人之间，标注着"舌耕者笔耕人"六字。

——这，就是曹澍。著名的杂文作家、文学批评家，当了一辈子老师，一年四季离不开游泳。他自称"大陆老曹""曹克吐温""清江蛙人"，别人也喜欢亲切地称呼他"老曹"。这样一位好玩儿、有趣的人，生命的钟摆却永远停驻在 2019 年 12 月 29 日，享年 65 岁。

今天是庚子清明。"清江"再无"蛙人"泳，已经 97 天了。

老曹，您好；您好，老曹！

2020 年 1 月 4 日上午，"曹澍先生追思会"在锦江酒店举行，来自市内的亲朋文友及青岛、常州等地的粉丝和文友 30 多人参加了活动，还有众多的市内外文化界人士通过不同的方式表达了悼念之情。

老曹的爱人向大家介绍了曹澍生平简介及与癌魔顽强抗争的情况，并通过微信向远在国外的儿子做了现场直播。梦漪女士朗诵了他的散文《舌耕逸事》，随后，大家分别谈了对他的悼念之情。遵照曹兄的医嘱，他的骨灰将全部撒到家乡的清江。

在此，不得不说在追思会上的一件尴尬事。我真佩服梦漪女士的定力，不知道她当时是怎么朗诵完《舌耕逸事》的。老曹的文字像他的人一样好玩儿且幽默，本来，我是悲痛的，却被《舌耕逸事》的有趣弄得忍俊不禁，好几次都差一点笑出声来，只好强忍着用咳嗽去掩盖我的不合时宜。

他的文字太有杀伤力了。博览群书，文风犀利，风趣幽默。

他的眼里容不下沙子。他更是一位爱憎分明、特立独行且有正义良知感的老男孩儿，也颇具谦谦君子之风。

20世纪90年代初，经常在报纸副刊拜读作者名为"曹澍"的大作，印象颇深。我与他第一次见面，是在1996年《河北工人报》副刊举办的一次全省优秀作者笔会上。我俩真正交往并成为好友是在2006年，那时，都在新浪博客上写作；再者，他所在的小区与我的原单位仅有一路之隔，生活中往来也比较密切。

你来我往，慢慢地就走在一起。

曹兄不断买来自己认为的好书送给自己的好友。

2010年11月7日，他馈赠我南帆先生新著《关于我父母的一切》，并在扉页上题字"送给可以结交一生的朋友——连莹"。我回复短信说："好书！'可以结交一生的朋友'，不多的文字令我受宠若惊，足以陪伴、温暖我未来的岁月。我会珍惜这份情谊，努力以作品回报您的鼓励。谢谢大哥厚爱！"他即刻回复："认识你是我的幸运！我很珍惜咱们的友谊！……我是一个交友比较挑剔的人，从我对××的看法你可看出。但我认可你的人品好，有才华！很难得！××只是人品好，哈哈……"

2013年，小女高考之后，想学建筑。老曹说学建筑好（他爱人是同济大学建筑系的高才生），选建筑学吧，他儿子就是建筑学，本科后马上就业了，好找工作，工资也高。待小女如愿读了建筑学，他又鼓励说要考985、211院校的研究生。待小女如愿上了天大建筑系研究生，他特别兴奋，还专门发了微信红包祝贺……

2014年，他从汉光中学退休之后，奔波在京（儿子与爱人在北京）、石（母亲与妹妹在石家庄）与邯（藏书与友人在邯郸）之间。奔波虽苦，游泳必不可少——这，已经成了他的日课，不避寒暑。他是冬泳爱好者，常常破冰而泳。

2014 年元月 25 日，是曹澍兄 60 岁华诞，我专门在一整张洒金红宣纸上为他书写了一副寿联，以示祝贺——

学生喜欢的历史老师

读者爱看的杂文作家

这，也算是我对曹兄的短评吧。

历史老师，说"学生喜欢"，恐怕他教过的学生都不会忘记"曹老师"啊。小女高中时，一个宿舍的同学常常会谈论自己初中时哪个老师教得好、哪个老师长得帅之类的话题。小女的舍友恰好是曹澍老师的学生，她理直气壮地诘问：你们的老师再好再帅，还有我们曹老师教得好、长得帅吗？

杂文作家，说"读者爱看"，应该说只要看过他文章的人都不会忘记"老曹"啊。我的原单位同事，以及我的几位哥们儿，都不是文学爱好者，却偏偏喜欢看邯郸报纸上曹澍的文章，喜欢看网络上"大陆老曹""曹克吐温"的嬉笑怒骂、指点江山与激扬文字。隔几天看不到，总会问我"怎么这几天不见老曹的文章了"。

混迹文坛，他敢直言、说真话，针砭时弊，不留情面。为人为文喜欢《捕蛇者说》，不玩《醉翁亭记》。他退休后的 2016、2017 年，是他创作的高峰期，先后在《文学自由谈》双月刊上发了 8 篇有分量的文学批评文章，言之凿凿，剑指易中天、方方、王宗仁、蒋韵、韩石山、陈忠实、阎纲、阿城等文坛名家。

其实，生活中的老曹则是另一种情形。

他一米八几的健硕身材，身板笔直，走路脚下生风。说起话来，声音洪亮，有板有眼，时不时地会从两个镜片后面露出狡黠且善意的笑。每次和他通话，他的第一句一定是"连莹你好"的亲切问候。

那时，他常去我办公室，也不断向单位网管小苗请教网络问题或修他的笔记本计算机。他总会很客气地说"小苗，又给你添麻烦了""添麻烦了小苗，谢谢老弟"。

最近几年，他要去石家庄照顾老母亲，还要去京看望妻儿，我们见面少了，但彼此关注着对方，不断电话微信联系。

2017年，我离开原单位一年，跟着朋友忙一些事情，联系他不多。2019年10月，辞去工作了近20年的单位公职，为自己何去何从而焦虑，我主动联系他更少了。

后来，也就是2019年下半年，梦漪电话中告诉我"曹老师生病了"。她说早就听说曹老师有病，也知道他在邯郸家里，说去看望他时，他又说没在邯郸，在北京呢，他从不让别人去家看他。

去年11月底，梦漪还和我商量什么时候去看看曹老师吧。没想到，没想到他竟然没有踏进2020年新年的门，就永远地离开我们了。

他没有不良嗜好，不抽烟不喝酒不麻将不游戏，生活得很精致很优雅很潇洒很规律……这样一个人，怎么说走就走了呢？！想不通，我怎么也想不通。

他生命的最后十多天，朋友都没他的消息。

2019年12月31号下午，一个人的空间，突然接到一个陌生号码的信息："郭老师您好，曹澍由于癌症，已于2019年12月29日凌晨3点去世，谢谢您长期对他的帮助。妻子叶红。"

倏地，一个人盯着手机屏呆傻在座椅上，这怎么可能啊？！

半天，才缓过神儿来，旋即，我忍不住趴在桌上号啕不止。很长时间才平静下来，拨通了曹兄爱人的手机：叶老师您好，我是曹老师朋友郭连莹……刚说了一句话就再一次忍不住，抽泣着说不成话了……

就在这一年最后一天晚上，是和几位好友提前预订好的跨年家宴。开宴之前，我首先斟满一杯酒，站起来，告诉诸位：我的好文友好老兄曹澍先生仙逝，深表悼念。随后，面向他邯郸家的方向，双手将酒杯举过头顶，念叨一句"曹澍老兄安息，一路走好"，然后将酒洒在地上。

老曹不饮酒。忍不住啊，我忍不住向天国里不饮酒的老曹敬酒……

老曹走了，他想把自己最好的一面留给亲朋，不让别人看到一个一米八几的大男人瘦成90斤的样子。不输液不化疗不手术——不想受这个"侮辱"。最后的时光，他是毅然决然地选择绝食，硬生生用"饥饿"与病魔对抗，一天一天地耗尽生命最后的一点一点的能量……

2019年11月26号，我在微信上向他问好，想必那时他已病入膏肓，但他还不忘自己的幽默本色，回复："彼此心里都有即可！猪肉还要涨价，趁着还'便易'买一百斤藏在冰箱里，慢慢吃（得意表情符号）。"那时，他早已不能吃肉很久了。12月8日，我发过去《文学自由谈》上唐小林批评梁衡的一篇文章（他是梁的铁粉）。30分钟后，他回复："谢谢连莹。唐小林这样评论老梁，有失公允。"那时，恐怕他已生命垂危，还在为自己喜欢的作家鸣不平……

2020年1月3日，"曹澍先生追思会"前夕，夜不能寐，匆匆草拟挽联一副，以示痛悼之情：

历史老师，崇尚捕蛇者说，学生喜欢；舌耕四十载，风趣幽默开新境
杂文作家，不玩醉翁亭记，读者爱看；仙逝一九年，正义良知铸英魂

曹澍兄人与文不朽，一路走好！
——您好，老曹；老曹，您好！

（时在2020年4月4日，岁次庚子清明节。夜不能寐，想念故友，缀念成文，以示缅怀。）

（作者系邯郸市文艺评论家协会副主席）

目　录

第一辑　世相杂记

给老曹们的一封信

老曹，你好：

听说你年满 60 正式退休，严重祝贺了。从此，你既无学生之乱耳，又无教案之劳形，可以随心所欲，"想吃点啥就吃点啥"，人生黄昏开始。我比你早退休两年，以后老赵、老钱、老孙……咱们这些牛鬼蛇神、魑魅魍魉可以经常在一起嬉笑玩耍、调素琴阅金经，想想就觉得爽。其实，建安七子尤其嵇康阮籍竹林七贤一干人马，在那个年代百姓眼里就是一帮吃喝玩乐不务正业不守礼法蔑视俗规的酒鬼文痞混混，只是后来的史家美化了他们。什么"扪虱而谈"啊，想想就恶心，多脏啊。咱们总比他们强。

你从 1971 年参加革命至今整整 43 年，总算安全软着陆。前些日子演员黄某因为"那事"进了局子，没有几天又传出他被收容教育半年的惊人消息，成为许多报纸和网站的头条，更是黎民百姓茶余饭后的提神谈资。黄某被揪出来"示众"这些日子，朋友们都为你捏把汗——大家知道你有个每天坐在马路边看一个小时美女的特殊爱好，生怕你看着看着顺着那条路一不小心滑下去，晚节不保。还好，组织对你的多年教育、弟妹对你的严防死守、教师职业对你的特别约束起了决定作用。但是朋友们的意思，你还是把每天坐在马路边看一个小时美女的特殊爱好从生活中剔除，咱们为身体吸取正能量的方式方法很多，干吗不换个安全点的？你瞧，黄某正在拍的一部电视剧因他一个人的"外出不归"停机半年，剧组暂时解散，投资方叫苦不迭，他的众多的女粉丝对他痛恨失望之余也纷纷"不粉他了"。《新京报》报道北京 40 余名学者律师建议废止收容教育，建议书已经递交全国人大常委会。即使全国人大常委会开启绿色通道迅速通过，黄某明儿侥幸从大铁门里灰溜溜地钻出来，蒙住脑袋捂着脸蛋躲过蜂拥而来无孔不入的娱乐记者的镁光灯，迅速爬进哥们儿开来的小车，他成为"世界著名演员"已是不争事实。但这和张曼玉、巩俐、章子怡那种"世界著名演员"不是一码事儿，他爹妈不气个半死才怪，他的婚姻大事更会成为全国电视观众经常惦记永远挂念的艳事。

老曹，从今往后你也是老年人了，老年人就得有个老年人的样子。最近咱们老年人的口碑可不太好，凤凰网制作了一个专题："中国老人，为老不尊？"其中"画龙点睛之语"是："成长的烙印使很多人无法摆脱局限，不是老人变坏了，而是坏人变老了。"后一句话立刻传遍大江南北关里关外：不是老人变坏了，而是坏人变老了……央视也请嘉宾对此做过访谈。

老曹，你是坏人还是我是坏人？老赵、老钱、老孙他们是坏人吗？你说咱们冤不冤枉？

可人家说"坏人变老"还举出一大堆实例：西安一个老人上公共汽车，因为一个女孩儿不肯让座，居然把老屁股坐在女孩儿的年轻大腿上。老曹你说，这要是夏天，女孩儿又穿着裙子，跟耍流氓有啥区别？沈阳的一个女孩儿给一个老人让座时慢了一点儿，解释了一句，女孩儿雪白的嫩脸就尝了老人的一记老拳。唐山一群老人跳广场舞影响附近学校上课，学生抗议，遭到老人的羞辱谩骂。还有行人扶起摔倒的老人，反被诬陷讹诈的事儿就更多了。还有报刊说，日常生活中那些吐痰、骂街、不排队、高声喧哗、不走人行横道在菜市场和小贩吵架的多是老年人。

老曹啊，你说这是为什么？我记得好像前几年咱们议论过类似话题。给人生打道德底色的青少年时代，咱们遭遇劫难，温良恭俭让、仁义礼智信等的传统文明像破烂抹布一样被社会抛弃、被人们嗤之以鼻，现代文明因为闭关锁国被拒之门外，还被贴上吓人的资产阶级标签。咱们与两种文明都不搭界，成了吃狼奶长大的一代，时代烙印早已融入咱们血液，不由自主地左右着咱们的行为，这是咱们无法否认更不可能掩盖的软肋，而且越老这种烙印越发明显，因为社会进入 21 世纪已经 10 多年。我在北京一座高级写字楼的快餐厅吃过一次午餐，看着那些 20 多岁到 40 出头，着装整洁举止优雅、或气宇轩昂或娉娉婷婷、来去匆匆吃饭无声的男女白领，我深感自己和他们俨然两个时代甚至是两个世界的人，人家才是时代的精英、社会的中坚，世界已经是他们和她们的，咱们不想歇菜也没戏了。那天我吃完饭呆坐半天，想放声痛哭又不敢哭，心里在流泪，不，是流血，感叹自己生不逢时。否则，我、你、老赵、老钱、老孙不就是他们中的一员吗？

你跟著名作家、文学评论家韩石山先生是哥们儿，你说老韩告诉你，民国时大学老师跟学生打招呼，都称学生为"先生"的，老师给学生写信称学生为"兄"，基本规矩是"抑己扬人"。考古学家陈梦家在中央大学读书时才华横溢，很受在此任教的闻一多先生器重，闻一多先生给陈梦家写信称他"梦家兄"，陈梦家才高气傲不知天高地厚回信也称"一多兄"。闻一多先生名士气比较重，把陈梦家叫去"臭骂一顿"。台湾学者至今还保留这些旧传统，我们今天还有吗？

老曹，我提议咱们先从小事做起，不到 70 岁，上公共汽车谁给咱们让座咱们都不坐。即使 70 岁以后，人家不给咱们让座，咱们也毫无怨言，就当锻炼身体，玩"金鸡独立"了，绝不做那种跟年轻人要座位的丢人现眼的蠢事。你去年说过，你在北京郊区装修房子，你一上车，售票员师傅就喊，哪位给这老师傅让个座？售票员师傅的话音刚落，一个戴眼镜的小伙子立马站起来。你佯装恼怒，按住小伙子的肩膀说，我有那么老吗？我能游蝶泳能打篮球还能打架。你硬是把小伙子按回座位，引来车上一阵善意笑声和一片赞扬目光。我们都觉得你做得对，真有老人范儿。咱们结合《中小学生守则》，给自己定一个《老年人守则》。这东西你先起草，大伙儿再讨论修改。以后，咱们在家听老伴的，上街听警察的，去公园听保安的，进超市听售货员的，出门旅游听导游的，当然导游忽悠咱们买东西除外。严格遵守社会公德，咱们不做"为老不尊"的事，就不会生"为幼不敬"的气；先自重，年轻人才会尊重咱们。

最后，还有一事叨叨几句。老曹，你主攻杂文，我主攻小说，老赵专攻散文、老钱专攻对联、老孙是杂家什么都能玩两下子，断断续续 40 年矣，精品不多，影响都不是如雷贯国人之耳，莫言从来没有主动"贴过"咱们强烈要求拜师学艺，铁作家更没有驱车百里给咱们拜年。你去年想学司马迁，动手术住的是普通病房，人家季羡林老先生住的是三〇一医院高级病房，国家级领导人还去看望。哪位首长看望过你？不是咱们不勤奋不是咱们不努力也不是咱们傻，是和"道德底色"问题一样，咱们在最应该读书的十年黄金时间没有书读。俗话说，青少年读书如刀刻，中年读书如磨墨，老年读书如云烟。以后，无论咱们 80 年代、90 年代怎样疯狂"恶补"也弥补不了先天不足的缺陷，文化资本有限、知识结构不成系统、外语更甭提，一句话，麻袋绣花——底子薄，和那些本科硕士博士一步一个台阶坚实走上来的 40 多岁学者作家没法儿比，他们是胸有万汇凭吞吐，笔有千钧任翕张。咱们这辈子只能小打小闹敲点鸡零狗碎的慷慨激昂的热血文字了。黑白分明的思维方式也是咱们的"时代尾骨"，一不小心就会暴露出来。

老曹，每一代人都要面对自己的历史，都要单独交出自己的答卷。既要检验历史，也要接受历史检验，但能不能留下可以被历史接收的"正能量遗产"，对每一代人都是一个终生性的挑战。但愿我们不要留下太多遗憾，更不要让我们的孩子为我们羞愧脸红，最起码也要在"立德"上交上一份比较完美的答卷。听说你最近常看《曾文正公家书》，有个对联高度概括了老曾"伟大痛苦"的一生：立德立功立言三不朽，为师为将为相一完人。做个好人很难啊，更别说完人，需了断人间多少"美妙"欲望。

老周直言，期待你的回音。

2014 年 6 月 16 日

老曹这个家伙

承蒙某杂志老总抬爱，赏给老曹一个专栏。为了向读者兜售老曹，特命老曹撰写小传一个，越给力越好，下面就是——

舌耕为生，奔六之人，五朝黔首。初参加革命时学铸造工，后来学车工钳工，全都没学会。再后来学习修理复印机，老是修不好，总是修坏。打个"厚颜无耻"的比喻，老曹的以上经历多少有点儿类似项羽，司马迁同志说："项羽少时，学书不成，去学剑，又不成。项梁怒之。"他叔叔发脾气了。项羽说，学文化，会写自己的名字就行了。学剑只能指挥自己，要学能指挥一万个人的本事。他叔叔就教他学兵法，项羽学了点儿皮毛又不学了。难怪这小子被刘邦灭了呢，整个一个大混混儿嘛。老曹那时，充其量是个小混混儿。

老曹还当过广播员，因为念稿太"热情洋溢"，职工们精神受不了，激动得身上总起鸡皮疙瘩，只好去写稿。写稿时又好把首长的话变成自己的话，首长读时脸涨得通红还断不了句，首长一生气，就把老曹流放到谁也不愿意去的子弟中学做孩子王。

现有一妻一子。妻懒惰无比，子狡猾可喜。这样说妻绝无易妻妄想，只是为了贯彻落实俺党实事求是方针，不愿欺骗全国人民，妻不换我这没有出息的老书生，已属万幸。有房无车阶级，故而常常安步以当车；肉价狂飙时，常常晚食以当肉。出门一个表都不戴，只看太阳。不像前面小楼的邻居，经常换戴三四个表，有时还换戴三四个女表……目前坚持"五个一工程"：每天独立思考一件国家大事或世界大事、朗读一篇古文或者一首古诗、码一行鸟文、游一次泳、坐马路边欣赏一把时尚美女，以养浩然之气。

想起陶宏开教授

当地晚报 2 月 23 日二版的通讯《离家 22 天，14 岁少年网吧过春节》引起市民的普遍关注，也让我这个在教育界泡了 30 年的老教师忍不住唠叨两句。先提件旧事。

2004 年 5 月 5 日，一向大大咧咧的武汉人，被一张天天见面的《武汉晚报》震动了——《母亲的哭诉：谁来帮我救救女儿》，头版头条这则醒目的通栏大标题令所有读者心头为之一颤。文中的母亲讲述了女儿沉迷网络游戏，学习一落千丈的经历。她用尽一切办法，也没拉住女儿走向网吧的脚步。没办法，家丑只好外扬，她用一个母亲最后的绝望，呼唤恳求社会救助。那几天，《武汉晚报》的热线电话几乎被打爆了，但绝大多数来电不是送"药方"的，而是和她一样面临痴迷网络的孩子已束手无策的家长。

新闻见报的第三天，华中师范大学教授陶宏开先生登场了，他走近了这个名叫曲倩的女孩儿，也走近了无数痴迷网络的青少年和他们的父母。从此，陶教授走遍了大半个中国，解救了无数问题孩子，帮助无数家庭走出困境。其实，陶教授开导孩子的话，家长磨破嘴皮说过一千遍甚至一万遍，为什么经他嘴里说出就能让孩子入心进耳、如饮甘泉，令孩子心悦诚服、幡然悔悟呢？

陶教授认为，所有的孩子都是可以教育的。如果孩子出了问题，家长首先应该检查自己的教育方法。家长要教育孩子，必须先改变自己。任何孩子都要以表扬鼓励为主，但表扬鼓励要恰当。要多给孩子一点儿自己的空间，家长别管得太死。家长别把眼睛总盯在孩子成绩上，学校、社会已经给他们太多的压力了，家长再逼他们，孩子还有什么快乐？长此以往，必出问题。教育孩子是一项系统工程，家庭教育、学校教育、社会教育和孩子的自我教育缺一不可。

从《离家22天，14岁少年网吧过春节》一文的详细报道中可以看出，社会教育明显缺位。政府明文规定，未成年人不准进网吧，进网吧必须出示身份证。网吧的管理人员为何明知故犯？不但明知故犯，还"帮助"两个孩子生存了22天。网吧的管理人员应该是成年人吧，你就没有想一想，两个14岁的孩子春节都不回家，这正常吗？你就没想到劝劝两个孩子或给他们的家长打个电话？网吧的管理人员视政府文件如废纸，与网吧的上级管理部门监管不力恐怕不无关系。文中还透露出小宇的家庭教育也有值得讨论的地方，"从小他要什么给什么，家里人很少责备他"。咱们中国有句老话叫"穷养男富养女"，现在有句教育孩子的流行语，"富什么也不能富孩子"。都是国人摔了跟头买的教训，是经验之谈。结果，小宇的爸爸一句吓唬他的话，小宇就"勇敢"地离家出走了。漫长的22天，就没想想他父母的感受？浩浩出走那天"心情不好"，老曹悬揣，这与期末考试成绩可能也有关系？包括小宇。我们的学校教育是不是导致两个孩子出走的原因之一？

最近，老曹看了一些中外中小学教育比较的书，为什么人家的孩子愿意上学，我们的孩子厌学？为什么我们的厌学的孩子到了人家那儿，大都好好学习天天向上了？老曹越来越整不明白了。

2010年2月23日

办教育，最重要的是教师

本地报纸 2009 年 12 月 31 日一版消息：《我市将公开招聘 500 名教师》，副标题是"年龄放宽至 35 周岁，'过关'代课考生可优先选报所在代课学校"。作为一个老教师，老曹很想说几句。

我所在城市招聘教师的政策，每年都有新变化，说明政府想把事情越办越好，也在摸着石头过河。比如，今年笔试成绩由去年的 30% 提高到 40%，减少了人为的因素，想更好地体现公平公正的原则。但老曹也听到不少反对意见：笔试成绩好，并不见得课讲得好。有些人就是"茶壶煮饺子，有货倒不出"。数学大师陈景润当年在中学教书时，就不是一个好老师。朱自清在课堂上，也不是一个优秀教授。朱先生讲了一辈子课，上课还是紧张，无论春夏秋冬都出汗，右手拿着讲义，左手握着手绢，念两句讲义，擦擦脑门和鼻子上的汗。所以，有些问题见仁见智，还真不好说。

但这次招聘有两点很得人心。一是年龄放宽到 35 周岁。二是"过关"代课考生可优先选报所在代课学校。前者的好处是解决了很多历史遗留问题，有利于社会、学校和家庭的和谐稳定。你想想，这么大年龄了，还没入编，他们心里能踏实吗？他们的父母爱人心里能踏实吗？三十出头，正开始能干的时候，他们所在的学校敢大胆使用长远培养他们吗？后者的好处是保证了许多学校教学工作的连续性，对教学对学生有利，频繁更换教师是教学管理之大忌。希望这项政策明年继续保留。

办教育，最重要的就是教师。梅贻琦说，所谓大学，非大楼也，而要有大师也。梅先生在这里更强调了教师这种"软件"的重要性。抗战时期，西南联大的"硬件"那么差,却是公认的中国大学教育最好的时期之一,就是因为有一大批庚子赔款留学生出身的各具特色的顶尖教授。同理,中小学也一样。咱们邯郸市的重点中小学,哪一所没有一群"人人握灵蛇之珠,家家抱荆山之玉"的优秀教师?哪一所不是经过几十年,数茬人的努力拼搏?举个外省例子更好说明问题。在全国,江苏省的教育是办得比较好的,江苏省前黄中学又是江苏省最好的学校之一。前黄中学的校长说,60多年,前黄中学一直处在江苏省的"第一阵营",从来没有落后过,将来也不会落后。很多人以为我们有什么秘密武器,其实关键是我们特别注重青年教师的培养。

老曹希望这500名新入编的教师,两三年后能涌现一批教坛新秀,六七年后能成长为教学能手,十几年后成为骨干教师、学科带头人、特级教师后备人才……咱们邯郸市的教育是大有希望的。

2010年1月24日

孩子，到爷爷这来

——师德教育心得

老曹的学校，期末让老师写两篇作文，《教学总结》和《师德教育心得》。因为每学期都写，而且知道交上去也没人看。一些脑子活胆子大的老师，就把去年的底稿拿出来，重抄一遍，交上去欺骗领导。老曹从不干这等"偷鸡摸狗的勾当"，总是打开计算机，一字一句敲出来，力争一年一个样，年年不一样。老曹想：领导不看，是领导对咱的信任，咱绝不能做对不起领导的事。下面就是老曹本学期的《师德教育心得》。

老曹今年56周岁，再有4年就要离开为之奋斗30多年的党的教育事业，回家颐养天年，含糖弄孙了。没想到本学期一个偶然事件让老曹提前"弄了一把孙"。

去年9月，老曹教的初三某班转来一个小男孩儿，12岁，比正常初三学生小3岁，插班考试第一。白净瘦小清秀，有灵气，很招人喜欢。究竟上学早，又跳级，文科基础较差。有一次，他来办公室问语文题，老曹把他叫过来，脱口而出："以后有不懂的历史题，来找爷爷，爷爷详细给你讲。"

老师们先是一愣，继而大笑。正好校长也在，大家笑过，校长说："他12，他爹不到40，老曹50多了，可不就是他爷爷。"几个青年教师趁势起哄，让小男孩儿管老曹叫爷爷。小男孩儿看老曹"两鬓苍苍又和蔼可亲的样子"，就叫了。

老曹悄悄告诉你，被人喊爷爷的感觉真好！既然校长批准了，老曹这个爷爷就当定了！从此，老曹在学生面前有了双重身份，既是老师又是爷爷，瞧着满课堂的学生兼孙子，老曹心里美滋滋的。可是，美了几天，老曹就后悔了，这爷爷太难当了！这年头，谁不知道好些事都是倒着来的：哪家的爷爷，不是实际的孙子？哪家的孙子，不是实际的小爷爷啊？谁还会真的傻到把前几天拿下的那位局长当公仆？

不当爷爷时，学生调皮，老曹还能扔两句狠话，摔个水杯，甚至把捣蛋的学生请到办公室，关上门，把小男孩儿的屁股打成"两瓣"。如今当了爷爷，还能那样吗？您见过哪家的爷爷打孙子？现在，不打爷爷的孙子就是好孙子了。另外，一想到要给"孙子"上课，早就把课备好了。尽管已经讲了无数遍，还要在书上勾画涂抹，把最新研究成果和相关信息穿插进去，拓宽学生知识面。对一些比较深奥的问题，多举生活实例，深入浅出。备课认真，讲课更卖力。望着"孙子们"充满对知识渴望的眼睛，老曹使出浑身解数，相声手法、话剧表演，怎么生动抓人怎么来，哪节课下来都是一脑门汗，衬衣也贴在后背上。"爷爷"和"孙子们"都觉得45分钟太短了！老曹上课历来不拘小节，离开课堂，从不要学生起立，喊"老师再见"。

屁大一个校园，刚"再完见"，一会儿又在洗手间见了，老喊什么？但"孙子们"听完"爷爷"的"精彩讲课"，非要来这一套，老曹只好恭敬不如从命。从学生表情看，人家玩的是真的！

从走上讲台那天起，老曹就认定：一个教师，最大的师德就是把课上好，一个学生也不放弃，让"差生"也说你好。其他全是虚的！

老曹每次上课前，都要把班里最调皮的学生请到前面坐，盯着他们学。读课文时帮他们翻页，告诉他们念到哪一行了。对个别有号召力的"坏蛋头"，老曹用诸葛亮七擒孟获的方法收其心，"化敌为友、变害为宝"，让他们成为老曹的得力助手。老曹可不像有些年轻气盛的老师，着急以后"抚摸"学生，结果反被家长狠狠"抚摸"一把，或被记者索要封口费。借用电影《天下无贼》的话，"如今，队伍越来越难带了"，老师们都有一种战战兢兢的感觉。但无论怎么说，教师这行当还说得过去。一年拿13个月工资，有两个假期。

当然比起某些公仆，差得太远，但他们睡觉有我们踏实吗？所以，老曹挺满意。

老曹还有不少师德教育心得，本学期只写这点，否则剩下 4 年写什么？其实，老曹胡说半天，无非就是一句话——"没有爱，就没有教育！"

暑假养 50 天浩然之气，开学为党的教育事业做出更大贡献。

（此文发表于《邯郸晚报》《杂文报》，被《散文选刊》转载。）

我们离文明人还有多远

由市文明办和市公安局等单位联合举行的"交通文明新风尚"活动已经结束了。这个活动确实很好，它与过去的类似举措最大的不同是只表扬做得好的，而不是惩罚做得错的。用市文明办领导和市交警支队领导的话说，就是"褒一传百"，树立典范。这种"温馨"的教育方式很容易让人接受，也符合党中央要求建立和谐社会的总的理念。

据《广州日报》报道，石家庄表扬的力度比咱们邯郸还大，人家向184名"第一位不闯红灯的行人"和"第一位不闯红灯的非机动车骑乘人"发放了现金奖励，每人500元，总计92000元。咱们是每天寻找50位文明人，送上一束喷香的鲜花。细算算，半个月下来，这个花费也不小，表扬的面更大，鼓励的作用应该更大。当然，一个好习惯的养成，不是一蹴而就的，十天半个月，肯定不行，还需要有相应的教育措施随后跟进，常抓不懈。

写到这里，老曹想起十多年前流行的一个段子。一个中国男性留学生在美国谈了个洋妞，两人一起上街。见了红灯，没有一辆车，中国留学生继续行走。洋妞不干了："你连简单的交通规则都不遵守，恋爱的复杂规则能遵守吗？我不和你玩了。"六年后，中国留学生从美国学成归来，回到家乡重庆，立马牵了个邻家小妹，两人上街消夜，见红灯，虽然是夜晚虽然周围没有一辆车，他还是自觉地停下脚步。小妹不干了："你是瓜娃子！走哇！"可他已养成习惯，迈不开脚步了。这爱又没恋成。瓜娃子即傻蛋。

老曹想，我们能否把交通文明新风尚活动从大街往小巷和小区再延伸一下。随着生活水平的提高，私家车越来越多，老曹居住的小区马路上，夜晚停满了车，两楼之间的车位就更不用说了。上下班时，小区大门口挤满了车辆，喇叭声此起彼伏，闹腾极了。其实，全是白按，谁不愿意快走？暂时停那儿，总是有点儿原因的。居民和小区管理部门意见都很大，而且据门卫师傅说，谁的车好，谁有钱谁的官大，谁的喇叭就按得响按得时间长。那空气中就弥漫着一股粗野霸道的暴发户的味道了。平时你走在小区的路上，后面突然响起的喇叭声也常常吓你一跳。外面的一些小马路上也是这样。老曹不知道咱们邯郸市关于按喇叭有什么具体规定，反正北京是有详细的规定，国外更不用说了。

老曹常去北京，岳母家的小区和儿子住的小区都绝对禁止按喇叭。老曹是"奔六"之人，耳朵有些背，有好几回，老曹在前面走，小车宁可在后面爬行，也不按喇叭。老曹发现后感到特别过意不去，也很不习惯，这是在邯郸绝对享受不到的待遇！

其实，您有多急的事要办呢？不要按喇叭，静静地等待一会儿，一个文明人就诞生了。大家都这样做，一个文明城市就形成了。

2010 年 8 月 2 日

能否给困难群众留一点儿"尊严"

本地晚报 1 月 22 日头版头条的消息,《关怀直送困难群众家门》和一张大幅的清晰照片,照片左边的文字是:"昨天上午,铁路大院街道办事处'帮贫济困送温暖'行动在复兴区拉开帷幕,首批 120 个特困家庭及零就业家庭获赠价值 200 多元的米面油等慰问品。"照片中排队等着领米面油等慰问品的困难群众的一张张脸,看得清清楚楚。

看完这一切,我总觉得有点儿不对劲,有几句话在嘴里转了好几圈,最后决定还是吐出来。先说一件和这事多少有点儿关系的新闻。据北京的一家报纸报道,某地一个学生在班里被班主任宣布为家庭困难者,学校将免除她的一些费用。结果,这个学生哭着回到家,最后母女俩来到学校,要求把孩子从家庭困难者名单中清除。我理解这个学生哭的原因,因为她如果当众戴上家庭困难者的帽子,她在精神上将永远矮同学们一头。所以,她宁肯物质上苦一点儿,也要在精神上站立起来。如果班主任不是当众宣布,而是给她留点儿"面子",可能结果就不是这样了。

我知道,我们的政府是在做好事。但我们能不能静悄悄地做,不要大张旗鼓地宣传,弄得满城皆知。人有脸树有皮,困难群众也有自己的尊严和自尊心,谁也不愿意因为领了 200 多元的米面油让全市人民都认识了自己。我们的具体办事者为什么不能站在对方的角度考虑一下问题?换一下位,放在你,又会怎么想?生活困难,不论什么原因,还需要政府帮助,总不像立功受奖那样光荣吧!这件事又让我想起 A 城搞的一个贫困学生和赞助者的感恩联欢会,要求每个被赞助的贫困学生向赞助者三鞠躬,并念感恩信,等等。结果,感恩联欢会并不像举办者设想的那样圆满，而是很尴尬地收场了。不圆满的最主要原因就是举办者无视了被赞助的贫困学生的感受，在内心深处没有平等地对待被赞助的学生，而是以一种俯视的、救世主的心态来策划这场感恩联欢会。

所以，古人说："待富贵人，不难有礼而难有体；待贫贱人，不难有恩而难有礼。"这个"礼"，就是施恩时多站在"贫贱人"的角度考虑考虑问题，多想想对方的感受，平等地对待"贫贱人"。

作为政府工作人员，在你的治下，还有生活困难的群众，不论什么原因，都是你的责任，都是你的工作没有做到位。应该有愧才对，怎么能有居高临下的施舍心理和恩赐的心态呢？我不是认为这样的活动不能搞，而是应该既让困难群众得到帮助得到实惠又保护他们应有的尊严和体面，体现人文关怀，这也是社会文明进步的标志。

2010 年 1 月 24 日

原来，我还不算穷人

今天早晨上班路上，碰见一个我教的初二学生，小男孩儿。我随口问道："早饭吃的什么？"我和学生关系都很好，所以问话很随便。

小男孩儿笑笑："青椒炒鸡蛋。"我："还有什么？"因为青椒炒鸡蛋显然不是早饭的全部。小男孩儿："稀饭。"我扭头笑笑："怎么不喝奶啦？"那意思是三鹿事件后，许多人家都"断奶"了，你也"断奶"啦？但小男孩儿的回答让我大吃一惊。小男孩儿："我家条件不行，从来不喝奶，除了亲戚给送一箱。"说完还笑笑，两只眼睛坦然地望着我。

小男孩儿的回答是我做梦也没想到的。一箱奶才20块钱，一天一袋，一个月也就30元啊。再穷也不能苦孩子，这也是几乎所有独生子女家庭约定俗成的规矩。我的一个亲戚尽管也不宽裕，不但保证了孩子喝奶，点心也没断过。当然，大人们是很节俭很节俭的。

我又问了问小男孩儿父母的工作单位和住房面积，才相信他说的是真的。他父母都是效益不好的企业的职工，他家的住房面积也不大，楼层也较高。

但他哪像"穷人家"的孩子啊？他太阳光了，太无忧无虑了。我每次上课，他脸上都写满快乐，一脸笑容。上课累了时，我和孩子们一起唱唱歌，就数他喊得欢，他学习成绩也不错。他和我住一个小区，什么时候见了他都是乐呵呵的。我一直以为他是个官宦人家子弟或商人家的子弟呢。我真佩服他的父母了，他们是怎么教育的，孩子的心理这么健康，心态这么好，没有一点儿因穷困带来的病态。比我儿子强多了。

到了办公室，和其他老师说起这件事，心直口快的胡老师说："两口子加到一起不到 2000 块钱，交了煤气费、水电费、电话费，马上又要交采暖费，上咱们学校还要交高价学费，可不没钱喝奶了。纺纱厂的职工比这还惨呢，一个月才五六百块钱。你不知道？还是作家呢！"

　　我被她噎得一句话也说不出来，坐在办公桌前愣了半天。原来，老曹还不算穷人啊！让这么好的孩子喝不上奶，到底还有谁的责任？谁能告诉老曹哇？侧身北望长咨嗟！

2008 年 11 月 12 日

致武汉原二八八厂西工院毕业生刘先生的一封信

刘先生，您好，见信如面。

　　我是二八八厂厂长曹生文先生的儿子曹澍，真想不到我会给您写这样一封信。

　　最近，我在二八八厂我妹妹中学同学的微信圈看到这样一篇文章，题为"追忆青春，感恩寻踪。二八八老同学去看老厂"，时间是 2016 年 10 月 13 日，作者是老刘，是您写您和西工院的同学看二八八老厂的文章和照片。我非常惊喜。坦率地说，所有二八八厂职工没有人比我们一家对二八八厂感情更深更复杂。毕竟，那是我父亲曹生文先生作为党政一把手亲自建立的。我父亲自新中国 1953 年实施"一五计划"以来，一共参与建设了四个军工厂。分别是：1954 年参与建设的兰州八〇五厂，那是苏联援建的"156 个项目"之一，这"156 个项目"为新中国的工业奠定了坚实基础；1963 年参与建设了邯郸三六八厂，因为三六八厂生产海军仪器，后来划归六机部；1965 年，我父亲和五机部领导及工程技术人员在宜都县选了三个厂址，分别是二八八、二三八和三八八，我父亲被五机部任命为二八八厂党委书记兼厂长；1973 年又参与建设了五一〇七厂。

　　1981 年，我父亲在五机部北方设计研究院党委副书记的岗位离休，地点是石家庄。

　　二八八厂是我父亲倾注心血最多的地方，可惜的是 1965 年开始建厂，1966 年就爆发了"文化大革命"，而且所谓的"三线建设"本身就是错误路线的衍生物——我在这里略去不谈，可谓劳民伤财是极大的浪费，甚至可以说是犯罪。我们熟知的一句名言是"贪污和浪费是极大的犯罪"，所以，二八八厂就成了我父亲一生的"滑铁卢"。可是，当我兴致勃勃地往下看时，却看到这样的话："被五机部任命为二八八厂长的曹生文，在地处湖北宜都的肖家冲山地里摔了一跤。于是就不走了，就选此地为二八八厂址，于是就召集人员搞建设。"我悬揣，刘先生这样写，初衷并无恶意，只是为了调侃一下，增加文章的可读性。刘先生可能都不知道这种说法的来龙去脉，只是道听途说，真如宋人王安石所言"当时黯暗犹承误，末俗纷纭更乱真"。因为刘先生是西工院分来的青年学生，不是工厂的"造反派"，跟我父亲"无冤无仇"。但是这样描写选定厂址所产生的实际效果却是负面的，影响非常不好。此说法的始作俑者是二八八厂的"造反派"，他们为了污蔑我父亲，是没有根据的十足的胡说八道。这种的胡说八道不但是对我父亲的污蔑，也是对参与选厂的五机部领导和工程技术人员及所有参加建设二八八厂职工的污蔑，更是对国家军工建设的污蔑。当然，也是对包括刘先生和西工院所有同学贡献了一生的事业的污蔑。刘先生，您可以冷静想想：一个国家投资几百万的现代化军工厂厂址的敲定，岂能如同儿戏，如此轻率？厂长在哪儿摔了一跤，哪儿就成了厂址？如果照此推理，那古代皇帝们摔跤的地儿多了，不到处都成都城了吗？马云小时候在哪儿被小痞子臭揍了一顿，就在哪儿盖一座马云大厦，以雪前耻？王健林闹肚子在哪儿出过一次恭，就在哪儿悄悄地留个记号，盖一片别墅？这不是跟乡下装神弄鬼的风水师给某家土财主选坟地一样吗？刘先生，您是工科毕业，工科学生最讲究理性思维和科学精神。"文化大革命"结束已经 40 年，您还采用这个"文化大革命"中，无知的造反派编造的无耻谎言，写出这样根本经不起推敲的"游戏文字"，真让我瞠目结舌，无法理解。最初，我甚至都不相信自己的眼睛，因为您写的不是"文化大革命"中盛行的"大字报"。

刘先生，您在文章开头也说，"1965 年为了响应'靠山分散隐蔽'的号召，将军工企业都建在深山里"。当时中央给的"三线建设"的总方针是"依山傍水扎大营"。"依山"是为了隐蔽，"傍水"是因为不论生产还是生活都离不开水，"扎大营"还是想节约成本，运输方便，便于管理。一个小小的宜都县就建设了三个工厂，还有两个研究所。罗瑞卿大将的女儿罗点点，"文化大革命"期间就被"流放"到离二八八厂不远的一个研究所。"三线建设"最多的省份是湖北、湖南和四川。当时不独把军工企业建在深山，国家投资巨大的第二汽车制造厂也建在湖北十堰的大山里，稀稀拉拉星星点点地撒了一百多公里。第二汽车制造厂是中国汽车工业自己设计自己建设的"长子"，长春一汽是苏联援建的，最初的"解放牌"汽车完全仿造苏联的吉斯 150 卡车。

因为我父亲去世比较早，我没有机会详细听他口述建厂经历，只是 30 多年前听他零零星星讲了一些。他说，当年他先是和五机部的领导及工程技术人员坐飞机在空中选点。然后，他亲自带着部里的工程技术人员实地勘探。整个宜都县只有一辆吉普车，也无偿借给他们使用。因为中央要求湖北省全力支持，湖北省专门电告宜昌地委，宜昌地委又电告宜都县委，宜都县委大力配合，要人给人要车给车，还热情招待。我记得我父亲说，县委给他们吃的早饭是米酒煮鸡蛋，湖北人叫醪糟鸡蛋。选厂的工程技术人员大都是北方人，吃不惯。我父亲告诉大家，吃不惯也不能剩下，这是县里的一片心意。那时宜都县相当落后，吉普车下乡，农村的土狗从来没有见过吉普车，都跟着吉普车边跑边狂吠。吉普车停下来，一些勇敢的狗还扑上去咬车。有一次，我父亲他们坐车看到一条粗大的蟒蛇横在土路中间，吓得司机都不敢轧过去，而蟒蛇根本不怕吉普车。双方僵持好一会儿，蟒蛇才慢慢爬走。选定厂址的工作非常艰苦，翻山越岭、跋山涉水是肯定的。至于我父亲摔没摔跤，我父亲没有跟我详细说过。或许摔过，因为我父亲当时已经 44 周岁，是选厂址那些人中年龄比较大的，当时秘书让向导给他砍了一根粗树枝当拐棍用。但是，即使我父亲在肖家冲摔了一跤，也绝不是把二八八厂的厂址选在肖家冲的原因，肖家冲作为二八八厂址自然有它的各种道理。而且选定厂址还要上报五机部批准，主管副部长要亲自参加讨论。我隐隐约约记得，我父亲说过，当时选了好几个厂址，最后觉得还是肖家冲最合适，其中一条好像是移民比较少，移民少给宜都县的负担就轻，工厂更加隐蔽安全。

我们兄妹三人还有年迈的奶奶，在我母亲带领下，1968 年 1 月从邯郸三六八厂来到二八八厂。邯郸尽管不是什么大城市，只是一座中等地级市，但是三六八厂就在市中心，生活设施一应俱全。所以一到二八八厂，14 岁的我，觉得从天上，一下子掉到了地下。那些苦大家都吃过，我就不必说了。我们全家 1973 年离开二八八厂，因为"文化大革命"中，我父亲被打倒后，大概是 1972 年，五机部派杨杰先生接替我父亲。和刘先生及西工院的同学不一样，我父亲在二八八厂一共"工作"8 年，实际只工作 3 年多，后来都是作为"走资派"挨批斗，和在木工车间接受惩罚性侮辱性劳动。1973 年以后，除了我，我们家的其他人，再也没有回过二八八厂。但是我们从来没有忘记过二八八厂。我们家到石家庄以后，不断有二八八厂的老职工到石家庄看望我父亲母亲。我父亲 1988 年去世后，还有人来看望我母亲。我们也不断听到二八八厂的各种消息。这些年有了互联网，尤其是近两年有了微信，我妹妹和她的中学同学联系比较多了，这样才看见刘先生的文章。

我今年 63 周岁，刘先生和您的同学应该在 70 岁左右吧，看照片，老大哥老大姐们大都满头白发，个别黑发估计也是染的。老人爱怀旧，我非常理解。看到照片上那些熟悉的地方，我也心潮起伏，不能自已，真是沧海桑田。厂犹如此人何以堪，大家都老了，二八八厂也是我魂牵梦萦的地方。我和两个妹妹也曾数次相约，带着爱人和孩子，去二八八老厂看看，因为各种原因，一直未能成行。

我们一家是在"文化大革命"最混乱最疯狂的时期来到二八八厂，我见过什么是"造反派"，领教过他们的凶残无耻及翻手为云覆手为雨的无赖嘴脸，我对他们充满鄙视和不屑。但是西工院的毕业生给我留下了极好的印象：朴实厚道，踏实肯干，勤奋好学；尤其是不热衷政治运动。今天回过头来看，当年"文化大革命"中那些所谓的逍遥派，才是最聪明最智慧的一群人，也多是比较正派者。让别人牵着鼻子走的"造反派"，不是脑残就是想捞点儿什么的搞政治投机的小人，结果都非常可怜。最近 10 多年，我常常想，中国"文化大革命"中的"造反派"与德国纳粹的冲锋队是否有些相似？德国有《朗读者》，中国却没有。如今在各种莫名其妙的喧闹的反对这个、抵制那个的示威游行中，仍能依稀看到"文化大革命"中"造反派"的影子，"文化大革命"的教训我们到底接受了多少，实在让理性的人们乐观不起来。我诚恳地希望，合适的机会，请刘先生把您《追忆青春，感恩寻踪。二八八老同学去看老厂》一文中，那几句"造反派"污蔑我父亲的话删掉，以正视听。如能转发我给您的信，当然更好。

祝愿您和您的家人、祝愿您的同学及家人、祝愿所有二八八厂的老职工，幸福安康。

真巧，清明节快到了，这封信又多了一个用处。谨以此信献给为中华民族的军工事业辛劳一生的、我的父亲曹生文先生，他是一个非常平凡的人，作为他的儿子，我永远怀念他。

曹澍

2017 年 3 月 11 日

备注：二八八厂 1996 年搬迁到武汉市附近，即现在的武汉市盘龙城经济开发区。原名是，长江光学仪器厂，更名为武汉长江光电有限公司，隶属中国兵器装备集团公司。成功转型为世界最大的民用枪瞄准镜生产企业，为世界三大枪瞄经营商 Bushnell 公司、Meade 公司、BSA 公司提供高、中、低档 300 多个品种的民用枪瞄，产品远销欧美，产品质量全国第一，产销量世界第一。

一席视觉的盛宴

——23 部值得看的外国电影

这是老曹从看过的数百部片子里精选出来的，是老曹积 50 多年人生经验和教训总结的"真知灼见"——狗屁，老曹吹牛了。当然，萝卜青菜各有所爱。老曹认为好的，不一定能入您的法眼，这也很正常。

下面是列举的影片，随后再简单谈谈理由。

《燃情岁月》《肖申克的救赎》《巴顿将军》《帝国的毁灭》《柏林1948》《越战创伤》《大敌当前》《赏金杀手》《情人》《不忠》《苦月亮》《魂断蓝桥》《罗马假日》《廊桥遗梦》《人鬼情未了》《泰坦尼克号》《克莱默夫妇》《苔丝》《简·爱》《乱世佳人》《包法利夫人》《安娜·卡列尼娜》《查泰莱夫人的情人》。

《燃情岁月》——喜欢爱情故事片的朋友，千万不可放过《燃情岁月》。这个，三个兄弟爱上一个姑娘的爱情故事太荡气回肠了。看了《燃情岁月》，别的所谓的爱情故事就不想看了。曾经沧海难为水，除却巫山不是云。黄山归来不看岳，五岳归来不看山。真是一点儿不假。

《燃情岁月》中，老曹最喜欢的人物还不是皮特扮演的老二崔斯汀，而是老父亲威廉上校，一个"永远的老兵"。当警察来抓儿子，形成对峙时，已经中度中风的威廉上校，蹒跚地从屋中走出，斜着眼，微歪的嘴里咬着卷烟。警察根本没把这个行将就木的老东西放在眼里。威廉上校突然端起藏在大衣里的双筒猎枪，一枪一个，一枪一个……什么是父亲，这就是父亲！母亲顶多冲上前，挡住枪口，大喊：儿子快跑……但罪恶的枪声还是响了，虽然也是舍命为子，奋不顾身，但终究处于劣势，是弱方，实在不快意恩仇，观众看着绝对不爽！

还有一个细节。当老三塞缪尔和未婚妻苏珊下了火车，在田野里遇上狩猎归来的老二崔斯汀。崔被苏珊的美貌和独特气质吸引，两眼惊呆，盯着苏珊不动时，老大艾弗雷德调皮地举起饮水袋，浇在崔斯汀身上，三兄弟闹成一团。直觉告诉老曹，他俩下边准有戏。看到这儿，老曹想起《汉乐府·陌上桑》，作者不写罗敷有多美，只写人民群众看了罗敷的反映，什么"耕者忘其犁，锄者忘其锄"云云。托尔斯泰也用此法写过安娜的美丽。穿一袭黑衣的安娜走进大厅，所有人都惊奇地站起来了。真是的，老曹到哪儿，所有的人都没站起来过。给学生上课除外。

《肖申克的救赎》——最令老曹惊心动魄的不是安迪的逃跑，而是在屋顶刷防水涂料那场戏，那也是安迪狱中生活的转折点。安迪主动上前与警卫队队长赫德里搭讪，请求为他合法逃税，心黑手狠的赫德里哪里相信。当时老曹的心都快从嗓子眼里蹦出来了，他揪住安迪的前胸，把安迪按在楼房顶的边缘上，眼看就要摔下去了……最初，老曹对安迪索要的报酬并不理解——给每人三瓶啤酒，看完想想：好，既维护了尊严，又给狱友带来了实惠，赢得大家的尊敬，而他一口也不喝。老曹就是不喜欢又抽烟又饮酒的男人，叼烟斗装派的除外——如美国五星上将麦克阿瑟，嘴含玉米烟斗，巨牛×！一个人被打得越狠、踩得越低，被欺压得越万劫不复，他的报复就越令人痛快、越牛×、越有戏剧性，也最容易引起观众的认同。看到安迪越狱成功，监狱长诺顿被迫自杀，老曹像当年听说粉碎"四人帮"一样高兴。

老曹推荐了近10部和爱情婚姻有关的情感片和伦理片。因为今天的人们越来越现实，在婚姻生活中，爱情占的领地似乎越来越小。据说，南京的一个自称千万富翁的人，征婚高学历美女，应者如夏天北方农家洗手间之蛆，奋勇报名，甚至有些父母手持女儿的玉照前往，连对方多大马齿、身高多少、有无学历、会不会说国语和英语、和家里的黄脸婆离婚否、去了做几姨太都不问，一听是"千万富翁"，哇！全晕菜了！真是丢尽现代人的脸！让躺在地下数千年的罗敷姑娘笑话！倘若这个"千万富翁"——马齿50岁、身高1.50米、手上有泥巴、脚上有牛粪、随地吐痰嗑烟灰、眼角有眼屎、牙缝里有菜叶、坐着没事爱抠脚丫子，你还嫁吗？老曹以为，焦大再有钱，林妹妹怕是也不会嫁给他，可能宁愿嫁给老曹这样一贫如洗，却旗鼓相当的精神贵族——老曹扯淡了！林妹妹活到今天多大岁数了，老曹多年轻！老曹那不太亏了！尽管林妹妹是明星。

据说，气得南京高校的许多知识帅男七窍冒烟。这没办法，您有的东西，人家也有；人家要的东西，您又没有。不过，这世上以钱为媒的婚姻有几个以喜剧收场？闺女，您这样的嫁法无疑与特殊行业的零售，无本质区别！用洪晃女士的说法：您也是"夜班工作者"。

《赏金杀手》——是男人的必修课，和《巴顿将军》一样。男人就得有点唐雎见秦王的气概，"伏尸二人，流血五步，天下缟素"的精神。但您在现实生活中千万别学巴顿将军。即使在美国那么一个崇尚个性自由发展的社会，巴顿和麦克阿瑟还是被视为另类。经常为人民大众和循规蹈矩者讥之。可欣赏不可照搬也。《帝国的毁灭》——是第一部以正剧描绘希特勒的纪实性历史反思影片，曾引起巨大争议。影片以希特勒身边最后一任速记员的视角，平实、客观地展现了这位战争狂人生命的最后12天。另外还有《越战创伤》《大敌当前》《柏林1948》三部战争片，男同胞肯定爱看。战争是政治的继续，是流血的政治。政治是不流血战争。男人性格里都藏有军人基因。古今中外，男人就做两件事：种田、打仗，或做工、打仗。鲁迅先生曾引阿拉伯古诗人的诗："男人的天堂，在征战的马背上，在女人的胸脯上。"

鲁迅先生当年劝青年人，少看中国书，多看外国书。老曹东施效颦：劝您，少看中国电影，多看外国电影。总看中国电影很可能降低人的智力，看外国电影挑战人的智力、提升人的智力。总看中国电影思考问题越来越简单，看外国电影思考问题越来越多元。中国电影，看了开头就知道结尾，而弱智的导演还在神秘兮兮地一点点推进，节奏慢得一个狗屁故事恨不得讲三年，味道淡得像二两红糖冲了三吨水，又像太平洋淹死只老母鸡，上海人捧了口黄浦江的水灌进肚子，四处吹嘘他刚喝了一碗"心灵的鸡汤"。看外国影片，节奏快得像刘翔跨栏，稍一走思，就看不明白了。许多人常说：看一遍没看懂，老曹也经常如此。

您把这23部影片全都认认真真地看一遍，或者两遍，您就会像换了一个人，您的精神世界就会与众不同，您的精神生活就会越来越丰富，当然您也会更加热爱生活，希望今后的生活更加美好。走出家门，哥们儿、姐们儿都说您变了。您没变，您还是您。但您确实变了——您的气质变了，您的精神面貌变了。您举手投足更加优雅得体，当然也更好看了！

外国电影，老曹"发烧"时间还是太短，肯定说了不少"拉稀"的话——消化不良啊，没真正看懂。让您见笑了。

（此文发表于《邯郸晚报》《杂文报》。）

你看懂了吗?

不久前,一位朋友拉着老曹看了一个书法展览,老曹把所有的作品看了两遍,最喜欢"汉简"草书《黄鹤楼长联》。那些怪里怪气歪七扭八的刻意"创新",故意"标新立异"的涂抹,老曹不喜欢,不但不喜欢,甚至觉得丑陋。一位热心的女书法家给老曹讲解了一幅怪字,老曹仍然没觉出好来,只是出于礼貌,也怕被当成傻帽儿,使劲儿点头,装成听明白了,或者叫"被明白"了。

老曹服务的学校有一个美术老师,能用毛笔写字,先前写的字,大家还认识。后来,他去看了一个什么展览,回来就"变法"了,再写出来的字,就他一个人认识,全校老师都不认识了。但他对老曹说,他现在才真正知道应该怎么写字。说时,一脸自鸣得意又大彻大悟的样子。老曹忍了又忍,才没笑出来。

老曹对任何文艺作品都有个最简单的判断标准,就是能否让人看懂。这大概也是为什么那么多人喜欢启功先生字的原因。读者、观众看不懂,你说得再天花乱坠,也白搭。启功先生绝对是海内外公认的大家,但启功先生的字像"大白话",小学文化的人也能看明白。李、杜、白的诗并不难懂,美女也有大体公认的标准,好东西的受众就是广。

看完展览,吃饭时和一位老诗人坐一起,老诗人今年70岁,但心态特年轻,像个老顽童,活得潇洒极了。他背了两首他写的白话诗,笑得我肚子痛。"党是母亲我是孩,一头扑进娘的怀,咕咚咕咚喝起来,谁拉我也不起来。"

还有一首更绝,我想不全了:"我是单位的一块砖,单位想搬他就搬……"

最后，单位把这块砖盖洗手间的尿池用了，上面沾满了尿碱，砖也毫无怨言。

他对我咬耳朵："好多人不明白我讽刺的是什么，呵呵……"老诗人还说了一句"名言"："你要想混好，有两个人不能得罪，一个是单位的一把手，一个是老婆。一定要把这两个人哄好。把这两个人伺候好了，你的日子就好过了。"

老曹觉得老诗人是个"山寨思想家"，他的言谈话语貌似胡说八道装傻充愣，其实充满了草民的智慧，具有一定杀伤力，是另类的批判现实主义。

（此文刊发于《杂文报》。）

听鲁迅讲故事

　　鲁迅先生一生读得最多的是野史。因为鲁迅先生认为二十四史都是帝王将相的家谱，没什么意思。不过，毛老人家特喜欢二十四史，百读不厌，而且活学活用。

　　有一次，鲁迅先生和郁达夫、林语堂、唐弢等人一起吃饭，饭后闲聊，鲁迅先生讲了一个故事——

　　某地有位高僧，洁身苦行，德高望重，远近几百里的人都仰慕和敬佩他。临死时，因为他一生未近女色，抱憾没有见过女人的阴户，辗转反侧，不能死去。徒弟们见他折腾得太苦了，决定出钱雇个妓女，让他见识见识。等到妓女脱下裤子，高僧看了，恍然大悟道："喔，原来和尼姑的一样啊！"说完就断了气。

　　大家都佩服这个故事的深刻含义。第二天，郁达夫对唐弢说："鲁迅厉害啊。他昨天讲的故事，我翻了许多书找不到出处，像大海里捞针。"

　　老曹再加个结尾：徒弟们醒悟后，自叹被高僧骗了多年，纷纷还俗，回家忙着娶媳妇，使劲"蜜了一年的月"，想把被高僧耽误的时间夺回来。

魏晋余韵

吾有一友，每逢其父忌日，必买雄鸡两只，与其弟各持一只，使两鸡相斗，然后兄弟姐妹戚容环立观之。待一鸡败走，另鸡取胜，才将两鸡并擒，拔毛清炖，举家啖之。

初次睹其祭父仪式大惑，几乎哑然失笑，以为太不恭敬严肃，形同儿戏。后经其解释才明白。原来其父出身农家，少时村中无以为乐，劳动之余，小儿们常挑拨鸡们互斗，遂养成看鸡打架的习惯，到老未改，兴趣不减。临终遗言，逢我忌日，不用祭奠，只买雄鸡两只，唆其打架，我在阴间观之，就是对我的最好怀念。其父离开人世整整 10 年，此纪念仪式也举行了 10 次。

真是，不是魏晋名士，而有魏晋遗风也。请看魏晋名士故事《世说新语》两则，颇短，故全录之。"王粲好学驴鸣，既葬，文帝曹丕亲临吊丧，对同来的诗朋文友说：王好驴鸣，众卿可各作一声送之。于是，从文帝始，吊丧者都学了一声驴叫。"另一则更绝。"孙楚才华卓绝，豪迈不群，极少推重他人，唯雅敬王济。济丧，名士无不来。楚后至，临尸恸哭，宾客无不垂涕。楚哭毕，向灵床曰：卿常好我作驴鸣，今我为卿作。说完，楚又学了一次驴鸣。因为学得极为逼真，逗得宾客都笑了。楚抬头说，让你们这些人活着，却让王济死了。"

你看，1700 多年前的魏晋名士们活得多么率真、张扬、无拘无束，令我辈心向往之。文坛善驴鸣者唯小说家 A 君尔。余子皆不得其道，实在惭愧。

2008 年 6 月 10 日

世情笔记（三则）

修自行车的老赵

　　去总校开期末总结大会，会一散，暑假正式开始，类似农民的农闲，可以放心大胆地猛干自己喜欢的"勾当"了，比如读书码字旅游天天睡到自然醒，找三五个智力相当知识面宽的"狐朋狗友"没有白天黑夜地神侃，在游泳池一泡半天等。我在分校上班，家也搬到分校附近，很少来总校。开完会，路过熟悉的街道，忽然看见给我和儿子修了十几年自行车的老赵还"活着"，我们有好几年没见面了。我有许多三教九流之友，多为引车卖浆者，我和他们称兄道弟挺谈得来，跟他们学到许多社会知识，这也是"读书"。老赵就是其中一位。他技术好服务态度好，又有为了生存不失其适度的可爱的狡黠。老赵原是街道小厂的万能钳工，什么都修。三十年前工厂"病死"，老赵拎上几件简单的钳工工具，往马路边一圪蹴，立马开始新营生，照样养家糊口生儿育女吃喝拉撒睡。只要政策好，中国底层劳动人民的生存能力极强，吃苦耐劳不是虚语。读中国历史每次改朝换代，统治者稍微休养生息，生产力就突飞猛进发展。老赵的媳妇孩子在郊区农村，来往方便，打工家居两不误。

　　老赵是修理自行车的工匠，我是教书匠，都属于匠人系列的大范围，区别是他用手劳动我用嘴劳动。我每天路过老赵的"露天工作室"，有事没事都和他侃几句话，有时赶上他闲着，就和他多聊几句。老赵是个非常聪明的人，倘若生在钟鸣鼎食之家或者衣食无忧的小康之家，受到良好教育，肯定能出息成个人物，比如大学教授名牌律师什么的，如果再放放洋，挤进北大清华弄个教席不是诳语。我年轻时干过几天钳工，特别佩服心灵手巧技术好的师傅。在我看来一个高级技工比一个蹩脚工程师要令人尊敬得多。苏联电影《莫斯科不相信眼泪》的主人公果加说，找莫斯科最好的裁缝做衣服要排两年的队，这个裁缝比莫斯科市市长还有名。

我大呼：老赵，还"活着"？老赵先是一愣，看清是我，挤挤眼睛，配合着"狡猾"地笑笑：还活着。

好长时间不见了。我：到分校了。老赵：我说呢。我：混得咋样？

老赵：还行吧。把工商税都免了，月收入不足五千的不交税。我：原来一个月交多少？

老赵：二百六。我：免不少。老赵：可不是。

我看看老赵光着黑乎乎的大脚丫，穿双样式古老的旧拖鞋：一月二百六，一年买十二双皮鞋。赶紧买双皮凉鞋，影响市容，城管要批评你了。

老赵抬起一只大脚，自我欣赏地说：这多凉快。没人管。我瞧瞧老赵的发型，还是"地方支援中央式"。几年不见，"地方的'兵力'"比过去少多了，"中央"的面积越来越大，"国进民退"得厉害。我们对过岁数，他比我大一岁。祝贺老赵，一年多收入三千多块钱，对老赵一家，绝对是个不大不小的数目，换成馒头，还不得拉一小卡车。

老赵有个儿子，眉清目秀皮肤油亮身材修长体格健壮，初中毕业就跟他学修车，一直学到十七八岁，技术老学不好，服务态度比他的技术更差，断不了和喜欢较真的顾客饿饿几句，着急了还想使用武力解决问题，总是摆不正自己为人民服务的准确位置，自我感觉很牛气，生在明末，一准儿是个李自成张献忠似的家伙。老赵光给儿子干擦屁股的事，儿子修一遍，老子再重修一遍，还得赔一筐好话。但老赵从没当着顾客的面训斥过儿子，人粗心软，绝对是个好爹。有一次我代表老赵"启发教导"他儿子，我说来的人都是咱的衣食父母，人家不来修车咱吃啥喝啥？老赵的儿子听不进去，大声痛斥，我没有那么多"父母"！老赵说，曹老师说得有道理，我一直是这样想的，但说不出来。老赵原想让儿子学成手艺，再申请个路口自己支摊单干，但他儿子一心想给领导当轿车司机，像他的堂哥那样吃香的喝辣的年纪轻轻就混成"司局级干部"，回老家村干部见了都点头哈腰脸上挂着谄媚的笑，当成人物供着。老赵又不认识领导，儿子的"远大理想"无法实现。没办法，十几年前本市出租车刚从面包换成夏利时，老赵一咬牙，找亲戚担保贷款给儿子买了一辆。儿子兴奋得屁颠屁颠，油门一踩呼啸而去，自己给自己当司机，拉着人民群众满世界疯跑，贼过瘾特威风，银子挣得挺"大爷"，比《让子弹飞》那个张麻子还牛气。张麻子的理想是站着把钱挣了，老赵的儿子是天天坐在"沙发"上就把钱挣了。老赵家不但实现了可持续发展，而且还进入"跨越式"发展的新阶段，儿子的夏利早就换成捷达，而且买了两辆，自己开一辆租出去一辆，捷达是本市最好的出租车。前几年我问过老赵，你也弄辆出租车开开。老赵说干惯修自行车，不想换了。老赵修理自行车，老赵的儿子开出租车，老赵的孙子没准儿可能要开飞机呢，一代更比一代强，老赵的家庭就是我们这个社会进步的缩影。某晚我坐过一次老赵儿子的车，前面有个小靓妹，大概是他女朋友，他儿子装成不认识我的样子，好像那段修理自行车的糊口生涯是见不得人的职业，不体面不光彩。我就装成认识他的样子主动说，小帅哥，我好像在哪儿见过你啊。他不好意思地笑笑，用 A 县最标准的乡音说，曹老师，这么晚去干什么？

我打趣地说，这是我们家的秘密，暂时不能告诉你。

城外，那条黑色的河

本市某条大路的路边，常有三五个卖菜的五六十岁的农妇，坐在人行道的台阶上，面前摆着一些时令新鲜蔬菜。每个人的菜都不多，不是那种专门卖菜的，而是自己种自己吃，不施化肥不洒农药。有时收得多了，吃不完，卖点儿，不当赚钱的营生干，卖比较便宜。

我看上碧绿的生菜，特新鲜：生菜咋卖的？农妇大姐用手指指：一块钱这些。我看了看，一小堆，真不少：来一块钱的。农妇大姐马上给我装进塑料袋。我警惕地问：拿啥水浇的？

　　农妇大姐立马知道我是什么意思，郑重其事地强调：机井。自己打的机井。

　　我质疑：不是河里的水？我们城市的母亲河——滏阳河已经污染得不像样、水流也变小了。抗日战争时期八路军的游击队经常在滏阳河两岸袭击日本鬼子的汽船，那时从邯郸坐船可以顺流而下直达天津，新中国成立初期邯郸还有滏阳河航运管理处。我年少时在波涛滚滚的滏阳河里学会的游泳，河里有鱼有虾有河蚌，我们院一个小子的"老二"还被鱼咬过，我陪他看过医生。那是20世纪60年代的事，盛夏，某段水面宽广的河床，水流比较平缓，一大群十岁左右的小男孩儿，谁也没有游泳裤，大裤衩一脱，光着小屁股跳进河里。河两岸没有人家，一片田野，菜地里有茄子豆角西红柿，游泳饿了我们常常匍匐前进爬进菜地偷吃，偶尔被农民发现并不真追赶，只是象征性地吆喝两句，吓得我们落荒而逃，连滚带爬跳进河里游到对岸。如今，河水已经穿城而过，把繁华的城市切成东西两大块，东边是新城，西边新旧参半，城市发展太快了，我们的母亲河以她独特的方式记录和见证了时代的巨大变化，令人喜忧参半。二十年前，本市一位诗人给我臭谝他的新诗《城外，那条黑色的河》，如今"城外的那条黑色的河"已经变成浑浊乌黑的"城中河"，犹如被包裹起来的"城中村"。读梁鸿女士写她家乡的纪实性乡村调查《中国在梁庄》，她家乡的母亲河——湍河也与滏阳河的命运一样，野鸭、芦苇荡和鱼虾消失了，上游造纸厂排出的废水流进湍河，黑亮亮的河水像汽油，浮着泡沫，整个河道散发出刺鼻的臭味。滏阳河和湍河是中国许多河流的缩影。这似乎成了规律，20世纪，流经九个国家的美丽的莱茵河污染严重被称为"欧洲的下水道""欧洲公共厕所"，经过莱茵河流域各国多年坚持不懈的努力，莱茵河水污染治理取得成功，莱茵河恢复了生机，成为最为人称道的河道治污样板，也成为世界上人与河流关系处理得最成功的一条河。我们的母亲河也会重现她昔日的风采，我坚信。

　　农妇大姐：我们不住河边。我们是……我问：这菜你们自己吃吗？朴实的农妇大姐眼睛一瞪，撕了一片生菜叶，扔进嘴里嚼起来。我开玩笑地说，等我走了，你再吐出来。

农妇大姐加快速度使劲咀嚼，咽进肚里，张大嘴巴让我检验，舌头上口腔里沾满细碎的菜叶，感动得我又买了一块钱的。中午吃生抽爆炒生菜，晚上又吃凉拌生菜，明天中午再吃一顿大骨头汤涮生菜才能消灭光。媳妇埋怨我，怎么跟生菜干上了，不能换点别的？我说这生菜可是"绿色食品"，难得。超市的"绿色鸡蛋"七十多块钱一斤，价钱吓人。我问售货员有人买吗？售货员说有。

卖牛肉的

老曹既不属于贪官污吏系列，也不属于小平先生说的先富起来那部分人，故而基本没人请吃请喝，嘴里淡出个鸟时，自己去超市割两斤猪肉红烧一锅解馋。瘦肉精事件曝光后，老曹改吃牛肉了。昨天一大早，老曹去本市最好的超市买牛肉，见老板娘正在铰牛肉馅，用的全是乱七八糟的下脚料，根本不洗，铰出来的馅像下雨天踩在脚下的烂泥，难看极了。旁边就是个烙牛肉饼的摊子，老曹买过几回。

老曹心想，这玩意能吃吗？随口问了一句：这是给哪儿送的肉馅？老板娘老练油滑地笑笑：给哪儿送的我能跟你说吗？弄得老曹尴尬极了，根本没想到老板娘的"水平"会这么高。只好自己给自己找台阶下：对不起，不该打探你的商业机密。老板娘宽容大度地笑笑：没什么。那神情那气势那份自信远远高出老曹，好像哄小孩子玩。她在云端，老曹在低谷，霄壤之别。老曹有些不甘心，哆哆嗦嗦地指着旁边的牛肉摊问：这个牛肉饼用的什么馅？

老板娘麻利果断地指指冰柜里鲜红的牛肉馅：用的那个肉馅。老曹心里已经挂了个大大的问号，但还要装成相信似的傻傻地点点头。这是老曹认为本市最靠谱的牛肉摊子，价钱最高，号称牛肉里一点儿水都不注，老曹是她的熟客。

回家的路上，老曹一想，这不对啊！这他娘的哪儿跟哪儿啊？他娘的，干

"坏事"的反而理直气壮，"3.15"的勇士老曹反而理屈词穷啦？难怪二十多年前，刚结婚时，老曹的媳妇就谆谆教导老曹：外面带馅的东西都不能买……老曹的媳妇高瞻远瞩，真是太英明伟大了。老曹回忆起二十多年的买菜做饭生涯，一些过去忽视的细节像视频一样出现在眼前，老曹突然恶心得想吐。

老曹也想像厄普顿·辛克莱那样弄一本《屠场》之类的小说，玩儿它一个"扒粪运动"……

2014 年 4 月 9 日

混了半辈子

混了半辈子，依然文不入流，官不入品，房不成套，薪不够用，老婆越来越丑，儿子越来越淘，真他妈的不知道希望在哪儿。看来，注定是个人生战场上的失败者了！

一日，把这苦恼告诉一位性格达观且混出人样的文友，此君却说："你这算什么苦恼，简直是福气啊。

"文不入流，省得神经兮兮的文学青年前来拜访、骚扰，弄得你读书写作都没有时间，甚至饭都吃不安宁。也省得文债高筑，见了催稿的编辑光赔笑脸。

"官不入品，免得对贪官污吏恨之入骨的黎民百姓把你捎上也臭骂一场。再说'古今将相在何方'，还不是'荒冢一堆草没了'？

"房不成套，住筒子楼更贴近生活。李家夫妻吵架，田家阿婆骂街，许家冰箱质量不好，吴家男人有外遇了，你都知道。这样，笔下才能常有东西写。'问渠那得清如许，为有源头活水来'嘛。为了知道普通群众想什么、做什么，副部长级的大报人林放先生不是在破旧简陋的石库门房子里住了几十年吗？

"薪不够用其实也不错，钱这东西多少是个够哇？《红楼梦》的《好了歌》不是唱道，'终朝只恨聚无多，及到多时眼闭了'。食够果腹，衣能蔽体就是够。再说，钱一多，人就生横事，你见那些暴富的大款有几个规矩的？

"老婆越来越丑，更是好事，既不会招来坏男人勾引，她自己也不会去舞厅想入非非。踏踏实实跟你过日子，你无须担心后院起火，多省心！阎婆惜好看，却把宋公明逼上了梁山。

"儿子越来越淘，说明你儿子越来越聪明啊。男孩儿子淘气就是聪明，是你家后继有人的兆头。李白小时不是也挺淘吗？等你儿子遇到一个在河边磨铁棒的老奶奶就好了。"

晚上，躺在床上想想，此君所言也有几分道理。人世间，"因嫌纱帽小，致使锁枷扛；昨怜破袄寒，今嫌紫蟒长"的事还少吗？人生总没个满足的时候，还是想开点儿好。

（此文发表于《杂文报》《邯郸日报》，后被《东西南北》杂志和《湖南税务报》等报刊转载。）

第二辑　幽默趣记

告别讲台的宣言

今年 10 月初，校长找到我，说：曹老兄，想把你专门抽出来，负责学校的对外宣传报道，不上课了，你看咋样？我也没多想，就说：行啊。他：我以为你不同意呢。

我说：学校是我的衣食父母，为学校服务，我怎么会不同意呢？他又说……

老曹在这所学校工作二十多年了，还是很有感情的。尽管前两任校长，尤其还有一位副校长缺德少才，老曹根本看不上眼，和他们斗争了十几年，很是辛苦，彼此都鲜血淋淋，互有胜负。但后两任老弟校长，老曹和他们关系还是很不错的，这俩家伙都是靠教学上去的，一个是语文特级教师，另一个是数学特级教师，都是很牛的人。老曹观人，一个是看是否有真本事，另一个是看是否仗义够哥们儿。这俩家伙这两点还都行。于是，老曹就"由是感激，遂许校长以驱驰"，就有了后面的一系列署名"章野"的文章……

当老曹不教课的消息在老曹教的初一六个班传开后，学生纷纷给老曹打电话，问为什么？还说有两个班的学生听说我不教他们了，都哭了，其中有一个班哭得特别厉害。有些孩子连历史课代表都不当了。他们原来可是都抢着当的啊。老曹听了很感动。其实，我才教了他们一个多月。我当然知道他们喜欢我，但我实在没想到一个多月，他们就对老曹产生了这么深厚的师生之情，这些孩子太可爱了！

今年上半年，一个网友告诉我，说：我无意中进了你们学校的贴吧，学生对你评价很高啊，说你是最棒的老师。

　　这是我能想到的。我是教历史的，是学校、学生和家长眼里的副科，但我的威信比许多教数理化语英老师的威信都高，甚至比某些班主任的威信都高，他们对我说心里话，却不对班主任说。

　　前几年学校搞调查，问学生最喜欢上什么课？学生回答："音乐课和历史课。"其实，那是学生的心里话。结果，却遭到几个不学无术又奇蠢无比的小头目的攻击，说学生就知道玩。学校也很不以为然。

　　最近，为了给学校写东西，老曹开始大量阅读教育报刊，才知道这样的回答在其他学校也有。上海某中学的学生说，最喜欢上语文课和体育课。因为语文课是一位优秀的特级教师上的。这说明，不在于什么课，而在于上得好还是坏。音乐课、体育课，不好好上，学生也照样不喜欢。那些动不动就用手"修理"学生的体育老师，学生能喜欢上他的课才怪呢。

　　老曹教学最大的特点是认真和创新，老曹太喜欢标新立异了。老曹就是因为讲课好标新立异，才被两个校长从教语文贬去教历史的。他们实在没想到老曹教一科爱一科，老曹在学生中的人气照样旺。老曹教语文时，讲到精彩处，学生热烈鼓掌。教历史，老曹一进班，学生就格外兴奋，上课也格外活跃。这都是学生自己说的。老曹问为什么？学生说，我们也不知道，反正见了你就高兴。

　　如果再加上一个特点就是勤奋和刻苦。老曹的藏书在很长时间超过学校图书室的藏书量，学校图书室的好多书，还是老曹帮着买的。老曹的阅读量和背诵量在中学老师中，大概是最多的之一。老曹给学生讲陈胜吴广起义，能背一句司马迁的《陈涉世家》，讲一句。讲刘邦与项羽之战，能背一句司马迁的《项羽本纪》，再讲一句。讲课时，引用古诗词更是随口就来。放在五十年前，或民国时，这样的中学老师可能比比皆是。可如今，就太少了。学生喜欢老曹，那就太自然了。

　　如今，还有多少中学老师看书啊？一年看一本书就不错了。除了教参上那点儿玩意儿，什么都不知道。看本《读者》和菜谱的也可以对外宣称是读书人了。就凭在大专大学吃的那点可怜的东西吃喝一辈子，听这样的主儿讲课能有意思了才怪呢。

　　学校的一位哥们儿老师说，老曹不上课了，是学校的重大损失。这是玩笑之话，但也是事实。

　　前前后后教了三十年书，老曹是有些舍不得，更舍不得那些可爱的孩子。老曹站在讲台上，还能让他们少受些应试教育的戕害，这也是他们喜欢老曹的根本原因。老曹走了，一个历史科目，也得背一大堆鸡零狗碎！没有一点儿创新。还有那么多骗人的假话废话。政治课更是大大的概念。语文课本也编得乱七八糟。我本布衣，却常思教育大计，这不——改革的方案，老曹都有了。

　　何时，咱们才能让孩子快快乐乐地成长啊？以上之语，作为告别讲台的宣言吧。鸣呼，我说不出话，但以此感谢那些喜欢我的可怜的孩子！写到最后，老曹情不自禁地流泪了。

2009 年 11 月 15 日

课堂花絮

最近，老曹给学生讲《19世纪末20世纪初中国社会生活的变化》，课文说，在有火车轮船之前，从昆明到上海要半年时间，有了火车轮船后，只需短短几天。

有学生举手：现在只要几小时。又有学生举手：坐动车更快。

老曹一看，索性因势利导，让学生讨论，说说动车的优越性，课文让学生课下自己看吧。

老曹说：谁坐过动车？

课堂一片小胳膊。老曹挑了几个口头表达能力强的学生说说动车的优点——快捷、干净、舒适、人少、后靠背能调整角度、座位能360度转动，等等。老曹正想总结一下，结束讨论。

一个学生又举手：列车员长得都很好看。全班哄堂大笑，他也不好意思地笑了。一个比较调皮的学生趁乱又喊了一句：像空姐。班里开始了第二轮大笑。这时，坐在我旁边的一个胖胖的憨乎乎的男生说：老师，那为啥？全班最调皮也是最聪明之一的男生大声喊：连这也不懂！我就势说：你懂，你来讲讲。这小子一脸"狡猾"的笑容：还是老师学问大，老师讲。

他知道我喜欢他，所以很随便。等教室静下来，我想，这事还得往正路上引。我叫起品学兼优的班长回答，他想了想说：爱美之心，人皆有之。我评道：合情合理。来点掌声。我最后又说：动车好是好，可票价是特快的两倍。要想舒适，就要……我还没说完呢，学生大喊：好好学习！老曹酸了，俗了，像薛宝钗了，但没办法！不这样教育学生就对不起家长，对不起社会也对不起那点儿薪水，分数是学生敲开社会这扇大门的唯一"砖头"啊！

　　说完老曹的花絮，再说点儿别人的花絮。一位年轻漂亮的女老师，第一次当班主任，把一群孩子从高一带到高三，师生朝夕相处三年，建立了深厚的感情，也取得了优异的成绩，班里的联欢会快结束时，班长代表全班同学向"老班"提了个要求：同学们希望每个人能拥抱她一下（学生背地大都管班主任叫"老班"）。

　　"老班"的脸马上通红通红，这太难为情了！要知道，她才二十六七啊，上个月刚结婚。而那些男生都是人高马大的准男人了，喉结粗大胡子拉碴。教室里静极了，大家开始后悔自己的要求了。

　　只见"老班"突然张开双臂，大笑：来吧，同学们！女同学优先。教室里沸腾了，许多男同学就是冲着让"老班"高兴才努力学的，这些男生幸福地摩拳擦掌准备好好拥抱一把，可是真到了"老班"面前，男生都那么绅士，都象征性地拥抱了一下。

　　女老师回到家兴奋地和丈夫说了，丈夫紧张地问：男生使劲没有？抱的前面还是后面……

2008 年 12 月 21 日

笔记小说（五题）

美国球星

吾校男性教职员工好篮球，每天下午课外活动时，必五人一伙，十人一场，拼个鱼死网破。学期始，新分来一位物理老师，小伙儿，壮如牛。体力比球技好，而勇气又胜体力一筹。球一到他手，必满场飞奔，从不传人，尽兴乃投篮。他一来，大家全成了"陪练"，只他一人"独乐乐"。众"陪练"论年纪是他叔辈，有涵养，不与其争，只是背地送他一绰号——"美国球星"，调侃他与众不同吧。

玩球者老吴，系高级数学教师，多智，平日，大家都叫他"吴用"。一日，"美国球星"又"天马行空，独往独来"。"吴用"与众人小声数语，众人皆站立不动如木桩，观"美国球星"一人独乐乐。"美国球星"从南玩到北，又从北奔向南，三趟，自觉没趣，悻悻而去。如是数次，"美国球星"终改正，球场复正常。观"吴用"以智调"马驹"，不亦快哉。

筒子楼奇观

结婚多年，孩子已会买馒头，因单位无房，也因自己无能，仍栖身于筒子楼，如入鲍鱼之肆，久住也不觉其陋，反而品出许多乐趣。

筒子楼住户，年龄大都相当，孩子大小亦相差无几，三到六岁的金童玉女竟有十七八个。筒子楼有公共厕所，因年久失修，设施不齐，脏水漫漫，诸家长从不让孩子进去使用。因此，家家备有一个小便盆，放在门口，以应不时之需。

晚饭后，只要有个孩子一喊"爸爸，我要拉屎"，往门口的便盆一坐，不会儿，一层楼的小朋友都出来响应：有屎的脱裤坐，没屎的也脱裤而坐，不让坐就哭。走廊两边，从西到东，从东到西，两溜小便盆上，坐了两行小孩儿，下拉上说，遥相呼应，热闹非凡，煞是有趣，成为筒子楼独有的一大奇观。忙里偷闲，出来观之。不亦快哉。

小试锋芒

吾办公室有一经理夫人，貌奇丑，性甚泼，嘴特损，舌颇长，嗓极大，整日价东跑西窜，说三道四，品长论短，单位无人没被她贬过，天下无人被她看在眼里。人皆恨之，又皆畏之，无人敢惹。我新调入，厌恶其所为，常冷眼观之。她亦不知我虚实，常远我。一日，同办公室张君提壶下楼打开水，此婆娘马上开始贬评张君：今日衣着如何不合体，影响了市容，城管部门为何不管云云。张君回，我当面揭穿。只见这婆娘脸先呈猪肝色，后又青一块，白一块，色彩斑驳。继而喘粗气，终于起身摔门，拂袖而去。小试锋芒，将其击溃，为同仁出气，不亦快哉。

外甥女

单位新分来一批大学生，中有一女，美艳无比，馋得年轻小伙们沸沸扬扬了半个多月。一个学中文的秀才还诌诗赞之："我厂有佳人，绝世而独立。一顾忘吃饭，再顾忘画图。"但"佳人"对此毫无反应，不给小伙子们丝毫可乘之机。不久，就被讽为"冷美人"。

不知何故，"冷美人"独见我嫣然一笑，令我一愣。回家对镜自顾：脸起皱，发变稀，眼发浊，肤黄干，毫无悦目之处。心中倍添疑惑。隔日再见"冷美人"，她又嫣然而笑。我更加疑惑，三笑之后，我决定主动出击，与之攀谈，弄清原因。初谈，几句"天凉好个秋"，无异常情况。二次谈，"冷美人"说我长得特像她小舅。我问，哪儿像？她说哪儿都像。她还说，她最佩服她小舅。她小舅是知青，自学考上研究生，毕业后去深圳办公司，有了钱就向希望工程捐款，很慷慨。

乃悟她对我嫣然一笑之原因。从此，我常以她小舅自居，她亦不怒。小伙们见"冷美人"独"钟"于我，议论纷纷，却不知我们的关系早已"升华"。因貌似其舅，白捡一个天仙般的外甥女，不亦快哉。

光皮鞋

20 世纪 50 年代初，家母从京城的一所女子师范学校毕业，分到河北省的一所女师教书。家父正在县里工作，年过而立，尚未婚娶。

好事者穿针引线，两人有了第一次约会。约会总要穿戴像样些，家父翻出新军装一套，低头看看脚上，没了咒念：两只布鞋，鞋面都被脚趾拱破，从床底扒拉出一双，还不如脚上这双。把警卫员喊来，试试他那双，鞋虽好，但太大，穿上踢拉跶拉，路都走不利索。万般无奈之际，李县长提着一双鞋推门进来，说："老×，我就知道你准为穿什么鞋发愁呢。来，这是我从省城买的'光皮鞋'，没穿几次，还新呢，你试试。"家父一试，正合脚。于是，家父身穿新军装，足登"光皮鞋"，雄赳赳，气昂昂，赴了第一次约会。归后，家父还鞋，问李县长："那个洋学生怎么老看着我的鞋笑。还问，下雨啦？我说，满天星星，哪有雨？"

后来，家父家母确定关系了，家母常去县政府玩，见李县长每星期天或庄严场合，必穿那双"光皮鞋"，就让家父告诉李县长那鞋的用途。从此，李县长只在雨天穿。那是一双"元宝式"雨鞋。如今，这种样式已经很少见了。

家父仙逝多年，家母常在茶余饭后以当年逸事纪念之。此事系家母亲口所言。

（这组小玩意是模仿明人小品的情趣，以半文半白的语言写之。2009 年 2 月 29 日发表于《邯郸日报》，后又发《北京晚报》《杂文报》等报刊。）

"野马"成长拾趣

——黎民布衣的幽默生活小品十则

题记:

犬子在京城一所大学的学生宿舍睡了五年，就像小布什先在耶鲁睡后在哈佛睡一样，终于戴上工科学士帽，靠自己实习时伪装进步伪装积极伪装优秀伪装踏实伪装勤快的"五伪表现"觅得一份差事，总之和在家原汁原味的表现判若两人，没有弄拼爹的把戏，一家人喜出望外，大有天上掉馅饼之感。再说就是拼爹，他这个做教书匠的爹和那个当工程师的娘，只是两个小小的"人民"，什么可以仰仗依靠的政治资源和经济资源也没有，根本拼不上去。前天犬子给我发来一条短信："老曹，我发工资了，交了三险一金和税还有……"犬子上高二开始叫我老曹，表示他已成人可以和我平起平坐。我惊呼："哇！你小子一上班就比老子干了一辈子挣得还多，你赶上好机会。人生唯有读书好，世间莫如吃饭难，好生珍惜这个银饭碗吧。因为金融危机，地球上还有三分之二的大学毕业生，没有找到非常满意特别喜欢收入丰厚的理想工作而挣扎在焦虑不安唉声叹气极度郁闷之中呢。"犬子自幼体弱多病是医院的常客，少时学习成绩平平，高中才开始发力，能有今日实属不易。当初的最高理想是平安长大活下来就行，根本不敢有别的奢求，今天的一切都算赚的。高兴之余，遂把犬子成长的故事拉一纵线，让世人瞧瞧养儿的艰辛，当然也有快乐。

偏方

小儿周岁前，消化不好常常拉稀，瘦得皮包骨头，只见一根细细的脖子吃力地挑着一颗大大的脑袋，儿大姑戏曰"整个一非洲饥民形象"。我和媳妇抱儿求遍附近中西医，亲戚朋友也帮忙求医问药，均无效。媳妇抱儿落泪恐其夭折，小儿的奶奶三天两次打电话询问小儿情况，一家人愁苦不堪，一时间成为困扰我们父族母族妻族等九族最大的民生问题，"唯恐给中华民族造成重大损失，给新中国的医疗卫生事业抹黑，给那些别有用心的家伙提供'公鸡'咱国的炮弹"。

后来岳母偶然觅一偏方试之，第三天媳妇给小儿把屎，忽大叫，曹澍快来啊，儿子拉"条屎"了！我正在洗手间洗尿布，一个箭步冲出，只见一溜盼望已久的漂亮可爱的金黄色"条屎"逶迤而下，粗细均匀形状如蛇盘，还冒着袅袅热气，好看极了。小儿脸上也洋溢着舒服排泄的快乐，手舞足蹈地踢腾。岳母岳父闻声皆来欣赏，蹲在地上看了好半天都不想起来。媳妇高兴得泪光晃晃，岳母兴奋得喃喃自语，总算治好了，总算治好了。一家人欢天喜地高兴得像中了五百万的大奖，又如同1976年"四人帮"倒台时的第二次解放。岳父大呼，曹澍，拿茶壶来，咱爷俩儿碰一碗！

其实，蕞尔小吏出身的刘邦当年率先杀进秦都咸阳时的紧张和兴奋、宦官的孙子曹操当年"搞定"袁绍称雄中国北方后的狂喜和快慰、朱元璋从荒郊野庙孤苦无依的穷和尚暴发成皇帝时的激动和傻乐，也不过尔尔吧……

稿费鱼

小儿久病新愈，说，爸爸，我想吃鱼。儿子的要求就是命令。去鱼市一问，价钱贵得惊人。问为何？鱼贩说春天鱼少，过两个月就便宜了。回到家中对小儿撒谎说没有卖的，明天爸爸再看看。小儿闹而啼之，只好以实情告诉媳妇，媳妇说过两天发工资再说，这月已经精光。第二天上班，刚进校门，门卫师傅一声吆喝，曹老师，有你一张稿费单。拿来一瞧，《北京晚报》寄来"光洋"一百二十元。大喜过望，仔细揣入贴身衬衣口袋，又在外面按了两下，作为给儿买鱼之资。上完课，小跑去邮局取之。

转天，正好休息。上午9点，一家三口分乘两匹"焊接宝马"（自行车的昵称），大摇大摆有恃无恐气势汹汹杀气腾腾，直奔鱼市，择鲜活肥鱼两尾。归家，洗净，精心烧之。我啖鱼头，儿啖中段，妻啖鱼尾，分而歼之，一家人吃得非常认真；鱼汤拌米饭，香极了。从此，凡得稿费必买鱼啖之。久之，小儿起名"稿费鱼。"

犬子看了此文说，老曹，咱家那时真的这么穷？我说那可不是！你吃完的苹果，我还要把苹果核再啃一遍才扔掉；你吃完的西瓜，我还要把西瓜皮上剩下的红瓤再啃一遍；咱家在筒子楼住了八年，你忘记啦？当时改革开放不久，全国人民都比较穷，不光咱们一家。媳妇又提起许多陈年老事，一块"忆苦思甜"，一家人眼圈红红眼泪在眼眶里游荡……

红嘴绿鹦哥

儿子小时吃饭不爱吃菜。小孩老不吃菜怎么行？维生素的没有大大的不行。于是媳妇动之以情晓之以理，以及威胁利诱，但作用皆不大。媳妇"黔驴技穷"，只好把这"艰巨"任务交给我。我们家在教育犬子问题上很早就模仿咱国的"一线、二线制度"，小儿有事，媳妇先做工作，媳妇失败了我再上，有个回旋余地。男人，"难人"嘛，最"困男"的时候——沧海横流国事凶险家事艰难方显出男人本色。一般家庭教育子女常用的"红白脸制度"就更不在话下了。

我想起过去看的鲁迅杂文《谈皇帝》中的"愚君政策"。鲁迅说，皇帝和大臣有"愚民政策"，百姓们也自有其"愚君政策"。皇帝很可怕，一不高兴就要杀人，所以吃的东西也不能随便给他吃，倘是不容易办到的，他吃了又要怎么办？譬如他冬天要吃西瓜秋天要吃桃子，办不到，他就生气要杀人。现在一年到头给他吃菠菜，一要就有毫不为难。但是倘若说是菠菜，他又要生气的，因为这是便宜货，就给菠菜另外起了个名字，叫"红嘴绿鹦哥"。于是皇帝被练成了傻子，终年耐心地专吃着"红嘴绿鹦哥"。

好，咱就高射炮打回蚊子吧，如法炮制个"愚儿政策"如何？第二天，我买回一捆红根菠菜，洗净，连根炒了，端上饭桌，大叫，儿子，来吃"红嘴绿鹦哥"了……小儿一听，大喜，"红嘴绿鹦哥"？真好玩！足足吃了半盘。愚儿成功，不亦快哉！

诗童

小儿两三岁时，媳妇听人说教孩子背诗能训练幼儿语言提高思维能力，于是命我教儿背诗。幸好我早年识得几筐汉字，生吞活剥了几百首"李白杜甫白居易苏东坡辛弃疾李清照"，不用现炒现卖，遂利用送儿去幼儿园的路上和饭前饭后，教儿背诗背词，并做些简单讲解。年余，长长短短，儿竟记住百余首。家中来了亲朋好友，或去拜谒长辈，表演背诗词成了小儿的"强项"。最高纪录，连续背诵二十分钟不打磕巴，长辈怕小儿累着连忙叫停，否则还能继续背下去。长辈夸奖，简直像个录音机……

某日，家中来了好友，遂命儿背诗。儿朗朗：朝辞白帝彩云间，千里江陵一日还。两岸猴子胡乱叫，小船已过好多山。我忙说，错了，错了。儿反诘，你不是说猿就是猴子吗？啼是叫，轻舟是小船。万重山不是好多好多山吗？友人大笑，你儿慧根不浅，将来必成大器。小儿在外人面前如此"长脸"，媳妇大喜，我教儿背诗词的积极性也更高了。又"操持"月余，小儿不但学会"创造性"地改诗，还学会了"贴切"地用诗。

国庆节，媳妇包饺子，馅已完还剩点儿面，随手擀成面片，第二天做了面片汤。小儿端起一碗面片汤，用小勺捞面片吃，边吃边念念有词：一片一片又一片，两片三片四五片。六片七片八九片，放到嘴里都不见。

顿时把我们"吓蒙"了，醒过味来，我得意地对媳妇说：怎么样？直逼北岛吓死顾城吧！媳妇说：对，从今以后咱就改名叫"诗童"吧。一个"国产"的，不，一个"家产"的"诗童"就这样诞生了。可惜犬子高一分班时，自己选择了理科。否则，几十年后没准儿混成一个春夏秋冬都留着长长头发，眼神忧郁神经兮兮经常发呆总想自杀，半夜突然爬起来在键盘狂敲一串又一串自认为气死李白吓傻杜甫让白居易害羞得都不敢出门的谁也看不懂的"分行散文"，自己养活不了自己到处蹭吃蹭喝的"中国的雪莱"或者"中国的惠特曼"，为继承发展再现唐诗宋词元曲的万丈光芒贡献一大把力气……

白头到老

夜读得一佳句："男人有钱就变坏，女人变坏就有钱。"仔细琢磨，虽然有些偏激，也确是对一些复杂社会现象的深刻总结和概括提炼，挺有哲理。而且很可能是无数吃了变坏男人亏和吃了变坏女人亏的好男人好女人用血淋淋的代价换来的。遂一笔一画工工整整抄在读书笔记本上准备找机会活学活用一把，也显示显示咱哥们儿的惊人才华。

第二天吃早饭时，觉得应该马上在小范围先传达一下，就迫不及待地告诉了媳妇。她沉思良久，说：有道理，而且很有道理。然后煞有介事地把我仔细端详一番，又说，看来，你只有当一辈子好男人了。我一愣，她接着说，你没有变坏的资本啊，一个月就挣那仨瓜俩枣的，刚够吃饭穿衣拿什么变坏呢？

没想到殷勤献上的妙句，反被她当成矛，狠狠地刺了我一下。这不是哪壶不开提哪壶吗？咱大老爷们儿能受这个？"叔可忍婶不可忍"，立马反唇相讥，你也没有资本变坏啊。变坏的女人或有沉鱼落雁之貌或有闭月羞花之容，顶不济也得弄一大堆化妆品涂抹出几分真假难辨的姿色，你有吗？媳妇温和大度地笑笑，那咱们就白头到老吧。晚饭时，媳妇买了只烤鸡，又扒拉两个青菜；我斟了两杯茶水，说，来，为白头到老干杯。媳妇说，结婚七年生儿五年，总算挖到白头到老的"根源"了，值得庆贺。

正在一旁大嚼的小儿问，爸爸，什么叫白头到老？我说，就是爸爸妈妈天天在一起吃饭。小儿又问，有烤鸡吗？我点点头，小儿说，那太好了。

暑假，带小儿回石家庄看奶奶，小儿见了比他大一岁的两个表姐，非常神秘地说，我爸我妈要"白头到老"了。小表姐们好奇地问，什么叫"白头到老"？小儿悄悄说，就是我爸我妈天天在一起吃饭，还有烤鸡。

世间有些夫妻是外面没有诱惑没有机会而白头到老，并非婚姻质量有多高，戳穿这一点也许残酷，但这是基本事实。雨果同志恶狠狠地说："没有人诱惑你，贞操又算得了什么？"

千针屁股

小儿入学前，几乎以医院为家，不是感冒发烧就是咳嗽，三天两头往医院跑，看病拿药打针住院，所有儿科大夫和护士都认识我们一家，见面就问，怎么又来啦？孩子发烧多在下午或夜晚，我和媳妇经常整夜整夜战战兢兢提心吊胆地守着，一个前半夜一个后半夜，用白酒给小儿物理降温，把白酒倒在手绢上擦额头手心脚心腋下，烧得实在太高，就往小儿肛门塞一枚"退热栓"，但医嘱不能常用。小儿三岁前因高烧抽了两次风，半夜被救护车送往医院急救。因为老打针，小儿的两扇屁股蛋儿都打硬了。善良热心的护士长告诉媳妇一个土办法，在针眼上贴上一片新鲜土豆片，用胶布拉个十字粘住，帮助吸收，比热敷的效果好得多，半天一换。于是，小儿的两扇屁股蛋上经常挂着两片又薄又大的土豆片，睡觉也如此。这个土办法是灵，小儿的屁股软和多了，但还有小硬疙瘩，针眼也能依稀看见。一次，一位刚从护校毕业的新护士给小儿打针，用碘酒棉球擦干净屁股蛋，用手摸摸又是小硬疙瘩又是那么多细密的针眼痕迹，吓得不敢动手不知道往哪儿扎了，喊来护士长，护士长说，这孩子的屁股挨了有一千针吧，简直是个千针屁股。从此，护士们就给小儿起个绰号："千针屁股"，简称"千针屁"。"千针屁"，你又来了，青霉素80万……

我那时还在筒子楼住，四家一个厨房，谁家有点儿破事儿，一层楼都能知道，大家来往多，关系比较密切，不像现在住在小区邻里关系很淡。邻居张工的母亲从农村来帮忙"研究'孙子'兵法"，时间一长跟我们熟了，就悄悄对我说，给孩子起个小名吧，兴许好些。我明白老人的意思，起个贱名好养活。我和媳妇商量：狗娃、狗剩、二狗、猪娃、臭蛋、铁蛋、钢球、老虎……拿笔写了八九个，都不太满意。我突然想起领儿子在北京动物园看的那几匹憨头憨脑结结实实的野驴，小儿特喜欢。我说，不行咱就叫"野驴"吧。媳妇说太难听，好像是骂人的话。我灵机一动说改一个字，叫"野马"行不行？媳妇反复念叨几遍，说还行。我马上拿出纸笔，写了个"曹家告示"——从即日起我儿小名叫"野马"，欢迎大家使用，尤其希望小朋友们大叫。然后贴在走廊显眼处。第二天小儿一出家门，小朋友们就大喊"野马野马……"此起彼伏，可是大家喊了半年多，小儿的身体也没有"野马"起来，还是筒子楼常驻医院的"大使"。

我翻过几本闲书好写几篇芜文，攀龙附凤妄想沾点灵气，就结识了老作家刘真先生的大公子游泳教练"谢练"，话家常时说起孩子的体质太差，"谢练"说，让孩子学游泳吧，一年后准不感冒发烧。我是在滏阳河里泡大的，这有何难？夏天我什么都不干了，天天领着小儿泡在游泳池，上午一次下午一次，两个夏天过去，小儿终于甩掉"千针屁"的绰号，从城里弱了吧唧的"豆芽菜"变成黑乎乎的乡村壮实的野小子，蛙泳自由泳也玩得有模有样，筒子楼的小屁孩羡慕不已。我也被筒子楼最大的民间组织"爸爸协会"评为"模范爸爸"，会长号召全楼爸爸向我看齐，并发表重要讲话：世界上怕就怕认真爱孩子，只要认真爱你的孩子，少去打麻将玩扑克聊闲天，舍得付出，什么人间奇迹都可以创造出来。连曹老师这样的人都做到了，难道我们就做不到吗？难道我们还不如曹老师吗？

以身殉职

小儿某年秋天上了一年级，因相貌忠厚学习认真，被班主任委任为小组长，领导十二个同龄儿。我和媳妇从小学到大学，从未当过任何学生官，尤其是我小时就不是一只好鸟，从来没有成为同龄人的楷模，故而倍感荣耀很是珍惜，嘱小儿好好学习天天向上不要向下，莫负先生厚望。我们向亲朋好友讲述小儿情况，也把小儿任组长一事挂在嘴上，很是自豪。今天是小组长，发展下去，将来安知不是统领千军万马叱咤风云的将军，或辖管一方造福百姓的封疆大吏？秦朝预备役士兵陈胜同志不是早就喊了"王侯将相宁有种乎"吗？难道世界就该是他们老嬴家老刘家老李家老赵家老朱家天天过年（指秦汉唐宋明等朝代），永远坐龙廷，吃香的喝辣的吗？

可惜好景不长，才过半学期，一天上自习课老师不在教室，小儿率先捣蛋，被班主任褫夺官职。小儿归家闷闷不乐，吞吞吐吐向我们汇报了此事。媳妇命儿面壁省过，我则恨其有始无终，吾家两代人才出这么一个学生官，怎么说丢就丢了，实在可惜，将来履历表里多么光彩的一笔没有了。

晚上辗转反侧仔细想想，陈胜这小子的话未必适合大多数人，翻翻被周家大哥视为帝王将相家谱的二十四史，那些帝王人物打小都有统帅驾驭坑蒙拐骗同龄人的本事。就说陈胜吧，他年少时说"苟富贵，无相忘"，其实他富贵了把老婆老娘都忘了，还记得当年佣耕的苦力？连司马光都知道砸缸，小儿连个碗都没有砸过，看来小儿确实不是那块材料，小组长丢就丢了吧。你以为老流氓是到了四五十岁才成了流氓？你以为会背陈胜语录就是陈胜第二？你以为穿上中式立领你就成了易中天？会说东北话会唱二人转你就成了赵本山？捐了十块钱你就有了比尔·盖茨的感觉？去美国移了民你就能成为骆家辉再来中国当大使？去海边晒了几天夏天的太阳你就变成马丁·路德·金变成曼德拉变成鲍威尔变成赖斯变成奥巴马啦？后来又像帕瓦罗蒂会唱《我的太阳》了？啥人啥命吧……翌日，我领小儿向班主任认错，小儿肃立师前说：我是组长，应该以身殉职，不该领导同学捣乱……未等小儿说完，班主任和周围老师皆忍俊不禁哄然大笑。

犬子上高中时，为强身健体自告奋勇当过一年体育委员，上大学因成绩好被班里的男生起哄成团支书，但"领导欲"始终不强烈，这只能视为早年当小组长的余波了。杨宪益老先生说得好，"有烟有酒吾愿足，无党无官一身轻",平民百姓的日子也挺美的……

她不是我妈

媳妇有副好嗓子,也爱唱歌。在上海同济大学念书时被同学戏称"朱逢博第二"(20世纪80年代走红的女高音歌唱家朱蓬勃也是同济大学的毕业生),女同学开玩笑说,你上错学校了,应该上音乐学院或考文工团。但媳妇胆小,只敢在宿舍、在水房洗衣服时唱,连班里的联欢会都不敢上台,更不要说参加系里和学校的文艺晚会了。参加工作后,有一年国庆节公司搞联欢会,她代表技术处出了个独唱,在下面排练时唱得挺好,可是一上台,面对一礼堂观众,唱了没几句就紧张得忘了歌词,一个人跑下台,把整个乐队扔在台上,出了个大洋相。

我和媳妇刚结婚时,媳妇有三个16开的硬皮本,抄满了她喜爱的歌曲,有中外民歌电影插曲也有流行歌曲。每逢星期天上午,媳妇就把三个歌本搬出来,我点她唱,每歌一曲,窗外就有几个十二三岁的小男孩儿,半是叫好半是起哄地大喊:"再来一个。"自从有了儿子,家务陡增,小儿体弱多病媳妇上班又远,每天早出晚归忙里忙外疲于奔命,星期天上午总想睡个懒觉,消除一星期积攒的疲劳,故而媳妇再无唱歌的雅兴,三个歌本也不知塞到哪儿了,日子过得很寡淡。

某年夏天单位新分了房,媳妇上班近了,小儿也已七岁,学会自己擦屁股自己吃饭自己洗脸自己穿衣,省事多了,身体逐渐强壮,媳妇的心情也好起来。一天晚饭后,我和媳妇领小儿出来散步,路过一个卡拉OK摊。我对媳妇说,好几年没听你唱歌了,唱个吧。小儿也央求,妈妈唱一个妈妈唱一个!媳妇禁不住我们忽悠,过去点了一首《红梅赞》,才唱了几句,就围了几个中年人,眼睛里都是惊奇赞赏的目光。媳妇刚唱完,小儿躲在我身后突然大喊,老板叔叔,她唱的和电视里的阿姨真假难辨,别收她钱了!她不是我妈!周围人愣了片刻,哈哈大笑。

今年春天，媳妇花五百块钱上了两节中央音乐学院教授一对一的声乐辅导课，回来神采飞扬地对我说，那个教授说她的嗓音条件非常好，还问她年轻时为什么没搞声乐。晚上，媳妇痛心疾首痛彻肺腑思绪纷繁浮想联翩地解剖分析总结反省自己"严重平凡"的一生：我这个人，就是心理素质太差，好多机会都没抓住，否则早成著名歌唱家了，也不会找你这种穷教师做丈夫，默默无闻地过了一辈子清贫日子……说着说着居然委屈得泪流满面了。

没有想到花了五百块钱竟然换来这么一个结果！我记得媳妇的更年期好像已经过去了啊？怎么"还乡团"又杀回来了？吓得我连忙放下张爱玲，跑过去坐在媳妇身边轻轻搂住媳妇擦去她那滚烫的激动的泪水，抚摸着她那已经有点皱皱巴巴的星罗棋布着老年斑的小手手，顺着她的思路充满深情和激情地往下"开导"——

那是，那一定是，那肯定是，我严重相信！可怜您"隐姓埋名"了这么多年啊！您能在维也纳金色大厅开独唱音乐会，您肯定还会是某位大首长的儿媳妇，吃澳洲牛排喝巴黎酩悦香槟开宝马住别墅，您家那点烂事儿还能成为狗仔队疯抢的花边新闻再变成亿万平民百姓茶余饭后津津乐道的谈资，没准儿牙缝里塞着菜叶嘴角沾着小米粒手里捏着半个馒头唾沫星四溅正议论您丈夫和女秘书开房的视频在网上蹿红、议论您儿子打人的那个老汉就是我呢。不过，现在您只能每天早上到"激情广场"嚷两嗓子，辉煌华丽的舞台没有了。晚上喝小米粥吃凉拌黄瓜顶多再加个含有丰富苏丹红的咸鸭蛋。除了您单位的兄弟姐妹们，偌大个天下再也没有人知道您是谁了。想换丈夫，恐怕已经来不及了，您凑合着再将就几年吧。这辈子跟着我，实在太委屈您了。您就嫁啥随啥吧，千万不要发挥您的丰富想象力了，那样只能自寻烦恼。

第二天一早六点多，我喝了一碗小米粥坐上地铁就去中央音乐学院找那个教授了。路上我想，你小子忽悠得我家"鸡犬不宁"，我也要想个办法玩得你家"鸡飞狗跳"，真是的，咱非得一报还一报扯平才行……

牛粪运动

犬子进京上学，我把他霸占六年的书房夺回来了。将堆积如山的复习资料捆绑，运到地下室，先不能卖，万一这小子进京在学校站不稳脚跟，当了"李自成"，又回来复读怎么办？卖它不值钱，当初买时薄本十几元、厚本几十元，花了足有一两万块钱。

再弄几张假范曾假莫奈……挂在墙上，附庸风雅。把哄了犬子六七年的名人名言摘下来，什么我很傻我不是天才我只会多出汗。还有，我是一个捡贝壳的小男孩儿等。也不知这些话感动过他没有。再把犬子坐坏的安乐椅换了，他起名："苦乐椅"，学习苦考好了乐。

十年前，犬子好要厌学，老曹逼其作文，题为"论学习的快乐"。结果，他吭哧半天，就写了一句：看我学习，爸爸很快乐，我一点儿也不快乐！

大伙评评，这哪像"书香门第"人家孩子说的话？气得老曹学习傅雷先生教育傅聪的方法，"法西斯"一回，罚他吃白饭不让吃菜和肉。也气得犬子对他妈说，他不是我爸爸！

您瞧，吾家孺子难教吧？没办法，老曹只好赤膊上阵捉刀代笔洋洋洒洒一篇，命其诵读后背会，隔几天，温故知新一回。其中，有几个被犬子视为经典的句子："期末考试，我考了前五名，男同学和女同学都向我投来佩服羡慕嫉妒的'复杂'眼光，我很快乐！""我成绩好了，老师用和蔼的目光温暖我，我很快乐。老师用厌恶蔑视愤怒的眼光'扫射'后面的同学，还骂这些同学是笨蛋，我同情他们，我不想当笨蛋。"……这些事都是犬子对我说的，个别字词句还是犬子按自己的"风格"改的。

上高中犬子又"貂尾续貂"："我成绩直线上升，'班花'她妈向班主任提出，让'班花'和我坐一桌，沾点儿灵气取点儿经，我快乐死了。男同学嫉妒得管我叫'牛粪'，我更加快乐了！"

从此，他们班男生掀起一个争当"牛粪"的运动。后来，犬子告诉我，"班花"她妈请年级组长和班主任吃饭，"班花"才"享受"和他坐一起的待遇。

躺在新买的安乐椅上，想着终于把这傻小子哄进重点大学，万里长征走完第二步（第一步是中考），先歇会儿，暂时不管那9998步，不亦快哉。

老曹，打点儿钱

这是犬子大学五年，我收到最多的一条短信，也几乎是内容唯一的短信。犬子上大学的第一个学期，我们参照左邻右舍的标准给他带足了半年的生活费，可是才过三个月，他的小金库就告罄，来了条短信："老曹，打点儿钱。"我和媳妇想，这小子的专业是建筑学，开了好几门和美术相关的课，需要添置的东西比较多，也没多问，又给他打了三个月的生活费。可是还没放假，有一天我的手机又叫了，我一看，又是："老曹，打点儿钱。"

这一下媳妇沉不住气了，电话质问：曹野马，你是怎么花的？那边回答：我也不知道。我抢过电话：你除了"老曹，打点儿钱"就不能多说几句啦？比如向我们汇报汇报学习生活情况。

那边的回答让你想都想不到：给你们做了二十多年儿子，哪有那么多话说！他娘的，噎得我半天缓不过劲儿来……有什么办法？你总不能让他有困难找警察叔叔吧……放假回来，媳妇给犬子上了一次理财课，犬子一边玩游戏一边听。开学了，我和媳妇决定一个月给他打一次生活费。为打多少，我和媳妇发生激烈争执。媳妇主张"穷养男富养女"，培养犬子的奋斗精神。我说我眼看着我的一些被"穷养"的男同学男同事长大后对金钱无比贪婪，要钱不要脸斤斤计较而且人格人性扭曲，还是让犬子"长袖善舞多财善贾"吧，咱们省点儿就行了，你那套理论是老皇历严重过时了，"穷养"有时连自尊心都养没有了。争执的结果取了个折中数。

可是过了没多久，我发现犬子的月比我们的月总是少好几天甚至十天，"老曹，打点儿钱"的短信频繁从北京飞来。一个学期下来本来应该六个月，犬子那里却成了九个月或十个月，他的"一年"就成了十八个月或二十个月。

回家看老母亲，向奶奶汇报孙子的情况。犬子大姑说，我刚看了流沙河先生讲的故事，他家乡四川金堂县城有个老财主特别吝啬，拉屎都不去别人地里，吃的穿的和长工用人差不多，可他儿子吃喝赌花钱如流水。有一天老财主在一个小饭馆喝粥，一个朋友跑来告诉他，你家二娃子又在贵宾楼大宴宾客。老财主气得一拍桌子：他娘的，老子也不过了！老板，加一块臭豆腐！

犬子大姑总结：哥，你就像那个老财主。唉，老财主就老财主吧。我有好几年不敢进书店了，都是在马路边买五块钱一本的盗版书，小五号铅字满满当当的几乎没有天头地头，看得头昏脑涨哪还有什么书香的感觉。我和媳妇买的旅游鞋没有超过一百元的，犬子的臭球鞋不是五百元、六百元就是八百元。批评他，他还振振有词我们班某某的鞋没有低于一千块的。犬子一条夏天穿的什么狗屁牌子的大裤衩也三百多元，我的才二十五元。我和媳妇咬咬牙，花四十一块钱吃次麦当劳，新鲜兴奋得不得了，坐在里面傻瓜似的东张西望。犬子连电话都懒得打更不用出门在网上轻轻点点鼠标叫各种外卖的收据一大把，价钱"可恨"得我都不敢跟媳妇说，这个小子也忒潇洒了……

去年，犬子的笔记本和相机更新换代了。我说，你看，你小子一下就干了两万多。

犬子居高临下理直气壮嬉皮笑脸地摸摸我的"首级"：老曹哇，别这么说好不好哇？将来你老了，你要什么，我也给你买什么。你怎么还不快点儿老啊……然后非常机智地掩护我平安穿过车水马龙人头攒动眼花缭乱的长安街紧紧搂着我奔向前方，感动得我鼻涕眼泪差点儿一起涌动出来……

（此文最先发表于 2011 年 9 月 16 日《邯郸晚报》。以"黎民布衣的幽默生活"为题发表于陕西的《延河》杂志。后来又以单篇发表于《杂文报》。其中《老曹，打点儿钱》在《杂文报》刊登后，被《散文选刊》《中国剪报》《今日文摘》转载。）

"八回"

　　这是30多年前老曹经历的一件真事。一天，工厂先进单位三车间"侦破"一件男女私情案，要连夜审问，希望宣传科去名干事，帮着整理一份材料，上报政治部。科长老楚说："小曹，你去吧。"

　　我去了才知道了事情的原委：A男和B女是夫妻，A男比B女大10岁，B女长得颇有几分姿色，又有些水性杨花，对老丈夫不太满意。于是，B女和同组的武汉知青C男日久生情。C男借回武汉探亲之机，把B女带回家，谎称B女是自己的女朋友。两人同住同吃同玩耍，探亲假满方回厂。

　　放在今天，单位根本不会介入，有关当事人自己处理好了。但在"文化大革命"中，却成了轰动全厂的特大新闻。车间不但介入，还把B女、C男分别关押，反复审问，不让回家。还成立了以车间书记挂帅的调查小组，有男有女，八九个人，全是车间骨干。

　　审问开始，老曹发现这些人不是深挖思想根源、批评教育，而是特别热衷追问男女私情的细节，有人竟然下流地问B女头天晚上和C男同房几回。B女先是低头不语。谁知众人纷纷附和提问者，非逼B女说。B女想了好一会儿，才说："八回。"

　　从此，B女有了个人人皆知的外号："八回"！工厂女工，嘴粗，工休时，常以此玩笑。一次，B女被几个女工耍笑得实在忍无可忍，大声反诘："你们还干不了八回呢！"众人一片浪笑。

　　"你们还干不了八回"的豪言壮语，当天，就传遍全厂。

　　当年，老曹刚二十出头，一次真正意义的恋爱还未谈过，觉得爱情无比圣洁。坐在这样的审问者当中，听着这样的审问，觉得相当别扭，而且从直觉上感到这些审问者比两个当事人更无耻、更流氓、更卑鄙。心中反而对 B 女、C 男生出几分同情。尤其是看着一向道貌岸然的 40 多岁的 × 厂长，盯着 B 女，嘴里直咽口水，眼里荡着淫光的样子，让年轻的老曹觉得十分恶心！老曹当时就想，× 厂长身体的相关部分肯定发生了剧烈的物理反应，甚至后悔自己为何不是 C 男！

后来，老曹实在听下不去，借故先走了。事过之后，老曹常想：为何这些平日最革命的人会变得如此阴暗、龌龊？

或许是人性压抑太久，装蒜时间太长之后的总爆发或反弹吧？这好比教士和修女最容易偷食禁果一样。

真正的禁欲是需要境界和修养的。包括老曹在内的绝大多数人是根本做不到的。能做到节制，就是已经是高人了。

美色和金钱对任何男人都有诱惑力。张艺谋遇到巩俐之前，曾对他前妻肖某吹牛，说他能"抵御"。后来，事实证明，他不过是对他前妻肖某扯了个小小的淡而已。

冬泳妙处与君说

老曹冬泳已有10年，在本地的冬泳队号称"黄埔二期"，是比较早的一批。

10年前，老曹受两大顽疾困扰，很是头痛：一是失眠，二是胃病。每晚睡觉都要吃安眠药。180厘米的身高，体重只有120斤。有友人介绍，冬泳对人的四大系统有益，可试之。

一、有益于心血管系统，号称"血管操"，可增加血管弹性，降低血压。二、有益于神经系统，缓解神经衰弱，睡得深。三、有益于消化系统，促进消化吸收，吃嘛嘛香，增肥上膘。四、有益于呼吸系统，增强抗寒能力，不感冒。老曹听完，心想："人民的大救星"终于来了。第二天，正好风和日丽。上午，由朋友陪伴，老曹来到泳池下水游了20多米。午饭后，一觉睡到下午3点30分！好几年没睡过这么香甜的午觉了，真爽啊！于是，下午又"泳之"。是日晚上9点多，头就开始"钓鱼"。后来，困得实在撑不住，又睡，一觉到天亮，连便都没小。太神奇了！

从此，老曹爱上冬泳，冬泳也爱上老曹。一天不游都难受，两天不游就像正度蜜月的小伙儿丢了新娘一样。

那天，对老曹来说终生难忘。那是1999年3月5日，一个改变老曹命运的日子。如今，老曹早已告别安眠药，体重也增加了30斤。现在，老曹的泳友已有200多人，还有20多个女同胞。今年新加入的弟兄被命名为"黄埔十一期"。

冬泳的妙处还有许多——有关节炎的泳友，关节炎好了，寒冬居然不穿毛裤。颈椎和腰椎疼痛的泳友活动自如了。喜欢饮酒的泳友，酒量比过去大了，醒酒也快了，在酒场上"战斗力"明显增强，大有所向披靡、喝倒他人如卷席之势。有些调皮的男泳友还悄悄互传，冬泳后肾也不衰了。总之一句话，身体比过去好多了！

借用一位泳友的段子，给老曹的拙文收个尾："冬泳好啊，冬泳好。男的游了力量，女的游了漂亮。男的游了女的受不了，女的游了男的受不了……全世界人民游了地球受不了！"

一派荒唐言——老曹游了怎么就是困得受不了啊？

2008 年 12 月 15 日

儿子不在家的九个不亦快哉

犬子进京上学已有两年，家中只剩下内人和老曹厮守，六眼相视（我是"四眼"），瞪来瞪去，又成丁克家庭，不胜快乐。现把诸般快乐变成文字，献给有相同经历的网友分享，即将有此经历的网友先偷尝。

1. 儿子不在家，老曹再不用伪装小资、伪装先富起来的人，每天去"好利来"花十块钱请回两个肉松面包、每星期屁颠屁颠地到"美食林"提回几十元"稻香村"的点心。每月节余的数百元，揣在怀里，大摇大摆，横进音像店，大呼："老板，又新进碟了吗？"只要看上的，悉数抱回家中，往沙发上一窝，看完一张换一张，自己给自己开大片夜场晚会，不知东方之既白，不亦快哉！

2. 儿子不在家了，咱有恃无恐了，哪天去音像店，运气好，淘了张丁度·巴拉斯的作品，偷偷摸摸鬼鬼祟祟揣在怀里。半夜，等内人进入梦乡，咱悄悄踅入书房，战战兢兢的做回"坏男人"，也不怕影响下一代。咱不能像大款和贪官污吏那样"务实"，"务点虚"还不行吗？"务完虚"，进洗手间对着镜子照照，又换上好男人的嘴脸，安然入睡，不亦快哉！

3. 每逢同学朋友聚会，说起孩子，只要碰巧没有清华北大人大北航北师大复旦交大浙大的学生家长，咱就是"猴子"，就敢称一回大王，牛×一把！比上不足，比下还行，不亦快哉！

4. 儿子上了大学，再不用每学期花数百元，买各种大同小异的复习资料——为编者有意设计的"小异"，花了许多冤枉钱。气死赚黑心钱的编者和出版社，不亦快哉！

5. 儿子不在家，用不着每天定时围着锅台转，变着法给他做营养餐：1号清炖排骨、4号红烧鸡翅、7号鲫鱼煮豆腐、10号三鲜饺子，春天买香蕉、夏天买西瓜、秋天买葡萄、冬天买草莓，人家刚放下筷子，咱就把洗净切好的水果递上，殷勤得如同和珅伺候乾隆爷，比对老爹老娘还孝顺！如今，只有老曹和内人，怎么省事怎么来，有时懒得做饭，煮两块方便面削两个苹果倒两杯酸奶，就是一顿午饭。当了20年的伙夫，总算翻身得解放，抚今思昔，不亦快哉！

6. 儿子不在家，每天至少多出3个小时。治国平天下之事，交给公仆们干了，他们吃得好喝得好玩得好骑得好住得好，不干点事还行吗？齐家之事，交给内人做了。老曹只管修身养性养浩然之气。3小时分配如下：1小时读史、1小时文艺体育，剩下1小时于黄昏时的夕阳下，独坐马路边的草坪上，欣赏夏日的美女，先养眼后养心，觉得生活真美好！

不过，老曹可不是鲁迅先生批评的那种想象力特别丰富的聪明人——看见雪白的胳膊就联想到其他什么地方。老曹比较迟钝，从来都是看山即山、看水即水、看见胳膊即胳膊。如若不信，有事实为证——七八年前，有天晚上，老曹在学校看曾国藩至10点，下楼碰见某校长和新来的漂亮女教师，老曹说：您谈工作谈得这么晚，辛苦了。后来，校长居然出事，老曹还不相信，还为他们辩护呢。老曹是不会联想吧？您想想：一个30多年前的小伙子，于即将花甲之年，欣赏20岁的年轻胳膊，能不不亦快哉！

7. 儿子混进群放群养、广种薄收、自由自在、不排名次的大学，老曹再不用提心吊胆，等什么小考中考大考，单元考期中考期末考，看见同事赵老师为公子未进年级前十、钱老师为千金数学没及格……急得嘴上冒泡，腮帮肿大，甚至连课都上得歪七扭八，学生议论纷纷，家长隔三岔五给校长打匿名电话，要求更换老师，咱躲在一旁"幸灾乐祸"——真是三年河东，三年河西，今儿也轮到尔等受煎熬了。孩子上初三、高三对家长绝对是煎熬！

这时的孩子说不得碰不得，轻也不是重也不是，只要人家一进家门，咱就小心翼翼，说话不敢高声，走路不敢重步，电视不能开，电脑束之高阁。那两年，真是比孙子还孙子，不是装孙子，而是真正的孙子！那简直不是人过的日子！

儿子上学后，我和内人又从商场搬回一台电视一台电脑，她一台电视一台电脑，我一台电脑一台电视，互不影响，想看什么就看什么，想看到几点就看到几点，想调多大声音就调多大声音，让仍煎熬在"水深火热"中的同胞羡慕死了，不亦快哉！

8.看看同办公室孙老师的闺女研究生毕业，还没找到满意工作，孙老师东求西拜，弄到一辆奥迪 A6，装上一车瓷器，从银行取出十几方领袖头，杀进京城，为爱女谋美差去也。

那事目前离咱还远，至少也在四五年以后，咱别预支烦恼，自己折磨自己，先得过且过，不亦快哉！

9.儿子不在家，就剩"老两口"相依为命，内人比过去更稀罕咱了，把咱看得很紧，咱必须早请示晚汇报，咱也从垃圾股变成绩优股，从鸡肋变成鸡腿，从三把手跃升二把手，又长了一级，变成"副国级"（一个家庭即一个"国的家"，家国嘛），不亦快哉！

（此文发表于《邯郸日报》《散文百家》。）

夫妻"对话"

我们一家三口为了糊口"兵分三路"：我在赵国首都比鸡起得早比狗睡得晚读书码字补习文化，为丰富中华民族的俗文化痞文化鸟文化锄草松土施肥浇水，我是家里的"精神领袖"，目前还没有码出像许多作家那样的雄文数卷。媳妇在某市工地做监理，埋头苦干吃住都在工地很不容易，为建设美好的新某市做贡献；媳妇是我的"领导"而且是家里的最结实的经济支柱。媳妇的工资比我多，学文的没法和学工的比，你为社会创造的财富少所以社会给你回报也少。下辈子说什么也不学文了，打死我也不学文了，没有媳妇挣得多感觉非常不爽啊，好像有种被媳妇包养的感觉，还好像是个伪劣爷们儿如司马迁如郑和如……都不好意思再往下说了，司马迁好歹还有 52 万字的《史记》在那儿戳着，郑和领着船队还出国溜达七次，可目前老曹啥也没有。儿子在中国首都几乎天天晚上加班认真刻苦废寝忘食学习手艺苦练基本功，儿子是我们家的"小爷爷"也是我们家"早晨八九点钟的太阳"，我们家的希望在他身上、我们家的未来也在他身上，但这小子一点儿都不知道，不知是揣着明白装糊涂还是大智若愚。

总之，一家人都在为祖国社会主义的四个现代化辛辛苦苦增砖添瓦劳心又劳力……我们家是咱国无数个家庭的缩影。曾记当年号召：我们都有两只手，不在城里吃闲饭。我们家现在没有一个吃闲饭的，彻底响应号召不掉队。

我和媳妇规定，为了不相忘于江湖，每天互相发个短信或者打个电话问候一下，证明自己还活着，还继续牵挂想念着对方。又多少有些像退休在异地的老人，隔一段时间要"认证"一下，否则原来的单位就不发给"活命费"了。

"对话"开始了。下面是今天的短信——我：领导，你猜我在干什么呢？媳妇：你猜我现在在干什么呢？

我：我猜你正在猜我现在在干什么呢？媳妇：我正坐在回北京的火车上。你没有猜着吧？我：羡慕哇，你可以让儿子接见你了！媳妇：是啊，感觉非常兴奋非常幸福无上光荣无上荣耀！

（已经很多年了，我见了儿子像太监见了皇帝，媳妇见了儿子像科长见了总经理，两张老脸堆满讨好的微笑，四只眼睛充满谄媚的神情。）

我：我们也太便宜了，太不值钱了！不说儿子了，你也猜不着我干什么。我在屋里踢毽，四楼没有人，我满头大汗了。

媳妇：体育运动是要经常抓的，不能一天打鱼五天晒网。全国人民都要行动起来。

我：怎么语录体啊？长本事了。

前天的短信——我：领导，我去染发了……

媳妇：不能去！染了发就变成帅哥了，我不放心！我：我……

大前天的短信——我：妹妹，哥哥想你了。肉麻不？干什么呢？媳妇：遛狗呢。我：是"花花"吗？（"花花"是他们单位养的狗。）

媳妇：不是。就我一个人。

我：哥哥明白了。（媳妇是属狗的，一个人散步，不就是遛狗吗？这个狡猾的家伙！）

大大前天的电话，时间晚上9点——媳妇：干什么呢？

我：正和小妹聊天呢，聊完天洗洗就准备上床休息了。小妹，大嫂来电话了，你和大嫂说几句吧，让大嫂放心，大哥有你照顾已经乐不思蜀了。

电话那边，媳妇已经笑得上气不接下气了。

老百姓嘛，活得已经够郁闷了，自己给自己找点儿乐子吧。另外，对媳妇就是要经常表扬狠狠表扬就像表扬学生那样。对媳妇就是要说你想她，不想也要说想，即便早就"审美疲劳"了也还要说想，而且还要说想得都睡不着觉、吃不下饭才行，把她哄得高高兴兴的，家庭也就和谐幸福了。

2012 年 4 月 5 日

老婆不在家不亦快哉

老婆外出学习一段时日，颇感老婆不在家的种种妙处，趁她还未回来，一吐为快。

1. 老婆不在家，不用耐着性子，听老婆红着眼圈复述煽情的二三流电视连续剧的故事情节，不亦快哉。

其一，老婆不在家，打开电视，碰上枪战片武打片足球赛，没人和你抢遥控器，自个儿独霸电视，想看到几点就看到几点，不亦快哉。

其一，老婆不在家，没人总拿成功的男人和你比，让你时时感到自己是个人生战场的失败者，总想买块豆腐把自己砸死。而现在，活得率真伸展自然，不亦快哉。

其一，老婆不在家，叫三四个气味相投的朋友，来家一边品书一边饮茶，或击节赞叹妙语连珠，或沉思默想神游万仞，无人在耳边聒噪"明天还上不上班"？直到尽兴，方做鸟兽散，不亦快哉。

其一，老婆不在家，有异性文友书痴来讨论作品交换书籍，没人杏眼圆睁，密切注意"阶级斗争"的新动向，把没事看成有事，可以轻松交谈正常交往，不亦快哉。

其一，老婆不在家，吃完饭不用洗碗，摞在一起，一星期洗一次，不亦快哉。

其一，老婆不在家，上床不用洗脚，困极倒头便睡，不亦快哉。

其一，老婆不在家，只能一周通一次电话，思念得一塌糊涂，重新体会了恋爱时候的滋味，保持了爱情的新鲜感，不亦快哉。

其一，老婆不在家，丈母娘睹我如见其女，有好吃的必叫小舅子传我，与泰山对饮神聊一通，然后拍屁股就走，不亦快哉。

其一，老婆不在家，有种西藏农奴翻身做主人的感觉，不亦快哉。

老婆不在家的好处，还可数出很多，只因此文欲公开发表，故而有些妙处不便与众人言说，有意者，来电来访概表欢迎。

2008 年 6 月 10 日

77

我不想找漂亮媳妇

我想找个漂亮媳妇，这是情窦初开时就树立的理想。21 岁那年，在大学进修时，晚上在宿舍联床夜话，把这理想透露给了一位半师半友的兄长。他不但没有鼓励我，反而用调侃的语气说："这算个什么鸟理想，是个健全的男人都这样想。还是量体裁衣为好。"我不服气，为这理想奋斗了十多年，最后，还是被一个相貌平平的姑娘逮住做了她的丈夫。

后来一想，找不上漂亮媳妇是咱的福气啊。你想，爱美之心，人皆有之，媳妇漂亮，别的男人有事没有事都愿意接近接近，献点儿殷勤，咱有像大海那么宽阔的胸怀吗？瞧着别的男人看咱媳妇那热辣辣、痴迷迷的眼神，咱心中能不波涛翻滚、怒火中烧吗？媳妇因为漂亮，被人捧得多了，晕晕乎，难免对某某产生一丝两丝的好感，倘若一时心旌摇动，和人家跳两回探戈，看几次电影，或在办公室说几句"不足为外人道也"的悄悄话，咱能做到睁一只眼，闭一只眼，无动于衷吗？万一冒出个各方面都比咱出色，又胆大妄为，如渥伦斯基那样的家伙，把咱的漂亮媳妇拐走了，咱能做到忍痛割爱吗？虽然刘玄德说过，"妻子如衣裳，破了可以补"，可刘玄德是"皇叔"，后来又做了皇帝，他"补"多少都能办到，咱行吗？漂亮媳妇大都好玩，咱有时间陪她今天晚上奔舞厅，明天晚上去酒吧，后天晚上到卡拉 OK 吗？让她自己去，咱又不放心。把"生命的三分之一"都干了这个，岂不太浪费了！再说，去玩，总要穿得像样些吧，《项链》里的玛蒂尔德为参加舞会，不是还花四百法郎做了条裙子吗？咱每月那点儿薪水，别说给漂亮媳妇做条四五千块钱的高档裙子了，就连瓶法国奇迹香水都买不起，更别提玩累了再来杯马帝尼皇家豪门威士忌了。

　　还有，俗话说，金屋藏娇，咱混了半辈子，别说"金屋"，连套三室两厅都没混上，只有一套小三居，配"藏娇"吗？即使咱想"藏"，人家"娇"还不愿意呢！

　　如今，咱媳妇虽然不漂亮，但有文化，还是名牌大学毕业。咱想吃啥，媳妇就给做啥。咱买书，一出手就是两三百元，既不用请示，也不用汇报。在家，咱说一不二，除了儿子，咱就是老大，抡起脾气，全家都怕。这样的滋润日子上哪儿找，那些整天听漂亮媳妇吆喝的男人怎么比得了？

　　不过，对别人，咱还得说找漂亮媳妇好——看起来心里舒坦，爱起来感情热烈，带出去神气体面。人家找着漂亮媳妇是人家的本事，咱不眼红，也不说风凉话，免得人家说咱是只狐狸。

　　（此文1993年5月16日《北京晚报》、1993年8月28日《河北日报》，后被数家报纸转载。）

我的"四个一"

一

必须坚持每天思考一件国家大事的原则。必须坚持每天读一篇古文的原则。必须坚持每天背一首古诗的原则。必须坚持每天敲一篇小文的原则。

二

必须坚持真话不全说的原则。必须坚持经常兼听屁话套话假话的原则。必须坚持我指挥夫人而绝不能让夫人指挥我的原则。必须坚持我的一统全家而不能让夫人和儿子闹三权分立的原则。

三

必须坚持只和夫人一个女人好的原则。必须坚持只吃自己买的饭的原则。必须坚持只喝自己买的酒的原则。必须坚持只抽自己买的烟的原则。

四

在我们家——必须坚持老曹的权威领导。必须坚持让儿子走老曹指引的前行路径。必须坚持老曹的家长专政。必须坚持老曹的传统思想。

2009 年 6 月 7 日

实话词典

公仆：一种人人羡慕、向往的职业。小鞋：掌握权力的人，以冠冕堂皇的理由，给你配上的一种无懈可击的刑具。

儿子：虽年幼，却已登基的小皇帝。他的最忠实的臣民通常有六位——爸爸妈妈、爷爷奶奶和姥姥姥爷。

教师：人类灵魂的工程师。但某些方面孤陋寡闻，甚至鱿鱼海参都认不全。现在多少有点儿翻身的趋势。

丈夫：昔日女人的靠山，今日家中的排行小三的那个家伙。蜜月：爱情生活的顶峰。从此，"蜜"开始一点儿一点儿减少。悼词：专门罗列死者优点和成绩的一种文体。老实：无用的别名。横行霸道者最喜欢这种品德。偷盗：注定要付出巨大代价的取物方式。拍马：无本万利的买卖。条件是胆子要大，脸皮要厚；要敢说前人没有说过的话，敢做前人没有做过的事。股票：可以使你发财，也可以让你上吊的一种法律允许的"赌博"。恋爱：不是很快就能掌握的一门手艺。等你掌握后，已经没有实践的机会了。

谦虚：人情练达者为换取他人好感而惯用的一种手段。美貌：是女人的资本，还是一本很快就会透支的存折。

金钱：已成为衡量社会地位的唯一标志。

铁哥们儿：除了老婆，什么都借而什么都不要还的人。哈巴狗：一颤一颤地跟在中外有钱的娘们儿脚后的那个矮胖的东西。如今又有个时髦的称呼曰"宠物"。追悼会：名为死人，实为给活人看的一种仪式。

梦：可以实现一切欲望。最丑的男人也能用这种方式娶到如花似玉的姑娘为妻。

　　"二奶"：妓女中的另一个群体，不同的是：妓女每天向数个男人收费，而二奶是一年或数年只向一个男人收费，然后再换一个新的男人……它还常和另一个词合用——包养。一般来说，贪腐官员对这个词的"内涵"了解得最多。

2008 年 6 月 11 日

所谓男人

——女人如是说

　　所谓男人，就是婚前伺候你，而婚后让你伺候的那个家伙。这家伙走的是一条"从打工仔到董事长"的道路。新婚之夜，男人最想说的一句话是："总算把你弄到手了。"一个"弄"字，道出了他的多少"艰辛"和"良苦用心"。你听了这话的第一个感觉是："哎哟，我上了这小子的当了。"但已悔之晚矣。

　　婚前的男人特能"忍辱负重"。你骂，他不还口；你打，他不还手；你约会迟到，他不但不生气，反而笑脸相迎；你耍小姐脾气，他千方百计地哄你；他去你家做客，干起活来像个钟点工。那时的男人真招人爱。

　　所谓男人，就是婚前殷勤备至，陪你逛商店，并表示极大兴趣和忍耐力；而婚后，宁肯站在商店门口等你，也不进去，还"恶狠狠"地说："买了就出来，别逛起来没完！"败兴得让你刚进去，就想出来的那个家伙。

　　所谓男人，就是爱难专一，情难固定，吃着碗里，看着锅里的那种人。婚后的男人有句能气死你的口头禅："孩子是自己的好，老婆是别人的好。"你说这话多气人！

　　只要兜里有烟，碗里有肉，樽中有酒，哪怕袜子前面出脚指头，后面露脚跟，男人也不在乎。苏东坡说，"居不可无竹"，如今的男人是食不可无肉。当你把饭做好，端上桌子，男人看一眼，眉头一皱："怎么连点儿肉都没有？"其实，前天刚买了一只烤鸡，他一个人就啖了三分之二。

　　男人从不收拾家，到处乱扔东西。你收拾家，打扫房间，男人还说："这不挺好吗，老穷折腾什么！"你吩咐他干一点儿家务，他就觉得委屈得不行，像是耽误他"修身齐家治国平天下"了。

所谓男人，就是别人问："你女儿上几年级啦？"他还得想半天，最后，只好说："大概上四年级了吧。"其实，孩子早上五年级了。你瞧，这爹当得多"潇洒"。

所谓男人，就是经常半夜爬起来看足球赛，不但声音开得大，还连喊带叫，吵得你和孩子都睡不着觉的那个讨厌的家伙。

当然，上述的男人不是所有的，而是"有的"；不是多数，而是"少数"。否则，天下的淑女还有谁想结婚，还有谁敢结婚呢？

小姐，但愿你别碰上这样的男人。

（此文发表于 1993 年 11 月 9 日《杂文报》。）

所谓女人

——男人如是说

所谓女人，就是婚前叫"小姐"，婚后叫"太太"的那种人。所谓女人，就是恋爱约会时不是迟到就是早退，经常莫名其妙地生气，弄得你丈二和尚摸不着头脑，也不知哪项没伺候周到；更有甚者，还隔三岔五发个"哀得美敦书"要挟一下，吓得你饭不香觉不着，神魂不安，唯恐已快进网的"鱼儿"又游走，恨不得给她行三拜九叩大礼的那种人。

所谓女人，就是你没发达时骂你无能，埋怨自己当初瞎了眼，怎么嫁给你这个窝囊废；当你混出点儿人样后，又处处提防你休了她，天天问你爱不爱她，整日里疑神疑鬼，时刻监视你和其他异性接触的那种人。

所谓女人，就是婚前往你钱包里塞钱，还不时向女友夸耀："他把钱都买书了，连买饭票的钱都没有了。"而婚后抢走你的钱袋，每月只发给你点儿零花钱的那种人。

所谓女人，就是婚前听别人骂脏话都脸红；而婚后张口闭口自称"老娘"，时不时也会像唱歌似的骂人，还能坐在地上呼天抢地、披头散发、捶胸顿足的那种人。

所谓女人，就是婚前特爱尾随你与"狐朋狗友"聚会，聆听你们闲吹神侃，唇枪舌剑，坐而论道。她往墙角沙发上规规矩矩一坐，一动也不动，惊讶得张大樱桃小口，从不敢插一句话。而婚后，她竟敢衣冠不整地闯入你们的沙龙，大吼一声："你泡的那堆衣服都馊了，还不快回去洗！"

所谓女人，就是婚前上街偶遇一个自称被小偷掏了钱包，连回家的路费都没有的人，马上眼圈红红，拿出十块钱递过去；而婚后，你也这么干，她反而骂你穷大方的那种人。婚后的女人或为一毛钱，或为换一个大一点儿的鸡蛋，能和小贩吵得唾星飞溅，脸红脖子粗，不达目的誓不罢休。婚前的女人慷慨善良如天使，婚后的女人财迷抠门得如巴尔扎克笔下的守财奴葛朗台。

所谓女人，就是逼你做个勤快孝顺便宜的好女婿、叫社会唾弃不孝的忘恩负义的坏儿子的那种人。

所谓女人，就是高兴时候拿孩子当玩物，爱起来恨不得飞上九天揽个星星给孩子，不顺心时拿孩子出气，打起孩子没头没脑，不分鼻子不分脸，又掐又拧的那种人。婚后的女人最狭隘，常常为赵家的东东打了自家的磊磊而拉上孩子到赵家兴师问罪，讨还"血债"。两个女人骂成一团。三天过去，两个女人见面还吐唾沫瞪眼睛，两个孩子早已和好如初。所谓女人，就是她靠在沙发上边看电视边织毛衣，却吩咐你系上围裙，在厨房洗碗刷锅的那个人。倘若你稍微留心，就会发现，那件毛衣已经织了两个月了。

婚前的女人常夸你有傲骨，无媚态，正直不阿。婚后的女人却常抱怨你不去头头家"走动走动"，让头头"了解了解"，熬得胡子拉碴还是个小科长。婚前女人，三五成堆，叽叽喳喳，声音脆，嗓门高，笑如银铃，面似桃花，旁若无人，甚是可爱。婚后的女人，手抓一把瓜子，或口含一颗话梅，东家长，西家短，飞短流长，搬弄是非，琐碎繁杂，鸡毛蒜皮，庸俗不堪，令人生厌。就连平和的孙犁先生都说，姑娘一旦变成女人少有可爱。所谓女人，就是借妇女解放，男女平等之机，使你沦为"奴隶"的那种人。就是嫌你挣得不多，花得不少，最后把你"修理"成烟酒鱼肉都不沾，什么嗜好都没有的那种人。她们还能改造你的性格，消除你的脾气，磨掉你的棱角，教你平庸。最后，你就会成为女人世界的抢手货——"模范丈夫"。女人实在是男人的学校。男人的"完美"是女人造就的。

当然，上述的女人，不是所有的，而是"有的"；不是多数，而是"少数"。否则，天下的男人还有活路吗？

哥们，你摊上的是"少数"还是"多数"呢？能告诉我吗？

2008 年 6 月 10 日

狗屁序言

年初，犬子的同学自费印了本建筑钢笔画集，让犬子给他写个序言。犬子问老曹怎么写，老曹提笔给他写了个"范文"。犬子看后评论两个字："狗屁！"就扔了。老曹从地上捡起"狗屁"，弹掉灰尘，敲到自己的博客上，今天发出来，越看越觉得这个"狗屁"言之有物。

序言

谁会苛求一个初学走路孩子踉踉跄跄的脚步呢？即使是帕瓦罗蒂、多明戈或者卡雷拉斯，爬出娘胎的第一声啼哭，也不会比如今一个三流通俗歌手的号叫好听。不过，从这几笔"涂鸦"，还能看出一点儿这哥们儿"竖溢"的才华，特别是第一眼，简直把我惊呆了：哇！才大二啊，居然画得这么好、这样有创意！快赶上央视的"大裤衩"了，前途不可限量。将来，我辈上哪儿找饭吃啊？闹不好都得给他打工去。

谁知道会不会哪天弟兄们一睁眼，推开窗子一看："看东方，名人升，工大出了个'赵聿铭'（贝聿铭是华裔世界建筑大师）。他为百姓画房子，他是行业的大明星。"

只是希望政府不要让房价涨得太快了啊，千万别弄得"卖盐的喝淡汤，当奶妈的卖儿郎，编草席的睡光炕"。否则，我们这些人可不是好惹的啊。通往梁山的路都修成八车道了……

2010 年 4 月 18 日

给《你好，邯郸》杂志写的自我简介

不是"坐家"，江湖上人称"文化土匪"和"文化'流忙'"，何意？因为多少有一点儿文化识得几枚汉字，文章写得比较犀利匪气，所以简称"文化土匪"。经常在各大网站及一些报刊流窜作案，故而比较忙，所以简称"文化'流忙'"。

最好的作品是儿子，但是与媳妇合作，不是独创。所以很惭愧"狠"汗颜，极恨自己不是一棵雄雌同株的银杏树而是"曹树"，不能独立完成生产儿子的任务。

目前坚持"五个一工程"：每天温习一篇古文或一首古诗词——这是中华民族的瑰宝。思考一个重大国际问题或国内问题或市内问题或小区里的问题——天下兴亡匹夫有责。游一次泳——老人家也喜欢，我是向老人家学习。饮一杯清茶——古人都这样，我是装雅或者用时尚语言说"装"。坐在人民路和滏东大街十字路口欣赏一小时有文化气质好阳春白雪式的女士如某某之流——个别局长亦有此习惯，他们是既"动眼"又"动手"。我是只"动眼"，不动手。以养我浩然之气。

说明：我看了不少作家写的简介不是像推销产品的虚假广告就是像官方撰写的冷冰冰的悼词，没劲儿透了。那样的东西谁看？怎么能引起读者阅读你文章的兴趣？故而反其道而行之。

2011 年 12 月 9 日

为《邯郸文化》撰写专栏而写的简介

舌耕为生，奔六之人，五朝黔首。家有一妻一子，妻懒惰无比，子狡猾可喜。这样说妻绝无易妻妄想，只是为了贯彻落实俺党实事求是方针，不愿欺骗全市人民，妻不"鱿鱼"了我这百无一用的老书生已属万幸。有房无车阶级，故而常常安步以当车为环保自觉做贡献；肉价狂飙时，有意晚食，把肉让给更需要的人民吃。目前坚持"五个一工程"：每天读一篇古文或一首古诗词、思考一个重大的国际问题或国内问题或市里问题、游一次泳、饮一杯便宜的清茶、坐在人民路和滏东大街十字路口欣赏一小时时尚美女，以养浩然之气。

上述之余，在某网站开设一"专栏"涂鸦。专栏名曰"曹克吐温锋言疯语"……

2011 年 11 月 14 日

老曹家做出的重大决定

老曹家最近买了一套 160 平方米的大房子，正在装修。昨晚，老曹家召开全体家庭成员会议，决定修改装修方案：在客厅正面墙上挂三幅 100 厘米 × 50 厘米的油画，一幅是老曹父亲的，一幅是老曹的，一幅是老曹儿子的。这三幅油画要请本地最好的画家来画，不惜重金，一定要画成精品，成为传世之作。老曹也要学学西方 18 世纪、19 世纪那些贵族之家，摆摆谱。中国人民如今已经站起来了，中国的平民百姓也要和欧洲的贵族平起平坐了！等油画制作好后，老曹找些学生——老曹教了 30 年书，孔子说他有弟子 3000，老曹何止 3000，30000 也有了，让他们扛上油画，在老曹居住的小区热热闹闹地转悠一圈，再上楼挂在墙上。

老曹的夫人说，也要给她画一幅，被老曹一票否决了。老曹家历来是男尊女卑，是非常讲究君君臣臣父父子子的，岂能乱来。

为什么要给老曹父亲画呢？如果 70 多年前，老曹的父亲不出来打鬼子，以老曹的德行，肯定还在农村当农民呢，现在收了花生驮进城里，圪蹴在小区门口，对每一个路过的城里人，讨好地笑笑，希望人家买两斤。

为什么要给老曹画呢？老曹的父亲虽然官至五品，但没有多少文化，他们那一代人大都如此。而老曹从十八九岁开始，不求甚解地胡乱翻书，尤其是我国实施改革开放以后，国家大量印书，老曹也大量买书——以前书店卖的书，品种单调，想看的书籍买不到，通过几十年的挣扎修炼，老曹也把自己弄得文化起来。老曹应该是老曹家的第一个文化人了。其实和别的姓相比，老曹算什么狗屁文化人！

　　为什么要给老曹的儿子画呢？老曹的儿子是老曹家第一个考上重点大学的男人啊，是老曹家早上八九点钟的太阳啊！闹着玩的吗？必须好好鼓励鼓励。诸位，原谅老曹不要脸了。不过，大伙也可以学着老曹，谁都能找出点儿理由给自己画一张，瞎挂着玩呗。哈哈哈……

2009 年 10 月 16 日

我活得不潇洒

　　要钱没钱，要房没房，只有瘦弱的身板一副，老婆指着我的鼻子骂我无能，我无言以对，欲怒没脸，像个受气的小媳妇。我活得不潇洒。

　　挣得没老婆多，花得却比老婆冲，每每花个闲钱，买本自己喜欢的便宜杂志回家看，不敢说是自己买的，推说借别人的，那感觉和做贼一样。我活得不潇洒。

　　进了农贸市场，时令蔬菜从不问津，哪样便宜买哪样。人家的菜篮里姹紫嫣红、鲜亮水灵：翠绿的韭菜，带刺的黄瓜，肥厚的蘑菇，红艳艳的西红柿。咱的菜篮，不是一株憨头憨脑的大白菜，就是一根傻大白粗的胖萝卜，反正都是些毛八分钱一斤的便宜菜。拎着这样的菜篮，胸脯自然挺不起来了。我活得不潇洒。

　　住筒子楼一间，晚上和妻儿同挤一床，想和老婆恩爱一下，又怕儿子醒来看见，破坏了为父的形象，只好忍了那份欲望，做个有妻的和尚。我活得不潇洒。

　　常逛书店，看见新书，摩挲摩挲封面，虽然心里喜欢得不得了，但书价贵得吓人，咱囊中羞涩，只好再假装没看上，让营业员放回原处，那样子既滑稽又可怜。我活得不潇洒。

　　看见人家，海参、鱿鱼、虾仁的，一袋一包地往家拎，咱咬咬牙，买副猪的排骨，炖一锅汤，一家人喝得满头大汗，儿子连呼"好香"。妻见状，泪水在眼眶里打转转。我活得不潇洒。

　　携儿上街，路过水果摊，儿子水汪汪的眼睛，直勾勾地盯着黄灿灿的香蕉，直咽口水。一问价钱，只好给儿子买几个长疤眼的残疾苹果解馋。儿子吃完，还嫌儿子剩的苹果核太大，要过来又啃两口，还舍不得扔掉。我活得不潇洒。

在学校位卑人微，是头头口中某某"等一类的角色"，呼之即来，挥之即去，老是被人领导，从未领导过一个人，尽管也是一棵"极普通的树"，却从不被人重视。偶尔也给有闲人带来一点儿欢乐，成为他们取笑调侃的对象，自己苦着脸。虽然有时说不上是他们逗我玩，还是我娱他们。我活得不潇洒。

去岳母家过年，大女婿在合资企业混事，月进千金，三女婿清华毕业的硕士，二人陪岳父高坐客厅，闲吹神侃。咱既无大把的金票，更无高深的学问，自惭形秽，只好悄悄踅进厨房，系上围裙，苦力地干活。我活得不潇洒。

搜肠刮肚，绞尽脑汁，熬上好几个子夜，挤出一篇千字文，自己欣赏得不行，乐颠颠地送进报馆，碰上个才华"竖溢"的编辑，一目十行之后，吐出四个字："毫无新意"。咱脸儿烫烫，气儿馁馁，灰溜溜地走了。我活得不潇洒。

为了住房，被老婆逼着，战战兢兢敲响领导家的门，唯恐声音大了有所冒犯，敲了半天，人家才听见外面有人敲门。进屋，领导示意坐下，才敢用屁股挂着个沙发边，话还没出口，已经出了一脑门子汗。我活得不潇洒。

不过，往开了想想，阴盛阳衰是妇女解放的标志之一，如今的普遍现象，大趋势，这历史潮流，咱一个人能阻挡得了吗？没老婆挣得多的，也不只我一个，美国总统克林顿跟咱就是一个战壕的战友，撒切尔夫人的丈夫还没他老婆官大呢！

咬得菜根，百事可做。吃点儿便宜菜，正好是个锻炼。今日穷途潦倒，说不定明日时来运转。再说，谁又能说这不是"天将降大任"的前奏。做个有妻的和尚，省得吃壮腰健肾的补药。买不起书，借着看更认真、更快、印象更深，还"故有所览辄省记"，免得"落落大满，素蟫灰丝时蒙卷轴"。儿子吃苹果比香蕉更有营养。编辑枪毙咱的稿子是高看咱，认为咱有潜力，还能写得更好。一间房子，只要"唯吾德馨"又"何陋之有"？这样的日子就不错。天地悠悠，过客匆匆。浮生若梦，人生几何。干啥非得为贫贱而戚戚，为富贵而汲汲呢？

（此文发表于 1993 年 4 月 11 日《邯郸市报》，后发《北京晚报》。文中的"写实"有我自己生活的影子，更多的是改革开放初期，清贫小知识分子的群体生活写照！我在筒子楼住了八年，邻居全是机关的技术干部和管理干部，以及医生、教师等"红色的无产阶级知识分子"。拙作发表后，在邯郸反响较大，后被数家报纸转载。时任邯郸市文联主席高杨先生曾用四个字评价："大俗大雅！"）

第三辑　人事散记

我的哥们儿毛老师

毛老师是我的哥们儿，教数学，毛老师的媳妇也是我的同事教英语。毛老师两口是 10 多年前从煤矿学校调过来的，是那里的子弟。那些年煤矿效益不好，无工资可发，只好以煤代币，每位教师发几十吨煤，自找买主换成现金。换不成咋办？"凉办"！没人管你！

说起当年的穷困，毛老师动容了："30 多岁的人，当爹了，还向家里要钱，叫老爹老妈养活，真不好意思啊！老爹老妈问，还有钱吗？拉不下面子，嘴里喊有，其实兜里只剩十块钱！"

没办法，只好投亲靠友往市里调，离开从小长大生活 30 多年的矿区。我们学校的校长和毛老师两口是很近的亲戚，毛老师的媳妇领着儿子先过来了；两年后，毛老师也过来了。毛老师在原来学校是骨干教师，他们学校那个"地球"离了他转得慢点儿歪点儿，转得学生和家长不爽，所以校长不放。两地分居后，毛老师找校长："老兄，我们两口分居两年了，在美国，两地分居三个月以上，法院就判离婚了。你天天晚上和咱嫂子在一起，让老弟一个人受折磨，就不怕老弟犯错误？"

话说到这份儿上，还让人说什么呢？只有放人。毛老师是个很有个性的家伙，和我一样，有些另类，与标准的人民教师形象有些距离。当然，我们表现不一。用如今流行语说，叫"性情中人"。褒耶？贬耶？中性耶？管他娘的！俺行俺素了！

我注意上毛老师，是这样一件小事——我订了不少报刊，没事总爱到收发室转转。一次，看到几本《小说选刊》和《中篇小说选刊》，就问："图书馆不是一本，这怎么两本啊？"收发的师傅说："毛老师订的。"我以为是毛老师订给他媳妇看的，陡然令我肃然起敬。这年头，还有多少人看纯文学刊物？隔三岔五买本《读者》《知音》看的，已经到处宣称是读书人了。我不订小说类刊物已近10年，实在是看不过来。一次，在走廊碰见毛老师的媳妇，我说："不简单啊！还看《小说选刊》《中篇小说选刊》！"

她一愣："我家老毛看的，不是我看。"真是奇了怪了，一个教数学的糙人，与文学八竿子打不着，居然还看《小说选刊》和《中篇小说选刊》？在学校，去图书馆泡阅览室的，几乎清一色的文科老师，顶不济也是个玩地理的，理科老师极少！和阅览室的林老师闲聊，才知道，这个毛老师把学校的《十月》《当代》《收获》《钟山》……全看了个遍！

有意思真有意思……我心想。学校每年新初三都要大调整一次，所有骨干教师全上初三拼中考。中考成绩好才能吸引优秀生源，如此循环往复来保住名校的牌子。初一初二就成为生瓜蛋子的试验田和老弱病残的维持会，家长有意见也没办法。如今哪个单位都喊人少，哪个单位又都喊人多；少的是业务优秀的人，多的是平庸无能之辈。这跟医院庸医多官场贪官多一个德行，制度使然，怨不得别的。调整之后，我和毛老师都教初三尖子班，分在一个办公室，我才得以近距离观察毛老师。我们学校一个年级18个班，50多个老师；一个班90多个学生，个别班100多人，相当于一个小规模的学校。既然是老师，当然要说本行。毛老师业务很好，上课极棒，板书尤其漂亮，像印刷体一样整齐，我常在窗外欣赏。因为学生太多，讲课时，必须大声喊，我们叫"喊课"，否则后面学生根本听不清。新调来的老师和刚毕业的娃儿老师，一般都不习惯这种讲课方式，两节课下来，嗓子全哑了，吃几盒同仁堂的清音丸，才能慢慢恢复过来。学校附近药店的员工说，同仁堂的清音丸都让你们学校老师买光了。后来，学校给每个老师配了个挂在领口的教学麦克风，大概价格比较便宜，音质差，声音忽大忽小，效果不好感觉也不爽，新鲜劲儿一过，大家都不用了，还是"喊课"。毛老师"喊课"时，下巴微仰，脖子拉长，中间的"嗓子"非常突出，像是鼓个大核桃。声音洪亮，富有磁性，在走廊都听得清清楚楚，抑扬顿挫，很有节奏感。他拉长调和放缓速度的地方，准是重点或难点。

下了课，毛老师走出教室，两只胳膊向前翻起，往左右微抬，以免手上的一层粉笔灰蹭到身上。课代表跟班似的拿着量角器、三角板和书，有时还抱着一摞刚收上来的作业尾随其后。

毛老师刚进办公室，就拥进一群来问问题的学生。毛老师得意地大喊："让老师先喝口水行不？"

来问问题的，总是女生比男生多，好像女生理解数学比男生吃力，尤其是难题。

然后，毛老师洗手喝水又开讲，直到上课铃响。毛老师教两个班，180多号人马，一个班有两三个人问，课间就别休息了。我们常开玩笑："毛老师生意真好。"

毛老师苦笑："还是你们舒服哇……"其实，毛老师心里特高兴，数学老师就怕没人问。90多人，能像"孔老师"那样因材施教吗？一节课下来，不可能人人知之。不知之怎么办？问啊！不问，老师以为你知之了，一考试全露馅！

毛老师还有一招让同行们服气的，就是拿起什么题来都能讲。名校尖子班集全市同龄人之精华，从小都在奥数班煎熬过，学生一个赛一个地鬼机灵，尤其快到中考时，经常弄一些偏题怪题来问毛老师，毛老师总是略加思考就铺开纸笔很快把题解出来，颇令学生佩服，也让同行羡慕，都说毛老师的脑袋是个小题库，绝不像有些理科老师断不了让学生问住甚至问倒，还装模作样地训斥学生，掩饰自己的无能。当然，你也不能要求老师拿起所有的题都能讲，那还要老师备课写教案干什么？毛老师悄悄对我说，他这点"小伎俩"是刚毕业那几年练的："咱长得不招人待见，'无爱可恋'，又不愿主动出击黏糊小姑娘，下了班就猫在宿舍，几乎整夜整夜地做题，周六周日也不出门，越做越上瘾，把教务处的习题集全做完了，床底下堆满了一捆一捆的草稿纸……"上完课，批完作业，毛老师点上一支烟，把两只穿皮鞋的大脚往办公桌上交叉一放，半躺在沙发椅里，手握一本《中篇小说选刊》或其他文学刊物，就谁也不理了——指不理老师们。有时，我走过去翻翻目录，毛老师故作谦虚地"坏笑"："我是看热闹，您是搞研究。"偶尔，我们也交换一点儿书籍信息，我借给他一本盗版的王树增的《远东：朝鲜战争》，他很喜欢；后来，我又买了本正版的，就把那本盗版的送给他了。

我混过三个学校，见过不少行为怪异的老师，但像毛老师如此姿势看书的老师，从未见过，似乎太随便了点。这不跟好莱坞大片里，吊儿郎当地吹口哨的美国大兵差不多吗？哪里像个"人民教师"的样子！你再不见外，也不能把学校办公室当成你家卧室啊？这是我的最初印象。后来看习惯了，觉得毛老师这样业务牛×的家伙就应该这样看书，不这样看书还叫毛老师吗？进而又想，别的老师配这样牛气哄哄四仰八叉旁若无人地躺在办公室看书吗？再后来，毛老师的看书姿势成了36中老师的两大风景之一，另一大风景是老曹的屁股坐在校长办公桌上向校长请示汇报工作。原因是老曹年纪大资格老脾气暴耳朵背，校长对老曹的特殊照顾和"怀柔政策"，好像汉献帝给我的本家老哥曹操的特殊待遇——带剑鞋履上殿一样。当然，汉献帝是拿我本家老哥曹操没办法，不得已而为之；校长是不跟老曹"一般见识"。

毛老师的媳妇长得不算很漂亮，排不上我们学校"十大中青年美女教师"，但也颇有几分姿色，从小就是文艺爱好者，民族舞跳得夺人心魄。所以，很知道些女士应该怎么站怎么坐怎么走路怎么说话怎么穿衣打扮的道理，颇有女人味，很能抓大小男士的眼球，但又不嗲，恰到好处，还给人一种非常贤惠的感觉，后来才知道那是"错觉"。

以老曹的观察，靓妹教师和帅哥教师，能起到稳定课堂纪律的作用。所以，老曹想给教育部部长写信，今后师范招生，应该经过严格面试，男生长相必须赛过郎朗，女生必须面如孙俪。当然，郎朗的个子矮了点儿，够不着黑板的最上边。那个子必须像老曹，180厘米以下的，绕行。外人一看：这哪儿是招老师，分明是选模特嘛……时间一长，大家才知道事实真相，原来"贤惠"的是毛老师，而不是毛老师的媳妇。毛老师有点儿抱怨地对我说："儿子长这么大，媳妇没给他剪过一回指甲。"毛老师真是既当爹又当娘，类似上海人说的"围裙丈夫"，和老曹一样。大家这才逐渐知道，毛老师是个很顾家的男人。如今，这种男人越来越少，应该属于丈夫中的"精品"。

也许有些女士强烈反对，说挣钱多的丈夫才是精品丈夫。老曹认为，这种看法是极其糊涂和极端错误的！如若不信，请你悄悄问问大款们的"第一夫人"，听她们哭诉一下内心的"美好感受"？老曹觉得，许多女士真是身在福中不知福，这山望着那山高，老拿自己丈夫的短板和那些所谓的成功男士比，天下的便宜能让你全占了吗？京城著名痞女领袖和伟大的痞女导师洪晃女士直言："嫁给陈凯歌才知道什么叫'嫉妒'。丫周围老有一堆美女转悠……"最后，洪晃女士只好卷起铺盖主动"辞职"，怕晕菜后干出不理智的事，坏了自己的"光辉形象"。是啊，这还只是开始啊，更有意思更精彩的"感觉"和"节目"还在后头呢。如今"80后""90后"的靓妹抢起阿姨或大姐的精品丈夫根本不眨眼，阿姨或大姐和精品丈夫"从士兵到将军"的艰难岁月全白过了，这些后来者来了就要享受"将军夫人"的荣华富贵。

毛老师非常宝贝自己的儿子，是他的"掌上明球"。毛老师的儿子也争气，不光长得排场，成绩还好。每逢考完试，毛老师判完自己的卷，就开始串办公室，把儿子七科成绩全抄下来；再把和他儿子同年级所有老师的孩子，和老师亲戚孩子的成绩也抄下来，然后算总分排名次。如果他儿子又是第一，他就点上一支烟，往人多的地方一坐，笑眯眯地高高地举着看。大家见了就说："小毛又考第一了，看老毛的表情就知道。"

我们学校绝大多数老师的孩子，学习都很"生猛"，一个年级1700多人，老师的孩子大都在100名以内，所以在老师孩子中拿第一，也很不容易。

过了一会儿，毛老师悄悄走过来问我："曹老兄，油焖大虾怎么做？"要不就问："红烧翅中用红糖炒还是用白糖炒？我忘了……"我知道，他要回家犒劳儿子了。我是学校的"四大名厨"之一，老师们常向我请教做家常菜的方法。

为了让儿子开阔眼界，具体感受发达国家的生活，毛老师不惜"巨资"让儿子参加市里组织的中澳少年儿童交流活动,去澳洲观光旅游半个月,这令我很佩服。许多老师因为舍不得银子,把这么好的开眼界受教育机会放弃了。我觉得这种眼见为实的教育,比上一万节政治课都管用!我问过毛老师的儿子,他说澳大利亚真好,我长大要到澳大利亚留学,回来把邯郸建设得和澳大利亚一样好。你看!

我喜欢毛老师还有一个原因,毛老师两口为人低调,心态特好,很知足。先说低调。毛老师两口和校长的亲戚关系,是校长自己说出来的,不是毛老师两口说的,所以好长时间大家都不知道。他们两口兢兢业业工作,和和气气待人。后来校长调走,过去那些和校长走得很近的人,反而有种失落感,有的人甚至也想调走,但毛老师两口一如既往。过去大家没有"高看"他们;现在更没有"低瞧"他们。这在社会关系人际关系日益庸俗化的当下,已是十分难得。如今,一个得道,鸡犬升天者,或仗势骄人,飞扬跋扈者,我们见得还少吗?

再说知足。毛老师总是说,感谢学校让我经济上翻了身,买了房还了贷款。学校每次发福利,毛老师从未嫌少,不像有些老师,总是没个满足的时候,成天觉得学校欠了他的。其实毛老师的房子并不大,才70多平方米,又是顶层,我从未听毛老师抱怨过天热,睡不着觉,或者羡慕谁谁又买了130平方米的大房子。"往楼顶铺张凉席,点支小烟,喝瓶冰镇啤酒,抬头看看满天耀眼的星斗,给儿子讲个励志故事,和媳妇说几句家常话,真是神仙过的日子。"这就是毛老师夏天夜晚的生活,很有些五柳先生的味道。

最近,作为优秀教师,毛老师被交流到一所薄弱学校当"专家"去了。行前,我们为他饯行,喝完最后一口酒,大家有些伤感有些恋恋不舍,毛老师打破沉默:"前度毛郎还会今又来滴,哈哈哈………"有人问,毛老师长得什么模样?中等个,精瘦,黑脸,眼镜,平头;眼冒贼光,一眼能看到你骨子里,让你无处藏身;不笑时,一脸狠气冷气和杀气;笑时,露出两颗老虎牙,眼睛眯成一条缝,蛮可爱。

走在校园里,无论怎么看,毛老师这个家伙也不像一位和蔼可亲的人民教师。可是，谁又规定人民教师必须长成什么样吗？

（此文发表于 2009 年 2 月 9 日《邯郸晚报》，2009 年第 6 期《散文百家》，又被 2009 年第 10 期《散文选刊》转载。）

我的朋友柴大哥

我重新写作这一年多，认识了许多新朋友，柴大哥就是其中非常重要又相知相交比较深的一位。

去年秋天，我在《邯郸文化》连续发了几篇随笔散文后，《花信风》的主编老马见了我说："《邯郸人文》的副主编老柴想见见你，他挺喜欢你在《邯郸文化》发的稿子。"我后来才知道《邯郸文化》是柴大哥创办的，还担任过好几年副主编。

老马向我简单介绍了柴大哥的情况：1966届的老高中生，当年邯郸一中的文科尖子，高一就发表作品，被称为"邯郸的刘绍棠"。

这样的高人想见我，我太荣幸了。在邯郸文坛，我先后得到过高扬老师的指导鼓励和清山大哥的欣赏照顾，柴大哥是第三位这样的兄长了。高扬老师和清山大哥先后担任邯郸文联主席。

我对老马说："你'拉个皮条'吧，越快越好。"见面在座的有柴大哥、大嫂、柴大哥的女儿和外孙，柴大哥的女儿刚从澳洲回来。还有邯郸文坛的几位顶尖人物。那天，谈的话题很宽泛，没有一个主讲，在座的都非等闲之辈，谁也搞不了"核垄断"。柴大哥并未对我显出过多的热情，他给我留下的印象是话不太多，但谈问题站位高眼界宽，沉稳大气。我们的交往开始了。我们还有个共同的朋友田公奇庄先生，他认识老田先于我，我们都很敬佩老田的胆识，他称老田是"斗士"，我则称老田是"邯郸的文胆"，我们都是老田的忠实读者。我和柴大哥认识时，老田"进京学习"去了。但老田每次回邯"补充给养"，我们都要见一面。我们的交往多起来，柴大哥对别人，也对我说过：

"我喜欢曹澍，就是因为他文章里对极'左'路线的深刻批判，是相同的政治见解使我们成了朋友。"

随着交往的加深，特别是看了柴大哥送给我的他的两本自传性散文——《效颦集》上册和中册后，我才真正理解了柴大哥的话。

一个1966届的优秀高中毕业生，高中时期，凡是作文，必是老师拿到各班念的范文，发表的作品常在学校橱窗展览。学校最牛气的语文老师教他，他又是语文老师最牛气的学生。报社和文联等着他高中毕业后就去上班。他不想上班，还想深造。因为家境贫寒，他想报考国家给生活费的北师大。

但一中教务主任张家仁先生找到他说："邯郸市一中自建校以来，还没有一个人考上北大中文系，你是最有实力的。你一定要报北大，至于生活费，你不用考虑，到了学校有助学金。你好好准备考试，我们把你鉴定写得好些，再把你发表的作品盖上报社和文联的公章，寄到高考委员会，万一作文失常了，可以做个证明。你要是考上北大，我就可以这样进教育局了——""张家仁说完，还做了个昂首挺胸、趾高气扬的动作。张家仁挺有意思的。"柴大哥对我说。44年过去，当时的情景，他还记得，可见此事的刻骨铭心。

是时代毁了这马上就能变成的现实。这个打击对一个连做梦都想上大学的18岁的年轻人是多么大啊！1966年夏天，当取消高考的消息传到清华附中时，高三学生有自杀的，有哭着烧书的，有得神经病的，就是没有一个笑的。不但学上不成了，柴大哥的父母还被打成"富农分子"，政治上一下子成了"阶级敌人"！富农的儿子当然就成了"政治贱民"。"政治贱民"也就被剥夺了恋爱结婚的权利！学上不成了，还有爱情。高中的同学、初恋的情人，也被"革命路线"抢走了。古人说男人的两大乐事"金榜题名"和"洞房花烛"都被"文化大革命""革"没了，即将到手的幸福被轻而易举地剥夺了。柴大哥什么也没有了，成了真正的"赤贫"！我不知道当年柴大哥是怎么挺过来的！那一年全国有多少毕业生啊！又有多少个"柴大哥"和"柴大姐"啊！

大学上不成了，爱情也没有了，人生还有什么意思？

柴大哥居然挺过来了！他身上没有小知识分子的懦弱、自怜和自恋。勇敢地面对艰苦的生活，性格中强悍的一面顽强地表现出来了。先当农民后学手艺，成了十里八乡口碑颇佳的木匠，娶了聪明厚道能干的大嫂，生了一双漂亮出息的儿女。如今，儿子是香港理工大学工程管理硕士，现在北京一家房地产公司任高管。女儿先在本市一所大学工作，现在移民澳洲。

12年后，乘着十一届三中全会的春风，在一些爱才的、正直的老干部帮助下，"前度柴郎今又来"了！秘书、科长、处长、书记，一路干下来，改变了命运。

办实体、弄书店、买商铺，改变了经济状况。考电大，就考全市第一！毕业时又考了全市第二！即使10年没动笔，写文章，文采仍然不减当年，报纸杂志到处开花。一不小心，报告文学《电大涅槃》弄了一整版，市委领导夸奖："写得好！"退了休还到处有人请，编刊物当主编、给企业当文化顾问，每天忙得不亦乐乎。他主编的《邯郸散文》是公认的邯郸最有品位的文化刊物，影响很大。邯郸市的所有文化刊物，不是他参与创刊的就是倾注过大量心血。

有些人被时代摔倒了，就再也爬不起来了。所以，柴大哥的许多同学说他"又扳回了失去的人生"！但我不这么看。如果没有"文化大革命"，柴大哥的人生肯定比今天要精彩得多！他驰骋和表演的天地和舞台肯定比现在要宽广得多。

有一次，我们聊天时，柴大哥笑着说："我对别人说：'曹澍是上帝送给我的礼物。'"

其实，柴大哥又何尝不是上帝送给我曹澍的礼物啊！我重新写作后，我的许多批判极'左'路线的文章，在邯郸很少引起共鸣，我的内心是孤独寂寞的。我非常不理解，改革开放思想解放已经30年了，许多人的认识还是上不去。一个作家，没有思想，你写的东西跟垃圾有什么区别？邯郸有些小文人，关上门，画个小圈圈，自我欣赏，你夸我两句，我赞你三声。念几篇无病呻吟、哼哼叽叽的小小文。晚上睡觉被蚊子叮了一下，也能写篇所谓的美文。就像巴金先生当年批判的，看了女人线条优美的脚面，也能写篇随笔一样。

　　柴大哥一针见血地指出："许多小文人已经滑入弱势群体，还指望他们改造社会，推动历史进步？可笑！"柴大哥认识许多廉洁正直的政府官员和有思想有作为的民营企业家，他对这些人很敬佩。"推动中国经济发展，推动民主进程的是这些人。那些正派的企业家是新时期的民族英雄。"他对我说。他还介绍我认识了他们中的一些人，这些人和小文人太不一样了。我更加理解他为什么看不起那些小文人了。

　　他的一些政治观点也影响了我。过去，我认为时下社会的贪腐现象严重。他说："共产党内还是有一批精英在支撑着，否则，共和国的大厦早倒了。腐败之处有'钢筋'。"他还举出身边许多实例。他说："我对中国的未来充满信心，也许我看不到那一天了。你们肯定能看到。"

　　一个人光有才没有德，也不会令人敬佩。柴大哥和大嫂是名副其实的患难夫妻，大嫂是在柴大哥最落魄的时候嫁给他的。"你嫂子是贫下中农的女儿，我是'黑五类'子弟，这样的结合在那个年代简直是奇迹，她嫁给我等于往火坑里跳啊！"柴大哥回忆往事感慨万端，"你嫂子只上过小学一年级，是我教她拼音，拿着字典，看了《红楼梦》《三国演义》《水浒传》……"

　　重回邯郸后，柴大哥托朋友把大嫂安排在工人剧院上班。有一次上夜班，大嫂半夜一点还没到家，"当时急得我像天塌下来一样……"柴大哥对我说。作为父亲，那就更不用说了。在我们学校，我是全校公认的好父亲，但和柴大哥比，差得很远。他对家庭的责任感、为儿女的牺牲精神，对儿女人生道路的设计、指导，都远在我之上。他是一个好丈夫、好父亲、好男人，更是一个好姥爷。他是家庭的核心、栋梁、主心骨，但又不专制。在家庭做出重大决定时，他只是其中的一票，他们家是民主的、平等的。

　　柴大哥交友很看重对方的德。他对我说："老马这个人可以交，为人厚道。有些人说他如何不好，他也知道；但他还是夸人家的优点。"他和榕光接触过几次，说："这个人一看就很有教养，一点儿不张扬，可交。"

　　他对邯郸的几个有社会责任感的作家的文章也很喜欢，他说崔东汇的《走在乡间的小路上》构思行文大气，内容深刻，比崔东汇的另一个名篇《像柳树一样活着》要好，尽管《像柳树一样活着》被许多大学的中文系选为阅读教材。这和大家的看法不一样，甚至和崔东汇本人的感觉也不同。但是我理解他，也同意他的意见。他观文，更注重的是文以载道的"道"，这是他的人生阅历决定的。他多次对我说："我这个年龄、这种经历的人，对写风花雪月、鸡毛蒜皮小事的美文早已不感兴趣。"

他交往的政府官员都是正直廉洁的公仆。他交往的企业家都是热心公益事业的人。

他说："我愿意和各行各业的成功人士交往。和这些人接触，你吸取的是昂扬正气，他们激励你蓬勃向上，你好几天都是兴奋的。"

他说："我择友很严，对可交的朋友，你敬我一尺，我敬你十丈。"我交友，讲究点古礼。对比我年长，我又非常尊敬的人，是很恭敬的。柴大哥每次到我家、春雷家或来我们这边聚会，我都要送他一段。柴大哥知道我的德行，也不客气，快到他家了，他说："你回去吧，前面正在施工，太脏。"

他把家里的事、孩子的事都告诉我，把他的朋友也介绍给我，他写东西也把我拉上。他知道我喜欢瓷器之类的小玩意儿，就主动送我一个挺贵重的黑陶："你嫂子说，'这么好的东西送人？'我说又不是送给别人，给曹澍。她啥也不说了。"他是真心和我相交啊。可是，这么好的一个朋友居然就要走了。

最近，柴大哥就要背井离乡去澳洲生活在"水深火热之中"了。他的女公子柴洁已经在那里工作生活好几年，也买了房，外孙的绿卡办下来了，他和大嫂带着外孙去"会师"。他对我说，等外孙习惯澳洲的生活，三两年后，他们就回来。这一走，大家就不能经常见面了。

他的离开，是我的损失，也是他的许多朋友的损失，大概也是邯郸文化界的损失。我不想长期失去这个朋友。我希望他的宝贝外孙能尽快习惯澳洲的生活，不再需要他的照顾。我希望他喝不惯澳洲没有加三聚氰胺的新鲜牛奶，吃不惯澳洲没有加瘦肉精的新鲜猪肉，呼吸不惯澳洲洁净的新鲜空气，看不惯澳洲一尘不染的碧海蓝天，……能早日回到邯郸。咱们哥儿几个还凑到一起，在那个小小的巴蜀饭店，要一盘木须肉、一盆地三鲜、一碟花生米、两瓶啤酒，一人一碗肉丝面，一坐两三个钟头，议论时政，指点江山，品藻人物。夏天，咱们哥儿几个在游泳池扑腾 2000 米，爬上来，挺着膨胀的胸肌，雄赳赳气昂昂"像个英雄"似的各自归家。这时骑车，脚下轻得如同没蹬，简直是一种享受。这样的日子千万不要成为美好的回忆。

泳友老许师傅

——冬泳泳友素描之一

老许师傅如果活着大概快 90 岁了吧，他是得直肠癌去世的。叫老许师傅是沿用工厂的称呼，表示尊敬，其实老许师傅不是工人。就跟现在见个唱歌的跳舞的说相声的都叫老师一样。

我认识老许师傅是 1998 年，他那时已经 70 多岁了。1 米 75 左右的个子，黑红脸膛，眼睛不大，总是笑眯眯的，虎背熊腰，很魁梧很结实，一看就是年轻时出过力气的人。他游泳时双手戴一副自制的大手蹼，不太精致。泳帽是用旧式的排球胆改制的，看着有点儿怪也很特别，大概是为了省钱。他挨着泳池的边游，一圈又一圈，速度不快，运动量挺大。我现在还能想起他在水里的样子，腿蹬水以后伸得不怎么直，有点儿稍微蜷着。我问他为何戴手蹼。他笑笑，说练劲儿。江天老先生对我说，老许师傅还到健身房"练块儿"。"我劝他，咱们都这么大年纪了，和年轻人不一样。他不听。"江老说。

总之，老许师傅的身体特棒，倘若"过招"，我这样的晚辈肯定不是他老人家的对手。

但是这样一个人居然能说一口地道的京片子，让我感到很亲切，因为我母亲、我媳妇都说类似的话。更让我十分好奇的是，一个北京人早年是怎么"流落"到邯郸的呢？一五计划、二五计划调来的？学校毕业分来的？

一次游完晒太阳，我和老许师傅聊天，他对我讲了自己的身世。他老家是邯郸地区大名县的，很小就随父母到了北京，在北京长大，后来参加解放军当了文化教员，军衔是中尉。20 世纪 50 年代中期因为政治问题被开除军籍党籍，遣送回大名老家。一个远方亲戚给他腾了一间房，开始了农民生涯，慢慢地，什么农活都学会了，白天上工，收了工自己做饭，一个人孤孤单单远离妻子儿女。他爱人和孩子留在北京，后来为了互相照顾方便，他爱人领着孩子也调到邯郸。

他说这一切时十分平静，好像在说别人的故事，不像那个"右派"泳友老刘总是骂骂唧唧，还特好吹牛炫耀臭诌，尽管是清华毕业的，其实什么真本事也没有，外语也不行，连个最起码的蛙泳都不会游。

老许师傅笑着对我说，我一直喜欢游泳。1960年吃不饱肚子，我在农村弄点儿粮食往邯郸送，晚上过滏阳河，没有桥，我把衣服脱了和粮食顶在头上，踩水过来。说着说着，还给我比画他是怎么过的河。我也跟着笑了。老许师傅的水性肯定好。

老许师傅说时十分自豪。可以想见，当年他的老婆孩子见了他带来的粮食该有多高兴啊。那时家家饿肚子，人人吃不饱。四川、河南农村还饿死人了呢。

老许师傅说，十一届三中全会后，落实政策平反冤假错案，就把他安排到了他老婆的单位。

他在农村，他老婆领着孩子在市里，那日子该有多艰难。我尤其敬佩他老婆对他不离不弃，给孩子们保住了一个完整幸福的家。

2003年时，我们的冬泳阵地转移到新世纪水上乐园以后，老许师傅好像没有跟着过来。后来，我听说老许师傅的身体不太好。再后来，听说他和几个冬泳队的老头都到邯钢去游了。有一年我在万达前面的广场见了他一次，我们说了几句闲话，具体说什么，我已经忘记了。他旁边站着一个个子不高的老太太，他给我介绍说是他老伴。没有过多久，一个老泳友对我说，老许师傅得癌症了。又过了半年多，一个老泳友告诉我，老许师傅去世了。

其实，我们这些认识他的泳友应该去送送他的。泳友也是朋友的一种，朋友是古时的"五伦"之一，非常亲近的关系。

几十年以后，我走时，希望泳友们能送送我，并且笑哈哈地说：老曹这个家伙特好玩，很可爱很有意思，黄极了，居然写了个《喜欢裸泳》，还敢公然贴在墙上，让世界人民看，也不怕女泳友骂他流氓。一看老曹就是一个"低"尚的人，一个不纯粹的人，一个没有道德的人，一个脱离了高级趣味的人，一个没有益于女泳友的人。

　　我以为，老许师傅对生活的乐观精神、他的平和坚韧的生活态度值得我们学习。经过那么长时间的逆境，身体还那么好。在这个世界上，到了人生的低谷或者落魄以后，身体垮掉的人、自己折磨自己的人、坚持不住的人，难道还少吗？谁能保证一辈子都是顺境？

　　在天国，老许师傅和老李、老周还有钱工，你们常见面吗？那里能冬泳吗？游泳池里的水干净吗？老周还是游得那么慢吗？简直像一只蛆虫在蠕动。老周的嗓子还是那么哑吗？

　　这里认识你们的泳友们很想你们啊……

（此文发表于《邯郸日报》。）

想起高军先生

今天早上，在克楠兄的博客上，看了他转的军民兄的文章——《我和诗人高军的生死对话》，心情十分沉重，整整一个上午都没调整过来。为了放松，没吃午饭，就去游泳，在水里还想着高军先生。

高军先生，我是认识的。记不清是哪一年了，我还在汉光厂家属院一居室的小屋生活时，高军先生和云江兄等曾在我的蜗居吃过一顿便饭。记得我上最后一个西红柿鸡蛋汤时，高军先生喝了一口，说："味道很鲜啊！"（那时大家都很穷，还没有在饭馆请客的习惯。）

云江兄不解地看了他一眼。我只是笑笑，当成文友的礼貌和修养了。

看了军民兄的文章，联系高军先生这些年的生活状况，现在想想，高军先生当时说的，大概是由衷之言，当然也有溢美的成分。我既没显赫的社会地位，又没在文坛发表过有影响的文章，高军先生是无须拍我马屁的。再说，那也不是他的禀性！

在邯郸文坛，我属于动手较晚的，高军先生起步比我早，我对他比较敬重，尽管我不懂诗。因我比他徒增几个马齿，他对我也很客气。

他是军人出身，早年在京城当兵，后来升至营级，认识一些新时期文坛健将级的人物。他说我长得很像《晚霞消失的时候》作者礼平先生，礼平先生也是部队作家，他们认识。这话让我很受用！

因为《晚霞消失的时候》是我最喜欢的新时期中篇小说。因为非常喜欢，我后来又买了一本。旧的随意看，新的和《史记》放在一起"供着"。唯恐万一丢了，没有了怎么办？还有莱蒙托夫的《当代英雄》，我也买了两本，还有……

我喜欢《晚霞消失的时候》，还因为我看了《晚霞消失的时候》不久，又看了重庆作家协会主席黄济人先生的长篇报告文学《将军的决战岂止在战场》。这两本书结合起来，给我极大的震撼，简直具有思想启蒙作用，颠覆了我的许多旧观念，让我知道有些国民党将领也曾是有理想抱负、有阳刚血气、有文化知识、有道德修养的正直青年，并不像"文化大革命"前，我们的文艺作品和历史著作中描写、叙述的那么不堪入目。而且《晚霞消失的时候》女主人公南珊，一位国民党老将军的孙女，成了我心目中最美的女性形象。

这是二十多年前的阅读感受。认识高军先生，当然是在有了这阅读感受之后。所以，我特别喜欢高军先生这样说。

大概是六七年前，文学兄乔迁，我、云江兄和韩鹏兄，还有高军先生前去祝贺。

高军先生还带上了新婚不久的妻子。他原来的妻子病故，扔下一儿一女。男人总是要找，也属正常。新妻与他年龄相仿，有些土气，是那种骨子里溢出的土气，眼神也有些贼。

这是我的观察，不代表高军先生的感受。当然，高军先生也不洋气。但作为文友，总希望他能找个更好的伴侣，度过自己的后半生。

高军先生携妻走后，我又听说女方还带着两个孩子，负担较重，加上对人的印象，我更对高军先生这次婚姻的前景不看好了。后来，果然不欢而散，而且散得挺麻烦。

我和高军先生见最后一面好像是 2006 年春天。为方便犬子学习，孩子读高三时，我在八外附近租了套房子备战高考用。一日，我从单位去八外给犬子做饭，在中华大街巧遇高军先生。我们都骑着自行车，因为正是下班时间，人很多，我们边骑边聊些"天凉好个秋"之类的淡话。高军先生给我印象最深的是——骑车速度很慢，我一再催促他，速度就是上不去。我也看出来了，他不是不想骑快，而是没有力气骑快！他的脸色也不好看，人还是那么瘦，身上软塌塌的。

现在想想，当时，他可能已经离婚，身心疲惫，伙食又是饥一顿饱一顿地瞎凑合，没劲儿也是自然的了。

去年初的一天，云江兄在小区门口碰见我，说了高军先生的事，让我惊讶。一个我们熟识的人，就这样走了！我曾想，他有一千个理由走，就有一万个理由不走哇！

——他的儿子已长大成人，他那还没长大成人的女儿又托付给谁了？即使长大成人的儿子，也只是个毛头小伙儿，需要父荫的地方还很多，更不用说女儿了。

他走的时候放心吗？他能放心吗？

高军先生，让我怎么说你啊！你给哪个文友打个电话，他们都会死死拦住你，不让你走的啊！

时间永是流逝，超市依旧熙攘。一个诗人的离去，在邯郸是不算什么的。然而，既然有了不幸，当然不觉要扩大。至少，也当影响了亲族和文友的心，也会在淡淡的回忆中永存诗人的旧影。

祝高军先生，在天堂和他的结发妻子在一起，能顿顿吃上可口的家常便饭，天天穿上干净整齐的衣裳（此话结合军民兄的文章看）。

2008 年 8 月 2 日

刘振声先生走了

振声先生走了，是前天，6月25日。今天上午我去参加告别仪式，看着他夫人悲恸欲绝的样子，握着他公子白皙瘦弱的手，我深深地感到这个家庭是那么的需要他啊！但他却走了，永远地走了。

我和振声先生并不很熟。

大概是20多年前吧，我去他府上，我们有过一次长谈。他当时还住在一中家属院，是沾他夫人光，他夫人是一中的老师。以当时的条件论，他住的是比较宽敞了，他还有令我非常羡慕的书房，书房的书也很多。他夫人属于那种既漂亮又贤惠又有女人味的女士，我的直觉还告诉我，他们夫妻感情很好，他夫人很以振声先生为荣，振声先生的家庭地位当然也就很牛 × 了。总之，振声先生的生活是比较优裕了，最起码在我看来。当时他写的也比较多，创作状态很好。那次长谈的范围很广泛，谈创作谈读书谈他的人生经历谈他喜欢的一些作者，是他说得多，我说得少。我就是那次牢牢记住了邯郸大学青年教师陈新先生，振声先生很欣赏他。20多年后的今天，那次长谈的内容我还记得两点：一是振声先生说，他原来在市委工作，为了喜欢的文学，放弃了许多人看好的仕途，来到文联，亲戚朋友都劝他，但他不为所动。二是谈读书时，我说读了一圈书，还是读中国古典文学收获大受益多。他对我的看法十分赞成。随后就说："你以后可以随时到我家来聊天。"

振声先生这话让我很感动，他是邯郸文坛的一方诸侯，我只是个普通的业余作者。他认为我还是个读书人吧，所以才给我这样的"礼遇"。以人之常情论，没有人愿意生人经常来家的。谁没有自己的私人生活，何况还是个作家，还要读书思考写作。由此可以看出振声先生的为人。

我与人相交，历来秉承君子之交淡如水的古训，有事就去文联找他，再也没去他家叨扰过。我在文联曾问过他有什么体育锻炼，他说打乒乓球。后来，我也见过他打乒乓球的样子。给我突出的印象是，他的腿很细，和上身的宽度几乎不成比例了。说明他体育锻炼太少，不像我，大球小球都玩，每年夏天还在水里泡几个月，晒得黑不溜秋，怎么看怎么像一个体育老师。

好像是20世纪90年代初期，我写了一组生活随笔，想在他主持的《邯郸文学》上发一下。我去找他，他看后说，能不能把太生活的篇章去掉。他怕我误会，又说："也不是说写生活的就不好。"

我理解他的意思，他认为这些东西社会意义不大。他的看法也对。但我当时正在研读明清笔记，很喜欢张岱、归有光的东西，而且每天被琐碎的生活包围得密不透风，几乎看不到外面的世界了，所以对振声先生的话，自然听不进去。就没改，当然也就没发。

后来，因为带毕业班和教育犬子，我有10年置身文学界之外，再也没和振声先生见过面，只是听说他在广安小区买了房子，居住条件更好了。我也在广厦小区买了房，两个小区是邻居，因为离犬子的学校远，我没搬过去住，所以没和他见过面。

去年，犬子上大学后，我搬到了广厦小区。一日在楼下散步，见两位"老人"推着一辆童车。我眼睛一亮，那不是振声先生吗？我们聊了两个多小时，直到他夫人喊他回家。我们又像20多年前那样，不过聊天又多了个内容："诉苦"，诉带孙子的"苦"。他儿子儿媳都在北京工作，他和夫人在北京看孙子，刚回来。他幽默地对我说："'寄儿篱下'的滋味不好受啊。"

他说，儿子儿媳工作都很忙，他和老伴去看孩子。他住不惯，就一个人回到邯郸，又不会做饭，天天吃方便面，吃得见了方便面就恶心。没办法，老伴就带着孙子回来了。现在是儿媳妇半个月回来看一次孩子。振声先生又说："孩子挺可怜。儿媳妇留的短发头，孩子一看见电视里的短发头女士，就喊'妈妈'。"

后来，我们又见过几次面，其中一次是我冬泳刚回来，我对他说了半天冬泳的好处。他也有跃跃欲试的意思。几个月前，云江先生对我说，振声病了，还不轻。我知道这种病的凶猛厉害，因为我的亲人就是死于它。有文友去看振声先生，我问了情况，都说不太好。我一直挨着没有去，我心想，去了说什么呢？安慰的话对他还有用吗？又听不少文友说，振声先生的病，可能和他不太健康的生活习惯有关。他的肝脏本来就不太好，他还抽烟饮酒，有时还偶尔熬夜打打麻将。如果没有这些，他绝不会走得这么早啊。振声先生，不说为了挚爱的文学，就是为了家庭，你也应该节制这些不良的生活习惯呀。

振声先生的公子是从我任教的学校初中毕业，尽管我没教过他，但也可以称为他的老师吧。这孩子毕业于上海交通大学，如今在北京发展得不错。看着自己的儿子一步一个脚印地长成参天大树，该是件多么高兴的事啊，但振声先生却看不见了。

2009 年 6 月 27 日

快乐的女出租车司机

　　天像下了火，热得人都想吐舌头，出门办事，打了一辆车。刚坐进车，看见女司机左边车窗上拉了一道月白色的窗帘，挺醒目，太少见了，随口问：怎么拉个帘？

　　女司机：防晒。平时没什么，同学聚会，说，怎么晒得这么黑啊！我这才注意，她胳膊上还戴着白绸子长套袖，手上也戴了手套。我笑笑：是啊，白了你爱人和孩子都喜欢。女司机：他无所谓。他说，你弄那个干什么？多余。女司机说话很好听，声音里非常明显地洋溢着乐观喜悦的情绪，很亮很昂扬，因此也很年轻，似乎还有一点点孩子气。

　　我从侧面看看女司机，四十出头，并不漂亮，个子也不高，还有点儿廋。我的座位正前方有个立着的营业证之类的牌子，上面有她的相片，梳个马尾巴辫，仰着头，脖子长长的，上衣是圆领的，很有点儿舞蹈演员的味道，给人的感觉是个热爱生活的俏丽女人。俏丽是她自己的感觉，也是照片中的她给我的印象，不单指容颜，是韵味气质。生活中，你觉得自己美，你就会用美的标准要求自己：穿着打扮言谈举止向美看齐，结果，你就是美丽的。所以有人说，女人 30 岁以前丑，怨遗传；30 岁以后还丑，那就怨自己了。

　　我历来喜欢和出租车司机聊天，不论男女，因为他们的信息量大，知道的事情多。有人说，和北京的出租车司机聊天，给你的感觉是，他们不是从中南海开会刚回来，就是正要去人民大会堂开会，要不，怎么什么都知道啊。邯郸的出租车司机虽然远没有北京的出租车司机那么牛气，但大都也是见多识广之人，每次聊天，我都有收获。再说，哑巴似的坐着也闷啊，更没意思。我：孩子多大啦？

女司机：大的大学刚毕业，小的上高中。我：哎，你怎么生了两个？破坏国家的计划生育政策啦。女司机笑笑：老大是个女孩儿。我假装悲伤地说：我明白了。去医院开个证明，说孩子身体不好，养孩不能防老。其实，满脑子传宗接代的封建思想。女司机：你咋尽说实话啊？我还说只有我说实话呢。女司机说完，快乐地笑起来。

我：小的是儿子？女司机：对了。我：儿子学习不好？

我以常规推了，好多家庭都是这样。为什么？宠的，惯的。女司机：还行。去年没考上一中硬线，够一中软线，要拿钱；够三中四中的硬线，我们就让他去了三中。老大承德医学院护理专业，正在中心医院实习。她男朋友去广州了，她以后也去广州发展。她说了，我们这个专业最起码在省医院，没有在市医院的。我们不管她，由她去折腾。再说进中心医院要找人花钱，听说十万都打不住，我们又没那么多钱。

没想到我猜错了。我见过好几家要二胎的：大的是女孩儿，小的是男孩儿，都是女孩儿学习好，聪明调皮的男孩儿反而学习不好。能考上三中，学习成绩是中等偏上的，再努力三年，考个二本没问题；玩命学，弄个重点大学也没准。

我：你这个年纪应该赶上高考了，怎么没上大学？

女司机：我是1982年高中毕业，没考上大学。那时候还没有补习这一说呢。当时招工机会特别多，也没想那么多，就进厂上班了。不是跟你吹，我写字写文章都不赖，领导挺重视，车间的黑板报、广播稿都是我写的。

我：那时兴上"五大"，什么电大、夜大的……你没上？

女司机：上了，上了一年就不上了。和我一起上的，毕业的都当干部了。

我：你爱人什么文化？女司机：他初中。他画画可好了，和他一起画的那些人，现在都出名了。我：他现在还画吗？女司机：早就不画了。挣钱养家，我白天开，他晚上开。我：太可惜了。那你还写点东西吗？女司机：有时也写，可写了给谁看？我女儿刚给我建了个博客，让我往博客上写。说，妈你就写吧，写了就有人看。现在一天到晚紧紧张张的，也挺累。但我感觉比小区里牵个小狗的女人活得充实。

我：你和我见过的那些出租车司机不一样，你特别乐观，不像他们总是牢骚满腹。

女司机：高高兴兴是一天，愁眉苦脸也是一天，干吗不高高兴兴？我就说我们家那口子，一天到晚叨叨的，像个娘们儿，发那么多牢骚管什么用？还弄得心情不好了。我们家那口子上午睡觉，下午总爱去沁河公园和一帮退休的老头们争论以前好，还是现在好。现在吃的什么穿的什么？那时候呢？再说了，现在只要你不懒不傻，总能找份工作干，好好干，就有希望。你别老和当官的比，你说是不是？要摆正自己的位置。我女儿昨天还说她爸，不要整天抱怨生活欠了你什么，生活根本就不知道你是谁。这丫头可会说了，我们娘俩儿是一派。这不，我们家10年前就在广厦小区买了房，如今老大也毕业了，基本不用我们管了。

不知不觉，我该下车了。我告诉女司机，我也在广厦小区住，我掏出纸笔，写下我的博客地址，我说：你写吧，最起码我会看你的博客，慢慢地，我的那些博友也会去看，大家串起门来，看的人就会越来越多。其实，咱们老百姓的生活挺有意思。

女司机拍拍方向盘大笑起来：你要早说在广厦小区住，我就不跟你讲那么多我们家的事了。这下完了，我们家的那点儿机密全让你知道了……

（此文先发在网络上，不知道怎么被女司机的女儿看见了，转到她们承德医学院的一个网站上。我在网上无意搜到的。她们一家可能都看了。看来，她们是喜欢的。那就好。）

酒仙徐公（笔记小说）

徐公，年60，有家室，好酒，友人奉送雅号"酒仙"。徐公年轻时颇有文才，读大学中文系时曾扬言："我这支笔靠在学校门口，没人搬得动！"同窗虽不服气，但也无奈。你能在《收获》发散文吗？你能在《人民文学》发小说吗？不能吧！徐公还在日记中写道："今生不做茅盾，便做郭沫若。"那口气狂得可以。

徐公毕业，正值"文化大革命"，刊物停办，文学凋零，作家挨批，徐公只好偃旗息鼓，醒了作家梦；加之婚后更为病妻痴子所累，遂心灰意懒，颓唐消沉，凌云壮志，逐渐消磨，只好如晋人竹林七贤之一阮籍，隐于酒中。

徐公好酒，并非一般酒徒，顿顿二两，日日滥饮。徐公家务繁重，平时一口不喝，只星期六晚上痛饮一次，一次一斤；每饮必醉，醉后酒气和才气齐冲，先吟杜甫《饮中八仙歌》，"张旭三杯草圣传，脱帽露顶王公前，挥毫落纸如云烟……"，然后李白、岑参、东坡、稼轩……依次背来，慷慨激昂，酣畅淋漓。细品，隐隐有种沧桑悲凉之感。令人想起陆游"胡未灭，鬓先秋，泪空流"之诗句。

"文化大革命"结束，徐公潜心教学，课本中的白话名篇，几乎全能背诵，古诗古文，更是烂熟于胸，倒背如流。故而讲诗文从不带书，只拿粉笔三根，旁征博引，口若悬河，奔腾而下，深受学生爱戴。不少学生毕业多年，星散各地，逢年过节，仍不忘来函来电，问候恩师。居住本市的，更是常来常往。

某日上午，徐公家来高足两位，同济毕业，专业高层建筑，欲去深圳闯天下，行前，向恩师告别，知师好酒，故携名酒 4 瓶。徐公以朋友待之，"指点江山，激扬文字"之后，留食午膳。高足斟酒敬师，徐公摆手："我平时不喝。下午有课。"高足相劝再三，徐公只好饮之。三条汉子，觥筹交错，半个时辰，两瓶已空。膳毕，高足把恩师送至学校。徐公到办公室拿粉笔三根，摇摇晃晃，走进教室，手撑讲桌，眼望学生："这节课，我们讲李白的《蜀道难》。这是一首前无古人，后无来者的好诗啊。贺知章惊叹乃谪仙所为。'杜甫'，你站起来，说说《蜀道难》写得如何？"言讫，猝倒在地。

从此，徐公滴酒不沾。

2008 年 6 月 13 日

父亲的六个爱好

最近整理书柜，找出三本很旧的精装书：马克思的《政治经济学批判》、恩格斯的《家庭、私有制和国家的起源》和《自然辩证法》。这是父亲20世纪50年代的藏书，因为我很喜欢，所以1975年离开家调往另外一个单位时就悄悄带走了。记得当时带走20多本，30多年过去，我从湖北调到河北，搬了七八次家，只剩下这3本了，在我心里非常珍贵。父亲是工农出身的干部，文化程度并不高，但他对理论问题一直有比较浓厚的兴趣，买了大量马恩列斯著作。我少年时代就知道"批判的武器不能代替武器的批判"这句拗口的名言，就是被父亲耳濡目染的。

20世纪50年代时，父亲上班有时间就看理论书，为此曾受到一位老上级的善意批评："老曹，咱们这是工厂，不是马列主义学院。"父亲的这位老上级很有水平，是抗战前的高中生和党员，在张学良的部队做过"兵运工作"，是西安事变的见证人。高中毕业在20世纪30年代就算"大知识分子"了，毛泽东、周恩来这样颠覆华夏改变中国历史走向的人也不过是初师毕业和高中毕业。父亲是1953年从地方政府调到工厂，他去的第一个工厂是苏联援建的156个项目之一，正是"一五计划"时期，也是共和国的黄金时代。父亲对理论问题的兴趣一直保持到晚年。读书看报看杂志，用红蓝铅笔勾勾画画，写了大量心得笔记。我爱人第一次到我家，看了父亲书桌上厚厚的文稿，好奇地问我："你爸写的东西发表过没有？"其实，父亲写东西没有任何功利性，他大概从来没想过投稿，就是喜欢、兴趣，有点儿像今天的人写博客。父亲还有记日记的习惯，"文化大革命"时曾被造反派搜走，断章取义地批判了一阵子。

父亲一生有三大爱好：一是买马列的书琢磨理论问题。第二买京戏唱片听京戏，父亲每次从北京开会回来，我和妹妹等着他从旅行袋里拿出好吃的，他却兴高采烈地捧出一张京戏唱片对母亲"炫耀"起来，打开留声机就陶醉在里面了。"文化大革命"爆发，京戏属于"四旧"，母亲让我把近百张京戏唱片用自行车驮到废品收购站卖了，还有一些送给同学当"铁环"滚着玩了。我好买书就是受父亲的影响，但京戏却没好起来，因为没机会。这些年上班路上，碰上老人们唱京戏，只要有时间，我都要驻足听一会儿，"样板戏"除外，那不是真正的京戏。我们学校有位从县里调来的教师，到处宣称他会唱京戏，结果一开口全是"样板戏"，令我大失所望。林语堂先生说，中国人，一到40岁，就把父亲留下的瓜皮小帽和长袍马褂穿起来了。我没"穿"，但都"藏在心里"了。

父亲的第三个爱好是比较讲究穿，他是厂级干部中唯一穿西服系领带的。当时在北京、上海，在大学、研究所和设计院，可能比较常见，但在兰州、在工厂就算很时髦很前卫的了。一群毛料中山服里，冷不丁冒出个西服革履的，确实很抢眼很另类，颇有点儿鹤立鸡群的味道。我至今不知道他的同事背地怎样议论他，也没听母亲说过，大约不会说好话吧。父亲可能是受了厂里苏联专家的影响。20世纪60年代，父亲就改穿中山服了，这恐怕和当时的政治气候有关，阶级斗争越抓越紧，大批封资修，西服肯定是资产阶级的，父亲也就不好再穿了。我比较注意衣着整洁，就是受父亲的影响。父亲每天晚上睡觉前，都要把毛料裤子叠好，搭在椅背上，抽出来的皮带盘得整整齐齐的一圈，放在书桌上。这个细节给我印象特别深。父亲离休后，在设计院的老头里也是衣着最讲究的，毛料中山服还是一做就一套。我觉得人越老越应该注意穿着，老人一脏，让人感觉特别不好。最起码让老伴和孩子特没面子。上海人有个说法，丈夫衣领脏是妻子没做好。

父亲还有三个小"爱好"，第一个是擦皮鞋。他一点儿家务活也不干，但每隔两三天就要把自己的皮鞋擦一遍，而且非常认真，去浮灰打鞋油抛光，一道工序也不少。有时，擦完他的，再擦母亲的，边擦边批评母亲的皮鞋保养得不好。两双鞋擦完，周围空气已经充满鞋油味。第二个是摄影，我和妹妹们小时的相片都是父亲照的，父亲后来说，摄影花钱太多，就不玩了。前两年，一位照相的朋友看了父亲留下的老式德国相机，说现在能卖近 20 万。不论多少钱母亲都不会卖的。父亲的第三个小"爱好"就是看公鸡打架。在湖北山区三线工厂，允许职工养鸡。父亲只要下班回来晚了，不用说，准是在路边看公鸡打架了，不看完，他是不肯离开的。这和父亲从小在农村长大有关，可能是童年的习惯，农村孩子嘛，没有娱乐活动。母亲笑话父亲"童心未泯"。由看公鸡打架延伸下来的是父亲喜欢看篮球赛，两者都属"竞技运动"。每有球赛，他就早早拿个小板凳走了，在灯光球场找个好位置，从 20 世纪 60 年代就如此，直到晚年。父亲和厂队的球星都是好朋友。父亲去世太早，否则，绝对是 NBA 的忠实观众，是姚明的铁杆粉丝。

父亲去世那年才 66 岁，比我现在的年龄大 10 岁，夺走他生命的病是肝癌，这和十年浩劫有直接关系，气大伤肝，父亲又是火暴脾气。

（此文发表于《邯郸晚报》《散文百家》。）

晚上，老曹的岳母家熬了两锅粥

学校还差一天放假，老曹就迫不及待地回到北京给儿子做饭去了，连学校的元旦联欢和会餐都没参加，赶到岳母家，刚好下午5点。

老曹的夫人说："里脊肉、青菜和烧饼都买好了，你先熬南瓜粥吧，我妈说的。"

老曹的儿子走过来说："老姜，别熬南瓜粥了，我都吃了20年了，早吃腻了。前几天我去同学家喝的皮蛋瘦肉粥，很好吃，让老曹学着熬一锅吧。"大概是儿子上高二那年，有一天突然对老曹和夫人说："我已经长大了，以后，不管你们叫爸爸妈妈了，叫老曹、老姜。"老曹说："你愿叫啥就叫啥，反正我们俩，一个是你爹，一个是你妈，你想赖是赖不掉的。"老曹和夫人都有比较浓厚的自由民主平等思想——老曹是看书看来的，夫人是高知家庭出身，又从小在设计院长大，是环境熏染的。所以，老曹和夫人不以为忤，尤其是老曹，甚至还觉得挺好玩。有时一家三口出去，儿子叫起来，别人还以为这是一个单位的。其实也对，一个家庭不就是一个单位吗？只是儿子上大学后，有一次夫人对老曹说："万一将来儿媳妇也跟着叫怎么办？"老曹说："不会的。如果真那么叫，还是好事呢，说明和咱近，不生分，等于又多了个女儿。"

老曹的夫人说："不行。姥姥说了熬南瓜粥。"老曹的夫人话音刚落，老曹的儿子就火了："你就知道听姥姥的，姥姥说的都对吗？你大学毕业那年想自己干，姥姥不同意，你就乖乖到国企上班去了。到现在，还是个小破工程师，天天挤地铁。看你的同学赵阿姨，自己有公司，开沃尔沃。哪像你这么没出息。都是姥姥害了你。还姥姥姥姥呢！"老曹的儿子上大学后，眼界开阔了，思维活跃了。拿奖学金、入党、当支书、当学生会干部，玩得轰轰烈烈，自我感觉特好，脾气也倍儿大，经常修理老曹和夫人。

老曹的夫人有点儿急了："不准这样说姥姥！"老曹知道，这是夫人的底线，再冲，就要亮红灯了。夫人对岳母很孝顺，从来不允许我们说她老人家半句"坏话"。老曹的儿子小声嘟囔："为什么？谁不对都可以批评。"老曹的夫人说："只要姥姥在，就必须熬南瓜粥。除非姥姥去你舅舅家住。"

老曹的儿子耍赖了："那我就不喝。"老曹的夫人看看老曹，希望老曹表个态。老曹也为难：一边是年近八十、德高望重的老岳母和尊敬的夫人，另一边是多日不见的宝贝儿子，让谁将就、委屈都不好。再说，美国的黑小子都爬上总统的雅座，马上就开始吃香的喝辣的了，自己的儿子连喝个什么粥的自由都没有，也太说不过去了吧。

老曹看着儿子一手拎着一个涮画笔的罐子，心中突然有了主意："要不，干脆熬两样粥，一锅南瓜粥，一锅皮蛋瘦肉粥，谁愿意吃啥就吃啥？"

老曹的夫人说："那我妈会不会生气？"老曹说："不会。咱们先陪老太太喝一碗南瓜粥，然后再喝皮蛋瘦肉粥。"老曹的儿子说："还是老曹聪明。"

2008年12月31日，老曹岳母家晚饭史上发生了一件开天辟地的大事，第一次熬了两锅粥，20年一贯制的南瓜粥终于被打破了。两种粥端上饭桌后，老曹的岳母虽然没有明显地表示反对，但一口也没尝。所以，吓得老曹的夫人也没敢吃。老曹吃了两碗南瓜粥，又吃了一碗皮蛋瘦肉粥。老曹的儿子吃了三碗皮蛋瘦肉粥，弄得满头大汗。

2009年1月1日晚上，老曹又熬了两锅粥，一锅南瓜粥，一锅皮蛋瘦肉粥。老曹的儿子对老曹的岳母说："姥姥，您也吃点儿，比南瓜粥好吃多了。"

老曹的岳母和蔼地笑笑，没吭声，但脸色好看多了。老曹的夫人在厨房悄悄尝了一口，说："怪不得儿子非让你做，就是好吃。"

　　2009 年 1 月 2 日，老曹还是熬了两锅粥，一锅南瓜粥，一锅皮蛋瘦肉粥。吃饭时，老曹的岳母主动说："看'坏蛋'（老曹儿子的昵称）吃得那么香，也给我盛点儿。"

　　老曹的夫人连忙向老曹示意，老曹盛了小半碗递给岳母，老曹的夫人极度紧张地看着一小口一小口抿着的老太太。老曹的岳母喝完，笑着对老曹说："挺好吃的嘛。曹澍是比姜婷（老曹的夫人名'姜婷'）会做饭。"老曹夫人的脸这才敢舒展开来。吃完晚饭，老曹的岳母把老曹两口叫过去说："以后，咱们家，一三五日晚上，熬南瓜粥；二四六晚上，熬皮蛋瘦肉粥，换着来。'坏蛋'还知道什么粥好吃，告诉曹澍，让曹澍再学着做。过去，咱们家粥的花样是太少了。"

　　2009 年 1 月 3 日，老曹告别了慈祥开明的岳母、亲爱但唯母命是从的夫人和不满现状总想变革的儿子，踏上了返回赵国都城的火车。进站前，老曹买了一份小报纸，头版头条介绍一位巡抚大人如何如何敢为人先，思想解放。有人问他：故去的老巡抚曾想弄块地方搞个 ZZ 特区试验一把，你能否继承老巡抚未竟的事业？

　　这位巡抚大人连想都没想就一口回绝了。老曹看了看，这位巡抚大人的所谓"敢为人先"，无非是在经济领域里打打转转而已，不过是新的洋务运动罢了。快下车时，列车员开始打扫卫生收拾垃圾，老曹把那份报纸扔进了列车员撑开的大黑塑料袋里。

（此文发表于《邯郸晚报》。）

知青点生活回忆（五则）

五香麻雀

20世纪70年代，我在鄂北山区一个知青点当带队干部，负责知青点的后勤工作，管理着一个120多人吃饭的食堂和副业班，副业班有10亩菜地，还养了猪和鸡，菜蛋肉基本不用买。在其位就要谋其政，故而总想变着法给知青弄点儿好吃的，照顾好这些离开爹娘、比我小几岁的大弟弟大妹妹们，我在心里也真把他们当成自己的弟弟妹妹。记得临来知青点前，母亲"语重心长"地说：你可一定要注意啊，最近文件传达了不少女知青被害的事，咱们犯什么错误，也不能犯那种错误，太丢人，那可一辈子抬不起头来，我们也不认你这个儿子了！我说：妈，你说什么啊！母亲说：你知道就好。我年轻时，还有点儿人样，后来真有女知青喜欢我，但我清楚，那是"我妹"啊……

有一年冬天奇冷，刚入冬，就下了一场大雪。一天早上，我和库房保管收拾库房，准备往新盖的大仓库搬家。我们把从地上清扫的稻谷、麦粒和谷子，随手倒到了库房门口，一会儿，竟引来十几只麻雀争食，有三只竟然飞进库房，看着这些贪嘴的家伙，我想起儿时吃的泥巴烤麻雀了，心想，何不多捉些给知青改善生活。

想起吃，说干就干。我叫来5个男知青，来到新盖的300多平方米的大仓库，打开两头的大门，扫净门周围的积雪，在门口撒了薄薄的一层稻谷，又从门口往里一点儿一点儿地撒到仓库中间。我们埋伏在离门不远的地方，恭候麻雀上钩。过了半个多钟头，从知青点周围，从村子里，飞来了一群群无处觅食、饥寒交迫的麻雀，它们啄完大门周围的稻谷，就蹦蹦跳跳进了仓库。等麻雀完全放弃警惕，低头吃得最得意时，我领着 5 个知青，突然冲进仓库，迅速关上两头的大门，一人高举一把事先准备好的大竹扫帚，一边在空中使劲儿挥舞，一边高声怪叫，雀儿们哪里料到会有这样的"阴谋"，哪里见过这般阵势，吓得惊慌失措，在仓库乱飞。少顷，雀儿们纷纷往早已关上的 6 扇玻璃窗撞去，它们以为从那可以飞出去。结果，撞一个，摔下来一个，前仆后继。还有往墙上撞的，也有被我们用竹扫帚扑下来的，顶多 10 分钟，无一逃逸，全部毙命。我们首战告捷，战绩颇丰，数数，竟有 89 只，装了多半箩筐。我们赶快收拾好战场，敞开大门，再撒些稻谷，恭候第二拨麻雀到来……多半天工夫，我们打了 5 场漂亮仗。

拔毛开膛，放入大锅，加水放上大粒粗盐花椒大料生姜，煮将起来，我名之为"五香麻雀"。晚饭时，知青看见菜牌，欢呼起来。每人 5 只，男知青连雀儿骨头都嚼吃了，好不解馋。那年冬天，雪大，且勤，我们如法炮制多次，饱啖了麻雀肉。

20 世纪末，看沙叶新先生的名文《1958 年的中国麻雀》，方知麻雀嗉囊中四分之三是害虫，四分之一是粮食，基本是益鸟。始觉有犯罪感，但已晚矣。

30 多年过去了，去年，知青聚会把我请回去，这群五十出头的人，还记得我做的"五香麻雀"，而且固执地认为，那是他们至今吃过的最美佳肴。

第一次杀猪

我当知青点带队干部时，曾杀过一头猪。

我们知青点养了 28 头猪，有一半是半大的架子猪，三四个月出栏一头。杀猪那天，是知青点的节日。第一顿必炖一大锅红烧肉，再炒两个肉菜，以组为单位，用洗脸盆打回宿舍，随便吃。男知青买散白酒，女知青买果酒，大吃大喝，一醉方休，算是对平日清苦伙食的补偿。剩下的熏成腊肉或做成咸肉，细水长流。

我刚到知青点不久，正赶上一次杀猪。往常杀猪，都请个专业屠夫。杀一头猪，给五块工钱，吃一顿有酒有肉的饭，临走，还拎走一副心肺一挂小肠。这是当地约定俗成的规矩，很不合算。

我们两个带队干部和两个知青点长一碰头，决定从今以后，自己杀猪。"没吃过猪肉，谁还没见过猪跑吗？"借来家伙什儿，学着干。商量的结果是：以我为首，成立一个6人杀猪小组。男知青听说后，群情激昂，热血沸腾，纷纷要求参加。我从60多名男知青中挑出5条精壮汉子，拿根麻绳，来到3个猪圈，看了一遍，瞄上一头最肥的家伙，"人怕出名猪怕壮"，真是一点儿不假。

我让猪倌把其他猪轰入别的猪圈。我们6人跳进猪圈，开始捉猪。这家伙智商较高，预料情况不妙，像一头西班牙斗牛场上的公牛，在猪圈里四处奔突，我们6个人围追堵截，就像中国男足在球场上的表现，六打一，仍然感到力不从心。不巧，两天前刚下一场雨，猪圈里泥泞不堪，又滑又黏，我们深一脚、浅一脚的，站也站不稳，跑也跑不快。这家伙撞倒了两个知青，我的皮鞋也掉了，它的"皮鞋"天生连着腿不用系带，迈进拔出非常自如。我们弄得浑身上下，不是泥巴就是猪粪，狼狈极了。最后，它终于精疲力竭，龟缩在墙角，喘一口气，嚎叫一声，喘一口气，嚎叫一声……

幸亏它没有"特立独行""到王小波的猪"那样的程度。我们把它拖出来，按倒，捆住四蹄，抬出猪圈，扔到一条长凳上。旁边是一口大锅，正烧着水，以备烫猪毛用。两个被猪撞倒的知青为了报"撞摔之仇"，使劲儿骑在猪身上，我手持一把从村里民兵连借来的军用刺刀，左胳膊拢住猪下巴，右手执刀，照着猪脖子下边就是一下。究竟不是"科班"出身，加之胆怯手颤，没有刺中心脏，只是划了个大口子。猪疼得拼命挣扎嚎叫，竟然挣脱绳索，逃出"屠场"，在麦田里狂奔。等我们愣过神来，它已经跑出挺远。我们一直追到河边，才捉住它。抬回知青点，它失血过多，终于死了。白白浪费了一头猪的猪血，猪血辣椒炒白菜，吃不成了。

后来，我们专门派了两个知青，跟村里的杀猪把式实习了几次，以后，再没闹过类似笑话。我也再没杀过猪。去年知青聚会时，一个当年杀猪小组的成员把这事编了个段子，叫《曹队长杀猪》，有点儿荤，比我写的有意思多了。说我的双手曾经沾满麻雀的鲜血，现在又沾满了"猪哥"的鲜血，是个"十恶不赦的刽子手"……

夜擒偷鸡贼

我们知青点养了100多只母鸡，由副业班女知青小梅喂养。平均一天能收40多个鸡蛋，天天有鸡蛋汤喝。一个星期，能吃次炒鸡蛋。炒时，鸡蛋里拌些白面，显得数量多些，当然不如全是鸡蛋的炒得好吃。现在已经没有这种做法了，那个年代，许多食堂、家庭都这么做。

这些鸡，一天喂两次，早上出窝时，撒半洗脸盆玉米粒，晚上进窝时，再撒半洗脸盆玉米粒。白天，鸡们在知青点周围觅野食。用现在的时髦话说，是标准的土鸡，鸡们屙的蛋，当然也是标准的土鸡蛋。

一天早上喂鸡时，小梅对我说，她怎么觉得少了几只鸡。我也没在意。因为知青点到底有多少鸡，谁也不清楚。第二天，她又说了。我说明天出窝时，咱们数数。第三天，我们数了一遍，156只。第四天，我们又数了一遍，只有153只了。我心想：难道真有人偷鸡？是知青，还是村民？不太可能是知青，一是偷了没地方做，二是当时正有个招工机会，谁也不会为吃口鸡，拿自己的前途开玩笑。

晚上，我悄悄找了两个知青，在鸡窝旁守了一夜，没有发现情况。当时已是深秋，夜里颇冷，冻得我们瑟瑟发抖。第二天晚上，我们一人裹了一件旧大衣，为了紧身，行动方便，也为少灌风，腰间又系根麻绳，我们趴在离鸡窝不远的稻草垛边。不能说话，不能抽烟，也不能打盹儿，头天守夜的神秘紧张和兴奋的感觉早已消逝，只盼那可恨的偷鸡贼快来。大约一点钟光景，只见一个黑影哈着腰，向鸡窝摸来。一边走，一边扭头四顾张望。黑影贴近鸡窝，蹲下身，打开窝门，嘴里发出"吱吱吱……"的声音，低头抻脖撅起屁股，正要伸手捉鸡。我们三人一跃而起，猛扑过去，把偷鸡贼按倒在地。我打开手电筒一照，原来是本村一贯游手好闲的泼皮老六。把他押到食堂一问，已经偷了我们17只母鸡，吃了5只，其余的全拿到县城卖了。

去年，我回湖北参加知青聚会，大家说起老六，有个知青告诉我，农村分地后，老六脑子活络，亦农亦商，成了村里最先富起来的人。现在，已是著名农民企业家，媳妇都换过好几茬了。我们找他办事，都要和秘书预约。真是沧海桑田啊……

"黄歌"

知青点的带队干部必须一男一女，因为知青也是有男有女，便于管理。我的搭档是个35岁的老姑娘，新提拔的厂党委副书记。她为人严肃古板，不苟言笑，知青都有点怕儿她。

知青点的知青，都是近几年毕业的高中生，年龄在20岁上下，情窦已开。但知青点严禁谈恋爱，违者不予招工。所以，为前途计，无人敢以身试法。可是，年轻人总是年轻人，有了感情上的需要，总要流露总要宣泄总要表达。有段时间，每到晚上，男知青就躺在大通铺上唱情歌。他们不知从哪儿弄个旧歌本，凡和爱情有关的，就一首一首地学着唱。一时间，知青点的夜空中情歌袅袅。他们唱得最多、唱得最好的是《莫斯科郊外的晚上》《深深的海洋》和《在那遥远的地方》。

当时，我正热烈地追求着一位身材秀美、面容姣好的江南姑娘，处于将求而未求到的阶段，故而非常喜欢听他们唱。但我的身份不允许我流露出来。每当那深沉粗犷豪放的男声合唱从夜空传来，我只能在心中暗暗附和："我愿变只小羊，跟在你身旁。我愿你拿着那细细的皮鞭不断轻轻打在我身上……"

一天，女副书记突然对我说："咱们得在会上讲讲男知青唱歌的事……"我不知道她要讲什么，只好同意。哪知，她在会上劈头就说："最近，咱们知青点黄歌泛滥！知青点的晚上成了莫斯科郊外的晚上。男知青都变成了小羊。鞭子抽到身上就那么舒服？啊！我这里也有条鞭子，抽你几下试试……"

从此，知青点的夜空没了歌声。我参加完知青聚会到女副书记家看她，她已成了名副其实、没有一点儿朝气的老太婆。快 40 岁才结婚，找了个地市级的鳏夫，比她大八九岁。如今，老丈夫去世了，她自己无儿无女，守着一套大房子，苦度余生。思想还是那样古板，看不惯这瞧不惯那，脑袋就像老人家说的花岗岩一般，整个一现代版的"九斤老太"。30 多年过去，社会的巨大变化，在她身上几乎没有打上任何烙印。

蔡队长和唐队长

蔡队长和唐队长是我们知青点从当地请的两个农业技术顾问，才 40 多岁，脸上已是沟壑纵横，和城里 60 多岁的人差不多。农村日子苦，人老得快。叫队长，表示尊敬，也是农村一种习惯而常见的称呼。其实，他们只是普通社员，知青管我也叫曹队长。

据说，蔡队长年轻时真当过生产队队长，因为在茅房抱着别人的漂亮媳妇亲嘴，被社员发现，告到公社，免了。蔡队长指挥生产有一套，组织能力强，知青点大田里的活儿，都听他安排，我们两个带队干部基本不用操心。蔡队长性格豪爽，大大咧咧，好说个农村的荤段子，俏皮话特多，他管男知青喜欢女知青叫"发情"，他对我说：小赵冬天也发情？我那时年轻，听不懂，后来才知道，动物春天才谈恋爱，人是不分季节的，比动物幸福自由多了。蔡队长冬天戴个旧乎乎的脏棉帽子，两个帽耳朵不往上系，耷拉下来呼扇呼扇的，和有一年春晚黄宏演小品戴的棉帽一样。男知青都喜欢他，休息时，围着他，听他"胡说八道"，他也趁机跟男知青要纸烟抽，不给烟就不讲，纸烟越好，他"胡说八道"得越有意思。

他平时抽烟袋，一根八寸长的竹子烟管，拧上一个黑了吧唧的烟锅，填满劣质烟叶，使劲儿抽好几口才能冒烟。有一次，他递给我：曹队长，来两口？

我说：我不会。他说：你是嫌我们贫下中农脏吧？我不知怎么回答，脸涨得通红。他见我尴尬的样子，大笑起来。我跟他去公社开过一次会，开完会，公社食堂管了一顿饭，他吃得有滋有味满头大汗，我像咽中药一样。他回来到处说公社的饭好吃，我听了惭愧极了。

唐队长的农活做得漂亮，人精明细致内秀，话不多，眼睛小而有神，在知青点的角色类似工厂的技师。他带了十几个知青徒弟，教各种农活，这十几个人学会了，再教大家。女知青都愿意请教他，他也把知青看成自己的儿女一样。我和女副书记去他家吃过饭，我们坐在堂屋，他不让孩子和老伴上桌，几个孩子眼巴巴地望着那几个家常菜，那顿饭吃得我心里极不舒服，我叫孩子们过来一起吃，唐队长就是不肯。我记得有个炒猪血，猪血都糟了，味也不正，我夹了一筷子，使劲儿咽下去了。唐队长说，这是春节特意留下来，准备请我们的。第二天，我和女副书记凑了十几块钱，给孩子们买了点儿饼干和水果罐头送去。饭间，唐队长给我们算过一笔细账，生产队一人一年给毛粮320斤，100斤稻谷出75斤米，才240斤，一天不到7两米，根本不够吃。唐队长请我给他当兵的大儿子写过几封信，他识字不多，不会写。他口述，我动笔，他的口述居然是半文半白的话，吓我一跳，开头结尾全是古式的，如："建业吾儿如面：连接两信，得悉在部队诸事顺遂，甚慰。""家中一切均好，你勿挂念。深秋已至，西风黄叶，强饭加衣，顺时珍摄。父谕十一月五日。"

我不知道他是怎么记住那么多"棺材瓤子"式的语言，一套一套的，写时，常常把我搞得云里雾里糊里糊涂。当时我就想，唐队长这样的人，如果不是生在农村，肯定能出息成个人物。今天看来，楚地农村的中国传统文化保留得多么好。唐队长最大的希望是让大儿子的军装从两个兜变成四个兜——士兵的上衣两个兜，军官的上衣四个兜，当个排长，不用回农村犁田插秧"双抢"了。抢收早稻、抢种晚稻，是湖北农村最累的季节，最紧张时一天只睡三四个小时的觉。

聚会时，知青告诉我，2000年前后，蔡队长和唐队长相继去世。农村分地后，他们过了20多年好光景。尤其是唐队长的孩子们，继承了他父亲的精明细致内秀，他的大儿子当上某集团军政委，这是唐队长做梦也没有想到的。其他四个孩子全考上重点大学，离开农村。当地报纸做过报道，唐队长还被请到学校介绍经验，真是"王侯将相宁有种乎"啊。判断一个社会是否充满生机活力是否公平正义，就是看它能否为有才能的下层老百姓的子弟提供进步的机会。"文化大革命"时，推荐上大学，哪能轮上一个普通社员的孩子。侥幸轮上一个，能侥幸轮上四个吗？

后记

　　知青点生活，让我对农民生活的贫困，有了更深刻的体验。农村的许多大人孩子，冬天，里面就一件土布小褂，外面穿个棉袄，没有毛衣毛背心绒衣之类的衣物，空空荡荡的，光往里面灌风，一点儿不暖和。一冷就缩着脖子夹个肩膀，样子很难看。贫穷，让人的外形都没了尊严，你想昂首挺胸也不行。我们知青点离村小学很近，有个教六年级语文的老师病了，请我代过一周课。农村孩子和城里孩子智力没有差别，但农村孩子因为贫穷而产生的自卑畏缩胆怯无知，看了让人心酸，绝大多数孩子连县城都没去过，方圆那几里就是他们十几年来最大的生活半径。

　　在知青点，我这个北方长大的人，还第一次见识逐花迁徙的养蜂人，几十箱蜜蜂嗡嗡嘤嘤铺天盖地"杀气腾腾"，扑向黄灿灿的油菜花。第一次见识放鸭人，几百只鸭子，在一个地方住个把星期，吃完当地的野食，再换个地方。放鸭人早晨做的第一件事是去鸭圈捡鸭蛋。母鸭和母鸡不一样，性格内向害羞不爱张扬，是夜深人静时产蛋。也有个别没出息的母鸭晚上恋爱，忘记屙蛋，白天屙在水田里，只能谁捡算谁的，我们知青就捡过好几个。养蜂人和放鸭人住芦席编的帐篷，自己起火，没有女人做饭洗衣，一走就是几个月，很辛苦。"四人帮"倒台，我看墨西哥电影《叶塞尼亚》，吉卜赛人的流浪生活让我又想起养蜂人和放鸭人。

　　回忆知青点的生活，我常常想起从农村走出来的作家贾平凹说的一段话：

"知青的日子好过。他们没有什么负担，家里父母记挂，社会上人们同情，还有回城的希望与退路。生活是苦一些，但农民不是祖祖辈辈这么苦吗？"所以，作家阿城说："贾平凹的这些话使我反省自己，深感自己不只是俗，而且是庸俗，由此也更坚定了我写人生而不是写知青的想法。"

（贾平凹是站在农民角度说的，这个视角更大众更底层，因而也更有道理。）

（此文发表于《邯郸晚报》。）

童年趣事（三则）

粘知了

背着奶奶，偷两把白面，和成稠泥状，再用水边揉捏边冲洗，耐着性子，不能着急，一个多小时后，得玻璃球大小的一坨"面筋"，像粘自行车内胎的胶。把做好的面筋用一个湿手绢包好，防止晒干。再用妈妈给的零花钱，去土产商店买一根大拇指粗的细长竹竿，多长？两米左右吧。粘知了的工具就准备好了。对，再悄悄找一只干净的爸爸的旧袜子装知了。爸爸的袜子大，是那种松松垮垮的线袜子，现在早已没有卖的了。

中午，日头极毒，等大人们都睡觉了。七八个人嫌狗不爱的小男孩儿，用暗号联系好，一个个从家里悄悄溜出来，光膀子大裤衩，光脚穿双塑料凉鞋。太阳一晒，塑料凉鞋极软，特别跟脚。一人肩上扛着一根细竹竿，逶迤离开家属院，向沁河边的柳树林扑去。那时沁河两岸没有一栋建筑物，只有中华桥东南边孤零零地趴着一个庞大的新盖的青年电影院（童年人的眼里），周边被庄稼地包围着。老曹10岁那年，母亲很郑重地让父亲领着老曹在青年电影院看了平生第一部励志影片《青年鲁班》，李三辈这个青年工人的名字牢牢刻在童年老曹的脑海里，成为童年老曹学习的偶像。老曹长大后才知道，这个电影是根据一位前国家领导人年轻时的真实故事改编（即李瑞环先生）。

一些似云非云、似雾非雾的热气，低低地飘浮在空中，小男孩儿们像在雾中穿行，让小男孩儿们觉得十分憋闷，人人脸上冒着油汗，没人擦，也没人说话，一路疾行。

来到了沁河边，放眼一望，别的家属院的孩子还没来，又听到柳树林里此起彼伏的知了们欢快的合唱声，长舒一口气，用小黑手抹几把油汗，甩一甩，在大裤衩上擦擦。

随便折几枝长长的柳条，三下两下编个浓密的柳条帽，扣在头上。这是从战斗故事片里学来的，防止知了看见自己，也防晒，还感觉挺牛气。老曹直到今天也没弄明白，知了到底能不能看见当年的我们。

拿出包面筋的湿手绢，把面筋紧紧捏在竹竿的细梢上。七八个人，钻进柳树林，散兵线一样排开，分布在一两百平方米内，单兵作战，"各自为'粘'"了。柳树林除了知了们的叫声，安静极了。

一人一竿，斜斜地伸着，向叫声觅去。发现一只正在歌唱的知了，轻轻高举竹竿，向知了探去。还不能让面筋粘着树叶，躲躲闪闪，总算离知了只有三五厘米了，也许面筋包多了，也许竹梢太细了，颤颤巍巍，颤颤巍巍。不是点到树枝上，就是点空了，或者点到知了头上，只能把知了惊飞。必须把面筋准确点到知了的翅膀上，才能把知了粘住。被粘住的知了一面大声哀鸣，一面拼命挣扎，竹竿的细梢因知了的挣扎而剧烈抖动，被粘住的知了随时有挣脱的可能。迅速顺下竹竿，轻轻把面筋从知了翅膀上分开，稍为大意，翅膀就会被粘掉一块，成了"残疾知了"，不好看了。最后，放进袜子里。一个下午，顺利了，能粘八九个，一般情况也就五六个，难度很大。

拿回家，放进玻璃罐头瓶里，先瞻仰风采，再把翅膀完好的，在屋里放飞，令小男孩儿们很有成就感。玩够了，也有拿筷子夹着知了放在火上烤着吃的，一股煳味，不好吃。爸爸妈妈快下班了，再把知了全装进玻璃罐头瓶，藏在床底下。拿出暑假作业，坐个小板凳，趴在铺着凉席的木板床上，装模作样没心没肺地写一会儿。

第二天再如是。直到知了不再歌唱。

扑蜻蜓

夏日，晴天，雨后初晴更佳。学校的大操场，或较为平坦的草地和小河边。只见一群群的黄头蜻蜓在低空飞来飞去，最多时是一大片一大片的，像随风飘来的黄色云彩，仗着"人"多势众，耀武扬威地掠过小男孩儿们的头顶，像是挑衅、示威，很神气。小男孩儿们好像听见蜻蜓们说：来啊来啊，你们抓不住我们，你们抓不住我们……

小男孩儿们望着蜻蜓们，心想：你们不就是长了四片小破翅膀吗？有什么牛气的，看一会儿我们怎么收拾你们。有个小男孩儿用刚在电影里学会的对白大声喊："别看你现在飞得欢，小心将来拉清丹。"到底什么是"拉清丹"，小男孩儿们也不知道，只是知道反正不是好话。

找一把用旧的大竹扫帚，一定要旧的，甚至越旧越好，只剩主枝干，细梢全没了，扑起来不兜风，几乎没有阻力。速度要快，迎着飞来的蜻蜓冲上去，用大竹扫帚用力一扑，"人五人六"的蜻蜓就掉在地上。一只脏兮兮的小黑手迅速伸向它，捉将起来，捏住翅膀，只要完整无缺的，击毙者和断翅者不要。被活捉的完好的蜻蜓可能被扑成了"轻微脑震荡"或"软组织挫伤"，休养生息一会儿就好了。

这个方法是谁发明的？没人知道。反正一茬一茬的小男孩儿都这么干。扑蜻蜓一般是两人配合，一个扑，一个捉。聪明点的、动作迅猛点的、体力好点的小男孩儿扑蜻蜓，各方面逊色点的小男孩儿捉蜻蜓。也有干一会儿互换的。那时9岁的老曹刚从兰州来到邯郸，西北荒凉，"山多和尚头，沟多无水流"，连蜻蜓都没有见过，只好先从捉蜻蜓干起，给"老大"屁颠屁颠地当"马仔"。

有十几只后，两个小男孩儿一分，各自回家，往自家纱窗上一放，蜻蜓们纷纷抓住纱窗，趴在上面不动了，很听话。

小男孩儿从奶奶的针线盒里，拉出几根长约50厘米的细线，线太长了蜻蜓飞不起来，线太短了达不到"载重"的目的，小男孩儿控制不住蜻蜓。一只蜻蜓身上系一根，逼迫蜻蜓们在屋子里飞来飞去，直到蜻蜓累得趴地上再也不动。有时，小男孩儿也像汪曾祺先生的小说《受戒》里的明海，喊来自己的"小英子"，一起观摩蜻蜓的不自由飞翔。"小英子"不喜欢知了，黑乎乎的，没蜻蜓好看。这时奶奶最高兴了，双手捧着"小英子"的脸说，这妮子长得多俊啊。聪明乖巧的"小英子"甜甜地叫声奶奶，奶奶就挪着小脚下楼买两支五分钱的牛奶冰糕，"小英子"不来，奶奶只买三分钱一支的冰棍。

第二天，小男孩儿们仍然乐此不疲，直到空中没有蜻蜓飞翔。南方的朋友说，你们抓蜻蜓的方法真笨。我们是先抓只女蜻蜓的，用细线拴好。然后在池塘边舞动，男蜻蜓就扑上来求爱或求婚了，收获颇丰。我回答：你们那么小就会用美人计，早熟"情窦先开"，太了不起了，也太"无耻"了！因为那是个民风多么淳朴的年代啊……

抓蚂蚱

知了走了，蜻蜓也走了，蚂蚱来了，此地也和呼兰河畔萧红家后花园的变化一样。童年的萧红是寂寞的，只有60多岁的祖父陪伴，在偌大的后花园玩时就萧红一个人，没有小伙伴们陪伴，我们不。倘若时光交错倒流或者穿越时光的隧道，我们情愿带上那个说一口东北话的静悄悄的聪明早熟的大眼睛的小妹妹，和我们一起游玩。

野草地，或一暑假没学生踩踏、长满高没膝盖荒草的操场，都藏着捉不完的蚂蚱。

一群小男孩儿来了。在草丛里随便踢两脚，就可惊飞数只蚂蚱。你盯住一只，慢慢跟踪上去。蚂蚱非常机警，你动静稍微大点儿，它轻盈地一跳，几乎同时张开翅膀快速扇动数下，又"软着陆"在一个新的藏身之地。你继续寻觅，盯住目标，单膝跪在地上，右手掌合成锅形，猛地向前一扑，扣住了。右手掌由锅形很快变成平面，感觉蚂蚱还在手心，拳起手掌，抓住。

拽一根长长的狗尾巴草往蚂蚱脊背上小盖里一穿，再顺到狗尾巴上边挂住，第一只蚂蚱的捉拿过程就完成了。然后第二只、第三只……直到穿满一串。再拽一根狗尾巴草……老家的堂哥对童年的老曹说，老母鸡要是天天吃蚂蚱，一天下一个大鸡蛋，还常常是双黄的。

蚂蚱的个儿越大，"弹跳力"越好，也越难抓住，当然也越有挑战性。可能你追得满头大汗，扑了好几回，前胸沾满草叶尘土，膝盖都硌疼了，手也拍麻木了，最后，它还是飞走了。

如果你运气好，能碰上一两只浅绿色的、长相秀气又像知书达理的大家闺秀，还雍容华贵非常女性的"扁担钩"，那是你的福气，给略显平淡、枯燥的抓蚂蚱过程，带来新鲜和别样的欢乐。

轻轻捏住"扁担钩"的两条细长美丽的大腿，让她面向你，"扁担钩"就开始一摇一摆地给小男孩儿"磕头"或"鞠躬"了。其实，小男孩儿并没强迫她，"扁担钩"的表现温顺可爱极了。

看着"扁担钩"细细尖尖的头颅，线条优美、丰满修长的身材，穿一条绿中带点浅黄色的淡雅的干干净净的"连衣裙"，很少有哪个小男孩儿用狗尾巴草串它们。儿时的老曹不明白自己和小伙伴们为何这样做，也没人教他们，但美的东西就这样潜移默化地影响和教化了这些经常打架骂人、没人喜欢的顽皮小子。

或许，对成熟女性的爱恋和崇拜就从这时开始了。写到这里，老曹想起流沙河先生20世纪80年代写的一首诗《就是那一只蟋蟀》。先生说，他在四川乡下听到的那只蟋蟀，"在《豳风·七月》里唱过，在《唐风·蟋蟀》里唱过，在《古诗十九首》里唱过，在花木兰的织机旁唱过，在姜夔的词里唱过，劳人听过，思妇听过"。

那么，童年老曹粘住的那些知了、扑着那些蜻蜓、抓住的那些蚂蚱，应该就是2200多年前，秦王嬴政童年在邯郸生活时的知了、蜻蜓、蚂蚱繁衍的后代了。嬴政8岁离开邯郸，他那留作人质的爸爸无事时，对，他爸爸根本就没有政事需要处理，一定领他粘过邯郸树上的知了、扑过他家周围飞舞的蜻蜓、抓过他家房前屋后野地里蹦跳的蚂蚱，他那美丽年轻的妈妈赵姬，大概也在旁边观看丈夫和儿子玩耍吧，一家人其乐融融……

后记

这些都是40多年前的事了，现在，城里的小男孩儿们还玩这些吗？还有时间这样玩吗？城市到处是钢筋水泥沥青，有几块人造绿地，却是那么板正规矩，缺了"百花齐放百草疯长"参差不齐的自然野趣，给人的感觉也像大学塑料草坪的足球场，更没了蜻蜓和蚂蚱。即使有条穿城而过的河流，不光河水污染，岸边也砌上石头水泥的45度护坡，整齐是整齐，但不见新鲜泥土和野草，死气沉沉，没有一丝生机与活力。岸上翠蔓茂密，自然生长的青树不见，当然也无"蒙络摇缀，参差披拂"的风姿，此起彼伏的知了们的大合唱也闻不到了。清华大学的教授已经开始讨论呼吁拆除城中河和公园人工河、人工湖的石头水泥护坡，种上草皮，让河岸、湖岸保持自然状态，河岸、湖岸也要"呼吸"。或者像北京的一些城中河的护坡修成"蜂窝煤式"，露出一些泥土，自然长满了野草。今天，人们越来越崇尚回归自然。

余光中先生在他的散文名篇《听听那冷雨》里说得好，20世纪70年代的台北"鸟声减了啾啾，蛙声沉了咯咯，秋天的虫吟也减了唧唧。要听鸡叫，只有去诗经的韵里寻找"了。

去年，老曹居住的小区，有一家用笼子在楼下养了一只威武英俊的大公鸡，老曹听这"哥们儿"用"民族唱法"叫了几声，如久违的天籁，嘹亮高亢雄壮而亲切，好听极了。过了两天，老曹再去欣赏它的歌喉，哪怕听听它的"咳嗽"也行啊，但是连笼子也不见了……

（此文发表于2013年5月10日《邯郸晚报》和2013年第7期《散文》杂志。）

喜欢裸泳

老曹冬泳已有 14 年，前后游了两个游泳池。2003 年以前在体委游泳池，以后来转到一家民营游泳池，两个游泳池都是露天的。老曹参加冬泳比较早，被戏称"黄埔二期"，在当地冬泳界算个"元老级人物"。

在体委游泳池时，参加冬泳的几乎没有女士，全是大老爷们儿，偶尔有一两位女士，游到 10 月份，嫌水太脏，就主动告退。体委因为经费紧张，10 月以后就不换水了，结冰之前，偶尔撒点儿药吸吸尘，就这么一池"春水"一直游到来年 5 月，游到春天，气温升高水都发稠，黏黏糊糊散发着一股淡淡的腥味。

寒冷的冬天，游泳池结了厚厚一层冰，人在冰面大胆行走。几十条精壮汉子，手持各种特制铁器，齐心协力围着游泳池的边沿把八九厘米厚的冰砸开，你砸累了换我，我砸累了换他……再把冰面推向顺风的一边，再砸再推直到露出十几米宽的水面，就可以游了。有一年冬天，奇冷，冰冻了足有一手掌厚，每天砸完冰，眼看着水面又迅速结了薄薄的一层冰。

水温 5 摄氏度以下，下水非常难受，但游完，皮肤通体鲜红，色如煮熟的螃蟹或对虾，自来水浇在身上直冒热气，舒服极了，那个爽啊，就别提了，胜过做爱。老少爷们儿，你呼我叫，大喊着围绕游泳池跑步驱寒使身体渐渐发热。可是不能在水里玩"持久战"，有个第一年参加冬泳的哥们儿，一不小心，游得时间长了，透支热量过多，皮肤青紫，洗完澡浑身哆嗦，手抖得衣服扣子都系不上，吓得直哭。泳友们帮他穿好衣服，搀着他跑。

记不清从哪一年开始，不论老少不论职业也不论职位，大家都一丝不挂地像一条大鱼在水里逍遥自在地漂来荡去，好不快活。水温 10 摄氏度以下，尤其是水温两三摄氏度时，那个要害地方由于热胀冷缩的原理，袖珍得几乎瞧不见了。泳友们自己看看，都怀疑自己变成司马迁了，吓得不行。好在游完，活动热了，再次返璞归真，这才重新找回自信，庆幸没有变成司马迁，回家还能对得起媳妇。人家司马迁有《史记》也值得了，我们有什么呢？游泳池周围是一圈高高的看台，看台外面是一片原野，一个看客也没有，更不用说女人了。那是一个男人的世界和天地，一股粗壮霸道赳赳武夫般的雄气野气和阳刚之气，在游泳池的上空嚣张快活地飘来荡去，让老曹不时想起 900 多年前的梁山，那伙啸聚水泊的好汉夏日耍水时，大概也是赤条条的，解除长袍短衫对自己身体的束缚；尤其是梁山游泳冠军浪里白条张顺，那个一出场就把莽汉李逵"勾引"到江里，灌得"眼白"的"掩口黑髯"汉子。宋江卢俊义吴用关胜等首领也会在"警卫员"的保护下在水里泡一泡，洗一身臭汗驱赶盛夏的暑热，然后坐在岸边的柳树阴凉里猛啖一顿小喽啰们早已切好的大块西瓜。

冬泳使大家平淡无奇的生活立马绚丽多彩起来，更是收获多多：瘦子长胖了，胖子减肥了；严重的腰椎间盘突出痊愈了，原计划的手术取消了；多年的关节炎消失了；高血压的降低了；糖尿病患者吃药少了；长期折磨人的胃病和神经衰弱不知不觉好了；喜欢饮酒的哥们儿醒酒快酒量长，过去喝半斤现在能喝八两，过去喝八两如今能喝斤半，在酒场上威风凛凛所向披靡打遍天下无敌手，把一桌子人喝得迷迷糊糊东倒西歪找不着北了，只有冬泳队的哥们儿始终十分清醒；甚至，肾功能不好的也比过去增强了，也不用寻思着求医问药了，夫妻感情也更加和谐美满了（用一位爱开玩笑的泳友的"原创语言"说：身体硬朗，原来没病）；总之，吃饭香睡觉甜走路轻精神足，工作起来一个顶俩，好处真多啊。著名泳友许三哥潇洒地说："不能冬泳，给个市长也不去。"冬泳鼻祖张老汉说："我都 80 了，还骑摩托车呢。我们那伙同龄人，走的走，没走的也成这样了。"张老汉一边说一边模仿一个得了半身不遂后，步履蹒跚的"流行动作"。

后来，房改开始，建房速度加快，城市扩大了，游泳池周围的楼群渐渐多起来，相互遥遥相望。有的泳友担心地问：六楼的住户能看见咱们吗？有的泳友说：看不清。比较"土匪"的泳友喊：看见咋啦？没见过？不收他们的费就便宜了。你看，多健美的身材！说完还摆两个姿势，裸体的肌肉一块一块地鼓起来，状似参加健美的模特，很牛气很男性很阳刚很"拳王泰森"。

可是没多久，住户反映到体委和报社了，说冬泳队的人是一群"流氓"。其实，我们"跟谁流氓"啦？我们不过图个自在快活罢了，顶多自己"流了自己一'氓'"，我们招谁惹谁啦？

游泳池的小头目召集冬泳队开会训话了："对面楼上住的是银行职工，人家可是知识群体，你们也太不雅观……以后再裸泳，关闭游泳池，停止冬泳！"

换位想想也是啊，倘若自己的妻女住在对面楼上，天天被迫塞入眼眶的是这么一些乱七八糟的"肌肉男"，是不是也挺讨厌的？如果让未成年人看了，那罪过可就更大了。第二天再去游时，大家发现看台上坐着一个裹着军大衣的游泳池的女工作人员，两只犀利漂亮的杏眼死死盯着这帮大老爷们儿。大家互相看看，乖乖走进更衣室套上泳裤，下水时没了鱼的感觉，好像洗脚时让你穿上胶靴，洗澡时被迫套个"塑料袋"，感觉总不到位，爽得不彻底；也有点儿像喝酒没有喝痛快，吃饭没有吃饱似的。

渐渐，冬泳队在当地名气越来越大，尤其传说冬泳能治百病，"臭名"香名都远扬了。有一年寒冬，本地电视台的一伙细皮嫩肉的"少爷"，穿着厚厚的色彩鲜艳的羽绒服缩着脖子，扛着机器来到游泳池，准备给体育频道做一期节目，叫《勇敢的人们》。碰巧一位"少爷"是老曹早年教过的学生，这哥们儿念旧，也算关照报答老师给老师一个"出人头地"的机会，就蹲在游泳池旁，把话筒塞到老曹嘴边，让老曹谈谈冬泳的体会。老曹正跟冰水搏斗，双手扒着游泳池边，快速侃了冬泳的四大好处。

第二天晚上，全市"劳苦大众"瞻仰了老曹的尊容，朋友纷纷致电"严重祝贺"，说老曹还挺上镜头的。真是的，那潜台词不就是说老曹长得不如那位"一号美男子"葛爷吗？老曹再难看，总还没到影响市容的程度吧？这点自信老曹还是有的——每逢重大节日老曹可以自由上街，警察叔叔和城管大哥见了老曹还行注目礼，并没有把老曹遣送出城的意思。冬泳队的哥们儿更是羡慕老曹，好不容易请来电视台，谁不想被"电视"一回？哪怕闪一下脸也行啊，可是偏偏只采访了老曹一人，还是很牛气的大特写，足有两三分钟。

其实，这是老曹第二次上电视。第一次是电视台的一个哥们儿搞了个假惺惺的"小辩论"：甲方说使用空调好，乙方说使用空调不好。老曹属于穷人，就被安排成乙方，说使用空调不好。其实老曹心里特喜欢空调，就是买不起，所以说着说着就说漏嘴了；以致，那期节目没做好，差点儿把电视台的那位哥们儿的饭碗给砸了。但本市"劳苦大众"也初步认识了一个真实的穷老曹，那好像是20世纪80年代的事了。

2003年的春天，说一不二的非典闯进国门，因为不知道这是"哪里来的异端"，我等平头百姓不明就里、人心惶惶，游泳时也缩手缩脚的，少了昔日的水性。体委游泳池迅速响应上级号召，哐当一声大铁门关闭了。游惯了的泳友只好联系一家民营游泳池，重新安营扎寨。民营游泳池管理得比较好，水比体委游泳池的水干净多了，最主要的是冬泳的好处越来越多地显示出来，大家口耳相传，慢慢地，这个泳友的媳妇来了那个泳友的女亲戚来了，这个那个泳友的女朋友来了，女朋友又把自己喜欢游泳的女朋友和女朋友的女朋友发展来了，像春风一样……于是，色彩鲜艳的泳衣泳帽把碧波荡漾的游泳池装点得"七彩缤纷"靓丽极了，穿泳装的年轻漂亮的女泳友那线条柔美的身材更是抓人眼球。男泳友们感到一阵阵莫名的兴奋心跳加快热血沸腾，蛙泳自由泳蝶泳花样翻新一个比一个游得牛，好像人人都成了美国游泳名将菲尔普斯；游泳池成了舞台，游泳也成了表演，有两对男女泳友居然游出感情游成夫妻。

再后来，就形成了约定俗成的规矩，上午女士不来，男泳友们关上大门，又开始裸泳了。一次老曹忘记带衣帽箱的钥匙，没有泳裤，也裸了起来。67岁的王厂长大喊："曹老师也不配'装备'了，'文明人'也不穿裤子了。"弄得老曹很不好意思，好像老曹过去一直装斯文似的。老曹算什么文明人，在网络上是有名的"文化土匪"和"文化'流忙'"。从此，老曹不但裸泳，游了洗完澡，还和弟兄们一起晒半天，让泳后干净的躯体的每一处可爱的地方都沐浴在冬天温暖的阳光下。心里想：这可是老曹的安身立命之宝啊，让它们多享受享受冬天太阳的抚摸吧，没有冬泳，上哪儿找这么好的日光浴机会呢？你能在自家阳台或马路边光身晒太阳吗？

那天游完和几位泳友闲聊，老曹问：你们说大伙儿为什么喜欢裸泳？甲说：舒服。乙说：没有阻力。丙说：不受约束。

丙是个三十出头的年轻人。老曹说：对。不受约束。人的天性是崇尚自由的。丁问：女的喜欢不喜欢裸泳？甲说：该不喜欢！女的和男的心里想的一样，她们是没有条件。网上有个调查，30岁以下的年轻人都喜欢裸睡，这和裸泳不是一样吗？你以为老曹是吃饱了撑的敲个"黄段子"玩玩闹闹吗？绝不是滴！"居庙堂之高"的大老爷们听着，从这种鸡毛蒜皮的小事都可以看出自由是人的天性，更不用说关系国计民生的大事了……

（本文发表于《邯郸文学》和《邯郸文化》，投给大刊物，编辑都喜欢，可是没有一家敢用，但是最终还是遇上了有胆有识之士，被选入学林出版社出版的《2011年我最喜欢的中国散文100篇》。）

儿子"男人"了

记不清是哪部好莱坞大片的台词了，说一个大男孩儿变成男人的正式标志不是长胡子，也不是喉结变大声音变粗，而是有了女友。所以23岁的儿子正式交女朋友的那一天，儿子就"男人"了。

这是儿子成长史上的一件大事，也是我们家的大事，我们两口毕竟就这么一个宝贝儿子。儿子第一次告诉我时，我说，你这么大了，也该有个女朋友了。你是家里的独生子，她是家里的独生女，都是爹妈的宝贝，你一定要好好对待人家，把她当成妹妹。出去花钱主动些大方些，有时小气就意味着"小器"。你是男孩儿，老曹给你活动经费。儿子是个善良本分仗义有正义感的男孩儿，不挑吃不挑穿比较容易饲养，这是老曹对自己孩子的基本评价，不是忽悠人的虚假广告词。

女孩儿在京城一所和"周大先生"有些渊源的重点大学读书，明年毕业。老家在云南，高考那年是那个中等城市的文科探花，考了640多分。两人是在一个年轻人喜欢去的音乐酒吧认识的，那个音乐酒吧的名字很怪，叫什么"重金属"。儿子酷爱音乐，中文歌曲几乎一首不唱，全唱英文歌曲。初二时上音乐课，一首后街男孩的歌他独唱，盖了所有男生的帽，赢得了女生的热烈掌声，把文化程度不高、涉猎不广、文工团员出身的音乐老师镇得一愣一愣的。春节回奶奶家给奶奶表演，声嘶力竭脸儿红红，出恭的劲儿都使出来了，唱得脖子上的青筋根根暴出，完全进入忘我状态，很迈克尔·杰克逊很崔健很汪峰的样子，可奶奶一点儿没被感染，只是轻描淡写地说了句唱得不错，弄得儿子颇为扫兴。

我对儿子说，奶奶那代人是听着《苏武牧羊》《夫妻识字》《二月里来好春光》过来的，又不懂英文，所以反映不热烈。儿子愣了愣，这小子上哪儿听说过这些歌名啊。其实奶奶读师范时，课余时间经常去的就是两个地方，图书馆和琴房，并非"音乐盲人"。我学生时代唱得最多的是《让我们荡起双桨》《全世界无产者联合起来》，一代人有一代人喜欢和熟悉的歌，一点儿不假。高中三年，儿子只要在家学习，耳朵就塞个小耳机。我们看他一边听音乐一边写作业，成绩也没下降，就不管他了。儿子的音乐启蒙教育是自己"摸着石头过河"完成的，野路子，和我年少时拉小提琴一样。儿子说，女孩儿的音乐修养比他好多了。

对儿子交女朋友，我基本采取"大撒把"的态度，用汪曾祺老先生的话说叫"闻而不问"，即了解但不干涉。易中天先生做得更潇洒，完全放任自流，对女儿恋爱表示祝贺对女儿与男友分手也表示祝贺。因为这绝对是孩子自己的事，他的感觉他的快乐他的判断，我们不是他，根本体会不到。就像我们不是"鱼和庄周"，所以无权干涉。世界都进入21世纪了，连咱国曾经是这么落后的国家都"神五""神六""神七""神八"了，父母还想干涉主宰儿女交友，不是太荒唐太糊涂太霸道了吗？无数事实证明，父母对儿女管得越多，儿女越糟糕越无能越不幸福；政府对老百姓管得越多生产力越下降社会越落后，彼此还很累大家都不舒服都不痛快。

儿子刚上大学时，我们给他配了手机，但他要么不充电要么欠费，我们经常和他失去联系。臭小子"失恋"可以行，而"失联"怎么行？我们就打宿舍的座机，他对我们说，我们寝室六个人，就你们一天到晚往宿舍打电话，电话一响，同学就说："曹野马快接，你爸你妈又来电话了。"还说，"上中学时你爸你妈是不是什么都管？"儿子有次愤怒地"叫嚣"："老曹，高中三年你要是不管我，高考，我肯定比现在考得好！"特别是看了北京四中特级教师王金战先生的书和演讲视频，我不得不承认儿子说得有几分道理。但我当时哪敢不管啊。确实，好多孩子就是因为父母的瞎管毁掉了。

马未都先生说得好，"美好的人生是用来浪费的"，老曹改成"无忧无虑的青春是用来浪费的"。即使我们偶尔说对一次两次，但儿女只买自己教训的账，别人的"经验"他们是不会学习的。无忧无虑的青春就让他快乐地去"浪费"吧。

我和媳妇都在外地工作，半个月或一个月才回北京一次，不"大撒把"又能怎么样？我对儿子说，你什么时候让老曹见，老曹就见，老曹一切听你安排。儿子说再过一段时间吧。但媳妇不甘心，一次突然杀回北京，见了一把，趁儿子送同学不在家，还给女孩儿单独上了一节"政治课"，讲了一通报纸上都说臭了的所谓人生哲理，还当了一回"户籍民警"把人家的祖宗八代问了个遍。最后，居然傻乎乎地对女孩儿说，曹野马的专业在北京很好找工作，是不会跟你回云南的。

女孩儿走后，儿子把他娘好一通"臭训"，说把他恋爱的感觉彻底弄没了，真后悔在中学没早恋。我也埋怨媳妇："你是唯恐人家把你儿子抢走。人家那么好的学校，你怎么知道人家毕业回云南？你真是瞎操心。第一次和人家见面就谈这些不着边际的问题，你有病啊？"媳妇辩解道："她说云南好。"我说："谁不说自己的家乡好啊。这是常识。她说云南好，不等于她不想留在北京找工作。"我心里隐隐约约地感觉到两个女人争夺一个男人的古老漫长的战争，就要在我们家上演了，更加精彩的好戏还在后头呢。这是一场力量对比非常悬殊的战争，败下阵来的肯定是那个年纪大的老女人了，这是毫无悬念的。许多民间哲人说，嫁闺女，老丈人最难受。自己养了那么多年的宝贝女儿，突然被一个小帅哥三下五除二地抢走了，心里失落极了。余光中先生在一篇散文里也这样说过。其实，反之亦然。

儿子厉声质问他娘："到底是你谈恋爱还是我谈恋爱？搞清楚没有？我和她谈恋爱，又不是和她家谈恋爱，你问那么多她家的事干什么？她该说时自然就说了，还用你问？"

现在，儿子和那个女孩儿认识半年多了。我问儿子，你们吵过架没有，儿子说没有。老曹感到很欣慰，一来说明他们的"热恋之痒"还没过去，二来也许这俩家伙身上的"独生子女病"少些？古人说过，"最好交情见面初"，还得往后看。

今年儿子的生日，我们两口都忙忘了，甚至连个慰问电话都没给儿子打。女孩儿却给儿子买了好几件值得纪念大有深意的礼物，儿子一样一样拿出来，很自豪地跟我谝了一遍。这件事似乎又是一种暗示一种隐喻，从此儿子的有些事情不用我们再管了，终于有人替我们分担代劳了。两个小破孩儿，嘻嘻哈哈东倒西歪摇摇晃晃地驾驶着自己的人生之舟，在苍茫无际的人生大海上，开始了属于他们自己的磕磕绊绊颠颠簸簸的快乐之旅。我问儿子，她最大的特点是什么？儿子说"狡猾"，特别"狡猾"。儿子还说，和小杨谈朋友，我跟着她看了不少书。

这是老曹最满意的。儿子的专业是建筑学，不大量阅读人文类的书籍怎么行？那不就是个拿鼠标的工匠了吗？中国美术学院建筑艺术学院的院长王澍先生被认为是中国当代最有文人气质的建筑设计师。这家伙非常"狂妄"，曾经放言：中国只有一个半现代建筑师，半个是他的老师，一个是他。

老曹也希望儿子将来成长为一个具有文人气质的现代建筑师，若干年后，也弄个"小裤衩"或"大背心"什么的，给全国人民"烧烧"。不知老曹家的祖坟上能不能冒出这股袅袅青烟来。老曹"拭眼以待"、望眼欲穿了啊……

（原题叫《儿子"泡妞"了》，在《邯郸晚报》发表。在《散文百家》发表时，主编建议把题目改得严肃些，就换成了这个标题。改了开头，内容没有删改，味道没变。）

篮球生涯逸事

20 世纪 60 年代，为了备战，根据彼时"依山傍水扎大营"的指示，国家在湖北、四川等地建了大批"三线企业"，比如"二汽""攀枝花"就是其中的典型代表，更有许多军工厂，老曹就是那时随父母从邯郸来到湖北山区的一家军工厂，但不久，"文化大革命"就爆发了，建设和生产都基本停顿了。

1970 年，老曹 16 岁，身高已经 1.80 米。晚上无事，经常到工厂的灯光球场看青工打篮球。老曹是工厂头号"走资派"的儿子，青工们都认识老曹，老曹却不认识他们。尽管他们只比老曹大四五岁、五六岁，但他们在老曹眼里，已是大人，老曹在他们眼里，还是小孩。有时他们缺人，就不无恶意地喊："小'走资派'，上来打个补丁。"老曹也就大着胆子上去凑个数。青工多是湖北当地人，个子较矮，所以很羡慕老曹的身高。一来二去，老曹迷上篮球，跟奶奶要了 16 块钱，去县城买了个最便宜的等外品篮球，每天晚上就着月光或星光，在一个只有一只篮球架的土场地，练习跳投、运球和三步上篮等基本动作。渐渐，自己觉得有点儿模样，像那么回事了。身体也更有劲儿，脚下也有根了，底气也足了。

一日，老曹踌躇满志地在灯光球场亮相了，青工们果然惊呆："小'走资派'，怎么突然会打球啦？""再不是那根傻乎乎的电线杆子了。"于是，纷纷邀请老曹加盟。1.80 米的个子，往一大群不足 1.70 米的小个子里一站，优势立马显现，篮下的天地就是老曹的了，只要老曹愿意！一两个月后，老曹在篮球场上，也找到了牛气的感觉。

又过了不久，县里要成立少年篮球队，备战地区少年篮球友谊赛，来学校选拔队员，县体委的杨教练看上老曹，让老曹在县少年队打中锋，老曹当然是县少年队的"珠穆朗玛峰"了。

县少年篮球队，一共有两个队，一个是男队，另一个是女队。平时训练，不在一个球场，住也是分开，但吃饭、开会、看电影和看文艺演出，都在一起，全是15~17岁的少男少女，很热闹。男队有个和老曹同一学校去的帅哥，姓王，比较早熟，略通些男女之间的事情。

一天晚上，看文艺演出，王帅哥突然捅捅老曹，耳语："你看前边。"老曹被他弄愣了："看什么？"

前边一排坐的全是女队队员。王帅哥见老曹仍不明白，又耳语："你看，杨梅老回头看你。"杨梅是女队的中锋，一个身材又高又软的女孩儿，身材特点是腿明显长，坐着和比她矮10厘米的女孩儿一样高。果不其然，杨梅一会儿扭过头来，用那双长长睫毛的大眼睛忽闪老曹一下，一会儿又忽闪老曹一下……忽闪得老曹心里发毛，脸上冒汗，手脚都不知道放到哪儿了。老曹这样的傻男孩儿哪见过这阵势！只好呆呆地低下头，不让她忽闪。

从此，正常活动中，老曹再也不敢看杨梅。杨梅见老曹没反应，时间一长，也不再忽闪老曹，事情也就平静地过去了，好像从来没有发生过。

王帅哥曾对老曹说："其实，你找她还行。"王帅哥认为老曹没看上杨梅，其实他错了。老曹当时还是"发展中的男孩儿"，情窦还未开启成熟，完全处于混沌时期。

训练、比赛，老曹一共在县少年队待了半年多。由于老曹接触篮球太晚，最终没有被选拔到地区少年队，去参加省少年篮球友谊赛，失去了更好的学习机会。但由于老曹终究受过半年多正规训练，所以在后来的篮球生涯里比那些野路子出身的队员，更懂得战术的配合，更有集体观念，更遵守球场的规则。参加工作后，老曹很自然地进入厂队，又从替补而主力。

话说老曹在S厂的厂队时，已是"文化大革命"后期，生产生活逐渐趋于正常，开始有些文体活动。每逢有篮球赛，下午四五点，就有小孩拿砖头或小板凳在灯光球场占座位。比赛开始，更是里三层外三层，人山人海。那年头，会打篮球的小伙子可谓出尽风头，厂篮球队小伙子们的女朋友，一个赛一个地漂亮，美女爱明星嘛。厂篮球队出去的次数越多，对方回访的次数也越多，所以老曹和他的队友特别愿意出去。愿意出去，还有个大家心知肚明的原因——出去吃得特好。在那一个月一个人一斤肉半斤油的年代，大家的嘴里经常淡得就是想吃点儿啥，去哪个单位比赛，哪个单位都拿其最好、倾其所有，热情招待。

那时，老曹和他的队友最愿意去部队打球，因为即使在食物最匮乏的年代，部队也是应有尽有，佳肴之后，还上水果，这是工厂和地方从没有过的。有一年，老曹和队友，坐着大轿车，去襄江边一个部队的测绘大队打球。一进球场，老曹和队友就惊叹：哇！太养眼了！一多半是女兵，全坐在前边，人人美丽，个个漂亮，气质尤佳，好像全中国的美女都集中到这儿了！真让小伙儿"解眼馋"。那场球打得才叫爽呢！平时不咋样的家伙，个个都成了迈克尔·乔丹和科比，顶不济也似易建联。怎么投，怎么进。平时做不出的动作，不但做出来了，而且做得那么潇洒。平时玩不出的花样，不但玩出来了，而且玩得那么漂亮。敌我双方，十只"公牛"，全像每人喝了一大碗兴奋剂！

女兵们也"匪"，军纪大概根本不在她们眼里，嗲兮兮的叫好声此起彼伏。担任解说的文体干事不但貌似潘安，而且喝了一肚子"钢笔水"，妙语连珠，智语迭出，自如地运用当时的各种流行语汇，及时调动女兵丫头的情绪，场内场外，"竞相呼应"，高潮迭起，和谐统一。与女兵们的"放肆"形成鲜明对比的，是男兵们的"木讷"。男兵没有叫好声，只会跟着傻笑。这一点，给老曹留下了深刻印象。老曹欣赏女兵的同时，也对男兵充满深深的同情。男兵大都来自农村，一看即知。什么是特权阶层（女兵大都是军队干部子弟），什么是城乡差别，在这里一目了然。

中场休息，在离老曹和队友很近的地方，有一伙女兵在议论上半场的球。一个女兵突然大声说："我喜欢那个眼镜。"队友们看着老曹挤眉弄眼地坏笑。老曹扭头看看，是一个白白胖胖的小个子女兵——因为女兵们也都看着她笑。老曹朝她点头笑笑，算作答复。放在今天，这么好的机会，岂能放过：马上冲过去，轻轻拥抱一把，球赛结束，俩人"月上柳梢头，人约黄昏后"去了。球赛结束好一会儿，男兵早走了，女兵们才在连长、指导员一再催促下，提着马扎，恋恋不舍地列队离开。那时文体活动太少，一场普普通通的基层篮球友谊赛，竟让高贵又高傲的公主们激动不已，想想，她们也够可怜的。

吃夜宵时，大队长和政委来到老曹桌前慰问，政委还特意拍拍老曹的肩膀："小伙子多吃点儿，太瘦了！"

老曹一嘴花生米，不能回答，只好使劲儿点头。当时不打球，哪有这么多花生米吃！

老曹打球生涯的"鼎盛时期"，以弹跳论，1.80米的个子，"旱地拔葱"，能单手抓住篮筐，在空中吊住自己。还行吧？

18岁那年，老曹真的爱上了一个姑娘，她嫌老曹是个没有文化的球痞子，老曹开始发愤读书，从此再没摸过篮球。31岁那年才被一个姑娘收编为丈夫，33岁那年终于鼓捣出一个儿子当上了爹——真是起了个大早，却赶了个晚集，还歪打正着被单位评为晚婚晚育的模范，工会主席拍着老曹的肩膀说老曹为中国的计划生育政策做出了卓越贡献。

（此文发表于《邯郸晚报》。）

受了一回洋罪及其他

前不久，经不住犬子蛊惑，我们一家三口，去国家大剧院看了歌剧《阿依达》，由埃及开罗歌剧院演出，说的是埃及古代故事。

三口人，三个评价。先说他娘俩。媳妇认为还行，还能看。媳妇生儿子之前，很喜欢唱歌，看歌剧对她的路。咱们国产歌剧《小二黑结婚》和《红珊瑚》的唱段，如《清粼粼的水来蓝莹莹的天》和《海风阵阵愁煞人》，她都会唱。

犬子看得津津有味。是真津津有味，不是假津津有味。这，老曹看得出来，和他高考前一个礼拜，做数学题一样认真。看完，犬子说，以后有歌剧还来。

老曹不如他娘俩，看着老犯困，就跟看新海龟们翻译的半通不通的所谓当代西方文学名著一样。除了四次中场休息，演员一开唱，老曹就开始迷糊，一个小盹儿接一个小盹儿，但又不敢大睡、真睡。

一是心疼票钱，380块钱一张票，闹着玩的吗？老曹家又没人行贿，全是老曹一句话一句话，舌耕来的，块块皆辛苦。要睡觉，在哪儿不行？随便找个马路牙子或犄角旮旯，往那一圪蹴就行了。偏要跑到国家大剧院，花380块钱买个软座？还闹哄哄的。

二是更怕周围真真假假的绅士淑女笑咱。咱出了国，就代表中国，代表中国人。同理，在国内，咱出了邯郸，到了北京，就代表邯郸，代表咱邯郸八百万人民。

咱这一举一动都关系邯郸的形象，不利于邯郸招商引资的事，有可能影响邯郸形象的事，再小，咱也不能干，这是老曹的底线。记得那年农业银行出事后，远在湖北的一个朋友给老曹打电话，说："你们邯郸人，家里的钱柜是不是和银行的金库连着的？没钱，就去拿，随便花。"老曹说："反正老曹家没连，别人家连没连，老曹不知道。"你看，多丢人，多尴尬！几个老鼠把咱邯郸这锅大汤给坏了！所以，再困，老曹也要挺着，不能给咱邯郸人丢脸，让人家说：你们邯郸人素质多差，进了国家大剧院，面对这样高雅的艺术，演员一开唱就睡觉！以后再买票要身份证，凡邯郸人一律不卖，省得你们给咱中国人丢脸！

你看！怎么上纲上线这么高？不就是看歌剧睡觉吗？有什么了不起？不是啊！老曹放眼四顾，周围还真有不少白脸、黑脸，高高大大、粗粗壮壮，但傍的大都是中国妞。老曹右上方倒有几个白人姑娘，却没有一个中国男人傍。好好的资源，白白浪费了，怪可惜的。老曹想上去试试，平衡一下剧院里中国男人的心理，但既怕夫人喝醋，更怕把犬子教坏。另外还有个很实际的问题：老曹年轻时赶上了"我是中国人，干啥学外文，不懂 ABC，一样干革命"的年代，外语极臭，上去不好交流，光用肢体语言比画，根本无法表达老曹那丰富的思想感情，和对世界五大洲人民的热爱。再说，这也不是用肢体语言表达的地方啊！虽然这是件很为祖国增光又为中国男人争气的事，尤其是在世界面临经济危机的今天，更有意义。但只好作罢。

三个半小时，老曹硬是挺过来了，终于用假寐代替真睡，真不容易啊！也算给咱邯郸人长了脸，小而言之。大而言之，没让中国人栽面。邯格、国格，都没丧失。说了半天，《阿依达》的剧情还没介绍呢。

很久以前，在古老的埃及，将军拉达梅斯爱上女奴阿依达，阿依达也爱他。阿依达的真实身份是埃塞俄比亚的公主，但无人知晓。而埃及国王之女安涅丽丝也爱上了将军拉达梅斯。不久，两埃开战。于是，国家战争之线索和两个女人争夺一个男人之线索，交织在一起，挺热闹。

按中国人的标准，该剧歌颂了祖国的叛徒，宣扬了爱情至上主义，爱情高于国家利益。但在埃及人眼中，不顾一切追求爱情的拉达梅斯，却成了被同情被歌颂的对象，成了姑娘们的偶像。这很让老曹不解和吃惊。而以权谋爱的安涅丽丝却受到人们的唾弃。此剧自 1871 年首演以来，久演不衰，成为世界歌剧舞台的经典名剧。

剧内和剧外这两件事，很让老曹深思。是我们错了，还是世界人民错了？是我们长时间偏离了世界的普世价值，还是世界人民应该向我们看齐？

如今，除中国外，全世界已经有 4000 万人学习汉语，越来越多的外国人来中国办厂经商旅游和定居，他们会看到一个什么样的中国呢？

最近，犬子和老曹讲了一件小事：他们班在北海公园画画实习。中国游客，看见哪个同学画得好，就把哪个同学围得密不透风，让同学们很反感。而外国游客，总是在离你三四米远看，从不走近。如果你偶尔回头看他们一眼，他们马上用英语说，对不起，影响你了。然后转身就走，非常有礼貌。

也许有人说，这是小事，那大事咱们的差距又有哪些呢？

（此文发表于《邯郸晚报》《杂文报》。）

舌耕逸事

老曹上课的方式颇为自由，基本是脚踩西瓜皮，想到哪儿说到哪儿。但又万变不离主线，"形散神不散"。也极少板书，屁股坐在头排学生的课桌边，与学生"零距离"接触，让学生觉得老曹和蔼可亲，一点儿老师的架子也没有，是个很好玩的老师，第一节课就喜欢上老曹，尤其是女生，女生一般都多少有点"恋父情结"，师生如父子嘛，也正常。

老曹讲课，看似随意，实则均是"精心策划于书房而点火于课堂"，每节课至少设计三个"亮点"，让学生兴奋起来，觉得45分钟怎么这样短？老曹还在讲课语言上下功夫，力争与众不同。

老曹开始上课了，为忽悠学生积极发言，老曹说："谁先来，'抛玉引玉'？"

学生张大嘴巴，望着老曹，心里起了大大的问号。一男生哆哆嗦嗦战战兢兢举起手："老师，是'抛砖引玉'"。

老曹脸黑了，厉声质问："你还没听，怎么判断人家抛的是'砖'？万一抛出块'玉'怎么办？"

男生被老曹训傻了，委屈得眼泪在眼眶里打转转，心想：小学老师教的，成语词典上又写着，没错！这个老头，太没水平了！

老曹看戏已近高潮，突然爆出大笑，几个机灵鬼马上看出端倪，也跟着老曹大笑起来，半拍后，全班笑成一团，也吵成一锅粥。老曹又大叫："一个一个说，不准'七嘴七舌'！"学生也"匪"了，纷纷："老师又错了，'七嘴八舌'！"老曹马上让坐在第一排的七个学生站起来，转身面向全班同学。然后抓根粉笔在黑板龙飞凤舞几个大字："实践是检验真理的唯一标准！"高喊："张开嘴，让大家数数，是'七嘴七舌'还是'七嘴八舌'"？

下面的场景，还用老曹复述吗？倘若有一天，老曹提了个略为超过学生认知水平的问题，教室静得似"月出惊山鸟"，无人吱声。老曹又开始启发了："怎么，'鸡雀无声'啦？"

学生爆笑。一个"傻小子"终于跳出来了，老曹正等他呢！"是鸦雀无声！"老曹大喝一声："你给我站起来！鸦雀无声的'鸦'，指的是什么？""傻小子"略一思索："乌鸦吧。"

老曹："你见过乌鸦吗？""傻小子"想想："没有。"

老曹："就是。因为环境破坏，乌鸦快绝迹了，只剩下人工饲养的鸡和繁育能力极强的麻雀了。以后同学们再写作文时，都写'鸡雀无声'不写鸦雀无声了，实事求是嘛。"

没过多久，语文老师抱着一摞作文本，找老曹"算账"来了，要求肃清老曹的"语言流毒"。

其实，老曹在语言运用上相当保守，从不胡乱翻造更不生造词汇，像"关爱"这类全国报纸几乎用遍的新词，老曹至今接受不了，生怕哪天鲁迅先生醒来抽老曹一个耳光。如今课本经常换，不是越编越好，而是越编越让一线老师莫名其妙，无所适从。语言就更垃圾了。

有一年，初三世界史上册，讲到许多欧洲人眼红意大利商人独占与中国贸易的利润时，说："欧洲人十分'嫉羡'意大利人……"

老曹看不明白了，只好告诉学生："老师不理解这个新词！"

一个"非常聪明"的学生脱口而出："就是嫉妒羡慕呗。"

老曹瞪他一眼："还用你说吗？有这么用的吗？我也学书上仿造一个词——某某同学长得十分'美漂'，行不行？美丽、漂亮啊。"学生足足笑了两三分钟，而且互指对方"美漂"，还仿造了不少类似的词。

老曹这么做的目的，就是想培养一群不唯书不唯上，不迷任何权威的小公民，在玩玩闹闹说说笑笑中，播下质疑和民主的种子。

老曹给学生讲陈胜"语录"——"王侯将相宁有种乎"时，让学生举例分析，普地球之上的伟人名人要人的父亲和爷爷是干什么的？学生得出的结论是：也许是河里打鱼的，也许是街上卖菜的，也许是铁匠……还有的是种地的呢。

老曹又问：这些伟人名人要人的后代怎样呢？学生得出的结论是：有些还行，但已远不如他们父辈；有些已经"泯然众人矣"。

你想想，被老曹这样"修枝剪叶"训练三年的学生，还会对电视里晃悠的那些高高在上的面孔顶礼膜拜吗？学生都知道老曹最爱说的话就是："你之所以觉得伟人伟大，是因为你跪着。同学们，拍拍膝盖上的土，站起来吧。"

有些错误，教材不改，老曹改。老曹要告诉祖国下一代：一个极大破坏了江南生产力的真实的太平天国。一个有着88个妃子的真实的农民起义领袖洪秀全。因为太平天国造反，使清政府腹背受敌、力不从心，在"二鸦"中又一次惨败，被迫签订一系列屈辱条约，光俄国就割占140多万平方公里，而且都是今天盛产石油和天然气的地方。面对外敌的入侵，自家人拼杀，对谁最有利，不是很清楚吗？想想自鸦片战争之后的百年来，中华大地战火频仍，不是更明白了吗？老曹要告诉祖国下一代：一场举国上下浴血抗战的真实的全面的抗日战争，一场真实的朝鲜战争，一个个真实的历史人物——功要说够、错要讲清，要正本清源。学生像喜欢李宇春韩寒郭敬明那样喜欢老曹，教务处让学生给老师打分，老曹得分最高。

经过多半生的不懈追求，老曹在即将退休的晚年，终于被评上"教学能手"了。教师节上台领奖，老曹教的六个班的五百多个毛孩子，疯了似的叫嚣鼓掌，比校长上台还热闹。为了回报学生，老曹急中生"傻"，如此一大把子年纪，竟然学着电视里的明星，甩给学生三个飞吻。这下操场沸腾了，全校五六千学生"摇滚"起来。不少男生也站起来，还给老曹一个热情的飞吻，师生进入热烈的互动环节，会场几近失控状态。从此，全校学生都认识老曹了，老曹去洗手间，也有学生问好，弄得老曹放水都受影响。老曹所在的学校硬件较差，不设教师专用洗手间，师生共同方便，增进了解和友谊。

　　从此，校长再也不敢让老曹上台领奖，生怕老曹再弄出什么新花样，影响学生。以后，每逢颁奖前，先让办公室主任把老曹请到他的办公室，两人一对一单独颁奖。老曹觉得这样更受用、更了不起，这是多高的荣誉啊！颁完奖，校长还对老曹嘘寒问暖一番。

　　老曹是在名校教书，不在教育口的人可能不知道，那名校的校长，可是"日理十机"（国家领导日理万机、省级领导日理千机、市级领导日理百机），多忙啊！哪像老曹只"日理一机"。校长在"十忙"中挤出时间（重要人物才配说"百忙"）单独接见老曹，并陪老曹说了半小时淡话，甚至连老曹的岳母都问候到了，让老曹觉得巨牛气，特安慰，这辈子没白活！

　　走出校长办公室，老曹见门口有那么多人毕恭毕敬地等着会见、拜见、求见校长，眼泪不由自主夺眶而出，心想：这辈子就是累死在讲台上，我老曹也算值了！

（此文刊发于《散文百家》2010 年第 10 期。）

一位退休老教师的自白

一

老曹年满六十，正式退休。一位和老曹相识相知十数年的朋友送给老曹两句话："学生喜欢的历史老师，读者爱看的杂文作家。"老曹急忙说，太过奖了，老曹实在担当不起。老曹顶多算个"学生不讨厌的历史老师，读者不讨厌的杂文作家"。老曹觉得能做到这样就已经相当不错。

老曹认为对待工作的态度基本分三类：没有做到，做到了，做好了。没有做到属于不合格不称职，连拿那份工资都不配。做到了，属于本分属于完成本职工作，算是敬业，是应该的，用老百姓的话说，是拿工作当饭碗干了。做好了，干得漂亮，是模范是标兵是大家学习的榜样，是拿工作当事业干，是最高境界。

二

36年前即1978年，工厂子弟中学缺语文老师，政治部一纸调令把老曹从宣传科干事变成语文老师，教高一慢班语文。没有受过任何师范训练、没有一点儿思想准备的老曹边干边学开始了漫长的孩子王生涯。那年老曹24岁，学历招牌是"1969届初中毕业生"和在武汉大学哲学系鬼混一年的经历，在武汉大学最大的收获是见识了真正的知识分子，培养了对知识分子敬重和知识的崇拜。知识底子是1971年之后胡乱看的七八年书，逮着什么看什么。

读鲁迅读毛选读马列读批林批孔评儒批法时作为批判材料下发的古代经典，《论语》《荀子》《资料汇编》。1975 年批《水浒》，书店公开发行《水浒传》，出版社搭车出版《红楼梦》《三国演义》，只对单位销售。毛主席问许世友看过《红楼梦》没有？一代伟人还说，《红楼梦》不是吊膀子的书。还看了宣传系统下发的作为批判用的苏联小说《多雪的冬天》《落角》《州委书记》《叶尔绍夫兄弟》等。"四人帮"倒台，国家开始大量出版的中外古典名著和 20 世纪五六十年代的优秀作品，老曹看见一本买一本。老曹就是凭借这些知识储备，战战兢兢地登上高中语文讲台。直到当了语文老师，老曹才知道以往那种囫囵吞枣不求甚解的陶渊明式读书方法，看得不少其实消化吸收变成自己的并不多。

艰难的知识反刍开始了。把过去看过的认为重要的书，再一本一本地重新看。写读书笔记，生字生词记到小本子上，没事就拿出来背。近似疯狂地背诵古诗文和鲁迅的名篇，每天定下任务，一天背几首古诗，或者几天背会一篇古文、一篇鲁迅的杂文、一篇特别喜欢的现代散文，像朱自清的《荷塘月色》茅盾的《白杨礼赞》老舍的《济南的冬天》等都会背。我对司马迁的《鸿门宴》熟到能背一句讲一句的程度。因为写了《精读梁衡先生》，我和梁衡先生相识，我告诉他，我能背你的《觅渡，觅渡，渡何处》。他很惊奇，《觅渡，觅渡，渡何处》3900 字呢。我想了想，给他"表演"了几段，梁衡先生大笑。我开始写作后，不少编辑和同行说我语言不错，我告诉他们，那是我下了 20 多年笨功夫换来的。宝剑锋从磨砺出，梅花香自苦寒来。真是一点儿不假。这个世界上没有一碗饭是可以轻轻松松吃好的。喜欢读书的人没有不大量买书的，结婚前我每月工资的三分之二用于买书；结婚后每月工资的三分之一用于买书，持续了 20 多年。我还参加教育函授学习，拿和知识的多寡没有任何关系的学历文凭，我们每一个人都是"社会人"，你如果做不到超级强大就必须照公共社会约定俗成的规矩行事。

有了足够的知识未必就是好老师，还得有爱心。坦率地说，我是有了自己的孩子后才慢慢悟出这个道理。我头一年当老师，24 岁，正是血气方刚之时，加上"四人帮"倒台不久，那个年代的学生刚从乱世爬出来，无法无天，师道没有尊严，老师在他们眼里连个屁也不是。你讲你的，他说他的，根本不把你放在眼里。我和一个健壮肥硕的捣蛋男生发生冲突，双方抄起板凳，吓得一个学习最好的女生跑出教室喊来校长。下了课，校长狠狠批评了我。我因为脾气暴躁还动手打过调皮的学生，学生报复我去自行车棚把我的车胎扎破。我也体罚过学生，我的理由是我认认真真备课辛辛苦苦讲课，你就得好好听课。退一万步说，你可以不听课，但是不能影响别的同学听课、剥夺别的同学听课的权利。这个理由听起来挺有道理，但是无论什么原因，体罚都不是最好的教育手段更不是爱，而真正的教育是充满了爱的。

老曹所在的学校是一所重点中学，有许多优秀老师，是这些优秀老师的言传身教让老曹知道了没有爱就没有教育。在这些优秀老师眼里没有差生，不以成绩好坏决定对学生的态度，每个学生都有自己的优点，每个学生在他们眼里都是最好的。一个好老师要学会欣赏每一片绿叶，关注每一个学生，给"差生"一个微笑一个鼓励的眼神就可以让他认真学习一个星期或者一个月。老师对学生的一句发自内心的表扬，可能会影响甚至改变学生的一生。同样，老师的一次粗暴批评可能毁掉学生的一生。而改变一个学生意味着给一个家庭带来希望。当老曹开始这样做时，班里的所有学生都可爱起来，纪律也出奇地好，老曹的课也越讲越漂亮，良性循环形成了。欣赏表扬学生永远比批评体罚学生效果好，学生都渴望被理解被尊重。教育界有一句比较极端的名言，只有教育不好学生的老师，没有教育不好的学生。

2000年左右，每接一个班的课，老曹都悄悄从班主任那里了解班里哪几个学生是单亲家庭，对这样的学生老曹格外小心格外关注呵护。这些孩子最敏感最需要关怀。在这之前，班里很少有单亲家庭学生，以后这样的学生可能更多。老曹看过一篇美国同行写的报告文学，题为"一位美国教师的苦恼与欢乐"，作者帕特里克·韦尔什是一位高中英语老师。文中说：几乎每两个学生中就有一个和离婚的父亲或母亲一起生活，在黑人学生中这比例达到三分之二。帕特里克·韦尔什是一位非常棒的老师，获得过全国教育优秀奖。他对教过的每一届学生都说：你们是我教过的最有才华、最富有生气和最有劲儿的班级之一。可惜老曹知道得太晚了，否则老曹也会这样说，学生听了多么高兴，学习的劲头肯定特别足，成绩一定飞速提升。

老曹的付出也得到回报。老曹被评为教学能手上台领奖，老曹教的六个班学生欢呼声响彻云霄震天动地，比校长上台致辞还热烈。学校的贴吧是学生自由表达意愿的论坛，历史老师最棒，是众多学生的评价。某年学校出于升学率的考虑统一调整老师，把老曹教过的两个班拨给其他老师教，结果才上了两节课。这两个班的学生家长把校长办公室的电话都快打爆了，强烈要求还让老曹教。老曹即将退休，班主任宣布老曹不教课了，老曹教的六个班的学生，有三个班的学生当堂哭了，六个班的历史课代表宣布辞职。

三

老曹这一茬人，出生于 20 世纪 50 年代初期，60 年代挨过饿，"文化大革命"失学下乡。"四人帮"倒台后，动作快底子好的考上大学，哪怕是电大职大夜大函授，都从知青、工人、农民变成教师医生律师机关干部，改变了命运；动作慢底子差的干了一辈子蓝领甚至下岗。家长的命运必然影响孩子的命运，说"文化大革命"耽误了几代人一点不过分。老曹还算幸运，最重要的是孩子重点大学毕业有了一份收入丰厚比较体面的工作，家庭实现了"可持续发展"。如果有来生，老曹还想当老师，当把工作当成事业干的老师，而且要当全国最棒的老师。得一地英才而育之是何等重要之事，祖国的未来民族的命运掌握在你手中，几十年后学生遍布全国各地成为栋梁之材又是何等幸福快意之事，当个老师真好！

2014 年 2 月 13 日

2014 年 2 月 14 日修改

大陆老曹六十抒怀

一

这是我市优秀的文艺评论家郭连莹先生为老曹写的寿联：学生喜欢的历史老师，读者爱看的杂文作家。老曹当得起这个客观公正实事求是的评价。

郭连莹先生是邯郸市文艺评论家协会副主席。他用散文的笔法抒写文学评论、书法评论和美术评论，优美典雅流畅耐读。他的散文也写得非常漂亮。他还通篆刻，少年时就大胆尝试用大白萝卜恭恭敬敬认认真真地刻了个"打倒'四人帮'"的圆形图章，涂上墨汁，盖在他们家大白猪的屁股上，大白猪享受不了这个待遇，不愿意给"四人帮"做广告，受到惊吓逃出院子，屁股上印着模模糊糊的"打倒'四人帮'"五个黑字在村里狂奔，弄得属于"红旗大队"的村干部紧张了好几天。郭连莹先生是我市文坛少有的多面手，老曹羡慕他的才华，敬佩他的为人——谦恭低调朴实厚道。他的公文写作更是没得说，又快又好，那是他的立身之本、看家本事、吃饭的家伙，他以此谋生养家糊口。

郭连莹先生不但把自己经营得好，而且教子有方。他女儿以超过一本的分数考上一家老牌建筑学院学习建筑学，建筑学可是当今最热门最来钱的专业之一。巧得很，他女儿高中的几位室友正好是老曹的学生。这些学生经常"我们曹老师最帅、最酷""我们历史老师长我们历史老师短"地议论老曹的一些奇闻逸事。他女儿回家告诉他，他又告诉我。我才知道自己的"臭名早已远扬"。当然我还有许多其他渠道。

二

老曹是真爱学生真爱教书，尤其是"晚年"。易中天和我一个德行，我们都以教书为乐，得一地英才而育之是何等幸福之事，没有苦只有乐。全中国的教师，老曹只佩服三个人，一个易中天，一个袁腾飞，一个就是老曹自己。老易和小袁离得太远，够不着，不常见。老曹没事就站在镜子前面，看着镜子里那个气宇轩昂仪表堂堂强悍儒雅的老汉，竖起大拇哥说，你真牛！那么多学生喜欢你，你是每届学生的偶像。班主任宣布你不教课了，你教的六个班学生，居然有三个班的学生当堂痛哭，六个班的历史课代表统统宣布辞职不干。

写到这里，老曹想起20多年前的一件事。老曹上课一贯自由散漫不守规矩，尤其喜欢坐着胡侃。某日进班，讲台上的板凳不见了。老曹正准备出去找一个，历史课代表马上从座位上站起来快速跑上讲台递给老曹一个板凳。老曹坐下开始神吹胡侃，下课后，老曹才知道这个小男孩儿一直是以武术蹲马步的姿势坚持了四十五分钟，老曹还以为他是坐着的。他姓张，叫什么老曹已经忘记了，老曹只教了他一年。他上高一时，我们在一条小路相遇，停下自行车，聊了几句。白净清秀、挺拔俊朗，身高足有一米九，老曹有三年没见过他了。老曹所在的学校初中是重点，高中不入流，优秀初中毕业生都考走了，他考上最好的一中。不知中国还有哪位老师得到过这样的尊重？学生爱你，说明你上课讲得好、讲得有意思，学生爱听。老曹发现，凡是学习好的学生长得都比较好看，几乎没有歪瓜裂枣；凡是教书漂亮的老师，几乎没有长得猥琐的，男的像老曹，女的接近张曼玉。造物主就是这样偏心。

三

还有一件事必须说出。老曹的专业是中文，因为遭到校长的报复被发配改教历史。老曹的语文课代表、一位成绩优异的初三女学生在作文里愤怒地表达："这是我长这么大，看到的最颠倒黑白的一件事……"这篇作文在初三办公室同情老曹的老师中悄悄传看。老曹没有看过，是一位教化学的女老师告诉老曹的。而这位初三女学生的班主任正是校长的夫人，在写这篇作文时，这位倔强的女孩儿子已经不怕任何打击报复，她豁出来了。这个正直的女孩儿最后考上天津医科大学，毕业进了北京一家很好的医院。老曹有20年没有她的消息了，希望她全家都好。

　　让这位校长万万没有想到的是，老曹语文教得好，改教历史，学生更喜欢。老曹是什么家庭走出来的人，老曹身上流着什么人的血，老曹看过多少书，他那样的人永远理解不了。他要是有本事，把老曹流放到新疆、西藏，老曹也会干得很漂亮。另一位校领导去过老曹家，感慨地说，曹老师，你的书比学校图书馆的书都多。老曹的曹和曹孟德的曹不是一样吗？世界太小了，事情也太巧了，20年后，这位校长的外孙居然成了老曹的学生，老曹对这个校长外孙和其他学生一样好，甚至更好，两年下来，校长外孙成了老曹的超级粉丝。老曹相信校长外孙在家里说起历史老师如何如何棒时，校长自会反思。学校贴吧是学生的自由论坛，"历史老师最棒"是许多学生的评价。

　　今日之中国的中学课堂，有多少历史老师敢于讲出真实的历史？老曹敢讲，而且全是按照大陆正式出版物来综合讲解，并没有冲破"底线"。这个世界上，只有不能说出的话，没有不能表达的意思。今日之中国的中学教育界，有几位老师不但书教得漂亮，而且又把杂文耍得风格如此独特？放眼望望，说句自负的话，恐怕只有老曹自己吧。

四

　　赶紧打住，快写成墓志铭和悼词了。怎么都是好的没有一点儿坏的？老曹真是曾国藩那样"半个圣人"了吗？不是啊，当然有劣迹斑斑，30多年前，老曹第一年当孩子王，教高一慢班语文，差点儿和一个膘肥体壮的调皮学生打起来，互相都抄起椅子，准备进行拼死一决……还有，老曹体罚打骂不听话不懂事的学生，学生报复老曹，把老曹自行车的车胎扎破了。还有……多着呢。

后来，老曹才渐渐明白，教育就是投入爱，没有爱就没有教育。体罚打骂学生的老师百分之百的不是好老师。即使你不是真爱学生，也要假装爱，而且装得和真的一样，慢慢假的也会变成真的。好像这是一个叫魏书生的专家说的，魏公号称教育改革家，特有名。他曾经是老曹学习的榜样。

假装爱是当饭碗干，真爱是当成事业干。只是千万别弄成嘴里一套背后一套的"假装爱"，学生需要老师们的"真爱"。

而现在许多老师连当饭碗干的境界都没有了，不像老师的老师越来越多，根子在哪儿呢？我不知道，我不知道，我老曹年过花甲怎么会知道这样深奥的问题……

2014 年 1 月 28 日

从小混混儿到半吊子读书人

题记：

我从一个很小的角度总结自己的人生。一个极有可能成为小流氓、小混混儿的人，最终因为爱情，糊里糊涂地成了个半吊子读书人，可见爱情的力量有多大！由于我的特殊经历，我对班里的调皮生和街上的小混混儿有种"天然"的亲近感，我在心里并不厌恶他们，无论别人怎么看。我经常和他们称兄道弟，不以为羞——因为我曾经是他们的同类，是他们的大哥。我认为，只要有合适的契机，他们中的大部分人都能转变！

我7岁时，看上一个同学很漂亮的图画本，便利用值日扫地的机会把图画本"拿"回了家。当天下午，被几个同学找到家里。事后，父亲狠狠瞪我一眼，吓得我立即小便失禁。

我12岁时，爱玩弹弓，因射技不佳，打不着树上的麻雀，就躲在暗处射家属院菜店的玻璃窗。一弹一块，一块一响。正欣赏战绩，不想一双大手从背后将我牢牢擒住，拖进菜店后院，关入储菜的地窖。在充满怪味又漆黑的地窖里，我大声哭喊求饶，方获大赦，重见天日，又开始琢磨干别的"坏事"。

我15岁时，"文化大革命"已进行三年，学校停课又复课，我足穿拖鞋，头扣军帽，手拎两本书，吊儿郎当上学堂。用从《毛主席语录》里断章取义来的"伟大教导"和老师对着干。气得一位刚从中国人民大学毕业的女老师哭着说："干脆你上台来讲！"

我 17 岁时，变成一个小痞子。穿当时小青年中颇为流行的服装：小白鞋，细裤腿，尼龙袜子，大翻领。留个和年龄不相称的大背头。兜里装个小镜子、小梳子，没事就掏出来梳理一番。嫌年迈奶奶做的饭不好吃，自己买罐头吃。学抽烟喝酒，最高纪录一天抽三包，舌头都麻了。骂脏话打架下饭馆胡闹。半夜结伙"扫荡"老乡的杏树林，开鸡窝放鸡，往猪圈扔石头，砸得猪嗷嗷乱叫，如同"鬼子进庄"。真是坏透了！

我 19 岁时，情窦初开，爱上一位老工程师的文静秀美的女儿。这位极有教养的姑娘成了我心中的"阿拉木汗"，我被她迷得"白天常咳嗽，黑夜没瞌睡"。看看自己，深知根本配不上人家！于是决心一扫身上的痞子习气，重新做人！遂拜一位很绅士的上海籍医生为师，学习言谈举止穿衣戴帽，亦步亦趋。戒烟戒酒戒除一切流氓习气，并附庸风雅地读书。同时迷上阿尔巴尼亚电影，尤其喜欢看《海岸风雷》和《在广阔地平线上》。仗着记忆力好，常常在大庭广众之下，大段背诵电影对白，哗众取宠，想博得"阿拉木汗"的欢心，但总是徒劳，人家根本看不上这点儿雕虫小技。

我 20 岁时，知道了自己的浅薄无知，知道了"腹有诗书质自高"，知道了只学皮毛不行。遂发愤读书，天天晚饭后到办公室，读书至深夜。饿了啃个凉馒头，困了趴在桌子上眯一会儿，偌大个办公楼，只有我一个人。经常学到凌晨三四点，才回宿舍睡一会儿。这样的日子大概有六七年。读鲁迅读范文澜读马恩列毛，读被列为内部读物的苏联小说《多雪的冬天》《落角》等，读能搜罗到的一切文艺书和哲学书，并特别醉心名人传记。

我 30 岁时，自以为读了几本书，印了几个铅字，就狂妄地在日记中写道："王侯将相宁有种乎？"觉得治国平天下并非难事，觉得《女神》不过大白话一堆。不把任何人放在眼里，听到一点儿批评就暴跳如雷，觉得老子天下第九。平时好出惊人语，好做哲人状。被长者智者笑，不以为羞，反以为牛。我行我素，傲气十足。

我 35 岁时，随着涉世的加深，读书的增多，傲气逐渐消失，不着边际的幻想也没有了，躁动不安的热情也减少了，开始怀疑自己的能力，感到生活的强大、学海的无边、文道的艰难和自己力量的有限。社会在我眼里，再也不是"天高任我飞，海阔任我跃"的自由天地。只好娶妻生子，为稻粱谋。

我 40 岁时，知道了我很渺小很平凡我一点儿不牛，我是亿万黔首中的一员，如大千世界中的一粒微尘，浩瀚大海里的一滴水珠，茫茫草原上的一棵小草。知道了治国平天下者必是天降大任的旷世之才。知道了对郭沫若先生，我永远只有仰视的分儿！《请看今日之蒋介石》和《甲申三百年祭》那样大气磅礴的战斗檄文，当代中国恐怕很少有人能写出来！那是天赋学养胆识三者综合的结晶，缺一不可！更不用说我这半吊子书虫了！

今年我已五十出头，知道讽刺大家的事，谁都会干，但做个被人讽刺的大家却不容易。这就好比今天很多人骂余秋雨一样：你有本事，也在全国漂几年"赵秋雨""钱秋雨""孙秋雨"，让大伙儿瞧瞧！说句心里话，我对老余也有看法：他的做派尤其是他的"含泪"。但你不得不承认"含泪"的文化散文确实好看，数量也多。咱有时也生气：他他他，为什么这么好的文化散文，不让咱写出来，不让那些咱喜欢的作家写出来，偏偏从"含泪"笔下冒出一篇又一篇，生气啊，真生气！你看，去年，"含泪"又鼓捣了两篇：《丛林边的那一家》写曹操父子的，《重峦叠嶂间的田园》写渊明的。其实，那点儿故事，熟读中国文学史的人都晓得，但"含泪"就像一个高明的厨师，七切八剁，就把几捆大众菜，硬是烧成了佳肴。不由你不"含恨"阅读！他家祖坟的风水，怎么就那么好？回首往事，我走了一条弯曲的人生之路。是纯洁美好的初恋拯救了我，使我走上了人生的正路。是生活教育了我，让我知道了自己的"斤两"。写完这篇稿子，我看着镜子对自己说："曹哥，夹着尾巴悄悄活着吧！"

（此文发表于 2009 年 2 月 24 日《邯郸晚报》和当年的《散文百家》。）

第四辑 读评札记

不可不读韩石山

韩石山先生在文坛有个雅号："文坛刀客"，即对谁都不留情面，对谁都敢批评。我最喜欢老韩"为文必中当世之过"这句话，这是一个正直的有社会责任感的作家的宣言，我也拿来作为我为文的座右铭。老韩由书海出版社印的那套书不错，我找了好多图书市场都没买到。今年初，在北京一家图书馆借了三本：《骨气与学问——韩石山学术演讲录》《文人的脾气——韩石山文学批评选》《最后的一次演练——韩石山社会批评集》，全部复印了。有些文章过去看过，通读一遍，真好。演讲录大气磅礴，文学批评有真知灼见，社会批评一针见血，连我这50多岁的人，也被老韩"忽悠"得热血沸腾了。我盯上老韩的散文，是20世纪末看了湖南文艺出版社出版的老韩的散文集《纸窗》后。湖南文艺出版社一次共推出十个人的散文集，我都看了，最喜欢的还是老韩的《纸窗》，有几篇甚至可以作为经典诵读，如：《难捺的悲伤——悼贾大山同学》《李健吾，我心中的大师》等。老韩的文章有见识有味道好玩，很像王小波。其实，在这之前，老韩已有两篇文章给我留下深刻印象：《退了休，当厅长》，是调侃他的一个当高官的大学同学。他的同学说，退了休，去当作家。他就说，那我退了休，去当厅长。你放眼望望，当代中国作家有几个敢这样说话的？当时就让我眼前一亮。另一篇是《王蒙，是又怎么样》，评论王蒙面对《文艺报》批评他的小说《坚硬的稀粥》时那种"躲闪、逃遁、辩白、求饶，先做出一副挨打的架势"的态度，更大胆更了不起。但我又不完全同意老韩的观点，王蒙是个"有身份"的人，哪怕曾经是，所以他顾虑多些，所以他不敢说："是又怎么样？"他铿锵不起来。

作家肖建国就说过，王蒙当文化部部长之前，讲起话来口若悬河，一泻千里，激情四溅，宏论滔滔，妙语连珠。当文化部部长后，讲话寡淡无味，如同白开水。其实，《坚硬的稀粥》中爷爷的政治指向非常明显的，稍微了解中国现实的人，都能看出。倘若真有人较真儿，非要拿王蒙是问，王蒙想赖也赖不掉。真不如像老韩说的，来个"是又怎么样"。看来，对于作家，有时，戴个政府发给的乌纱帽并不是什么好事。王蒙最终无事，还是得益于今天宽松的政治环境。写到这儿，我突然想起索尔仁尼琴在《古拉格群岛》里的一句话："一个国家有了一个伟大的作家，就像有了第二个政府。这就是为什么从古到今没有任何统治者喜欢大作家，只欣赏小作家。"

今日中国，写散文随笔杂文的作家，我认为有四个人的东西不可不读：青年人韩寒，中年人王朔，老年人余秋雨和老韩。可能有人认为把老韩与前三位捆在一起是辱没了老韩，因为他们都很另类，又各不相同。但我说我的道理。读韩寒是看勇气看观点。我甚至觉得能否欣赏韩寒，小而言之是一个写作者心态年轻还是年老的标志，大而言之是喜欢听假话还是喜欢听真话或者拥抱民主还是拥戴专制的标志。老韩也非常喜欢韩寒，老韩说过："中国有 10 个韩寒，文坛就不是现在这个样子。"我再加上一句：中国如果有 100 个韩寒，中国就不是现在这个样子。中国人民大学教授张鸣在深圳讲演时说，"现在的中国大学教授加起来对公众的影响力，赶不上一个韩寒。"这话虽然有些情绪色彩，但在某种程度上也算是真相的一种。在文坛和文坛以外，韩寒多次勇敢地担当了安徒生笔下小男孩儿的角色。读王朔是看机智看见识也看勇气。可惜王朔这些年写得太少，给人江郎才尽之感。但是，只那篇《我看鲁迅》，就足以让人永远记住。大有"孤篇横绝，竟为大家"之势。王朔说："各界人士对鲁迅的颂扬，有时到了妨碍我们自由呼吸的地步。我不相信鲁迅如此完美，没有这样的人。既然大家越来越严厉地互相对待，鲁迅也不该例外。"这话说得多么"五四"！不管别人怎么看王朔，反正我是非常佩服他。茅盾先生在《新文学史料》上撰文说过，鲁迅晚年爱训人，听不得不同意见。所以，他后来也不愿意去见鲁迅先生了。鲁迅先生去世好几天，他才去看许广平女士。余秋雨先生的文化散文早有定评，不用我说。老余去年写谢晋先生的散文《门孔》几乎感动了所有阅读者。但老余在公开场合的有些表现和表演实在令人不敢恭维，尤其是"含泪门"事件，拍马屁也不能没有底线。老韩很反感老余。这四个人，我最喜欢看、看得最多的还是老韩。

读老韩是看见识、看智慧、看文化、看大气、看那种胸有成竹的自信、看那种见大人物不小见小人物不大的轩昂器宇和气势，最重要的还是看语言。尤其对我这个教了30多年文科的老教师，最看重的也是语言。老韩的语言，在当今文坛，大概是极少有人能出其右的。老韩的语言深刻、俏皮、充满灵气、意绪飞扬而又通脱。老韩自己说："我最自信的，也希望别人欣赏的，是我的语言。我对语言有种天然的兴趣，当了作家后，倾注心血最多的，也是语言的体味与训练。"老韩认为着力于句子比着力于词语要高明，而且事半功倍，收效大。老韩的许多见识也是当今文坛很多大家无法比拟的。老韩为陆小曼的辩护简直石破天惊，说陆小曼这样的名媛，徐志摩就应该养着，徐志摩后来养不起了，不能说陆小曼这样的名媛不值得养。老韩对现代文学和现代文学史的熟悉程度，恐怕有些专业学者都达不到。所以老韩才能够"捧"完李健吾又"玩"徐志摩，捎带着又"顶"了一把林徽因，最后还把鲁迅和胡适"拉扯"在一起，扔了一颗26万字的"精确制导炸弹"，一下就挠到了读书人的痒痒处，几乎洛阳纸贵。研究现代文学可是老韩的副业啊。如今，老韩又成了演讲专业户，不知老韩的出场费多少。据说于丹一场还2万呢，老韩比于丹有文化，应该不低于2万吧。

当代作家，语言好的还有几位，如贾平凹先生，老贾的散文随笔语言比小说语言有味道，朴拙而有古风。阿城先生，"三王"中，《棋王》的语言最好。阿城20世纪出的四本小书《闲话闲说》《遍地风流》《威尼斯日记》《常识与通识》语言都很考究也耐看。在我的阅读印象中，最先使用"鸡们、鸭们……"这样句式表达的作家，大概是阿城。随后，大家才竞相模仿起来。阿城是个读得多想得多写得少的作家，述而少作，很有意思。前两年，查建英女士对他有个访谈，很好看。书名叫《八十年代访谈录》，被访者十一人，还有北岛、陈丹青、陈平原等。阿成先生，哈尔滨作协主席，鲁迅文学奖得主。阿成写过两篇很棒的小说《年关六赋》和《良娟》，后一篇语言尤其好！《年关六赋》获过全国优秀短篇小说奖。汤吉夫先生这样评价阿城的小说："读你的小说，常常会想起中国的野史、中国的古代小说和中国特有的诗词歌赋，你把它们点化进了自己的小说中。所以你的小说就闪烁着民族气质、民族情趣和民族的审美方式的光彩。"语言好的还有湖南的何立伟等。这几位的语言有些相似，但和老韩不是一路。语言最差的，大概非梁晓声先生莫属了，尤其是老梁小说以外作品的语言。老梁给赵忠祥先生的书写过一个序，语言简直惨不忍睹，甚至到了半通不通的地步。我观梁文，最大的不足是缺乏对古典文学的借鉴。他急需补课，毕恭毕敬地向老祖宗学习。还有北京那个没有多少文化、脾气还倍儿大，老爱写些什么心急火燎的所谓杂文的毛志成先生，语言也极差。王朔就很看不上他。老韩曾写过一篇小文中敲打过老毛一回，认为老毛应该回家熟读《秋水轩尺牍》，再来文坛捡口饭吃。一个作家胸中有几点墨，不用自己说，明眼人一看便知。我想，语言好，无外乎两个条件：一是会借鉴古人，二是聪明。第二个不用说，也没法学。只谈第一个。老韩青少年时，在重点中学受过良好的系统教育，苦读过，又是大学历史系毕业，还教过十年高中语文，装了一肚子古诗文，这是许多当代作家不能比的。有无古典文学功底，一看句子就知道。一般来说，古典文学底子好的，语言都好，看看五四那一代作家就知道了。

老韩还有一点了不起，他当年文讲所的许多同学和一些当时很蹿红的作家，早已不知去向，而老韩仍然挥舞着十八般兵器，活跃在文坛，而且经常闹个大动静，给全国人民一个惊喜。所以，许多报刊的编辑非常喜欢老韩，刊物办得寂寞了，就向老韩约稿，保证能重新抓住读者眼球。这和老韩的深厚学养和过人见识有很大关系。优秀的作家必须是个优秀的学者和思想者。五四时的大家几乎都是教授兼作家，否则，你走不远。老韩让我佩服的还有他的政治智慧。老韩是个有独立政治见解的人，从他的文章中你可以清楚而深刻地感受到，但他从不去碰那个底线。在有限的舞台上做了无限的事。山西是个内陆省份，政治并不多开明，政坛居然容不下一个清正廉洁的仇和式的改革家吕日周，却能让老韩把个《山西文学》办得生龙活虎有声有色，这不能不说是老韩的本事。老韩居然敢登出《选举之歌》那样带刺的好诗。老韩说："我们发《选举之歌》主要意思是反驳那些说中国国情特殊、人民素质太低、不适宜选举的陈词滥调，呼唤真正的民主选举。"北京有位评论家说，《山西文学》在全国省级文学期刊中，可以排在前五名，北京的书店都有卖的。还有老韩"修理"不说老百姓话的"二鲁迅"陈漱渝先生，更是大快人心。老韩发在 2009 年 9 期《名作欣赏》上写铁凝女士的《款步轻移转身时》，是另一种美，光听听这题目就馋得你受不了，想马上找来看看。除了发表在纸媒上的，老韩的博客里也有很多妙不可言的文章，比如《谁是封建家长？》，再比如上了新浪博客首页的《三论季羡林之死》，称季先生不但是国学大师，分明是国师。真让你长见识。

不过，对老韩"少不读鲁迅"的观点，我不敢苟同。鲁迅，永远是中国人的精神领袖。他是人不是神，他当然有缺点有不足。但他那敏锐深邃细致的思想，高深远大的目光，犀利的笔锋，尤其需要青年人继承发扬光大，今天的社会太需要鲁迅了。中学生能看懂鲁迅，我在教学第一线，应该比老韩更有发言权。20 世纪三四十年代，许多中学生就是读了鲁迅、读了进步文学，投身革命的。当然，老韩的论述自有一定道理，当是一家之言。

老韩最新的散文集《此事岂可对人言》、新版的《李健吾传》，尤其是老韩用杂文的笔法写的文学评论集《谁红跟谁急》，给人耳目一新之感，颇为另类，好读极了。总之，读当代中国文学，绝对不可绕过韩石山。不读韩石山，对一个读书人，绝对是个不大不小的损失。我以为！

（此文发表于 2011 年 3 月 19 日《邯郸晚报》、2011 年 4 月《杂文报》，《杂文报》文化沉思版发表时有删节。）

精读梁衡先生

从《晋祠》说起

梁衡先生是我非常敬佩仰慕的散文大家。季羡林老先生曾经说过，梁衡是一位肯动脑很刻苦，又满怀忧国之情的人。他无论谈历史谈现实最后都离不开对国家对民族的忧心。更为难得是他总能将这种政治抱负化为美好的文学意境。在并世散文家中，能追求肯追求这种意境的人，除梁衡外尚无第二人。

凡是读过梁衡先生散文的人没有不同意季老评价的。季老晚年好给常来拜访的朋友起"雅号"，季老给梁衡先生起了个非常符合梁衡先生身份的雅号"政治散文"。梁衡先生就是以政治散文和历史人物散文独步中国当代文坛，还被公认为抒写政治散文的第一人。在中国当代文坛以区区散文一种文学形式赢得如此盛名和造成巨大社会影响者唯梁衡和余秋雨二先生也，而梁衡先生的影响又在后者之上。翻造一句名言并赋予新意，凡有自来水处就有人读梁衡先生的散文（指60多篇次入选大学中学小学课本）。

我最早知道梁衡先生是20世纪80年代初期中学语文课本选了他的散文《晋祠》做教材，我先学然后教学生学。从教材编排看，《晋祠》是当成文艺性说明文教学，学习重点是作者运用说明和描写相结合的方法，把晋祠悠久历史文物和优美自然风景介绍得十分具体形象，形神兼美的特点。说明文不是教学重点，老师学生都不太重视。

当然我也觉得《晋祠》写得很美，但就我个人而言，不到30岁的我更喜欢鲁迅的《记念刘和珍君》《论雷峰塔的倒掉》、司马迁的《鸿门宴》《陈涉世家》、选自《战国策》的《唐雎不辱使命》、郭沫若的《甲申三百年祭》、梁启超的《谭嗣同》《少年中国说》、翦伯赞的《内蒙访古》，还喜欢过方纪的《挥手之间》，或怒发冲冠怒目金刚慷慨激昂天降大任舍我其谁，或荡气回肠大气磅礴大江东去气吞万里如虎，或登临送目正故国晚秋念往昔繁华竞逐漫嗟荣辱。总之喜欢和社会人生历史事件捆绑在一起和大地泥土百姓生活贴得更近的作品。

说句不太恭敬甚至有些冒犯的话，当年《晋祠》并没有入我的"法眼"，写得再好不也是一篇山水散文吗？能有多重的分量？中学 12 本语文书里上乘之作太多了，那是中华民族数千年历史文化精品的检阅和展览，是滚滚历史长河如大浪淘沙般筛选淘洗反复比较后流传下来的经典的经典顶峰的顶峰，并非梁衡先生的《晋祠》不是好文章。当时甚至朱自清先生的《荷塘月色》我都不喜欢我也知道那是绝品，但那唯美至上哀愁淡淡杨柳岸晓风残月的纤纤情怀在我看来总不那么"爷们儿"和大气。朱自清先生的《背影》我至今没看上，文章写得笨呼呼的过于憨厚朴实远没有《荷塘月色》来得清秀灵动妙曼妩媚。

觅渡觅渡渡在何处

我格外关注梁衡先生是 1997 年初看了他发在《中华文学选刊》1 期写瞿秋白的《觅渡，觅渡，渡何处》，喜欢极了。那时孩子小家务多教学任务重居住条件差，便复印下来带在身上有空就看两眼，晚上媳妇孩子都睡着了我一个人坐在厨房灶台前的小台灯下反复精读，扎扎实实消化吸收一个多月，这篇 3900 字不长也不短的牛文，我竟然不知不觉背会，变成"我自己的"了，那三页复印纸也摩挲得又脏又烂。我还到处向朋友推荐，大家看了都说好。我曾对朋友说，出个新中国成立以来 50 年的散文选本，即使选 20 篇最经典的散文，也不会漏掉《觅渡，觅渡，渡何处》，无法绕过，它太独特了。2003 年《觅渡，觅渡，渡何处》果然被选入人教版高中语文课本，这是全国教材中最权威的版本，可能要影响几代人几亿人，"影响一个国家一个民族"（梁衡先生语），太了不起了。梁衡先生深知其巨大的潜移默化的教育作用故而有感而发写了《教材的力量》。"文化大革命"前，年少的我看了父亲的那套《红旗飘飘》就特别崇拜瞿秋白成了瞿秋白的痴迷粉丝。他的文章他的才华他的英俊相貌他的儒雅气质特别是他那视死如归肃穆淡定的气概，都令我着迷敬佩——用俄语唱完《国际歌》找块干净草地，轻轻盘腿席地而坐，仰头对行刑的刽子手说："此地甚好。"并要求刽子手正面开枪，眼睛对视着刽子手；和瞿秋白烈士一样，吉鸿昌将军还要求坐在椅子上，说为抗日而死，死了不能躺在地上；更和1700多年前那个浑身傲骨的嵇康一样，嵇康弹完《广陵散》在3000多崇拜他的太学生和无数看热闹百姓的目送中飘然远去。

一个人面对死亡能这样从容镇定潇洒自如（如今有些贪官一听到宣判死刑马上尿湿裤子），他的内心世界该有多么强悍啊。就是庄子那样看破一切的大智者也不过尔尔吧。可是瞿秋白分明是一个百分之百的手无缚鸡之力的文弱书生啊，而吉鸿昌却是行伍出身身经百战官至军长，嵇康也是铁匠兼读书人铁匠是其主业读书是其副业，而瞿秋白呢？他的内心世界和他的外在形象太不相称了，两者之间的反差也太大了。稍长我才明白这是精神的力量和肉体的强壮无关。

瞿秋白的"学生"宋希濂，国民党三十六师师长站在楼上躲在窗后，拨开窗帘偷偷观看行刑经过准备向蒋介石汇报。宋希濂后来成了抗日名将，那是后话。我青年时又看了瞿秋白《多余的话》，更对他充满同情，常常把他和南宋的岳飞明末的袁崇焕太平天国的李秀成相比。瞿秋白绝对是个复杂深邃的悲剧人物，我们"悲其大才未展，悲其忠心不被理解"，而悲剧人物总是长久打动牵挂人们的心弦。瞿秋白牺牲70多年了，可是人们还在纪念他想起他忘不了他，他就义时才36岁，但是"他短短的一生就像一幅永远读不完的名画"，我们堪怜其才其大才其多方面的才能，敬佩其自我解剖精神。真如梁衡先生所言他如果不闹革命随便从身上拔下一根汗毛，悉心培植成为著名的作家翻译家金石家书法家名医甚至十个梁实秋。

从1997年开始，我成了十足的不加一点三聚氰胺的"梁迷""梁粉"，凡有梁衡先生文章的杂志和书籍我都买都借，到手立刻看完，如写居里夫人的《跨越百年的美丽》写辛弃疾的《把栏杆拍遍》写林则徐的《最后一位戴罪的功臣》写李清照的《乱世中的美神》等，后来《跨越百年的美丽》《把栏杆拍遍》等篇目被多次选入不同版本的语文教材，我没有做过准确统计，大概当代作家的作品被选入小学中学大学语文课本最多者当属梁衡先生，或者保守地说梁衡先生是最多者之一吧。2004年我终于在北京图书大厦买到梁衡先生的散文集《觅渡》，通读一遍还是认为《觅渡，觅渡，渡何处》最好而且远在其他文章之上，一个人一生能有一篇传世之作已属上天的青睐和眷顾了。

很多年后梁衡先生在一本散文集自序中总结创作经历时说，我最初是从山水题材步入散文创作，我努力创作并研究山水散文理论也有成果，《晋祠》等篇入选中学课本有的还刻碑勒石，但再好也是在山水审美层面打转转没有进入人的灵魂，无论对读者对我自己更大的震撼还是开始人物散文创作后，这个转折点是1996年发表《觅渡，觅渡，渡何处？》。

诚哉斯言！读者正是从这时开始重新"打量"散文作家梁衡先生，一个独特的散文大家也正是从《觅渡，觅渡，渡何处？》向读者一步一步走来，并且一路走下来而且越走越好。从1996年开始梁衡先生一发不可收，1997年写小平同志的《一座小院和一条小路》写马克思的《特利尔的幽灵》《读柳永》，1998年《大有大无周恩来》《读韩愈》《跨越百年的美丽》，1999年《印在黄土地上的红手印》，2000年《把栏杆拍遍》，2001年《最后一位戴罪的功臣》，2002年写王洛宾的《追寻那遥远的美丽》，2003年《乱世中的美神》……而且越写题材越宽泛越有思想深度，人物性格形象越丰满好看。

梁衡先生写小平同志的散文让我想起，20世纪80年代那套很有名的丛书《历史在这里沉思》，此书第一册有小平同志的女儿毛毛写的《在江西的日子里》，两文可以一并看，看一个伟人是怎样面对逆境：上午去工厂劳动做钳工，下午在菜地劳作常常干得大汗淋漓，晚上先听新闻广播然后读书，几乎带来在北京的全部藏书读马列读二十四史，为战胜严寒每天用冷水擦身，朴方搬来同住后给儿子洗澡翻身精心照顾，达观乐观平和镇定远视，用劳动读书充实生活陶冶精神。每天黄昏落日之前在小院散步，"我时常看着父亲，看着他永远那样认真永远那样沉静的神情，看着他向前迈出的快速而稳健的步伐。就在这一步一步之中，他的思想、他的信念、他的意志，随着前进的每一步而更加明确，更加坚定起来"。

梁衡先生是这样写马克思的：当我们这几年逐渐追上发展的世界时，回头一看，不禁一身冷汗，一阵后怕，马克思当年批评大清帝国说，一个人口几乎占人类三分之一的大帝国，不顾时势，安于现状，人为地隔绝于世，并因此竭力以天朝尽善尽美的幻想自欺。这样一个帝国注定最后要在一场殊死的决斗中被打垮。如果我们还是那样封闭下去，将要重蹈大清帝国的覆辙。梁衡先生在文章结尾特意注明 1997 年 9 月改于十五大闭幕之际，而正是十五大将邓小平理论确立为党的指导思想。

就我个人而言，以上篇目我最喜欢《乱世中的美神》，我是站在书店的书架前看完，买回去又看了好几遍仍然爱得不忍释手，放在枕头旁边过了一夜才插入书柜。此文没有入选教材的最大原因可能是太长想删又无法删，李清照恐怕是所有读过宋词的男人女人心中都认可的"美神"。梁衡先生写道：当我们穿过历史的尘烟咀嚼她的愁情时，才发现在中国三千年的古代文学史中，特立独行，登峰造极的女性就只有她一人。她该天生就是一个美人坯子，官宦门第及政治活动的濡染，使她视界开阔气质高贵。李清照几乎一懂事就接受中国传统文化的审美训练，饱览了她父亲的所有藏书，文化的汁液将她浇灌得不但外美如花而且内秀如竹。

我看李清照还是历史上少有的婉约和豪放通吃的词人，盛赞项羽的千古绝唱几乎人人都知我不提也罢，待字闺中时她品评史实人物就胸有块垒大气如虹，真如梁衡先生所言"李家有女初长成，笔走龙蛇起雷声"。我喜欢李清照和李清照的诗词已经很多年了，看了梁衡先生的《乱世中的美神》就更加喜欢了，不同年龄段不同时期的李清照在我眼前鲜鲜活活走来：秀面香腮和羞走，轻解罗裳独上兰舟，生当作人杰死亦为鬼雄，伤心枕上三更雨点滴霖霪，物是人非事事休欲语泪先流，水通南国三千里气压江城十四州，木兰横戈好女子老矣不复志千里但愿相将过淮水，守着窗儿独自怎生得黑，如今憔悴风鬟雾鬓怕见夜间出去。少女的李清照少妇的李清照中年的李清照老年的李清照，从青州从建康从乌江镇从温州从金华向我走来向所有喜欢她的读者走来……

我心中的美神李清照啊，上天为何无情地把你扔在一个那样的乱世，让你后半生受尽三大磨难：再婚又离婚遭遇感情生活的痛苦，身心颠沛流离四处逃亡，超越时空的孤独。

此时此刻我想起作家洪峰怀念萧红的一段大胆浪漫的话语："我喜欢萧红的眼睛已经有许多年了，清澈又透出忧郁，成熟又充溢了梦幻般的迷茫。看见萧红那双黑眼睛，我总是莫名其妙的热泪盈眶。呼兰河边的树木和芦苇就伴随一个瘦弱的身影出现了。我曾经想，如果萧红还在人间，即便她已年过七旬，我依然会爱她，'你愿意做我的妻子吗？'我会这样问并渴望她的应允。在这个时候，我会背诵杜拉斯的一段小说：'对我来说，我觉得现在的你比年轻时候更美，那时候你是年轻女人，与你那时候的面貌相比，我更爱你现在倍受摧残的面容。'"

其实梁衡先生 1990 年就写了诸葛亮《武侯祠：一千七百年的沉思》，1991 年写《青州说寿：一个永恒的范仲淹》等，但量少而文短所以在读者中影响不大，高标狂进大规模向人物散文写作转移进军还是从写瞿秋白开始。由此可见写什么太重要了，当然做任何选择都要有"前提"，你具备选择的"前提"吗？细究，一个作家写什么不是他的"想"能够决定的，而是他的"自身条件"决定的，这个"自身条件"又非一日形成，这是另一种"身不由己"吧。梁衡先生是做了几十年知识储备和思想升华后才有了从山水散文向人物散文这个大气华丽漂亮而惊爆读者眼球的转身。

一个尘封垢埋却愈见光辉的灵魂

真没有想到 2011 年又分别在《北京日报》《北京文学》《散文选刊》看了梁衡先生的新作《张闻天：一个尘封垢埋却愈见光辉的灵魂》，尤其是《北京日报》刊登此文意义非常。65 岁的梁衡先生又写出这样一篇大气磅礴拨乱反正的 14000 字雄文，比《觅渡，觅渡，渡何处》更加深沉厚重发人深思，我更加喜欢。或许不能这么比，两篇文章没有可比性，只是我的阅读体会个人感受，只代表我自己我的偏爱，文章之事本来就见仁见智。司马迁 52 万字的《史记》中最好的篇章是《项羽本纪》，而《项羽本纪》中最好的片段又是《鸿门宴》。我认为梁衡先生所有作品中最好的就是《张闻天：一个尘封垢埋却愈见光辉的灵魂》，这是一篇比《觅渡，觅渡，渡何处》更能传之久远的经典之作。《觅渡，觅渡，渡何处》是"写人格写哲人"，《张闻天：一个尘封垢埋却愈见光辉的灵魂》是透过人物写历史写我们民族的磨难苦难灾难，有其巨大的历史反思价值和指引未来价值。

我们说中华文化的三大瑰宝"唐诗晋字汉文章"，"汉文章"即司马迁的《史记》也，鲁迅先生评《史记》乃"史家之绝唱无韵之离骚"，正因《史记》是"绝唱"是"离骚"才有其巨大影响力。而《张闻天：一个尘封垢埋却愈见光辉的灵魂》正是一篇"绝唱"式"离骚"式的美文牛文雄文，它的经久不衰的巨大作用远远不是发个红头文件做个正确结论开个最高规格的追思会喊一大堆慷慨激昂热血沸腾口号所能比拟的。

梁衡先生"提倡写大事、大情、大理"，《张闻天：一个尘封垢埋却愈见光辉的灵魂》就是一篇写大事大情大理之文，是用文学修史用文学给未来保存珍贵档案并指示前进方向，还张闻天同志"一个时代巨人的形象"，具有极强的艺术感染力，还充分显示了梁衡先生深厚的古典文学修养，对古典文学的引用、翻造、创新、与时俱进之句，随处可见信手拈来，不是掉书袋而是活学活用脱胎换骨完全融化在自己的文章里，令人拍案叫绝从心里叹服。文章做到这份儿上，这一生也值了。梁衡先生在《教材的力量》里说他在中小学时代乃至大学时代就背了大量古诗文还背了不少精美的现代散文，这些丰厚的营养决定了他缘于古典文学的文章风格。梁衡先生在另一篇文章中说他做记者时，出差还随身带个古文选本，早晨起来就找个僻静处或读或背坚持多年这样的阅读训练进一步巩固夯实加厚了他学生时代打下的"童子功"。有无古典文学的功底和借鉴弄起文来存在天壤之别，我自己几十年读书作文的经历也证明了这点，看看周围也是这样，这是我最想学习最为敬服梁衡先生的。请看："文化大革命"中张闻天被流放到广东肇庆一个叫牛冈的地方，"虽'文化大革命'之乱，仍不废鸡犬牛马。所以他常于夜半凝神之时，遥闻冷巷狗吠之声，而奋笔疾书，却又雄鸡三唱，东方渐白。"最后留给我们一部"光芒四射，英气逼人的《肇庆文稿》"。

请看："士穷而节见，他已经穷到身被欺，名被辱，命难保的程度，却不变其节，不改其志。"

再请看："张闻天一生三次让位，品高功伟；但又三次受辱，长期沉埋。但他一辱见其量，有大量，从容辞去总书记到基层工作；二辱见其节，有大节，不低头不屈服，转而潜心研究经济理论为治国富民探一条路；三辱见其志，不改共产主义大志，虽为斗室囚徒，却静心推演社会进步之理。辱之于他如尘埃难掩珠玉之光，浮云难遮丽日之辉。"

以上三段还是典型的古文句式。鲁迅先生行文也如此，但鲁迅先生受魏晋文学影响太深，他老人家的句子瘦劲，对笔下的人与事寥寥几笔达意即止极少展开。而梁衡先生精心刻画细腻描写句子丰腴饱满滋润。

最后请看："凭子吊子，惆怅我怀。寻子访子，旧居不再。飘飘洒洒，雪从天来。抚其辱痕，还汝洁白。水打山崖，风过林海。斯人远去，魂兮归来！"

大气自然文白杂糅水乳交融浑然一体天衣无缝，有史记笔法太史公之遗风，这样的句子段落很多很多，不引了，您自个去瞧吧。

读读梁衡先生的美文牛文雄文，再看看现在有些大学的某些所谓的"硕导""博导"的"作文"，连最起码的通达顺畅都是难为他们了，勉强做到通达顺畅，又是只会写些寡而无味的大白话没有一点"雅趣"，真是"世无英雄使竖子成名"，让易中天先生捡了个大便宜。其实，我在心里非常敬重老易，这是分析其爆得大名的社会原因和时代背景。就像韩石山先生分析汪曾祺老先生一样，许多人说汪老的字画如何了不得是中国最后一位士大夫云云。老韩

"出言不逊"了：过去的旧文人哪个不会写毛笔字、哪个不会画两笔文人画啊？摆在几十年前，这算什么？纯属小儿科，也值得这样大肆鼓吹当个事说？

真是没见过世面啊。究其原因是不少当代"学人"每年写的书和看的书差不多，眼睛在网上快速便捷"暴走"的时间比和"蔡伦毕昇"亲近的时间多，参加活动拉关系应酬的时间比站在书架前的时间多。晚上睡觉前或出恭时翻翻流行休闲杂志的已经到处吹嘘炫耀自己是读书人了，大众可以如此，创造精神财富的教授学者作家如是就显得浅薄了；而经常摸摸弄弄搞搞本专业流行期刊的人又看不起前者，更自我定位为高品位有文化有知识的"砖家"了，社会已经前所未有的喧嚣浮躁，各种诱惑和抓人眼球的事件每天层出不穷，而真正沉下心耐住寂寞读点儿难啃的书尤其是读点儿"枯燥无味"的经典的人，少之又少了。

品读《岳阳楼记》又写成精品

梁衡先生最近几年发表的其他文章，我都已拜读收藏，如《〈岳阳楼记〉是怎样写成的》《周恩来为什么不翻脸》《假如毛泽东去骑马》《肢体导演张艺谋》《教材的力量》《叫你如何不心动》《还有八种人不很幸福》《母亲石》《你怎么就是得不到爱》等，尽管对个别文章的个别观点我有完全不同的看法，但我从心里承认那绝对都是一流文字大家之作，尤其是18000多字的《〈岳阳楼记〉是怎样写成的》，一个下午我连着看了三遍，对梁衡先生更加敬佩。梁衡先生哪里是写范仲淹啊，分明是在歌颂中华民族几千年来无数像范仲淹那样刚正不阿忧国忧民不惜一身为民请命的缙绅之士如欧阳修滕子京海瑞，如今天的彭老总张闻天田家英这样大大小小实事求是、把"万家忧乐记心头"的好干部。读着这样的句子你怎能不对梁衡先生油然而生敬意呢——

"奴隶制度造成人的奴性，封建制度下虽有'士可杀不可辱'的说法，但还是强调等级、服从。进入资产阶级民主社会，才响亮地提出平等自由。中国封建社会长，又没有经过彻底的资本主义民主革命，人格中的奴性残留就多，直到现在许多人还在变着法媚上。对照现实，我们更感到范仲淹在一千年前坚持的独立精神的可贵。"

"有的官员，专门研究上司所好，媚态献尽，唯命是从。上发一言，必弯腰尽十倍之诚，而不惜耗部下百倍之力，费公家千倍之财，以博领导一喜。""鲁迅就曾痛斥中国人的奴性，一个人先得骨头硬，才能成事，如果他总是看别人的脸色，他除了当奴才还能干什么？做人就应该'宠而不惊，弃而不伤，丈夫立世，独对八荒'。""治国先治吏，历来的政治改革都把吏治作为重点。一个政权的腐败总是先从吏治腐败开始。官吏既是这个政权的代表和既得利益者，也就成了最易被腐蚀的对象和最不情愿改革的阶层。只有其中的少数清醒者，能抛却个人利益，看到历史规律而想到改革。"

还有小平同志的话"我这个人没有什么大志，就是希望中国的老百姓都富起来，我做一个富裕国家的公民就行"。这和张闻天同志说的"阶级斗争就是各阶级为自己阶级物质利益的斗争"是一样的，朴素朴实无华是真正的道理简称"真理"。想想那"宁要社会主义的草，不要资本主义的苗"的路线歪到哪儿去了？所以《〈岳阳楼记〉是怎样写成的》是一篇非常难得的警世之作，它直指社会病灶具有非常强烈的现实意义。

在文学被日益边缘化的今天文学期刊的发行量实在有限，梁衡先生又把此文改写成近4万字的演讲稿《〈岳阳楼记〉留给我们的文化思考和政治财富》，在中央部长文史知识讲座上演讲，还被一些高校和地方政府请去演讲，影响巨大反响强烈非常之好。组织部门还制成光盘，作为干部教材下发。范仲淹颂扬严子陵的"云山苍苍，江水泱泱；先生之风，山高水长"我们完全可以用在范仲淹自己身上，那么"先天下之忧而忧，后天下之乐而乐"更可以看作是范仲淹的"自我要求和自我写照"了。我们对范仲淹对彭老总对张闻天同样抱有这种仰慕之情。梁衡先生从《岳阳楼记》中阐述出的文化思考和政治财富值得我们所有人深思。《〈岳阳楼记〉是怎样写成的》完全可以和《觅渡，觅渡，渡何处》《张闻天：一个尘封垢埋却愈见光辉的灵魂》比肩而立并驾齐驱成为梁衡先生最有代表性的作品之一，值得细嚼慢咽静心精读。

《肢体导演张艺谋》也是一篇难得的及时的针砭时弊匡正风气的优秀随笔，文章写得心平气和不动声色低调内敛却刀刀见血字字刺中要害。我早就想撰文"修理"张艺谋了，这家伙是真的"堕落"了，他在无限透支自己的电影信用，梁衡先生说出了我要说的话。张艺谋过去拍过一些相当好的电影如《活着》如《我的父亲母亲》如梁衡先生提到的《秋菊打官司》《一个都不能少》，但他现在玩庸俗了，梁衡先生谈的是方向性大问题。

本文草就，我又看到了梁衡先生的新作《心中的桃花源——陶渊明〈桃花源记〉解读》。我阅读梁衡先生政治散文和历史人物散文有年，他总能给你送来意外惊喜让你享受意想不到的阅读快感。梁衡先生的这篇新作既是政治散文也是历史人物散文，他在文章核心段落开篇就说，许多读者都把《桃花源记》看作是一篇美文小品，忽略了它更深层的含义，殊不知它的第一含义在政治，虽然大家也知道《桃花源记》是一篇政治寓言，在《桃花源记》里陶渊明塑造了一个他心目中的理想社会，陶渊明是用优美温暖的文学翻译了枯燥冰冷的政治。但是从来没有人想到把《桃花源记》放在人类历史发展的长河中给它一个崭新的也许是非常"有趣"的更可能是充满争议的定位，即放到"从空想到科学"的社会发展史中来看待。

梁衡先生非常大胆地提出陶渊明的《桃花源记》是1200年之后欧洲空想社会主义的"先河"，紧跟其后的就是1516年英国人莫尔写的小说的《乌托邦》和1637年意大利人康帕内拉写的小说的《太阳城》，这两本书的构思手法和描写的作者认为的理想社会与《桃花源记》是何其相似也！难道这只是时间跨度1200多年三个互不相识不同国别作家的一个偶然巧合？中国人陶渊明英国人莫尔意大利人康帕内拉都用文学作品表达了未来社会的美好蓝图，《乌托邦》和《太阳城》是两本小说，在社会发展史和世界文化史上影响极大。其实《桃花源记》又何尝不可以当成小说来读。梁衡先生认为《桃花源记》既可归入政治文献又可存在于文学史中。这样一来以幻想理想社会类的文学作品就有了三大里程碑《桃花源记》《乌托邦》《太阳城》，生活在公元4世纪的中国人陶渊明就成了空想社会主义的"鼻祖"，而空想社会主义又是马克思主义的三个组成部分之一。

梁衡先生的思路似乎太"野"了,他把问题"玩"大了,把讨论问题的空间无限扩展了,我读第一遍时也是一惊一奇一喜,张大嘴巴无比兴奋。梁衡先生只是提出问题而不是做出结论,读者学者自可见仁见智。我要说的是梁衡先生总能在别人读过的文章中读出独特的"高人一筹"的新意,在别人习以为常的风景里发现新的美景和亮点,在别人以为没路可走的地方踏出一条曲径通幽的小路。先贤哲人留下的经典,远没有被后人读"烂"和"穷尽",只有慧眼独具的人才能发掘出崭新的意义。梁衡先生正是这样的人,这是他的见识学养人生历练所给予的。经典也像宇宙一样,我们已经认识的是有限的而我们还没有认识的是无限的。这就是经典的魅力所在,这就是经典所以被称为经典的原因。

像我这样"奔六之人",不可能泛读博览了,最省时最快捷最见效的读书方法就是牢牢咬住经典之作精读,只吃仙桃一口不啃烂杏一筐。梁衡先生的《张闻天:一个尘封垢埋却愈见光辉的灵魂》我看了将近30遍,看一遍有一遍的收获心得体会。梳理文章脉络分析篇章结构研究艺术特色背诵精彩段落,看梁衡先生是怎样一点一点地"洗垢清尘"让张闻天"凭借自己的思想和人格的力量,重新站起身来,剥去胜者的外衣"。

读者的殷切期待

借用梁衡先生在《〈岳阳楼记〉是怎样写成的》的结尾所言:"好文章是一个人在一定的时代背景下全部知识和阅历的结晶,是他生命的写照,只可遇而不可求。因此一篇好的文章不是随便就有的,它要综天时地利之和,得历史演变之机,靠作者的修炼之功,是积数十年甚或数百年才可能出现的一个思想和艺术的高峰。千军易得,一将难求,千年易过,好文难有。"

祝贺梁衡先生,一次又一次地刷新自己的创作纪录跨越新的高度,我们非常明显地感觉到梁衡先生的思考越来越深刻和现实越来越贴近,如椽之笔越来越放得开，批判的锋芒透过事物的表象直抵封建专制文化的心脏。借用梁衡先生的分类方法，他的文章不是文人作家的作品而是政治家思想家之作，这是他得天独厚的条件是许多当代作家无法比拟根本不可能具备。梁衡先生认为文章第一位还是要表达思想，先入艺术之门再求深造思想难，先登思想之峰再入艺术之门易。真正的大文章家政治家思想家多而专攻文章以文为业者反而少，前者可以挟思想之深借艺术之美登上文章的巅峰。

所以我们完全有理由相信梁衡先生还会有更耐读更重要更有影响的作品问世，我们殷切期待着……

（此文发表于《邯郸晚报》《中国剪报》、陕西的《新叶》杂志和《名作欣赏》杂志。这篇文章影响比较大，报刊和我都收到接到不少读者来信、电话和短信。我看了能找到的所有写梁衡散文的评论，我的这篇风格最为独特，大概也是最好的。

梁衡先生也非常喜欢，给我的信中说："老曹，很感谢。你的文章最美的是一种文风，这是别人学不来的。当初我是一口气读完，绝不是喜欢有人捧。你搞文学评论会自成一家的，还年轻，来得及。"他还请我到他家畅谈吃饭。我也想专门写他的散文评论，他也有这个愿望。但是我系统研读了他的全部散文后，选择了放弃。因为我不能接受他的时政观点。）

敬读李文海先生

相识于电话中

先讲一件十多年前的小事。还是《邯郸晚报》创刊不久，某日一位朋友打来电话，说，曹老师，你改用笔名了。我说没有啊。他说那你发在《北京晚报》的《我不想娶漂亮媳妇》，怎么在《邯郸晚报》用"于永跃"的名字又发了一遍。我马上给《邯郸晚报》编辑部打了电话，原来是一位老编辑在资料室翻阅安徽省的《新安晚报》看到这篇文章，觉得不错，就转载了。

我觉得这事自己背个黑锅有点儿冤枉也有点儿窝囊，第二天就给时任《邯郸晚报》总编辑的李文海先生打了个电话。文海先生在电话里安慰我说，你才遇见一次啊，我遇见的多了，我的好多新闻理论著作都被别人剽窃了，被人换个名字又发表了。你换个角度这样想，这不是正说明咱们的文章好看吗？只不过是用别人的名字又传播了一次，让更多的人阅读了，也是好事。文章写出来就是让人看的嘛。文海先生"现身说法"的几句话马上使我豁然开朗了。

这次电话，文海先生的睿智大度给我留下深刻的印象。不久，我的初中同学也是文海先生大学同学的市政府某局的一位副局长送给我一本文海先生的新闻理论专著《新闻的思考》，更把我"震"了一家伙。我仔细阅读后惊叹，好家伙！咱们邯郸居然还有这样的"牛人"啊！仰慕之情油然而生，也更加关注文海先生在报刊上的文章，只要看见总要读上两遍，而且总有收获。

去年文海先生水到渠成荣获中国新闻界的最高奖——韬奋奖，我给文海先生发去短信："这不仅是您个人的光荣，更是邯郸的光荣，也是河北省的光荣，还是我们读书人的光荣！"我还在一个文学座谈会上说过，邯郸政坛的名片是王彦生同志，邯郸新闻媒体的名片就是李文海先生了，中国新闻界认这个账。文海先生在中国新闻史上为自己为邯郸也为河北留下了光彩灿烂的一笔，赢得"青史留名"，"汗青"记载。

这几天捧读文海先生送给我的他的新著《报坛散论》感慨良多，读读学学想想写写也有了六七千字，不怕文海先生嫌我曲解或文不达意，不怕方家笑我浅陋，敲出来野人献曝了。

舆论监督的胆量与艺术

在《舆论监督，需要的不仅仅是胆量》一文，文海先生开篇直奔主题，"媒体进行舆论监督天经地义，问题是舆论监督怎么搞，如何提高舆论监督的艺术"。接着文海先生举例分析《晋州国税局长大摆嫁女宴》获奖的原因有四，一是事件典型；二是时机把握得好；三是材料翔实可靠，真实准确；四是对事不对人，不能有私心。

我不是搞新闻的，但写杂文比较多，杂文也是舆论监督的一种形式，道理是相通的，所以我对文海先生的分析非常赞成。事件不典型写出来就没有普遍意义。时机的把握需要政治智慧需要清醒的头脑需要犀利的眼光需要吃透摸准形势，时机把握不好，再漂亮的报道也有可能被枪毙。这有点儿像公鸡打鸣，叫早了影响主人休息，弄不好还惹祸；叫晚了耽误主人上班，黄花菜都凉了，被老板"鱿鱼"了，两者主人都不满意。材料有出入不但适得其反，还会把自己"装进去"，损了夫人又折兵。有私心下笔难免偏激有失公允，效果就会大打折扣。

因此舆论监督，艺术比胆量更重要。胆量容易有，刚刚大学毕业的黄毛丫头青涩男孩儿生瓜蛋子，初生牛犊都不怕大老虎，而且老虎的个头越大，小牛犊子觉得越刺激越兴奋越来劲儿越富有挑战性，舆论监督的艺术却需要一点点儿地修炼磨炼锻炼摔跟头捅娄子碰壁，非一日之功所能具有，这个过程可能比较漫长，是综合素质提升进步之后的结果。文海先生在文章的最后一段把舆论监督的艺术和儒家的中庸联系在一起，"中庸是最高境界。不偏不倚，不温不火，不左不右。在舆论监督中对'度'的正确把握应体现中庸的要求"。这样一"串讲"，犹如点穴，读者马上明白了。文海先生言犹未尽，在文末强调"'带电作业'技术含量要求更高"。我理解这个"带电作业"大概指的敏感事件，那么"技术含量"当然指的是舆论监督的艺术了——报道敏感事件对"度"的拿捏把握就更加困难了，也更加显示舆论监督的艺术水平了。

把晚报办得更加"老百姓些"

文海先生的《在转变报道方式上做文章》说出了我们晚报读者想说的话。文海先生说"晚报既不能办成第二张日报，更不能把它办成街头小报。"我们读者选择晚报就是因为它比日报更贴近我们老百姓的生活，如果把晚报办得和日报长得一模一样像一对双胞胎，我们不是白订了吗? 晚报也失去了存在的意义。同时用文海先生的话说晚报是"党报血统、亲民传统"，具有引领社会引领读者的作用，也不能办成庸俗的只刊登花边新闻的街头小报。

《邯郸晚报》的发行量远远超过《邯郸日报》，说明晚报办得很不错，指导思想是正确的，比较充分体现了文海先生的办报思路。我在教育口工作了一辈子，我们教育口好说有什么样的校长就有什么样的学校。同理，有什么样的社长就有什么样的报纸。我举个小小的例子，最近半年多晚报头版天气预报栏目的小标题就颇具特色，随手拈来几个：《雨不小亦有清凉拂眉梢》《晴云送别三伏天》《艳阳恋秋空，清风拂心田》《阳光宁静风轻柔》《云重雨纷飞，秋夜凉如水》，多有味道啊! 温馨亲切亦有文采，还稍微有一点点"浪漫的小资"，很可爱当然更可读可看。详细的天气预报内容也是说明文语言和散文语言杂交后的"混血儿"，长得比较"漂亮"，有一定的文学色彩，可读性比较强，有时还能让你扑哧一笑。我记得有一段时间，宋英杰主持的央视天气预报叙述语言像抒情散文，很美，听着十分舒服，简直是一种享受。反正我是不喜欢硬邦邦的东西，人同此心心同此理，轻松活泼还是招人待见，读者听众肯定喜欢，倘若再幽默一点就更好了。

我的身份比较"特殊"，我既是晚报的读者又是晚报的作者，所以我更加关注文海先生的这篇文章。此文第三节文海先生强调"应该把老百姓真正感兴趣的东西放在头条"，对会议报道这样的东西不必放在头条，报道非常重要的会议可以"挤水分留干货"。这话真是说到广大读者心眼里了。文海先生为了展开他的办报思路，还专门举了两个例子，一个安阳发现曹操墓，另一个是美国9·11事件。他认为曹操墓的稿子应该毫不犹豫地放在头版甚至头版头条，美国的9·11事件的新闻也应这样安排。这让我想起央视主持人白岩松先生说的一件事，某年他去某国一个新闻机构参观一个新闻展览，一个橱窗摆满了9·11事件第二天世界各国的报纸，头版头条都是报道9·11事件，唯独咱国的报纸是其他内容。小白说，他当时羞得恨不得找个老鼠洞钻进去。

文海先生不光"坐而论道"还"起而行之"，亲自上阵拟了两个非常漂亮抓人的报道曹操墓的标题做示范，"肩题：千年迷雾始散尽，此冢原来不在邯；主题：曹操跑了。"多好啊，文雅起来如诗词，通俗起来又是一句再普通不过的平平常常的口语，读者的眼前一亮，眼球想离开都不可能了，非得看完不行。我同意文海先生的意见，曹操在咱们中国永远是一个人们感兴趣的话题，也永远是一个谈不完的话题，更何况咱们邯郸和曹操还有着千丝万缕的联系。易中天先生今天爆得大名很重要的一个原因就是沾了我的这位本家哥哥的光。是个中国人谁不知道"三国"呀，知道"三国"谁不知道曹操呀，越是家喻户晓的人物，你报道起来大家就越关注越感兴趣。2010年1月，晚报总编和峰先生让《新闻周刊》以《发现曹操墓：邯郸人的话语权》为题，组织四位专家和作家，出了个专版，我也跟在三位大家后面敲了一篇小文凑热闹，《从安阳发现曹操墓所想到的》，为我的本家哥哥再次惊爆世人眼球摇旗呐喊。

文海先生反复强调晚报是大众传媒，"一定要跟着热点走，跟着老百姓的视线走，晚报报道的内容一定要成为老百姓饭桌上的话题，反过来说，老百姓饭桌上的话题要成为晚报报道的内容"。这话说得多么在理多么亲切多么通俗易懂深入浅出，这叫"是真佛说家常话"。

看完这篇文章，文海先生给我的印象既是一位水平颇高的新闻工作的领导者，更是一位和蔼可亲可敬的兄长。他总想在诸多的限制中、在有限的舞台上领着他的团队把邯郸的三张报纸办得更加亲民更加好看。文海先生不愧为"韬奋奖"的获得者，真是实先至而名后归。

办报也需"拿来主义"

《离市民近些近些再近些》，一看这标题就让人喜欢。阅读此文，我非常明显地感觉文海先生尽管只是一家地市级报社的掌门人，但他的眼界宽阔站位高远，他的思想很新很北京也很大胆，他的观点又很群众很百姓，用物理学的术语说，他办报的参照物都是中国顶级的电视台、电台和报纸。这符合古人倡导的读书之道——学上得中，学中得下，学下得等而下之。办报也是一个理儿。他总是琢磨"央视"和"央广"的一些名牌栏目的节目，看看人家是怎么"独创"的，他时刻准备"拿来主义"一把。

文海先生说："面对重大节日和重大事件，看看国内那些优秀的报纸是如何策划和报道的，肯定对我们有帮助。"他举了《南方周末》和《新京报》两家中国顶级报纸报道央行年内第二次加息的例子，谈得非常具体，分析得非常透彻，说服力很强，是他深思熟虑的智慧结晶。《南方周末》是中国影响最大的报纸之一，而且领风气之先20年之久，尤其是它的深度报道很有震撼力，美国总统奥巴马来华访问点名要《南方周末》记者全程采访。《新京报》是目前北京地区影响最大的报纸，无论是它对新闻的独特处理还是评论周刊、读书周刊都是很棒很牛气的，而且正在向"首善之区"以外快速地大面积地辐射，我就是《新京报》的铁杆读者，《南方周末》我也阅读多年。有读者评论《新京报》既是报纸又是杂志。和北京地区其他报纸比《新京报》还是个"八岁的孩子"，它一出生就定价一元，当时北京地区同类报纸都是五毛钱一份，但这并没有影响它的发行量迅速飙升。现在同类报纸都是一元了，《新京报》仍然保持原价。《新京报》给自己的定位是"咬定高端，吸引中端，团结低端"，成为北京政治经济文化各界和社会主流人群首选和必选的报纸。《新京报》公开承认我们不是一张大众化的报纸，但是大众的报纸，很有意味。

我刚才说文海先生的办报思想"很群众很百姓"，如若不信请往下看。文海先生分析今年 3 月 25 号的晚报："三版有篇稿，这个写在春天里，写在人们踏青时刻的小稿，如果放在一版，再配上一张春意浓浓的照片，是不是会好一些呢？"我有记日记的习惯，3 月 20 号正好是周日，我和朋友一家也去县里踏青挖野菜了，路上和我们同行的车辆颇多，田野里穿花衣裳的孩子像一丛丛蹦蹦跳跳的花朵。倘若过了几天在晚报一版看见《春来踏青挖野菜，一把小铲一份鲜》这样的文章肯定感到十分亲切，觉得晚报离我们的生活很近，觉得晚报很关注很重视咱们老百姓的生活；如果凑巧还被"照了进去"，那感觉就更喜庆更得意了。

文海先生接着分析 4 月 2 号晚报一版一篇文章的主标题和副标题，他认为应该把副标题"举报'问题食品'最高奖一万"变成主标题，而把主标题"我市食品安全举报奖励暂行办法实施"变成副标题。我同意文海先生的看法。可能有人要问：这样安排是不是有点儿俗气？突出了"奖一万"。其实，咱们老百姓不就是一群"俗人"吗？吃喝拉撒睡柴米油盐酱醋茶不都是"俗事"吗？想通过正常渠道多挣点银子改善我们的生活不就是我们每个人心中的"俗念"吗？易中天先生说他讲历史人物都是从人性出发，就人性而言古人和我们今人一样。易中天先生懂人性，他以"今人之心度古人之腹"，或者说以今人之念头反推古人之心理，所以他的课才那么受欢迎。我认为文海先生这个分析也是基于对人性人情人心的考虑，文海先生也是懂人性的，他从人性的角度出发给晚报的稿件编排定位显得格外通情达理。

文海先生在《离市民近些近些再近些》一文的最后一节认为，新闻不但要"晓之以理"还要"动之以情"，新闻只有"入脑"才能"入心"。这就是我们常说的以理服人以情动人，有时"情"的"杀伤力感召力"比"理"更厉害更奏效也更长久。他认为不能把原本热乎乎的新闻做成冷冰冰的文件。他特别欣赏新华社记者郭春玲写的会议消息，并且以"他山之石可以攻玉"的态度举了两个例子，一篇是《全国优秀新闻工作者表彰大会在京开幕》，另一篇是《金山同志追悼会在京举行》。他评价这两篇佳作生动活泼，20多年过去，如今读起来还是那样有味道。我认真看了一遍，诚哉斯言。

评论是新闻的"领导"

文海先生对时评写作有着精妙的论述和深入的研究，《在转变报道方式上做文章》一文，文海先生说："时评实际上是新闻的一个延伸，新闻事件出来了，媒体都报道了，你比别人高出一筹的就是不但报道了新闻事实，而且还引导读者怎样去认识，去解读这个事件、解读这个新闻。新闻时评的任务就在这里。"我以为这是专家之论行家之言。据我了解和分析，《新京报》的影响力很大程度来自它的二版评论和评论周刊，在《新京报》的评论里，你可以读到中国所有最热点新闻的最深刻最独到的评论，有时还是多角度和纵横交错的分析。

文海先生在《把感情揉进评论》一文说："新闻评论不大好写，但写好了其影响力非常可观。日本的《读卖新闻》和《朝日新闻》就是靠新闻评论立报的，直至目前这两张报纸依然是全球发行量最大的报纸。"我非常赞成文海先生的观点。苏联大师级的作家爱伦堡在第一次世界大战时期任战地记者、卫国战争又任苏联红军报《红星报》的战地记者，他写的时评影响巨大，人人争读个个喜欢，没有时评的报纸一到战士手里马上卷烟抽了，而有时评的报纸一直读到报纸破碎得拿不起来为止。我看徐铸成先生的回忆录，民国时期的时评都是报社的主笔亲自写，别人写主笔不放心。静悄悄的夜晚，在橘黄色的灯光下，刚刚研好的浓淡相宜的墨汁，竖行的上好宣纸，左手的食指和中指夹着一支冒着袅袅"热气"的香烟，右手握着一根狼毫，写一页让人送到排字车间一页，根本不用改，当时不叫时评叫社评，很有意思。那时的报纸版面很少，管理任务轻，主笔有闲暇可以亲自为之。其实，鲁迅先生的许多著名的杂文就是文学性较强的时评，比如《"友邦惊诧"论》比如《关于太炎先生二三事》等。文海先生在《把感情揉进评论》一文中，分析时评《今天，让我们体悟生命的尊严》获得中国新闻奖的原因有三：一是立意深刻，构思独特。二是语言清新，感情充沛。三是时效性强，引导有力。这个分析很到位，可视为写作时评的"三八律"。文海先生还有一篇专门谈评论的文章《让新闻评论活起来》更加活泼好看给人启发。文海先生从范敬宜先生的时评名作《"要听懂草木的叹息"》和梁衡先生的时评名作《石头里有只会飞的鹰》入手分析，"长期以来我一直在思考党报的评论如何写，读了他们的文章似乎看到了一条路子。文章读后很觉得舒服，在欢娱的感觉中接受了文中的观点。""范梁的两篇评论都是把自己的观点巧藏在故事当中，这是很高明的。"听完故事如春风化雨般被作者的思想"俘虏"了。这是成功的时评优秀的时评，反之呢？文海先生幽默地接着分析"当今一些评论的毛病，硬是在那里摆着一副教育人的架子，话虽说得百分之百的正确，但看后又百分之百的没用"，读者不接受啊，你没有打动读者啊，可不是没用吗？

文海先生在文章最后说："评论是报纸的宝塔尖……报纸的第三个层次，也就是最高层次，这就是评论。梁衡曾经谈过这样的观点：严格来说，评论不是新闻，但它却领导新闻。"评论是报纸的脊梁骨。读文海先生《让新闻评论活起来》我学到很多东西……

邯郸晚报总编和峰先生曾邀请我和王维中先生给晚报写时评，因为种种原因我们各自写了十几篇后，都没有坚持下来。王唯中先生是亦商亦文可能太忙，只好割爱。就我而言笔力不逮是一个很重要的原因，写不出彩来既对不起和峰先生的盛情邀请自己也丢人现眼只好作罢。别小看那呕心沥血的七八百字或者一千多字，差不多要调动你的全部积累各种修养，没有深厚的文化底蕴和坚实的知识根底写不了多少就把自己掏空了，对此我深有体会。时评看似容易实则难写。《"要听懂草木的叹息"》和《石头里有只会飞的鹰》确实是经典之作、大家之作，尤其是后者，那里头隐藏着多少东西啊，不服气不行啊。

敬佩，低回留之不能去云

通读文海先生的《报坛散论》上下两卷，我对文海先生有了一个全新的认识和了解，他那时刻把读者挂在心上把读者当成真正的上帝而不是口头上帝的敬业精神、他那孜孜不倦的学习精神、他对国家大政方针的透彻领会理解和准确把握、他渊博的新闻知识和对新闻理论的娴熟运用、他的深邃思想和犀利的眼光、他的开阔视野和多元的发散性思维、他许多活泼大胆的构想、他那大法无法看似随意其实匠心独运的结构文章的能力和高超的驾驭文章的能力、他那简洁明快干净流畅洒脱优美的文笔，都令我肃然起敬，有高山仰止之感，我虽不能至，然心向往之。

文海先生的《报坛散论》还有许多很值得一读的大文章，如《大洋彼岸的感受——访美考察报告》《让新闻报道更多一些人性化》《读吴冷西在七千人大会上的检讨》《今天我们要向蓝先生学习什么？》《领导干部要善于同媒体打交道》《努力提高自己的认知能力》《努力做一名优秀的媒体人》《一笔珍贵的精神财富——读〈一道靓丽的风景〉——老一辈革命家新闻通讯作品选析》等，这些文章还有很多可思可想可感可学可敬可慕可写之处，以后我还要细细咀嚼慢慢下咽消化吸收最后变成自己的精神营养和知识储备为做人作文之用。

感谢文海先生让我在十一黄金周，坐在安静的书桌前"黄金"了七天，收获颇多，低回留之不能去云……

2011 年 10 月 13 日

读不完的鲁迅先生

初识鲁迅

我读鲁迅是 18 岁左右，比较晚是时代使然。1973 年新华书店才开始有鲁迅的单行本卖，白色封面略微发点儿淡淡的灰，还有隐隐约约密密的竖行细道。最打眼的是封面左上方鲁迅的泥塑侧面头像，倔强浓密的头发向上耸立，同样浓密厚重的胡须有点朝前撅，面目清苦刚直坦然还透着些许老年人常有的慈祥，深邃的目光凝视着什么又像在眺望着遥远的远方，脖子是中式大褂的立领，布条拧的扣襻也看得清清楚楚，总之是个可以亲近的家常老汉没有一丝圣人的威严和大家的派头。

那时我在鄂西北山区一个军工厂生活用现在的话说叫"央企"，四面被贫穷落后的农村包围着，一周坐通勤车即大卡车到县城买一次蔬菜，县城离厂区 24 里全是崎岖山路，买了菜就去空空荡荡的新华书店转一圈，延续着年少时被母亲培养的买书习惯，不过年少时买书以科普类为主，《科学家大谈 21 世纪》《大鲸牧场》《蛇岛的秘密》《十万个为什么》等，也买过林汉达先生的《中国历史故事集》系列也喜欢父亲的那套《红旗飘飘》和母亲年轻时买的几本《收获》杂志，我有时想，倘若不是"文化大革命"我大概不会学文科很可能学理科或者工科了，一场"文化大革命"改变了千百万人的志向、生活和命运。

有好几年县城书店只有包着红塑料皮的老人家的著作静静躺在柜台里。还见过上海出版的写农村两条路线斗争的"小说"《虹南作战史》和也是上海出版的杂志《朝霞》，还见过"八亿人民一个作家"的浩然先生的大作《艳阳天》《金光大道》，平心而论在那个无书可读的年月，这两部小说还能看看，很长时间一说起农村会计，《艳阳天》里马立本的形象立刻浮现在我眼前。有一天突然惊喜地发现了被老人家表扬的鲁迅，于是见一本买一本陆陆续续也有了一二十本。后来又买了8本人民出版社的《鲁迅作品选讲》，正文后面是详细注释，注释后面还有讲解，有段时间我看注释的兴趣远远超过看正文，那里面有大量对我来说"稀奇古怪"的文史知识。

一个1966届的小学毕业生、"文化大革命"中的"赝品初中生"，"文"基本没有读过古诗文，英语只会读写几句政治口号；"理"不会解二元一次方程，物理课化学课合称工农业基础课，简称"工基课"或"公鸡课"。故而读鲁迅很吃力，看不太明白也不是很喜欢，只是觉得特别新鲜。当然也知道鲁迅老汉很厉害，是中国作家的"大哥大"，鲁郭茅巴老曹他排首位，别人都有事了，挨批的挨批、住牛棚的住牛棚、去干校的去干校，全不让看书码字了，就他还没事。还听说鲁迅的骨头最结实最硬，碰不断砸不烂里面没有一根媚骨，是现代中国的圣人。这老汉干得最漂亮的活儿就是以笔为棍棒痛击落水狗，不让那个狗东西再爬上岸来洒人们一身一脸的污水或者第二次咬人。其实落水狗的样子挺可怜也觉得鲁迅"心真狠"有"虐待俘虏"之嫌，后来才明白鲁迅为何不肯饶恕这些貌似可怜的狗东西，那是辛亥革命成功后用许多烈士鲜血换来的教训。

鲁迅先生就是这样向我走来了。韩石山先生在《少不读鲁迅老不读胡适》一书写道：从中华民国教育部的朱红大门里，走出了一个矮个儿、蓄着浓浓的如隶书一字黑胡须的中年人，他就是后来成了在大陆编写的现代文化史和文学史上，地位最高声名最大非议也最多的周树人先生。

鲁迅与魏晋人物魏晋文学

直到买到《而已集》看了《魏晋风度及文章与药及酒之关系》才真正爱

上鲁迅。这篇近 20 页的长文，我翻着字典一个月才看完，"许多字都不认识我"。真没想到 1700 多年前的咱国，在中原腹地的一大片竹林里居然悠闲快乐地生活着这样一群风流散淡奇异率性的哥们儿"竹林七贤"，他们放任纵达相互唱和成为魏晋知识分子先锋时尚的领军人物。那个叫阮籍的狡猾家伙为了躲避和司马昭结亲，竟然一醉就是两个月，司马昭只好作罢。其子阮浑长大成人风度气质极似其爹也想入伙成为"竹林八贤"，阮籍却说吾家已有阿咸在，你就不要来了。阿咸是阮籍的侄子阮咸，竹林七贤之一。当时为防止衣服发霉太阳出来有钱人纷纷晾晒各种"名牌服装"变相比富，吓得穷人都不敢晒自己卖黄瓜时穿的"牛衣"了（东坡语"牛衣古柳卖黄瓜"），阮咸为了羞辱富人替穷人出气，就用竹竿挑了一条粗布的破烂裤衩晒在人来人往的大路边，众人惊奇问他为何，阮咸一脸严肃地说：不能免俗，学学阔佬们。用今天的流行语说，阮咸应该是"文二代加官二代"了。

你想想那场面也够滑稽的了。那个叫嵇康的耿直家伙喜欢打铁也以此谋生，为张家打把菜刀为李家敲只镰刀为赵家锻造个锄头啊，活儿不断生计不愁，朝廷宠臣锺会慕名来访，"乘肥衣轻宾从如云"，浩浩荡荡"开着好车"穿着朝服还跟着一大群张牙舞爪狐假虎威的马弁一路扰民而来，但嵇康锤声不停叮叮当当照打不误，既不让座更不请茶，锺会在一旁站了半天只好悻悻而去丢尽脸面，嵇康自己亲手种下杀身祸根。最好玩的是那个叫刘伶的家伙，客人去见他，他不穿衣服。客人怪而问之，他却说天地是我的房屋，房屋是我的裤子，你们为什么钻进我的裤裆里来了？其气魄之大落脚点之奇妙把愚昧无知的我惊得目瞪口呆。

在"文化大革命"时到处都是"严肃寡欲的清教徒"和"装神弄鬼的正人君子"的大环境下，看到这样性情潇洒性格张扬的"二百五"，快把我笑死了。这个在竹林七贤中排行老五的酒鬼刘伶现在仍被商家利用大赚其钱。比竹林七贤略早，以吃药和扪虱而谈为业的"正始名士"也是一群非常调皮的哥们儿。正始名士之前还有一拨更调皮更有意思的家伙叫"建安七子"，他们就在今天河北邯郸一带活动，我们今天的邯郸人或许踩过 1700 多年前他们留下的脚印，走过 1700 多年前他们蹚过的大路小路，呼吸着 1700 多年前他们呼吸剩了的清新空气，在遥远的前方似乎还能望见他们轻裘缓带有说有笑的身影。这些家伙的首领先是曹操后是曹家老二曹丕，用今天的话说曹操以丞相之重兼汉朝最后一任作家协会主席，曹丕以皇帝之尊兼魏国第一任作家协会主席全是内行领导内行，二曹本身就是作家诗人文学评论家，可见二曹对文学艺术的重视。二曹大概也开过类似延安文艺座谈会那样的盛会，讨论当时急需解决的文学艺术问题，曹丕的传世之作《典论·论文》或许就是这类座谈会上的随意漫谈，后来整理加工精心修改而成。

建安七子之一王粲英年病逝，皇帝兼作家协会主席曹丕领着一群作家协会主要成员也是王粲的铁哥们儿前来吊丧，曹丕满怀深情悲伤地对参加葬礼的作家们说，王哥的去世是咱们魏国文学事业无法弥补的重大损失，他是咱们哥们儿中的天才也是咱们这伙人里成就最高者，他的代表作《七哀》情调悲凉，反映了社会动乱和黎民疾苦，和我们家老爷子"白骨露于野，千里无鸡鸣。生民百遗一，念之断人肠"有得一拼，我们家老爷子都十分佩服经常吟诵。曹丕说到这里突然把原来让秘书写好的千篇一律规规矩矩的"制式祭文"往宽大衣袖里一揣，大声宣布王粲治丧委员会的临时决定：王哥生前特别喜欢学驴叫，为了寄托咱们的哀思表达咱们对王哥的深切怀念，咱们哥儿几个都学驴叫数声以送之吧。说完，曹丕首先昂首挺胸敞开喉咙学驴叫三声，吊客们每人一脸凄凄惨惨戚戚之情的依次驴叫起来，王粲先生就在一大片长长短短高高低低音色各异的驴叫声中下葬了。

皇帝吊丧学驴叫以代读祭文真是空前绝后古今再无，如此性情之人如今哪里去寻？只有脑袋里没有多少规矩的人，才能弄出这样的新鲜"花样"也才能玩出气象万千的大文章来，魏晋时代的建安七子竹林七贤正是这样一些家伙，看看那时的文章就晓得了，如《大人先生传》《与山巨源绝交书》《让县自明本志令》等等。鲁迅的文章就是师法魏晋，他尤其喜欢嵇康孔融的文字，他编校《嵇康集》前前后后读过无数遍，他的文风深深打上魏晋文学的烙印。他的朋友刘半农赠一联语"托尼思想，魏晋文章"，大家都认为很恰当，鲁迅也深以为然。托指托尔斯泰，尼指尼采。换成白话：思想来自托尼，文章师法魏晋。民国著名编辑孙伏园说，鲁迅的古文底子是很好的，而且是中国历史上最典雅最见性情的那种古文的底子。中国文学史上最见性情的文学就是魏晋文学了。鲁迅的性格里有和魏晋人物相通的地方才会喜欢魏晋人物，也才会喜欢魏晋文章，其实鲁迅和魏晋人物一样都是骨子里透着风流俏皮又气吞八荒的大名士，只是后来因为各种流行政治的需要，鲁迅被涂上厚厚的意识形态色彩被弄成一块吓人的不容冒犯的大牌坊，其实那不是当年那个真实的鲁迅。以往在大陆鲁迅被架上政治的神位而在台湾鲁迅被长期封杀，鲁迅著作是禁书，两岸对鲁迅的态度都不正常。

陈丹青以一个画家的眼光打量鲁迅，说鲁迅是个很好看很好玩的人。1933年英国剧作家萧伯纳在上海见到鲁迅，夸鲁迅长得好看，鲁迅说自己年轻时还好看些，一点儿也不知道稍微"谦虚"一下。鲁迅却说高尔基长得简直像个流氓，但我看不太像。高尔基和鲁迅比当然是野孩子加流浪汉出身，身上难免有些小混混儿的痞子气质，在江湖上闯荡大的人和在学堂里读书读大的人肯定不一样。

后来在我 30 余年的教学生涯中，讲魏晋人物成为我活跃课堂气氛最拿手的武器和历史课上最华丽的篇章，学生能笑一节课几乎把屋顶掀翻，校长以为班里没有老师学生闹堂了。看来根本没人喜欢道貌岸然的伪君子和头脑愚蠢思想僵化的冬烘先生。

鲁迅"强悍"我的精神

这类文章和人物对当时的我吸引力特别大，让我的思想精神心理心灵获得极大安慰和彻底解放，鲁迅成了我依靠仰仗的强大思想武器。因为生活所迫我开始变"坏"，学会打架学会骂人学会……否则你无法捍卫自己的精神尊严和肉体尊严，没有办法，你不"强悍"就会被他人当作"弱肉"食掉。一个工厂"头号走资派"的儿子，母亲又被迫进行羞辱标志的劳动改造打扫厕所做苦力，我也被分配到最脏最累最危险，谁都不愿意去的铸造车间干翻砂工，谁想欺负就可以欺负。40 年过去，我到现在都忘不了我和一个其他工种的学徒工因干活发生争执，我态度稍微强硬点，他骂我的撒手锏就是"你想翻天"。我一下子被他打蔫像泄了气的皮球。当年"文化大革命"那个"天"，是我敢翻能翻的吗？后来我终于苦思冥想出一句反击他的牛语："老子就翻你这个天了！你怎么样？"结果他愣住了也傻了。我翻他的天，把矛盾化小把他仰仗的政治背景抽掉，没有人给他帮忙，一对一，他就不是对手了。所以文怀沙易中天王立群诸先生说，司马迁鲁迅的书是给奴隶看的，司马相如的书是给奴才学的；司马迁鲁迅是奴隶文学，司马相如是奴才文学。

　　因为究竟"底子"还是好孩子出身，不同于一般烂仔，故而还需要精神强悍来做身体强悍的坚强后盾。于是下了班读鲁迅打篮球就成为我生活的两大支柱，鲁迅"强悍"我精神，篮球"强悍"我身体，孱弱的我开始从骨子里剽悍强健起来，尽管锻炼了一辈子小腿还是赶不上老体操王子李宁的胳膊粗。鲁迅的文章我会背的第一篇就是《魏晋风度及文章与药及酒之关系》，9000 字啊。听说易中天先生能背诵《阿 Q 正传》，在武汉大学教书时经常"表演"，不知道他能否背诵《魏晋风度及文章与药及酒之关系》，有机会我和他切磋切磋。我读书一直采用这种笨办法，此法看似慢实则快，背会基本就变成你自己的了，谁想偷都偷不走。鲁迅和篮球支撑我度过那段艰难岁月，"村里那个叫小芳的姑娘"是不会爱一个"走资派"儿子的。

蜜月扛得"鲁迅"归

　　1985 年 1 月，我所在的城市举办第一届书市，那是一片书的湖泊书的海洋，我荡漾其中买到一套《鲁迅全集》16 卷精装本 50 块钱，我一个月的工资才 45 块钱，购书发票我至今保留夹在书中珍藏着。一位 40 多岁的中年女教师想省几个钱，反复焦灼地询问能不能不要后面 6 卷书信日记，只要前 10 卷。她得到的回答是不能。她着急地羡慕地眼巴巴地看着我得意扬扬地把"鲁迅"

扛走了。那是我刚结婚还蜜着月背着爱人买的，她正爱我爱得一塌糊涂，我敢作敢为，哪像现在我早成了她碗中的鸡肋，食之无味弃之可惜。倘若放在今天，打死我也不敢花4000多元拉回一堆二十四史。所以我的蜜月是搂着"鲁迅"过的，蜜完月也把鲁迅重读一遍，我的蜜月非常别样具有"划时代的进步意义"，用20世纪60年代70年代的话说，我过了一个"革命化的蜜月"。

多年后一位老朋友对我说，老兄当年购买《鲁迅全集》的气魄，让我至今为之震撼。我连忙说，主要是媳妇给的宽松政策好。现在一套精装《鲁迅全集》不足1000元，还不到我月工资的30%，而那时却是我月工资的110%，难怪那位一中女老师犹犹豫豫坐失良机。当年大家都很穷，每一个铜板都算计着花，我的政策是"节衣而购书"，至于"食"倒是没"缩"，每日都"食"得饱饱，只是质量差些罢了，但精神却很昂扬。记得我在一位朋友家中夜侃鲁迅至子时，那时这哥们儿大学毕业没几年还没有"脱贫"当然更没有自己的"府第"，租住在一个破败古旧大杂院的顶楼，坑坑洼洼的院子狭窄的楼道逼仄的房间简易的家具，但女主人把家收拾得干净整洁，我们侃得饿了，他不知从哪儿悄悄翻出两块硬如石头的月饼，我们一人一块艰难地啃着嚼着谈兴丝毫未减，那种古老的可以做"凶器"砸死人的简易"裸体月饼"（指没有奢侈华贵靓丽的包装），现在大概乡下的杂货店里都寻不见了，幸亏那时我们年轻牙口好。

对我影响最大的"鲁文"

《鲁迅全集》16卷我最喜欢的文章有四篇：《魏晋风度及文章与药及酒之关系》《记念刘和珍君》《论雷峰塔的倒掉》《阿Q正传》。我认为这是鲁迅最牛的文章，我从这四篇文章获益颇多常读常新，我的写作留下这四篇文章的影子也最多，直到今天我早晨写作之前还要读读背背从这四篇文章中吸几口"浩然之气"，就像韩愈每为文时必先读一段《史记》借司马迁一口气，欧洲一位大作家码字前先读一段宪法为使自己的文字更加干净准确漂亮。尽管我也比较同意王朔在《我看鲁迅》一文中评价《阿Q正传》的"公鸡"，说鲁迅是当杂文写的这篇小说，《阿Q正传》充满了"杂文味道"，免不了概念化云云。

说句老实话，当年我就是把《阿Q正传》当杂文看的，尤其是那"插科打诨"的前两章，《阿Q正传》最初就是给《晨报》副刊"开心话"栏目写的，只是后来越写越不开心了，作者编者读者全都严肃起来，便移到"新文艺"栏目了。有些读者以为是在骂自己，有些读者栗栗危惧唯恐下一期的连载骂到他的头上。其实鲁迅谁也没有骂又把谁都骂了，那个阿Q不就是我们所有国人的缩影吗？阿Q的优点缺点特点甚至污点我老曹身上不是也有吗？鲁迅为国人造像，我们都能从阿Q身上或多或少找到自己的影子，阿Q成了国人的一面镜子，经常照照这面镜子我们才能前进得好些快些。

几十年过去直到现在我还认为《阿Q正传》是一篇"杂文小说"，但那是大师风范为一般俗辈所远远不及，无论何时都能一口气看完而且每读必有新感悟，别的小说从没给我带来这样的阅读体会阅读享受和无限的遐想，如庄子《逍遥游》里那只大鹏鸟在苍苍茫茫的思想天空拍翅划水自由翱翔。在中国论幽默谁能幽默过鲁迅？论深刻谁能深刻过鲁迅？20世纪30年代有个说法，中国有两个半人了解中国，其中一个就是鲁迅。看了《阿Q正传》读完《鲁迅全集》你必须承认此言极是。鲁迅是人不是神，他写的文章是作品是精品但不是神品，当然会有不足，那简直是一定的了。我对很多人说，我是喝"鲁奶"长大的，鲁迅对我人生的影响无论怎么估计都不高。

《魏晋风度及文章与药及酒之关系》那样艰涩沉闷的历史话题，但鲁迅老汉玩起来举重若轻游刃有余，纵意而谈妙趣横生，还句句敲打现实一如他的杂文，洋洋洒洒说说笑笑嘻嘻哈哈地演讲完了，是那种堆积史料的学究和炫耀博学的教授根本无法比的。《记念刘和珍君》一下笔便渲染出沉郁悲怆的气氛，鲁迅深厚的古文功底、娴熟的古文笔法在此篇表现得尤为突出，文学价值极高，可视为鲁迅杂文的扛鼎之作。《论雷峰塔的倒掉》那潇洒流利的行文，个性十足的间以民谚与文言的语言，文气跳荡多姿所形成的那种雄健诙谐兼而有之的美感，永远感染着我熏陶着我引领着我前进。

今天，鲁迅的影响无处不在，连学校的小孩子打打闹闹玩时都要大喊"不在沉默中爆发，就在沉默中灭亡"，然后再冲上去，这是《记念刘和珍君》中的名句。社会每每出现热点新闻，就有许多鲁迅粉丝模仿鲁迅名篇名句进行抨击，就如大量模仿《陋室铭》的"赝品"一样，可见鲁迅影响之深。偶尔我也紧随潮流混迹其中模仿翻造几句——

"听说，卡扎菲死了，听说而已，我没有亲见。但我却见过未死的卡扎菲，硕大的头颅围着一圈乱如鸡窝的卷发，头上斜扣着帽子，脸上挂个蛤蟆镜，嘴角经常咧着对整个世界的嘲讽和讥笑，一副不可一世骄狂傲慢飞扬跋扈谁也不尿的样子。"（模仿《论雷峰塔的倒掉》开头）

时间永是流逝，超市依旧热闹，在文学被日益边缘化的今天，一个诗人的悲惨离去实在是不算什么的，至多不过供市井小民以茶余饭后的谈资，或者被认识他的人唏嘘几滴廉价的眼泪，至于此外的深的意义，我总觉得很寥寥。（模仿《纪念刘和珍君》）这哥们是一个很有本事的人，至少是一个英雄，他富裕以后不忘乡亲，自己出资为村子建学校修公路，我虽然不是他的亲戚也没有沾他多少光，但无论如何，总是非常佩服他。（模仿《魏晋风度及文章与药及酒之关系》鲁迅对曹操的评价，写一位农民企业家）

易中天先生喝过半碗二锅头，涨红的脸色渐渐复了原，旁人便又问道，"易先生，你当真了解诸葛亮吗？"易中天先生看着问他的人，显出不屑置辩的神气。他们便接着说道，"你既然了解诸葛亮，认真研究过诸葛亮，那你就给观众解释一下，诸葛亮为何明知关羽的性格，明知曹操对关羽有恩，他为何还要派关羽去守华容道呢？诸葛亮这样做不是有放走曹操的嫌疑吗？"易中天先生立刻显出颓唐不安模样，脸上笼上了一层灰色，嘴里说些话；这回可是全是长沙话武汉话新疆话厦门话之类，一些不懂了。在这时候，观众也都哄笑起来：中央电视台百家讲坛内外充满了快活的空气。在这些时候，我也可以附和着笑，掌柜是绝不责备的。而且掌柜见了易中天先生，也每每这样问他。（模仿《孔乙己》）

模仿《秋夜》的那个"经典句式"就更多了："在我的后园，可以看见墙外有两株树，一株是枣树，还有一株也是枣树。"据说这样的重复有一种奇异的美和口不能传则心领神会的艺术感染力，但李长之在《鲁迅批判》一书中却说："我认为这个句子简直堕入恶趣。"《鲁迅批判》1935 年出版，是鲁迅生前认可的著作。而今天人们的模仿则赋予这个"经典句式"以崭新的含义，请看——

我们首长的夫人 50 多年前生了两个女儿，现在一个当了董事长，还有一个也当了董事长。我有两个姐姐，一个是纱厂下岗女工，还有一个也是纱厂下岗女工。我们农村老家的亲戚有两个 40 多岁的儿子，一个在城里当农民工，还有一个也在城里当农民工。来点轻松的，著名作家刘震云的模仿——我妈开的杂货店里有两口大缸，一口缸里放着酱油，还有一口缸里也放着酱油。这是刘震云做客某电视台当嘉宾，为调节气氛逗观众笑而随口说的。太多了，而且百学不厌花样翻新，鲁迅的粉丝总能想出更加别致的创意，只是我的低能弱智无法撩拨兴奋大家罢了。鲁迅已经融入我们民族的血液渗透到我们生活的角角落落，这大概也是所有经典常读常新经久不衰的魅力吧。古训"苏文生，吃菜羹；苏文熟，吃羊肉"，今人大概要改成"鲁文生，吃菜羹；鲁文熟，吃羊肉"了。

读书就要读"大书"。中国作家协会主席铁凝女士说，"阅读是有重量的精神运动"。但必须读"大书"，如鲁迅如孔子孟子庄子屈原，如魏晋文学如陶渊明司马迁李白杜甫白居易，如辛弃疾李清照如唐宋散文八大家、如罗贯中施耐庵吴承恩曹雪芹的小说。我以为最大者还是鲁迅，或许这样说不科学情绪化带有太多的感情色彩。

绘画大师吴冠中先生晚年说过一句"骇人听闻"的话："一百个齐白石也比不上一个鲁迅！"吴先生解释说，"当然这两个人不可比。感情上我非讲这个话不可。因为鲁迅对这个社会精神世界的贡献，对人格、人品各方面的影响是了不起的。齐白石当然是一个好画家，我们也很尊重他，多一个齐白石也是很不错的，少一个齐白石也没有什么了不起，但是少一个鲁迅，精神世界就不一样了。有些东西不可以比，但是有些东西基本上可以比。"

当然这只是吴先生个人看法，但鲁迅是中国文化史上的牛人又是五四新文化运动的大将，他的思想和精神代表了一个大时代的深度，是我们永远可以平视学习亲近的精神导师之一，这大概没有异议吧。周恩来曾经说"学习鲁迅超过鲁迅"，学习鲁迅是我老曹的事，至于超过鲁迅那咱就不管也是别人的事了，你超过鲁迅我又多一个学习榜样不是更好吗？

只要这个社会还不完美，鲁迅就有意义就不朽。鲁迅是我能够永远读下去的作家，也是我不断想念的一位慈祥可敬可爱很有意思的老人。倘若鲁迅还活着，我相信我会和他成为忘年交，他一定会喜欢我；他点上一支香烟靠在藤椅上用绍兴官话对家人说：曹澍这小子蛮好玩，比柔石调皮多了……

（此文发表于《邯郸文化》《邯郸晚报》和陕西《新叶》杂志。）

读韩老《山西的文脉》之鄙见

韩石山先生是老曹非常敬重的老作家，老曹很爱看他的文章，粉他有 20 多年了，比粉其他人的时间都长。春节期间拜读今年一期《文学自由谈》韩老的雄文《山西的文脉》，喜欢之余，有几点不同看法或"敢想"，甲乙丙丁如下。

甲

山药蛋派真的是一个鄙称吗？韩老在《这么多年了，我们一直在自己糟蹋自己》一节中说："我曾跟马烽、西戎诸前辈，认真地说过这个话题。我说，我是不赞成这个说法的。他们也说，山药蛋这个说辞，是五六十年代，文学界那些自以为洋派的人，说了奚落山西作家的，可说是个鄙称，相当于民间的起外号。"

在数个版本的《当代文学史》中，几乎都是这样介绍山药蛋派：中国现代小说流派之一，形成于 20 世纪 50 年代至 60 年代中期。指以赵树理为代表的一个当代文学流派。主要作家还有马烽、西戎、李束为、孙谦、胡正等，他们都是山西农村土生土长的作家，有比较深厚的农村生活基础。他们的作品充满山西的乡音土调，被文艺界目为火花派或山西派，又谐谑呼之为山药蛋派（山西的文学刊物叫《火花》，故称之为火花派）。

老曹觉得山药蛋派这个称呼，比什么火花派、山西派，诙谐形象神似，有意思，也好记。并没有奚落的意思，更不能说是鄙称。文学界给以赵树理为代表的山西作家这个"封号"，应该没有恶意。

韩老说过，赵树理是周扬树立的一个样板，甚至上升到"赵树理方向"的高度，可见当年赵树理的影响有多大。周扬还称赵树理为"当代民族语言艺术大师"，谁敢讥讽"民族语言艺术大师"赵树理为代表的文学流派。因为那讥讽的不是赵树理等几个山西作家，而是挑战周扬在文坛这一亩三分地的至高无上权威。20 世纪五六十年代，正是周扬作为文艺沙皇最得势的时候，文学界哪敢拿周扬树立的样板大张旗鼓地开涮？周扬怎么能容忍他人说三道四？那不是在太岁头上动土，不是找抽吗？

看看赵树理、马烽等作家，那些乡土气息的小说，说他们是山药蛋派，一点儿也不冤枉，也不夸张。其实，韩老起步也是写农村题材小说，只是后来韩老经过脱胎换骨的改变，华丽转身，脱下山药蛋派的"对襟棉袄"，换上"西服革履"。

老曹以为，山药蛋派和荷花淀派，其实质一样，只是荷花淀派的称呼好听点儿而已，都是指不同风格的乡土文学，没有本质区别，要说是鄙称，都是鄙称。白洋淀多得是芦苇，而芦苇是用来编草席的，荷花淀派也可以叫"编草席派"。

韩老在《周文和〈吕梁英雄传〉》一节最后说："1987 年，中国大众文学学会在北京成立，马烽出任会长，以倡导文学大众化的名义，写了纪念文章，深情怀念周文先生。"马烽能够出任大众文学学会会长，还不是因为他是山药蛋派的二把手，倘若赵树理活着，恐怕轮不上他。马烽也明白为何他能坐上这把交椅。马烽欣然出任会长，从一个侧面说明，他不反感，或者基本认同山药蛋派这种文学流派的划分。

韩老的翻案文章，做得实在没有说服力。韩老的"奚落说"，没有事实根据。否则，山西作家早就不干了，哪会被人家讥讽几十年。"奚落说"大概是韩老一厢情愿的猜想罢了。

乙

韩老在《怎么能这样对待一个可怜的老太太》一节说："关于丁玲'老左'的话题，我是有自己的看法的。1996年，我在《文学自由谈》上发表过一篇文章，其中说：……粉碎'四人帮'后，各行各业都是受迫害最深的人出来掌权，按文艺界的情况，理当是丁玲出来，倡导思想解放才是。事有不尽然者，一来是周扬等人仅是'文化大革命'中受到迫害，本身又是政界人才，自然辩得风向，知道该何去何从；再则当时的中央对右派问题尚未全面平反，丁玲等人'案情重大'，而平反大权操在周扬手里，实在不行了，也会拖一拖。丁玲所以会'二次平反'，其源盖出于此。待到丁玲彻底平反出来，世事已大变，周扬已经坐稳'思想解放领袖'的地位，两人既然势不两立，留给丁玲的是什么角色，就不言自明了。"

真不好意思，为分析方便，老曹把韩老的话全引了。老曹先说丁玲是不是"老左"。看韩老的意思，既然"周扬已经坐稳'思想解放领袖'的地位"，那么丁玲只好当"思想僵化的领袖"，因为两人"势不两立"啊。周扬说东，丁玲必然说西。凡是周扬提倡的，丁玲就反对；凡是周扬反对的，丁玲就提倡。两人继续唱对台戏。丁玲只能是"老左"的"角色"。

这样的推论恐怕难以服众，难道丁玲的思想就不能比周扬的思想更解放一些？丁玲受迫害的时间几乎是周扬的两倍长，她比周扬拥有更多理由和资源解放思想。丁玲到底是不是"老左"，是自身思想认识问题，跟周扬比丁玲先出来占据"优势地位"没有一毛钱的关系。有兴趣的读者可以浏览2017年1期《东吴学术》陈锦红的文章《丁玲平反的曲折历程》，看看丁玲是如何感恩这个、感恩那个的。一句话，丁玲当时对有些关键问题的认识，跟绝大多数老干部和人民群众是有差距的，是逆思想解放潮流而动。

其次，韩老认为丁玲平反的大权操在周扬手里，丁玲之所以会有"二次平反"也是周扬作梗。韩老这样说，实在是太高抬周扬，周扬没有那么大本事。

像丁玲这样在中央都挂了号的赫赫有名的大作家，又是行政级别七级的老副部级高干，更有其通天渠道，岂是周扬能压得住。周扬确实不愿意给丁玲平反，这不假。但是丁玲彻底平反的最大障碍是那个所谓的"叛徒"或者"变节"问题。

韩老在《马烽和丁玲》一节也提道："马烽绝不相信丁玲是叛徒。1952年夏天，他曾陪丁玲、陈明夫妇去南京参观访问。有一天，丁玲特意领上陈明和马烽，去南京郊区看了当年软禁她的那个地方。马烽的感觉是，革命队伍里，谁会拿上自己的污点给人夸耀？"马烽的判断有道理，韩老认同马烽的判断，老曹也严重同意。

但是，判断归判断，做历史问题结论需要证据。丁玲当时就处在一个既不能证明"是"，也不能证明"不是"的尴尬境地，只能先放着。这就有点儿像前段时间热播的电视连续剧《风筝》里的郑耀先，你说你是共产党，单线联系的陆汉卿死了，无人证明，你只能一边凉快去。

丁玲比郑耀先幸运，党内高层有识之士为她仗义执言解了围。最后，丁玲到底是不是"老左"，从丁玲彻底平反后，欺负比她更弱的沈从文，也能看出端倪。

丙

韩老在《我是怎样掉进"山药蛋"堆子里的》一节说："20世纪50年代前期，丁玲主持中国作家协会工作时，办过个中央文学讲习所，招收解放区的年轻作家来进修。"一个普普通通的文学创作培训机构，前面居然挂着"中央"二字，可见当时来头有多大，上面多么重视。而且请读者注意，"招收解放区的年轻作家来进修"，不知国统区的年轻作家要不要。说到底，丁玲办中央文学讲习所，也是极左文艺路线的产物，培养出来的多数是高玉宝式的作家，老曹生活的城市就有一位，一辈子也没写出一篇像样小说。

韩老在《马烽和丁玲》中说："周扬对丁玲发起的第一次攻击，是1955年夏天，对《文艺报》办报方针的批判。批判的内容，很快就转到丁玲办的文学讲习所，说是意在培植个人势力，搞独立王国。"马烽当场为丁玲辩护。

丁玲是不是"培植个人势力"，韩老在《鲁迅——周文——丁玲——马烽》中，自己做了回答："富有戏剧性的是，在延安办过鲁迅文学院，且以此拼凑了自己班底的周扬，胜利后一朝大权在握，忘了办学校的重要性，竟让丁玲棋先一着。未必是有意为之，起初或许仅是一种责任感，50年代初期，丁玲办了个'中央文学讲习所'，到（一九）五七年'反右'前，接连四期，培养了一大批解放区出身的作家。这些人，有作家的一面，也有革命干部的一面，在中国的政治运动中是不易倒台的，后来大都成为各省区文艺界的铁腕人物。这样一来，当上面的丁玲一干人纷纷落马后，全国的文艺界便呈现了一种奇怪的格局，上面是周扬一派掌权，各地又多是丁玲的弟子掌权，如山西的马烽、安徽的陈登科等。"

那么，老曹是不是可以这样认为：周扬通过办鲁迅文学院，拉起了自己的杆子。丁玲通过办中央文学讲习所，有了自家的子弟兵——丁家军。而且丁玲更加"自觉"，她"有一种责任感"。这种"责任感"是否可以这样理解：新中国成立了，我们要培养自己的作家，国统区的作家不是我们的人，不能用。丁玲的"责任感"多么强烈，立场多么坚定，眼光多么远大。比周扬牛×得太多……

写到这里，老曹特别想请教韩老：在这个问题上，是丁玲思想有毛病，还是周扬思想有问题，老曹真的糊涂了。

丁玲至死不悟，这是公认的。周扬痛彻反思，这也是公认的。韩老不能因为丁玲对马烽有恩，马烽对韩老有恩，韩老就扬丁抑周，脱离客观立场。

这一点，韩老要向老曹学习。比如老曹特爱看韩老的文章，敬佩韩老的为人。但是老曹还是要说：韩老这辈子跟诺贝尔文学奖无缘了，韩老这辈子也当不上主管文化的什么高官了。别看韩老曾经立下雄心壮志：退了休，先从厅长干起，一点一点往上拱……

其实，像韩老这样难得的稀缺人才，不遇见马烽，遇见牛烽，也一样调到省城，收为心腹，委以重任。其实，韩老最应该感谢那年那月的大学生分配政策。

当年要不是把你这样出身富农、脑有反骨的家伙，扔在那个兔子不拉屎的犄角旮旯儿"劳改"，让你自生自灭。你会下定决心，奋发图强，排除万难，写什么狗屁小说，甚至鼓捣出个电影文学剧本，居然令北影加以青眼。倘若你家八代贫农，把你照顾到太原城某重点中学哄孩子，你还不是跟老曹一样浑浑噩噩默默无闻，当一辈子教书匠，叫一辈子韩安远，和你绝大多数大学同学一样平庸寒素。

丁

反复学习《山西的文脉》，老曹还有一个感觉，不知当讲不当讲。仔细想想，韩老是个虚怀若谷的人，不讲对不起韩老，还是讲了吧。

说一句可能最冒犯韩老的话：韩老文章的题目，远远大于韩老的文章。韩老在文章开篇就说："这篇文章，叫《山西的文脉》，不是说古代的，也不是说近代的，是说现当代的，也就是新文化运动开始以后的。"何为"文脉"，有两种解释。一种是文明发展脉络，一种是文学发展脉络。

读完《山西的文脉》，老曹既没有看见新文化运动以来，一条比较完整清晰的山西文明发展文脉；也没有看到新文化运动以来，一条比较完整清晰的山西文学发展文脉。只是看到韩老对"山药蛋派"这个称呼愤愤不平的说辞，看到韩老自己是怎样"混进""山药蛋派"，看到韩老对"丁周之争"的一己之见。只是在《近代以来的山西文脉》一节，韩老把山西文明发展脉络和文学发展脉络煮成一锅，端给读者。

当然，这些东西因为韩老的生花妙笔，读来饶有趣味，如和美女调情"鸡冻不已"，但是终究代替不了山西文明发展脉络或山西文学发展脉络。

老曹以舌耕为业，涉猎不广，对文坛纠纷知之甚少，只是依据基本常识，谈点攻读韩老雄文的粗浅体会就教方家。冒犯韩老之处，望韩老别跟老曹一般见识。此致敬礼，不才老曹也。

2018 年 3 月 8 日晚上修改

再说可以讨论的"杰作"

2017 年 5 期《小说选刊》新增一个栏目"经典回望"，选的是汪曾祺的短篇小说《星期天》，配有郜元宝的评论《一篇被忽视的杰作——谈汪曾祺的〈星期天〉》。推出这个栏目很好，既树立了标杆又使《小说选刊》厚重耐读。

汪曾祺的《星期天》，老曹 32 年前就看过，印象较深，写中学教师生活，老曹的同类人，自然多看几眼。那本收有《星期天》，名为《晚饭花集》的绿皮白花短篇小说集，尽管书脊磨烂书本翻厚了，至今仍在老曹的书柜里昂首挺胸站立着。

《星期天》首发 1983 年 10 期《上海文学》。当时，《受戒》已发表三年，《大淖记事》也发表两年。汪曾祺如日中天、声震寰宇，一股"汪曾祺热"已经席卷全国；《上海文学》又是名刊，影响巨大，读者和评论家怎么会埋没忽视《星期天》？老曹手头的《晚饭花集》是 1985 年 8 月出版，汪曾祺在"自序"中说："1981 年下半年至 1983 年下半年所写的短篇小说都在这里。"《星期天》发表不到两年就收入《晚饭花集》，即使没在《上海文学》看过的读者，也该在《晚饭花集》看到。正常情况下，一位一直被读者和评论家高度关注、一致看好的著名作家，怎么会有"杰作"被人们忽视？

老曹以为，《星期天》称不上杰作，它在汪曾祺的小说里只是一篇正常水平的小说。《星期天》至今没有红起来，此无他，只能是读者和评论家多年阅读检验和审慎筛选的结果。读者的眼睛总是雪亮的，喜欢就读就买，没有任何功利心，更不会曲意逢迎。老曹的藏书里有本 2000 年中国青年出版社出版的

《汪曾祺短篇小说选》，收入汪曾祺三个创作时期16篇具有代表性的短篇小说，但没有《星期天》。这是"百年百种优秀中国文学图书"中的一本。这套丛书的第一本是1903年出版的李宝嘉的《官场现形记》，第一百本是1998年出版的阿来的《尘埃落定》，可谓将20世纪中国最好的文学作品一网打尽。丛书"前言"的后面，赫然列着"复评委员会"和"终评委员会"全体人员的名单，他们都是中国文坛最优秀的评论家，所以，说此书是汪曾祺短篇小说最经典最权威的选本，应不为过，而《星期天》未能入选，也是不无道理的。

这次拿到《小说选刊》，老曹认真重读了《星期天》，也研读了郜元宝的评论。尽管汪曾祺是大家，但他的作品未必都是杰作，也不可能没有一点儿瑕疵和疏忽，或者可以讨论的地方；而郜元宝在评论中为了把《星期天》夸成杰作，却未免有把青春痘说成美人痣的嫌疑。

郜元宝说，"《星期天》的人物都是简笔，速写"，并以教导主任沈裕藻为例来佐证这一点。原著中，对沈裕藻有这样一段描写：

他一辈子不吃任何蔬菜。他的每天的中午饭都是由他的弟弟（他弟弟在这个学校读书）用一个三层的提梁饭盒从家里给他送来（晚饭他回家吃）。菜，大都是红烧肉、煎带鱼、荷包蛋、香肠……每顿他都吃得一点儿不剩。因此，他长得像一个牛犊子，呼吸粗短，举动稍欠灵活。他当然有一对金鱼眼睛。

这段文字，有两个非常明显的缺点和两个可以讨论的地方。先说缺点。《星期天》以第一人称来叙述。沈裕藻只是午饭在学校吃，而晚饭则回家吃，那么，"我"并不知道他晚饭吃什么，何以断定"一辈子不吃任何蔬菜"？这不是想当然吗？最后一句"他当然有一对金鱼眼睛"，跟前面的叙述没有任何逻辑关系，是一个缺乏上下联系的没头没脑的"病句"。难道经常吃煎带鱼就能吃成金鱼眼了？这样两处缺点，反被郜元宝吹成"点睛之妙"。天下有这样写文学评论的吗？

再说可以讨论的地方。

其一，这么短短的一段话，却用了两个括号补充说明，影响了读者的阅读快感，阅读节奏被打断，行文也显得板滞。其实括号里的内容完全可以不要，或者可以天衣无缝地组织到整个段落中。

其二，"他的每天的中午饭都是由他的弟弟用一个三层的提梁饭盒从家里给他送来"，这句话有三个"的"字可以删掉，改成："他每天的中午饭都是由他弟弟用一个三层提梁饭盒从家里给他送来"，这样一来，文句是不是反而更加干净流畅上口？

《星期天》在人物出场上，采用列举方式，写赵宗浚星期天举办舞会的原因，也是一二三四地逐条列举。在汪曾祺的小说里，这样的写法是个异数，也是唯一一篇。其他作家，似乎也很少有这样写的；这一点，老曹和郜元宝认识一致。但对这种方式的看法，老曹跟郜元宝不同：郜元宝连声叫好，老曹却认为汪曾祺走了一步险棋，有利有弊。

在《一篇被忽视的杰作》中，郜元宝把1962年汪曾祺给老友黄裳的信翻检出来，这里不妨转引一下：

我觉得"自报家门"式的人物出场办法，大是省笔墨，醒精神之道。有一个很鲁莽的想法：不如前面浓浓地写上一大段风景，接着就点名，把几个主要人物的名姓角色拉出一个单子，然后再让他们动作起来。

《星期天》在列举人物之前虽没写风景，但开篇介绍学校的地点和校舍，也等于写风景。由此，汪曾祺实践了21年前的"鲁莽想法"。郜元宝可能没想到，这种静态人物出场方式，对作者的语言要求极高，必须写得有滋有味才能抓住读者，吸引读者跟你走。汪曾祺可以这样写，换个人敢吗？中国文坛，汪曾祺的语言好，是公认的，可以傲视群雄。但是，即使他自己也认为这是"很鲁莽的想法"，偶尔用之可以。写《星期天》成功了，不等于写"《星期六》"也能够成功；汪曾祺成功了，更不等于"王曾祺"能够成功。它不具普遍性，后辈只配高山仰止，学不来，因为，你没那个深厚的古典文学功底和语言天赋。当年，老曹第一次读到这种写法，也险些被汪曾祺吓死。有这样写小说吗？这还叫小说吗？能看吗？没错。这是写小说，不但能看，还能让你看得津津有味，废寝忘食，甚至笑喷。这就是汪曾祺的本事。

在老曹看来，《星期天》还有些瑕疵，有可以讨论的地方，兹举几例：

写沈裕藻的同学李文鑫开的旅馆，整个楼全是木结构，不隔音："一男一女，在房间里做点什么勾当，隔壁可以听得清清楚楚。"这里"勾当"一词跟整篇小说给人的感觉不和谐，读时极刺眼，还有画蛇添足之感。如果删掉"勾当"，只说"做点什么"，读者也能意会。文学，含蓄是最大的美，也是最高的境界。作者一定要相信读者永远比自己聪明。另外，在描写王静仪和赵宗浚的关系发展走向上，汪曾祺的处理未免不符合生活常态，是违反生活逻辑的。——老曹给大师挑这种错，诚惶诚恐，汗如雨下，只好借用王朔《我看鲁迅》一文中的话给自己壮胆："大师也有笔到不了的地方，认识多么犀利也别想包打天下。"

老曹觉得，汪曾祺在上海住的时间还是太短，他对上海女人恐怕没有吃透，所以造成他也有百密一疏的时候。

郜元宝在谈到写"上海特色"时说："王安忆的《长恨歌》据说最具上海特色，但迟至1995年才发表于《钟山》杂志，而且也有评论家对《长恨歌》的所谓上海特色一直持怀疑态度，可见抵达这个目标非常不易。"而汪曾祺的《星期天》"真正具有40年代末浓郁的上海都市气息"，"这或许是步入老境的汪曾祺对他已逝的上海岁月的报答，也是向自觉无能的上海文学'示威'，或者说是对没有'现代'生活经验却偏要写'上海往事'的年轻一辈上海作家进行一种善意的启蒙和警示吧？"这番话不仅有错误，还有失厚道。

按照郜元宝的"理论"，当代人永远只能写当代生活，没有其他时代的生活经验就永远不能写那个时代。这似乎是对想写"上海往事"的年轻一辈上海作家宣判了文学上的死刑。但是，《白鹿原》里人物生活的时代，陈忠实经历过吗？写出《康熙大帝》《雍正皇帝》《乾隆皇帝》的二月河经历过清朝吗？写出《沉沦的土地》《天下大势》等的周梅森经历过民国初年吗？

4月26日的《中华读书报》，有篇记者采访周梅森的文章。当谈起周梅森的成名作《沉沦的土地》时，记者说："你没有经历过民国生活，没在旧社会待过一天，却写得这么好。"周梅森回答："主要靠史料、靠想象写作。借助史料，从故纸堆里找故事。"文学从某种意义上说，又是人学。无论任何时代，人性总是相通也是相同的。在此基础上，再上文学想象力，才有了那些成功的作品。倘若按照郜元宝的"理论"，这些作家岂不是根本写不出那些作品？

郜元宝把《星期天》夸成杰作，老曹也能理解，萝卜青菜各有所爱。《星期天》是写上海生活，郜元宝在上海生活 30 多年，偏爱《星期天》，正如老曹除了喜欢《受戒》《大淖记事》这些公认的杰作，还喜欢《鸡毛》和《寂寞与温暖》，但不能把它们说成杰作，而只当作老曹的一己私爱而已。

（刊发于《文学自由谈》2017 年第 4 期。）

给裘山山葛亮胡学文许春樵的小说挑个错

——读小说笔记

　　裘山山的中篇《红围巾》是个弘扬正能量的故事。2008 年汶川大地震，退伍兵老范和女大学生姜妍等人来到灾区做志愿者，以老范为首组成一个小组。救灾工作异常艰苦，坚持到底的九人成为铁杆好友，还两对结成恋人，老范和姜妍就是其中一对。他们建立 QQ 群，后来又变成微信群，取名"抱团"。姜妍大学毕业回到老家成都，老范也来到成都工作。姜妍后来对老范越来越不满意，老范主动提出分手，但他们的友谊仍在，大家共同照顾生活在成都的孤寡灾民严老革命。严老革命 20 世纪 60 年代在西藏当过兵，自称"老革命"，大家就顺着他，喊严老革命。没有多久，老范告诉大家他结婚了，却没有请大家参加婚宴，说他媳妇不喜欢俗气的婚礼，要旅行结婚，铁杆好友谁也没见过老范媳妇。2015 年冬天，严老革命突发心脏病去世，留下一个箱子，里面有 20 多条不同面料不同样式的红围巾，让老范他们交给邱医生。于是老范、姜妍等人开始寻找邱医生，最后终于找到邱医生的线索，知道了邱医生当年在西藏保护严老革命的感人故事。小说结尾，老范突然告诉姜妍："我没有老婆。怕你有心理负担，就瞎编了一个。没想到三年过去，你还单着。这次和你一起寻找邱医生，我觉得我还爱你。我可以再追求你一次吗？"

　　老曹想问问裘山山，耍这种小聪明小把戏有什么意思？你是请读者欣赏你的智商，还是侮辱读者的智商？既然是铁杆好友，大家怎么可能饶了老范的婚宴？即使不摆婚宴，大家怎么可能不让老范在微信上发他和媳妇的婚纱照？再说铁杆好友曹龙也生活在成都，就没有好奇心去老范家看看新嫂子？

　　小说是虚构的艺术，但只能虚构生活中已经发生和可能发生的事。这种虚构必须建立在真实可信的细节和情节上，必须符合生活逻辑、符合人之常情和事之常理。你总不能虚构在滇池游泳被大鲨鱼咬一口，也不能虚构白宫小食堂刚煎的牛排，热气腾腾地出现在你家饭桌上，那不是太不靠谱了吗？（《红围巾》，2016年5期《小说月报》转载。）

　　裘山山的中篇《琴声何来》，讲两个单身中年高知的相恋故事。相貌平平的女专家吴秋明和英俊潇洒的男教授马骁驭是大学同班同学，毕业后再未见面。十多年后，母校七十年校庆相遇。吴秋明是农家女儿，马骁驭父母都是大学老师。一个偶然事件，马骁驭帮助了吴秋明，两人开始同学式的交往，交往中，马骁驭渐渐被吴秋明的谈吐学识人品气质和修养吸引，不知不觉爱上吴秋明，当马骁驭明确提出要和吴秋明结婚时，吴秋明说我需要想想，他们约好三天后见面。可是三天后吴秋明失踪，最终马骁驭等来的是吴秋明的一封拒绝信。这封信，写得不伦不类。吴秋明说：她还是小姑娘时，家里穷孩子多，母亲脾气暴躁，她吃得多，经常挨母亲打，村会计的大女儿荷香姐保护了她。荷香姐比她大六岁，却给了她母亲般的爱，她对荷香姐越来越依恋。她上大学后仍与荷香姐来往，荷香姐婚后受不了狠毒丈夫的虐待，喝农药自杀。最后，裘山山把吴秋明与荷香姐的关系落实在同性恋上："老家传出关于我和荷香姐的种种流言""我终于知道，我们的关系不只是姐妹，还是爱人。我害死了我的爱人"。

　　这是哪儿跟哪儿啊，真是天方夜谭！20多年前，闭塞的农村哪会想到什么同性恋，即使城里人也不明白。老曹的一个表哥30多岁时还未婚，大家都以为他太挑，后来才隐约知道他是"性取向"有问题，如今60多岁还单着。"同志"和"拉拉"也是最近一二十年大家才明白才理解，才处于半公开状态（男同性恋叫"同志"，女同性恋叫"拉拉"）。其实，写到吴秋明关机，马骁驭焦急等待，尽可完美收官。此时，没有结果的结局，是最好的结局，给读者留下悬念和想象空间。裘山山却异想天开，给读者玩个惊奇，没想到弄巧成拙。阅读时真倒胃口。《琴声何来》的结尾不但是画蛇添足更是败笔。（《琴声何来》，2016 年 2 期《小说选刊》、2016 年 2 期《小说月报》和 2016 年 2 期《中篇小说选刊》转载。）

裘山山的中篇《隐疾》讲的是 40 年前一个恶搞事件，40 年后，恶搞事件的五个主要人物，有三个相聚北京，加害人王丽闽告诉受害人青枫，当年正是青枫的好朋友幺妹"出卖"了她。青枫听了"彻底傻了，不是绝望，也不是愤怒，就是傻"。因为幺妹是青枫中学时代的好友，如今的闺蜜。初读，老曹真被这个构思震愣了震傻了，差点儿从藤椅上摔下来。觉得作者太牛、真聪明。冷静下来仔细研读小说，觉得这个构思无非不过是为了吸引读者，增加故事可读性，对塑造人物、深化主题毫无意义，只是玩技巧耍噱头。不是大家所为，而且幺妹"出卖"青枫的理由也不成立，可谓破绽百出。但《隐疾》追问的却是大问题，反映了时代心跳，记录了时代脉搏，故而被多家刊物转载。（《隐疾》，2016 年 5 期《中篇小说选刊》、2016 年 8 期《作品与争鸣》和 2016 年《小说月报》增刊 4 中篇小说专号转载。）

裘山山的中篇《死亡设置》的结尾设计更加离奇，让准备离婚的妻子在丈夫手机上做手脚，偷偷把自己的手机号换上丈夫大学恋人的名字，把丈夫大学恋人的手机号换上自己的名字，这样丈夫一给大学恋人打电话，妻子马上知道，可以立即去捉奸。谁知，"奸"没"捉"成，反而送了卿卿性命。当成侦探小说看还行，但那肯定不是裘山山的初衷。一个作家当然更愿意写人写人性的复杂，通过写人反映时代风雨和社会世情。文学说到底是"人学"。不把功夫用在人物刻画上，结尾再机巧离奇终究上不了台面，仍是"小"小说。这样的小说写得再多也成不了大作家。（《死亡设置》，2014 年 11 期《小说选刊》和 2014 年 6 期《中篇小说选刊》转载。）

裘山山这四个中篇，结尾都有个共同点，如说相声那样"抖个包袱"，弄个"意料之外，情理之中"。说裘山山的小说结尾已经模式化，形成一定套路，大概不是冤枉她。

葛亮的中篇《海上》是我 2016 年看过的最好小说之一，正如《小说选刊》责编稿签所言："选材舍大见小，对社会大事惜墨如金，生活细节描写则细腻传神，于幽微处见精神，国运家声在其间，恩情道义也在其间。"葛亮是个会写小说的人，把"小"侍弄好，自然就见"大"。《红楼梦》又写了多少大事？这么抓人的一篇漂亮小说，却安了个蹩脚尾巴。姚永安被美国商人和中间人叶雅各联手欺骗，投入全部资金进了一大批东洋布，拿到手才知道这批布被海水泡过，根本卖不出去，姚永安跳进黄浦江自尽，上海某报发新闻："中年男子留遗书溺亡"，并配了照片，是姚永安叠放在岸边的白色西服。同乡好友卢文笙料理了姚永安的后事，还和女友仁桢，照顾与姚永安同居的舞女尹秀芬在医院生了孩子，并且对尹秀芬说永安哥到南洋做生意去了，而尹秀芬非常笃定，也不深究姚永安到底在哪儿，任由卢文笙和仁桢善意"欺骗"，只是要求卢文笙和仁桢认她的新生男婴为干儿。生下男婴的第二天，尹秀芬大出血死亡。卢文笙和仁桢在病房整理尹秀芬遗物，在枕头下发现那张刊登姚永安自尽新闻的报纸，上面还有尹秀芬泪水的痕迹。

老曹想问一问聪明的葛亮，这个一览无余的结尾真的就好吗？留一点空白让读者自己去"猜想"不行吗？（《海上》，2016 年 4 期《小说选刊》转载。）

胡学文的中篇《一九四〇年的屠夫》是我看到的抗战题材小说中最好的一篇，是抗战题材小说的一次小小突破和一个新斩获。小说实际写了两个"屠夫"，一个是抚顺监狱典狱长宫本一郎，一个是杀猪人赵六。宫本一郎是以往文学作品中从来没有的日本军官形象，胡学文运用精神分析法，把这个人物写得比较复杂。赵六每天被迫去监狱给宫本一郎送一副猪大肠，然后把监狱的死人拉到山脚下埋掉。有一天，赵六拉着一具女尸来到山脚下准备埋掉，"女尸"突然发出呻吟声，中国人的本能驱使他把这个女人拉到城里藏了起来，给她买吃的做衣服，让她养伤，他都没让老婆知道，更不敢跟任何人说，他也不知道这个女人是干什么的。过了几天，宫本一郎突然把他抓起来，审问他把那具女尸埋哪儿了，他才意识到被救的女人是重要犯人，他想"日本人关她说明她是正派人"。宫本一郎放了赵六但派人跟踪，还布下天罗地网。

最后，赵六在铁匠等人帮助下，把这个女人送出抚顺，逃离虎口。

小说到此完结正好。胡学文偏偏加了个"尾声"：12 年后的春天，被救的女人来找赵六谢恩。老曹反复琢磨，怎么也看不出这几百字的"尾声"给小说增添了什么。这个"尾声"加得像是给幼儿园小朋友讲故事，有开头必须有结尾，不然小朋友要问：老师，被救的阿姨谢谢叔叔没有？（《一九四〇年的屠夫》，2016 年 10 期《小说月报》转载。）

老曹以为，作者和读者是互动关系。读者阅读小说的过程，也是再创作过程。作家应该最大限度地给读者留下想象的空间，就像中国写意山水画的留白。不要以为读者是白痴，更不要侮辱读者的智商，认为不写透读者就看不明白，不给读者一个彻底交代，读者就不满意。纳博科夫说："一个作者竭尽全力试图充分满足读者对作品中各个人物最终命运的好奇心，其代价就是艺术性的丧失殆尽。"裘山山、葛亮和胡学文诸君以为然否？

许春樵的中篇《麦子熟了》结尾也有毛病。麦叶跟堂姐麦穗从老家出来打工。麦穗是个在男女关系上想得开的人，她先跟打工者老郭"有一腿"，老郭回老家，她又瞄上电瓶车司机老耿，老耿不理她。老耿喜欢既有文化又年轻漂亮的麦叶，麦叶非常传统，把名声看得很重，不想做对不起丈夫的事。老耿把这份喜欢藏在心里，两人开始有分寸的来往，麦穗十分嫉妒。包工头王瘸子对麦叶垂涎三尺，想包养麦叶，麦叶没答应。麦叶在饭馆吃饭，被正在楼上包间吃饭的王瘸子知道，王瘸子派两个马仔要把麦叶强拖上楼，焦急中麦叶给老耿打电话，老耿三拳两脚把两个马仔打伤，救下麦叶。王瘸子买通关系把老耿抓进看守所拘留并罚款。麦叶感到对不起老耿，请老耿吃了一顿饭，麦穗心生怨恨。春节回家过年，麦穗对麦叶叮嘱："我们在工厂打工，下了班接着出去打零工，其他什么都没做。"可是麦穗回家却对丈夫说麦叶和老耿上床。初三，麦穗丈夫和麦叶丈夫桂生一起喝酒，酒醉后，麦穗丈夫对桂生说：你老婆和野男人上床。桂生回家把麦叶吊起来毒打，又用摩托车撞死老耿，桂生被判死缓。小说结尾：麦穗出去打工一年后，"突然辞职，到普陀山出家"。

培根说，有两种感情最折磨人，一种是爱情，一种是嫉妒。麦穗往麦叶身上泼污水因为嫉妒，嫉妒让她变得歹毒无耻，她明知污蔑麦叶的后果。小说没有提到麦穗有任何忏悔表示，麦穗出家缺乏逻辑和必然性，没有过渡，令人无法相信，不是人物性格发展变化的自然走向，是作者"命令"她、"惩罚"她出家，故而不可信。写作者都知道，在作品中，人物一旦活起来，就由不得作者摆布，他们只做自己应该做的事、只说自己应该说的话。季羡林先生有个观点："我活了一百岁，去过四十多个国家，还没有看到过，一个坏人变成好人，也没有看到过，一个好人变成坏人。"我的人生经验告诉我，季老说的是事实。麦穗不会去普陀山出家。许春樵太想当然了。（《麦子熟了》，2016年12期《小说月报》和2016年11期《中华文学选刊》转载。）

什么样的小说是好小说？作家王跃文认为，有三个层次的好小说。第一个层次，好小说必须讲好一个故事，不但故事要好，还要讲得好。第二个层次，在讲好故事的同时，塑造出性格鲜明的人物，甚至是进入文学画廊的人物。第三个层次，即提供思想能量，这个最难，只有大师才能做到。

还是以上面几篇小说为例。有毛病当然要挑毛病，有好也应该说好。裘山山的《红围巾》不但故事好，讲也格外抓人，读者急切想知道红围巾与邱医生到底有什么联系，被她牵着鼻子走。《隐疾》是个有内涵的好故事，她没有讲好。葛亮是个会讲故事的人，叙事风格不疾不徐、从容不迫，不渲染、不虚张声势，娓娓道来；葛亮的语言也好。《海上》，战争打得你死我活，国民党的军需官竟敢把大量军饷偷出来放高利贷，自己获利，腐败如此，这样的军队焉有不败之理。许春樵的《麦子熟了》关注的是庞大的农民工群体和他们的家属，故事贴近现实，老老实实地描绘了打工女和留守男的心灵世界。胡学文《一九四〇年的屠夫》换个角度讲抗战故事，给人耳目一新之感。

裘山山的《琴声何来》不但故事好，她讲得更好，还塑造了一个个性突出、爱憎分明的人物吴秋明。吴秋明热爱生活：养花，养爱犬，吹口琴，泡酒吧，擅长烹饪，经常看电影看戏。热心公益事业：每周都去儿童村给孤儿读书、洗头洗澡剪指甲，坚持十年。事业心强：发表了很多论文、出版两部学术专著、考取了专业心理咨询师、正在读博士后；吴秋明家客厅很大，四壁都是书柜。吴秋明认为最大的腐败是观念的腐败，最严重的污染是心灵的污染。吴秋明说，"己所不欲勿施于人，己所欲也勿施于人。你要包容这个世界的种种缺陷，这样的包容正是你自身完美的一部分。我一直在超越自己，让自己比昨天更好。优于别人不算高贵，优于过去的自己才是高贵。"《琴声何来》我看了三遍，不是为写评论，就是喜欢吴秋明这个人物，吴秋明的形象非常成功，立体感强，触手可及，几乎要从纸面上跳出来站在你面前，让你仰视令你敬佩，充满正能量。是近年来少有的光彩夺目的女知识分子形象，不由得让我想起谌容《人到中年》的女医生陆文婷。女人一上四十，有学问的多少带点儿干巴巴的修女味，没学问的隐隐约约有股大白菜味，陆文婷和吴秋明没有这些毛病。吴秋明能进入文学画廊吗？从古到今，我们从来不缺好小说，《战国策》中的《冯谖客孟尝君》就是一个优秀短篇小说。有细节有故事有人物有场景，几乎所有小说该有的元素都有，白描手法，寥寥几笔人物形象毕现，叙事简洁，精彩绝伦。冯谖到孟尝君家做门客，最初嫌伙食不好，伙食标准提高；他又嫌没有"奔驰"坐，给他配了"奔驰"；他又嫌没有工资，无以养活老母，给他发了工资，他才满意并要求工作。孟尝君给他派的第一个活儿是去自己封地收债，他"干砸了锅"，孟尝君很不满意。一年后，因"客大欺店"，齐王找个借口，把孟尝君赶出首都，让他提前离休回封地养老，封地人民扶老携幼迎接孟尝君，孟尝君才认识到冯谖把那个活儿干得实在太漂亮。冯谖对孟尝君说，狡猾的兔子有"三套房子"才能勉强活下来，您才有"一套房子"，不安全，我为您再盖"两套华丽宫殿"。经过冯谖游说调度，孟尝君的"国际"知名度大增，齐王恐惧，请孟尝君回京复职，加上封地有了祖宗的庙宇和祭器，孟尝君又安安稳稳舒舒服服当了几十年齐国"总理"，这一切全是冯谖的功劳。冯谖是有大智慧者，王安石攻击孟尝君是"鸡鸣狗盗之雄耳"，老曹不认同。司马迁的"小说"写得更棒，《鸿门宴》中的樊哙，《信陵君窃符救赵》中的侯嬴，都是可以昂首挺胸进入古代文学画廊的经典人物。宋元话本，明清小说大家都熟悉得像自己的左手和右手，老曹就不说了。

老曹以为当代作家要想写好小说，必须向中国古典文学鞠躬，首先是语言，其次是胸襟气度。弄什么先锋小说、玩意识流、鼓捣黑色幽默，编造耸人听闻的故事，热衷古怪句子、声色犬马、暴力和性，没出息更是歧途。

打住，聒噪止于此也。

2016 年 12 月 19 日

给裘山山女士的一封信

裘山山女士，见信好。

2016 年，在 5 期《中篇小说选刊》看了你的《隐疾》，在 4 期《小说界》看了你的长篇散文《家书》。《家书》是理解《隐疾》的最好钥匙，《隐疾》自传色彩颇浓，两篇作品许多细节描写一模一样，这也是触动我写这篇文字的直接动因。就思想性而言，《隐疾》是你 2016 年写的分量最重的中篇，所写事情极小，拷问的却是大问题。但《隐疾》由于构思上存在非常明显的问题，本应在进一步深化主题时，你却停住脚步，突然裹足不前，严重影响了小说的艺术成色，削弱了艺术感染力，把一个已经描绘出时代心跳的故事，没有写成精品，实在可惜。

你的《隐疾》至少存在三个问题。说问题之前，我先把小说核心情节和线索理出。

《隐疾》核心情节是 40 年前，20 世纪 70 年代中期，发生在铁道兵某师家属基地，四川某山区小镇高中的一个恶搞事件。高二·二班的男生张襄林看不惯本班女生，团长的女儿王丽闽骄横跋扈的公主做派，为了气王丽闽，就在黑板上写了"王丽闽和冷锁江耍朋友"。冷锁江是高一刚从农村转学来的一个自卑的默默无闻的普通男生，而冷锁江的父亲是一个副营长。这个恶搞具有双重恶意，对王丽闽来说，堂堂团长的骄傲漂亮公主怎么会和一个副营长的农村儿子耍朋友呢？冷锁江根本配不上她。于是王丽闽觉得自己受了侮辱、被恶意攻击，特别生气。倘若黑板上写的是王丽闽和师长儿子或师政委儿子耍朋友，她就能接受了。对冷锁江来说，男生嘲笑他是癞蛤蟆想吃天鹅肉。王丽闽怒不可遍，闹得班里上不成课，逼老师在全班查对笔迹，张襄林只好承认是他写的，是听你们团女生说的，至于谁说的，张襄林坚决不肯说，其实张襄林没有听任何人说过。

于是，霸道的王丽闽就通知团里所有女生放学后到她家，她要一一审问。高二·一班女生、股长的女儿幺妹被逼无奈，只好说谎，说是工程师的女儿、自己的好朋友高二·一班女生青枫说的。幺妹觉得几乎团里所有的女生都怕王丽闽，都讨好巴结王丽闽，只有青枫敢不理王丽闽，也不跟王丽闽玩。青枫学习成绩特别好，比王丽闽好得多。幺妹把青枫想得很强大，觉得青枫能够和王丽闽抗衡，王丽闽不敢把青枫怎么样。

王丽闽相信了幺妹的话，因为幺妹是青枫的好朋友，幺妹的话可信。青枫确实从来没有像团里其他孩子那样围着她转，她认为青枫讨厌她。青枫自然成了王丽闽重点审问对象，王丽闽逼着青枫承认，青枫根本没有说过，当然不承认。在审问的过程中，青枫听出王丽闽不是生气说她要朋友，而是生气说她要朋友的对象。审问不了了之。但事情并未结束。半个月后，"癞蛤蟆"和"天鹅"联手了，他们都认为自己受了侮辱，咽不下这口气。先是冷锁江去教训青枫，冷锁江闯到青枫的家，要打青枫。被青枫的母亲和众多阿姨拦住，冷锁江没打成，把青枫逼到墙根，喷了青枫一脸唾沫星子。临走时放下狠话："老子不会放过你的！走着瞧！饶不了你！"吓得青枫母亲第二天一大早领着青枫躲到青枫父亲的部队。王丽闽和冷锁江又追到部队，被王丽闽的父亲赶走。

裘山山女士，你的《隐疾》由两条线索交叉组成，一条是以40年前的"核心情节"为半径回忆相关往事；一条是现在时，40年后早春的一个星期天，青枫和幺妹都生活在北京，王丽闽到北京看病，幺妹邀请青枫和王丽闽到自己家吃饺子，吃完饺子王丽闽与青枫结伴离开幺妹家，王丽闽解释往事，对青枫说，当年是幺妹告诉她，是青枫说的，她和冷锁江要朋友。青枫听完"彻底傻了，不是绝望也不是愤怒，就是傻"。

核心情节和线索交代完，老曹开始挑毛病。

裘山山女士，老曹请教你：黄黔英怎么可能找青枫要冷锁江的联系方式？

你为了一下笔就迅速进入小说核心情节，让 40 年前伤害过青枫的两个人物同时出场，第一节的第一句就是："那个名字出现在青枫电脑屏幕上时，青枫的心脏一阵悸动。"这个名字就是 40 年前伤害青枫的两个主要人物之一冷锁江。

这是一封微博私信，有三句话："你是岳青枫吗？你知道冷锁江现在在哪儿吗？你知道他的联系方式吗？"

当年的伤口早已结了厚厚的一层痂，又被这封私信戳得鲜血淋淋。青枫冷静后，很不情愿地回复："我不知道他在哪儿，你是哪位？"

对方说："我是二班的黄黔英。我们班在你们班斜对面。我跟冷锁江是同班同学。我们想搞同学会，在找他。"

裘山山女士，你也是发表过几百万字作品的老作家，怎么能犯这种违背常识的错误？

看来黄黔英是同学会的组织者之一，因为私信说："我们想搞同学会，在找他。"

黄黔英既然是高二·二班的，怎么会忘记 40 年前轰动学校轰动基地的恶搞事件？黄黔英再弱智也不会找青枫问冷锁江的情况。即使黄黔英糊涂，其他同学会的组织者也把当年的恶搞事件忘得干干净净了吗？按照常情常理，黄黔英、冷锁江和王丽闽都是高二·二班的，岳青枫是高二·一班。"黄黔英们"应该先问高二·二班的同学，再问高二·一班的同学，即使问遍除青枫以外两个班的所有同学，仍然找不到冷锁江，也不会冒冒失失去问青枫，这是人之常情。而且两个班，大几十个同学，肯定有人知道冷锁江的情况，根本用不着问青枫。

你这个错误犯得太低级。小说是细节艺术，只有细节描写真实准确，下面展开的故事才真实可信。你这个构思显然没有经过深思熟虑仔细推敲，动笔太快，急于成篇。你后面的叙述让这个细节自我穿帮。

你在《隐疾》第二节叙述青枫和幺妹通电话，幺妹对黄黔英还有印象，说黄黔英跟王丽闽一个班，青枫说："那黄黔英干吗不去问王丽闽？问我干吗？我跟他八竿子都打不着，我凭什么要知道他的联系方式！真好笑！"青枫说的

"他"指冷锁江。

裘山山女士，我看到这里就想：裘山山女士在键盘上敲这句话时，大概大脑短路了，正是你让黄黔英"真好笑"的。大概是个智力正常而又认真的读者，看到这里都会觉得"真好笑"。但是"真好笑"的不是黄黔英，而是你的构思。在电话里，幺妹告诉岳青枫，冷锁江"身体垮了，起不来床，好像是中风了"。看来冷锁江并未与同学彻底失联，否则远在北京的幺妹怎么知道冷锁江的情况？幺妹还告诉青枫，她也接到好几个电话，都是说今年秋天同学会的事，今年是她们高中毕业40年。

你在《隐疾》第九节，叙述青枫和王丽闽从幺妹家出来一起坐地铁，青枫回家、王丽闽回宾馆，王丽闽絮叨："冷锁江比我更不好，两年前中风了，偏瘫在床。"王丽闽还告诉青枫，她"前年参加过一次同学会"。那正好是两年前，王丽闽就是在那次同学会上知道了冷锁江的情况。

裘山山女士，老曹想问你，两年前冷锁江就已经偏瘫在床，两年后组织筹备高中毕业40年同学会的"黄黔英们"一点儿都不知道？他们当中就没有一个人参加过两年前的同学会？这可能吗？两年前搞过一次同学会，大家都有联系，还用得着向远在北京、从来就没有参加过同学会的青枫要冷锁江的联系方式？如此经不起推敲的草率荒唐违背情理的构思，实在不应该是你裘山山女士犯的错误。你是否太想取巧？难道就没有别的思路结构这个中篇？

幺妹怎么会认为青枫不怕王丽闽呢？说重点，这不是颠倒历史，美化那个年代吗？

你在《隐疾》第十节说，幺妹"出卖青枫，不，诬陷青枫，并不是真的要害她，仅仅是因为她觉得青枫能够和王丽闽抗衡。她认为这样的事伤害不了青枫，她把青枫想得很强大"。幺妹把青枫想象得强大的唯一理由，就是青枫的成绩比王丽闽好得多。

这个理由真的成立吗？"真实生活中的幺妹"有那么弱智吗？

认真阅读《隐疾》，再结合你的长篇散文《家书》，还有我自己的经历，我亲眼看到以及后来听到读到的，那个时代"牛鬼蛇神"子女的遭遇，我的看法是彻底否定。其实你的《隐疾》就有否定这个理由的证据，你的描写推翻了你的立论，因为真实历史你编造不了。

你在第一节说到青枫名字时写道："青枫的名字，是父亲从《春江花月夜》里取出的，'白云一片去悠悠，青枫浦上不胜愁'。她出生的时候，父母的确是不胜愁。用不胜愁形容都轻了，应该是万念俱灰。"什么遭遇让青枫父母"万念俱灰"？读了《家书》我才找到答案。你这种蜻蜓点水式的暗示性描写，给读者留下巨大想象空间，余味无穷。反证的力量也更加充分更加有力。20世纪50年代后期，什么样的家庭才"万念俱灰"？熟悉那段历史的人心知肚明。

你在《隐疾》第四节开始说："20世纪70年代初，青枫的父亲从铁道兵学院，调到了在大巴山修铁路的部队，谓之'到基层锻炼改造'。一家人便随同父亲迁徙到山里的小镇，住进部队家属院。"仍是第四节，你叙述青枫家的居住环境时说，一层楼住着八户人家，"这八户人家的男主人分别是参谋长、政治处主任、教导员、营长、两个股长、后勤处长，唯有青枫父亲是工程师，不带长，无权无势"。（可想而知，青枫家在团里。）

还是第四节，团参谋长的爱人陈阿姨骄傲地说自己生了四个儿子。"青枫母亲总是微笑听着，不言语。有没有儿子，对青枫母亲来说，真是太次要的问题。只要能安安生生过日子，青枫的父亲在工地好好的，两个孩子在学校好好的。再进一步说，能不被周围人歧视，两个女儿能和其他人家的孩子一样，她就心满意足了。"那个年代，什么家庭的孩子才被人歧视？

第八节你描写冷锁江闯到青枫家兴师问罪，"青枫莫名其妙，母亲也很紧张，那个时候的母亲对谁都小心翼翼的。母亲连忙把冷锁江让进屋，请冷锁江坐，还让青枫给冷锁江倒水。"青枫母亲为何"对谁都小心翼翼的"？

还是第八节，母亲带着青枫躲到部队，父亲听了事情的经过，不放心，又问青枫："真的不是你说的？"青枫还来不及回答，母亲在一旁发作了，母亲大声道："就算是她说的又怎么样？是犯死罪了吗？这事若放在其他孩子身上他们敢吗？"关键是最后一句："这事若放在其他孩子身上他们敢吗？"说明青枫和其他孩子不一样，不一样的原因是青枫父母和其他孩子父母不一样。这种不一样大家都知道，王丽闽知道，冷锁江知道，幺妹也知道。

你在第六节写青枫回忆往事，青枫觉得"她的少女时代是灰色的，她是灰溜溜地长大的"。你在第八节写青枫"从小习惯了被人冷淡"。至于青枫为何从不主动往王丽闽身边凑，你是这样描写的："青枫的这种状态很难定义，有矜持，有胆怯，还有自卑。"我的体会，"矜持"只是表象，实为保护自己不自取其辱的手段，"胆怯和自卑"才是本质。那个年代，我当过七年"可以教育好子女"，我的许多朋友也是"牛鬼蛇神"子女，战战兢兢活着都恐祸从天降，遑论说三道四。我太理解青枫的心理状态。而且青枫瘦小；王丽闽亭亭玉立，漂漂亮亮，风头十足，很有公主范儿。你为《中篇小说选》写的创作谈，《我们为何无法释怀》里也说：青枫"由于家庭缘故胆小怯懦"。这样一个家庭的这样一个女孩儿，幺妹怎么可能认为她敢和根红苗壮的团长女儿抗衡呢？任何一个看过小说的读者都不会同意你的观点。倘若青枫能够和王丽闽抗衡，王丽闽和冷锁江又怎么敢肆无忌惮地对青枫进行报复，吓得青枫母亲领着青枫逃到青枫父亲的部队躲起来，青枫父亲找到团长说"我请求团领导保护我的孩子"呢？你这不是自相矛盾吗？

至于你强调青枫的成绩比王丽闽好得多，这是青枫"唯一骄傲的资本"。连冷锁江去打青枫时都大吼："你有什么了不起？成绩好就可以瞧不起人吗？看老子不揍死你！"40年后，王丽闽也说"你一直不爱跟我玩儿。我以为你成绩好瞧不起我。"

以我在那个年代的经历，学校和学生几乎没人把成绩好当回事。我的几个亲戚和你同龄，成绩也很好，1975年高中毕业下乡，1977年恢复高考，她们都从插队的农村考上清华、同济等名校。据她们说，学习成绩好，没有同学羡慕也不受老师宠爱，不像现在。因为你学习再好，也要下乡不能考大学，那是"读书无用论"盛行的年代。那个年代后期，我已在中学教书，学校和老师都是得过且过，教学成绩更不是考核老师的重要指标。当时"牛鬼蛇神"子女学习成绩大都很好，但有些省份规定，他们只能上到小学毕业，初中都不让上。

时代背景是这样，我不否认有个别特殊环境的特例。你这样描写，有美化那个年代的嫌疑，也容易误导年轻读者。

裘山山女士，初读《隐疾》我不理解青枫母亲为何"对谁都小心翼翼的"，不会只是因为青枫父亲是个无权无势的工程师。直到在2016年4期《小说界》看了你长篇散文《家书》，我才彻底明白。你父亲在铁道兵学院被打成"走白专道路的典型"和"资产阶级学术权威"。"1970年，作为'臭知识分子'的父亲，被当时的铁道兵学院革委会，带有惩罚性地分派到深山里修铁路的部队。""母亲是'摘帽右派'。"（引自《家书》。）

《隐疾》是小说，《家书》是散文；我不会把青枫父亲当成令尊，也不会把青枫母亲当成令堂，更不会把青枫看成你或者你姐姐。我没有那么愚蠢。但前者都有后者的影子，或者那个时代同样家庭的影子，这大概是不争的事实。你在《隐疾》中完全不提青枫母亲的政治身份，有意淡化，使得青枫母亲的形象反而令人费解，人物性格和行为不符合逻辑，更缺乏合理性，作为读者的我们，阅读时充满困惑，这种困惑不是读者智力和理解力不够，而是你的写作缺憾造成。

著名作家张炜在北京大学演讲，提到俄罗斯文学之父普希金的中篇小说《上尉的女儿》时说："我二十岁左右读过《上尉的女儿》，前不久想重温当年感受，因为那时印象楚楚如新，今天再读，竟是同样感动。普希金那么年轻就写出这部杰出中篇，无论是形式还是内容，都完美得不可思议，那么朴素那么真挚，没有一个细节不可信，成为不可复制的，永恒的文学珍珠。"我早年看过《上尉的女儿》，四年前看了张炜的演讲稿，又看一遍，同意张炜的评价。当然，拿《上尉的女儿》衡量《隐疾》，有点儿欺负你，标准太高。但咱们老祖宗有"学上得中，学中得下，学下得等而下之"的教诲，老曹这样要求你，你总能接受吧。

那个年代和那个年代的人能够分离吗？没有那些人那些事，怎么会有那个年代？

青枫知道了事情的全部真相。王丽闽这个最应该道歉的人，不但连一句

"对不起"都不说，反而居高临下地批评青枫放不下那件事。幺妹也没有为自己的"诬陷"抱歉。青枫又跟 40 年前被羞辱后的那个夜晚一样，一夜未眠。天亮后，青枫做出决定："她不原谅，不放下，不抹去，不愈合。她要把这件事继续深埋在心里，继续让自己憋屈着，继续让心里那道伤痕疼着，成为一种隐疾，让这隐疾伴随一生。但这个'不原谅'不是仇恨。她不恨他们。她不原谅只是为了把自己和过去捆绑在一起，不让自己与过去脱钩。她不原谅的不是他们，而是那个年代。"

裘山山女士，难道"那个年代"和在"那个年代"做了错事和坏事的人，能够脱钩能够分离吗？倘若能够脱钩分离，"那个年代"岂不成为空壳？青枫和一个空壳捆绑在一起，又有何意义？你为何把已经迈出的脚又缩回去，给一种犹抱琵琶半遮面的感觉？你在《我们为何无法释怀》创作谈中不是说"没有忏悔，何来宽恕？没有反省，如何释怀"吗？你不是还说"缺乏反省，缺乏追究，缺乏忏悔，毒根至今未能彻底铲除，尊严也就无法重获"吗？

你在创作谈还说，"但造成伤害的人却浑然不觉，或者早已'革命'的名义原谅了自己。"老曹同意你的看法。那些在批斗会在牛棚在干校、殴打过老干部、老知识分子、老作家和老艺术家的"运动积极分子们"，道歉了吗？认错了吗？钱锺书为老伴杨绛《干校六记》写的"小引"说："杨绛写完《干校六记》，把稿子给我看了一遍。我觉得她漏写一篇，篇名不妨暂定为《运动记愧》"。平和的钱锺书特意指出那些"充当旗手、鼓手、打手"的人最应当"记愧"。最近，老曹看 2016 年 22 期《新华文摘》，《林默涵：往事悠悠》一文，林老说："专案组打得我都不能洗澡，衣服和背粘在一起脱不下来。头晕头痛得不能睡觉。有一次把我打得昏死过去，失去知觉，醒了以后又打。"

裘山山女士，王丽闽觉得自己有愧吗？幺妹觉得自己有愧吗？钱锺书说的那些"充当旗手、鼓手、打手"的人记愧了吗？在专案组殴打林默涵的人，如今独处时反省过吗？钱锺书、林默涵是否也应该像青枫那样，不原谅那个年代而原谅"他们"呢？"他们"也是响应号召，奉命行事，当时还是特别神圣的革命工作，一般人还不要呢。

你在创作谈中还说，你"有些纠结"，"那是一个至今尚未厘清的历史时期"。这句话大错特错。中央文件早已将其定性为"一场浩劫"，怎么会"尚未厘清"？我不知道，是我理解错了还是你的表述不清？倘若你指对那个"历史时期"尚未彻底清算，我同意。

你还说"这样的故事，似乎不好看"。可能确实有人为"这样的故事不好看"，但绝不是"青枫们"，而是"王丽闽们""幺妹们"可能也认为"不好看"。因为"幺妹们"永远理解不了"青枫们"在那个年代的羞辱感受。这一点或许正是《隐疾》的最大意义。因为"幺妹们"的人数远比"王丽闽们"多得多，就像观众永远多于演员。"感同身受"这个词，其实应该把顺序颠倒过来，写成"身受感同"，没有"身受"何来有"感同"？或许人世间根本没有"感同身受"这回事，即使有也是皮毛，最多是理解罢了。而《隐疾》中的幺妹，连理解青枫都做不到。生活中的"幺妹们"大体也如此，我有体会。正如迅翁所言："自然，'喜怒哀乐，人之情也'，然而穷人绝无开交易所折本的懊恼，煤油大王哪会知道北京捡煤渣老婆子身受的酸辛，灾区的饥民，大约总不去种兰花，像阔人老太爷一样，贾府的焦大，也不爱林妹妹。"

其实在你"停住脚步、裹足不前"的地方，也是无数人原地踏步处。

祝笔健

老曹顿首再拜

2016 年 12 月 15 日

（《隐疾》，2016 年 5 期《中篇小说选刊》、2016 年 8 期《作品与争鸣》和 2016 年《小说月报》增刊 4 中篇小说专号转载。）

百家讲坛的侃爷侃姐侃妹和侃妞

百家讲坛已成为科教频道的品牌栏目，吸引了无数大人大孩的眼球，策划者做梦也没想到一个传播历史文化知识的栏目会这么火。这些年，我断断续续看了一些，谈点儿个人观感。

侃爷易中天先生

百家讲坛的侃爷，最抓人眼球的，大概非易中天先生莫属了。老易一身"江湖气"，甚至有几分"痞子气"，没有学者味，一看就是个从社会底层挣扎出来的聪明家伙。当年在武汉大学，老易就被称为"土匪学者"。老易认为，人生是一种体验，教育的目的是人的全面自由的发展。不要把大学变成培养书呆子和账房先生的地方。我很喜欢老易身上的那股"江湖气"和"痞子气"。老易讲课，最善于从生活中来，到书本中去，并能把各种新鲜时髦的语汇，巧妙地融化在自己的讲稿中，"正说""趣说"加"妙说"历史，再加上声情并茂的表演，有趣地还原了历史的本来面目。他那些无厘头的搞笑语言，尤其令人捧腹。他说："《三国志》怎么描述诸葛亮的：'身高八尺，容貌甚伟'，这不叫帅哥叫什么？叫伟哥？"他说武则天先侍奉李世民后侍奉李治，是"拿着那张'旧船票'，重新登上了后宫这艘豪华游艇"；老易说："正说历史的基础是扎实的研究，要有可靠的依据；趣说历史是要有深厚的文学功底和人文素养；妙说历史则要求有良好的哲学功底。"

老易不但是教授学者，还是作家，写过 20 多本学术著作和随笔集。学者加作家的优势，在讲课中就显示出来了。老易不但能把《文心雕龙》背下来，还能把鲁迅的中篇小说《阿Q正传》一字不落地从头背到尾。这很像"文化大革命"前的老作家茅盾、赵树理，能几十页几十页地背诵《红楼梦》。让人意想不到的是，老易居然研究过美国宪法，还写了本《美国宪法的诞生和我们的反思》。老易用自己的眼光解读美国宪法的诞生过程，视角独特，关照现实。老易在书的最后写道："1787年9月17日通过的《联邦宪法》甚至已经成为美国的第二部《圣经》——世俗的《圣经》，也成为后来许多国家立宪、制宪的参照物。"美国因为有了这样一部宪法，建国才200多年的"小字辈"国家，迅速超过所有"老字号"国家。

老易讲课语速适中，不快不慢，让你基本听懂上句，他才吐出下句。不像于丹，让你连滚带爬跟着她跑，听完之后，自己再反刍，才能彻底明白。我最喜欢看王志采访老易的录像，老易的学养、见识和"狡诈"，"暴露得淋漓尽致"。

老易说过，他写书是为了"脱贫"。起因是武汉大学一个同事的去世，家里只有小板凳让慰问的人坐，几乎是一贫如洗。老易回家就开始"生产自救"了。如今老易富得可以买别墅了，所以说话牛气多了，感觉肯定特爽。我能看出老易如今走路都是"螃蟹步"了。知识分子中，老易这样的人越多，咱国家的变化就越快。民国时，鲁迅能那么牛，一个很重要的原因就是自己能够很好地养活自己。

百家讲坛的侃爷，我最喜欢老易。有人说，老易有点儿像李敖，又有点儿像韩寒。其实，老易就是老易，李敖就是李敖，韩寒就是韩寒。就像老曹就是老曹一样。

老易还讲过十句很有哲理的话。一、人都是逼出来的。二、如果你简单，这个世界就对你简单。三、人生没有彩排，每一天都是现场直播。四、怀才就像怀孕，时间久了总会让人看出来。五、过去是酒逢知己千杯少，现在是酒逢千杯知己少。六、人生如果走错了方向，停止前进就是进步。七、人生有两大悲剧：一是万念俱灰，一是踌躇满志。八、人生和爱情一样，错过了爱情就错过了人生。九、天下有钱人终成"眷属"。十、要成功，需要朋友；要取得巨大的成功，需要敌人。老曹尤其认同第一、第三、第七和第十句。

侃爷王立群先生

老易之后，河南大学教授王立群先生也讲得不错，也应该算个侃爷。老王身上就有学者味了。我认真看过老王讲自己出身经历的两段录像，老王有今天太不容易了。"黑五类"出身，中学读书经历十分坎坷，差点儿小学毕业就没学上了。高中毕业先教小学后教中学，没上过大学，这点和老易一样，都是恢复高考后，直接考的研究生。和老易比，老王是个"老实人"。这也影响了老王讲课的"生动性"，但老王自有老王的风格。我的一位朋友的夫人就很喜欢听老王的课，这位女士的学历是博士，父母又是知识分子出身的高干，既有学问又有见识，一般人根本入不了她的法眼。老易有点儿咄咄逼人，老王不温不火、儒儒雅雅，嘴角微微向右斜挑，"太极拳"式风格，慢慢抓住了你的心。老王的"粉丝"中年人居多，老易大概属于"老少咸宜"那种，而喜欢阿丹的，男士多于女士。

老易和老王都不是教历史的，却到百家讲坛讲历史，这让大学的历史教授很没面子。用老易的话说，老王是母鸡下了个鸭蛋，还挺好吃。老曹说，那老易就是母鸭下了个鹅蛋。

从老易、老王的经历看，有些人，天生就是要成点事的，不是你能压得住的。只要有了合适的"土壤"，这些"种子"总要顽强地拱出地面，开花、结果。老曹喜欢的作家韩石山先生说过："你别给我机会，给了我机会，就由不得你了！""四人帮"倒台前，因为出身"高"，老韩受尽了鸟气。还有老曹敬佩的作家丛维熙先生、张贤亮先生、李国文先生等，他们在劳改队像猪狗一样生活了 20 多年，一丁点儿人的尊严都没有。"四人帮"倒台后，他们重新拿起了笔，写得中国文坛地动山摇，曾被某些人讥讽为"六个右派闹文坛"。看看丛维熙先生的回忆录《走向混沌》、看看张贤亮先生发在 2008 年 2 期《收获》上的长文《一切从人的解放开始——谨以此文纪念改革开放 30 周年》，就知道他们简直是钢打铁铸的汉子，包括老易和老王，这些人的精神太强大了。丛维熙先生在我看了三遍的那本《走向混沌》上签字"题曹澍：苦难出真知！丛维熙，2009 年 7 月南戴河"。

海明威说过，只要你自己不倒，谁也不能把你打倒。人最难战胜的是自己，战胜了自己，就天下无敌了。老曹说这些话，不是没有一点儿人生体验的。"文化大革命"中作为"可以教育好的子女"的痛苦经历就不说了，光前些年和专制校长和流氓加专制的校长的斗争过程，就深有体会。在中国，专制阴魂无处不在。老曹很喜欢老王这几句话：一个人，要想成就一番事业，必须具备四个"行"。一、"你自己得行"。有真东西真家伙，有点绝活。二、"必须有人说你行"。给你造势、包装、做广告，酒香也怕巷子深。三、"说你行的这个人得行"。比如联合国秘书长说："老曹这个人'行'！"那老曹怎么着也得是一个人物吧。四、"你的身体得行"。负点儿责任的人几乎每天都有应酬，饮酒啊洗澡啊唱歌啊足疗啊，等等，没个好身体绝对应付不了这些复杂活动。做学问，要熬夜读书做实验写论文，还要熬年头，也要有个好身体。你想评教授，就要去院长校长家拜访，脸不通红心不狂跳才行，你一紧张一不好意思，心脏病犯了，一头栽在领导家怎么办？陈景润先生、路遥先生不是早走了吗？杨振宁先生身体就好，又娶小翁为妻，生活得有滋有味，多好啊。

老王这个"四行理论"，绝对是妙论高论。听了这个"四行理论"，你还认为老王只是一介书生吗？不知为什么，老王的风范总让我想起尊敬的老舍先生。

周汝昌老先生

周老先生了不起的地方是没有稿子。其他上百家讲坛的哥们儿姐们儿好像全有稿子，甭管你看不看。但九十高龄的周老先生就是不拿稿，双肘还放在讲桌上。

这就叫"派儿"。语速挺快,一个磕巴也不打,思维清晰极了,哪像90岁的老爷子啊。真是一肚子学问啊。据说民国时期的不少文科教授上课都不用稿,学问牢牢记在脑子里了。不但原文记得,连注释都能背下来。梁启超先生讲《治安策》,就不看书。背一句,讲一句。年轻学子非常佩服,梁启超却平平淡淡地说:"我不会背《治安策》,怎么能上《万言书》呢!"民国时期的文科教授备课查字典词典是让人笑话的,说明你的根基不深不牢。不说民国,20世纪70年代末,我在武汉大学进修,一位姓曾的副教授能把三卷《资本论》全背下来。那才是做学问啊。如今还有这样下功夫读书的教授吗?网上不是说了吗:如今是出书的人越来越多,读书的人越来越少。看看周围,就知此言不虚。

钱文忠先生

老钱是复旦大学教授,一看就是个绝顶聪明的家伙。让我想起上海交通大学玩科学史的教授江晓原先生,这两人的眼睛很像,机智嘲讽的目光随时可以刺向任何地方任何人,令你无地自容。江晓原有着上海滩最有名的书房,光中央电视台就去拍摄了十几次,各地方媒体就不用说了,19平方米3万多册书,还有大量影碟。老钱讲的内容不沾光,先是意义不大的玄奘,后来又讲启蒙读物《三字经》。我只看了四五集,但还是喜欢老钱这个人。可是后来听说他拜季羡林先生为师,还要举行磕头仪式,我就想吐了。什么年代了,像大学教授玩的把戏吗?艺人这么干都是倒退了。"季大师"的所作所为,老曹实在不敢恭维,看看他儿子的文章就知道了。他就沾了长寿的光,和他同龄的人都走了,季老自然成大师了,也自然一枝独秀了。文章写得笨乎乎的,无一点儿灵气。韩石山先生说他:"不就看了一回行李吗?"不过,老钱在优酷网"文中有话"中的表现简直出色极了优秀极了,甚至可以说太棒了。那咄咄逼人压倒一切的气势、那流畅犀利机智诙谐的语言,一个公共知识分子勇于担当敢于担当的形象，高高大大地站立起来，和他在百家讲坛的表现判若两人。那真是"肉肩担道义，俐齿说文章"，我觉得，这才是真正的老钱。

刘心武先生

老刘尽管是中学语文老师出身，还站过 20 年的讲台，但老刘真不会讲课，没有一点儿抓人的地方。平铺直叙，拖泥带水，语言也不精彩，比老易、老王差得太远。最没劲是，现场观众的面目表情上如果对他讲的某个观点很不屑，他就马上解释起来，表现得非常小气和缺乏自信。20 世纪 70 年代末，凡有自来水处，就能听到《班主任》和《爱情的位置》等小说的广播。老刘作为新时期文学的"拉幕人"，立了头功，出尽了风头，也因此当了《人民文学》主编。但老刘的散文随笔杂文写得很一般，几乎没有出彩的。有两篇还很无聊：《他们都哪里去了？》和《给侄孙女的七条忠告》，被韩石山先生在《文学自由谈》狠狠修理过，前者被批为"新时期以来最下作的一篇文章"，后者被批为"五四新文化运动以来最下流的文章"。刘文、韩文，我都看过。当年，我从《读者》上看了《给侄孙女的七条忠告》就觉得特别恶心，非常别扭。老刘在我心里的形象大大地打了折扣。

莫砺锋先生

老莫是南京大学教授，标准的学者教授风范，气质好，也很有绅士的范儿。帅哥，干净，相貌阳光明媚。估计女士更喜欢他。老莫语速很快，是我看过的侃爷中语速最快的。吐字清晰，讲课口语化，富有感染力，我很喜欢。老莫只拿着一页轻飘飘的纸，可能是个提纲，但基本不看。这样的大学教授已成"稀有金属"。老莫讲的唐诗，我兴趣不太大，只看了四集。

纪连海先生

老纪是第一个上百家讲坛的中学教师。老纪不是讲课,而是声嘶力竭地"喊课",这倒是很有中学老师的特点。老纪的嗓音条件不好,民间称其"公鸭嗓子",不怎么悦耳。但平心而论,他比刘心武先生会讲课,知道先讲什么,后说什么,卖个关子、抖个包袱什么的,玩得十分娴熟,让看客跟着他走。所以,总算没给中学老师"栽面"。也是中学老师的大男孩儿袁腾飞讲的宋史,我一集也没看过,不知他和老纪比高下如何。俗话说,长江后浪推前浪……小袁理应比老纪强。

侃姐马瑞芳先生

马瑞芳先生是山东大学的著名教授。20多年前,我买过一本百花文艺出版社的《散文月刊获奖作品集》,其中有老马的一篇散文《煎饼花儿》,当时觉得写得很好,是我心中的范文,所以牢牢记住了老马。老马在百家讲坛讲的蒲松龄,我只看一会儿,大失所望。20多年前,读老马的散文时,我想象中的作者不应该是这个样子。老马讲课就像一个絮絮叨叨的老太太,没有一点儿意思。气质风度和一位著名教授也相去甚远。我不明白:百家讲坛怎么会选上这么一位没有一点儿魅力的老太太?无论从哪方面讲,都乏善可陈。或许我过于挑剔了?我非常后悔看了老马的讲课,我想起钱锺书先生拒绝慕名者拜访时的名言:"假如你吃了个鸡蛋,觉得不错。你何必非要认识那个下蛋的母鸡呢?"马瑞芳先生,老曹对不起您了。您还是别去百家讲坛了,待在家里多写几篇好散文让同志们读读吧。您的能耐不在讲课上。您和老易、老王和阿丹生在一个时段,实在是您的不幸和悲哀。

侃妹于丹先生

听了阿丹的课,你会惊讶人怎么可以这样能说会道?这还是人吗?"这个女人不是人,九天仙女下凡尘。"阿丹的聪明似乎全长在嘴上了。她丈夫在家的日子有多难过啊！你会对她丈夫生出无限的同情。整天和这样一个伶牙俐齿的女人在一起生活，还敢张嘴说话吗？您可千万别惹她，如果惹了她，您就是有十张嘴，也不是她的对手。阿丹的嘴简直就是个说话的机器，像个永不停顿的录音机，一不小心，您也不知道碰着哪儿了，她就开始呜哩哇啦叫开了。语速是那么快，语言是那么流畅、那么滔滔不绝，用语是那么准确优美典雅，几乎不用口语，全是书面语言，录下来根本不用改一个字，就能印刷成书。恐怕全国人民也是第一次领教这样厉害的嘴。

据了解阿丹出身的人说，阿丹有今天是非常正常的，没有今天才不正常。其父是中华书局副总经理，是专家学者不是行政官员。用陈丹青先生的话说，阿丹的"开口奶"就和别人不一样，学问是讲究传承积累进化的，民国以前的说法叫有"家学"，书香门第是也。旧时有"三代学穿，五代学吃"的说法，讲的也是这个道理。经济可以有暴发户，一夜暴富，两夜暴富……

前几年，俄罗斯流传一首歌，《嫁人就嫁普京这样的人》。女"易迷"中也有类似的说法：嫁人就嫁易中天。男"于粉"们则说：娶妻就娶于丹这样的人。说明观众对老易和阿丹的喜欢。至于阿丹讲的内容，见仁见智，我就不评论了。

别看阿丹"年幼"，也像老易、老王那样整了十句名言。

一、"童年的无知可爱，少年的无知可笑，青年的无知可怜，中年的无知可叹，老年的无知可悲。"这是阿丹号召全国人民好好学习，别天天向"下"啊！老曹少年时的"可笑"和青年时的"可怜"和特殊年代有关。可1976年之后，34年过去，老曹又干了点儿什么呢？大伙千万别像老曹这样"可悲"呀。您瞧改革开放后，搞真理标准讨论、搞经济特区，改革开放搞得轰轰烈烈惊天动地，最后终于百业兴旺、日新月异了，不过整得一小撮人花钱不眨眼了……

二、"世界上1%的人是吃小亏而占大便宜，而99%的人是占小便宜吃大亏。大多数成功人士都源于那1%。"老曹能举出100个例子证明阿丹说的是真理……

三、"经营自己的长处，能使你人生增值；经营自己的短处，能使你人生贬值。"智慧啊。怪不得阿丹这样年轻就玩得那么猛，全因为会经营自己的长处。这个世界成功的人士总是少数，说明大多数人是在经营自己的短处。老曹是在经营自己的什么处呢？老曹什么处都不行。

四、"21世纪工作生存法则就是：建立个人品牌，把你的名字变成钱。"真是赤裸裸的真理！把老曹的文章全挂上易中天先生的大名，报社肯定抢着发表，稿酬还贼高。没办法，人家卖的是"品牌"，报社买的也是"品牌"，读者读的也是"品牌"。谁让老曹不是"品牌"呢？

五、"地球是运动的，一个人不会永远处在倒霉的位置。"对，阳光不会总躲着咱。就不让咱灿烂一把啦？400多年前的吴承恩还说"皇帝轮流做，明年到俺家"呢。如今还倒霉的弟兄们先喝点啤酒忍着吧，那是"暂时"的，"地球"每天都在一点点地像蜗牛似的蠕动呢。

六、"有一种人只做两件事：你成功了，他妒忌你；你失败了，他笑话你。"这样的人，老曹身边就比比皆是，而且大多数人都有这样不自觉的下意识的阴暗心理。包括老曹。

七、"人生的意义不在于拿一手好牌，而在于打好一手坏牌。"抱怨命运是最无能的表现。翻翻古今中外成功人士的身世经历吧，他们的命运大都很悲惨或者非常坎坷。孟子先生在《生于忧患，死于安乐》和司马迁先生在《报任安书》里早就讲过这个理儿。

八、"一个人想平庸，阻拦者很少；一个人想出众，阻拦者很多。不少平庸者与周围人关系融洽，不少出众者与周围人关系紧张。"人之常情。第一个站起来走路的猴子，肯定是被同伙掐死了。第一个出恭后拿纸擦屁股的人，肯定被大家讥讽得无地自容。第一个穿裙子露大腿的女人，肯定是被周围的女人骂得背井离乡了。谁让你和大家伙儿不一样了？就像今天：我们打牌抽烟喝酒骂大街，你看什么书，搞什么研究，装什么牛！快过来，一起玩！

九、"三流的化妆是脸上的化妆；二流的化妆是精神的化妆；一流的化妆是生命的化妆。"读书是给精神化妆，干事是给生命化妆。老曹之流也只能干点儿精神化妆的事，自我评定个职称"精神化妆师"，比小马路边美容店的美容师好听点儿。政治家和企业家是给生命化妆，最牛气。

十、"'危机'两个字，一个意味着危险，另外一个意味着机会，不要放弃任何一次努力。"原来每一次危机，都是上帝给咱的一次机会啊！上帝啊，再给老曹一次"危机"吧，您过去给的那几次，老曹全白瞎了。

侃妞隋丽娟先生

对小隋讲课，我的评价："张牙舞爪"，"生动"得让人受不了。什么都有个"度"，过犹不及。小隋人还是嫩了点，阅历使然。再吃几年盐自己就明白了，根本不用教。小隋是个聪明人。中央电视台编导的眼，那是太"毒"了，被他们看上，能是一般的家伙吗？至于选上马瑞芳先生，那是他们打瞌睡了。再说，谁还没个看走眼的时候？

（此文发表于 2010 年 7 月 20 日《邯郸晚报》。其中《侃爷易中天》《侃爷王立群》《侃妹于丹》又在《杂文报》《散文百家》发表。《侃爷易中天》被《散文选刊》转载。《侃妹于丹》被选入上海文汇出版社的《世纪初杂文200 篇》一书。）

唐诗三剑客

——曹克吐温历史小品三则

这是老曹学习易中天先生的新作。"正说""趣说"加"妙说"，寻找一种新的解读历史人物的方式。用老易的话说："正说历史的基础是扎实的研究，要有可靠的依据；趣说历史是要有深厚的文学功底和人文素养；妙说历史则要求有良好的哲学功底。"这三样，目前，老曹都不具备。但老曹愿意努力，先"东施效颦邯郸学步"一把。但有一样，老曹敢悄悄告诉你：老曹的作文，句句都有历史根据，没有一句脱离历史的戏说。不信，您自个瞧吧。

李白哥哥

李白这哥们儿是典型的"我手写我心"，既不十分关心国家大事，也不怎么关心百姓疾苦，自己吃喝玩乐多些，老百姓连饭都吃不饱，他却"五花马，千金裘，呼儿将出换美酒"喝，还老想弄个一官半职过过瘾，觉得自己诗写得牛，治理国家一定也牛。自我表扬"十五好剑术，遍干诸侯。三十成文章，历抵卿相。虽长不满七尺，而心雄万夫"。其实，议政和参政，那是两码事，议政行，参政未必就行。人是不当家，不知柴米油盐贵。一个经常"长安市上酒家眠，天子呼来不上船，自称臣是酒中仙"的家伙，你敢给他安个局长市长当当吗？弄个文联主席之类的闲差，他都保证不了按时上班，"中央文件"或"朝廷的文件"来了都不能及时传达，更不用说别的了。

其实，老曹觉得李白是智商太高情商太低。你让高力士给你拔靴，杨贵妃给你研墨，用老百姓的话说，那不是找死吗？翻遍近当代史，宋美龄女士给谁研过墨？陈布雷被称为"领袖文胆"和"总裁的智囊"，宋美龄过生日，端坐其上，陈布雷都要过去恭恭敬敬地行个礼，说："夫人华诞，布雷有礼。"宋美龄答："陈主任，别客气。你身体怎样？我叫人给你送的牛奶，你仍在吃吗？"你李白被世人认为是"皇帝文胆"和"玄宗的智囊"吗？你喝过杨贵妃派太监天天送来的没加三聚氰胺的、从"宫市"上"买"来的醇香牛奶吗？你这样的主，谁会用？谁敢用？老曹要是唐玄宗，会让媳妇给你研墨？早把你扔到局子里去了。

　　李白也不注意培养下一代，前后结了四次婚，生了两个儿子一个女儿，全是"跳蚤"，一个成龙成凤的也没有。李白家就不能"可持续发展"了，"诗一代"就玩完了。王羲之后面还有个王献之呢，尽管没能像他爹那样留下《兰亭序》，但总算被誉为"小圣"，与其父并称"二王"。李白呢？李白的儿子除了因为他是李白的儿子，因而留下个名字，就什么也没有了。李白真不是个合格的父亲啊，拿他和苏洵比，就差得更远了，苏轼比他爹牛得太多了，那个苏辙虽然不如哥哥，也不是等闲之辈，哥儿俩一起"考上大学"——中进士，苏辙文势汪洋笔力雄健，还是个"战略家"和时评大家，功夫不在其父之下。而且苏辙对李白白居易韩愈孟郊多有讥评，攻击李白"华而不实"，批评"唐人工于为诗而陋于闻道"。您瞧这小子玩得多野。李白要是把他的诗歌天赋传给儿子伯禽，那唐诗不是更辉煌了吗？传给女儿平阳，那不是又一个蔡文姬或又一个谢道韫或又一个李清照吗？呜呼哀哉，呜呼哀哉啊。老曹悬揣，李白的儿女不聪明，没成气候，八成和他嗜酒成性有关。李白大概不懂"科学育苗"和酒后分居的道理吧。那简直是一定的了。李白更没请求唐玄宗写个条子，把儿子女儿转到名校就读，先天不足，后天又不使劲培养，儿子默默无闻，女儿只好嫁给一个农民了。今天，郭茅巴老曹，哪个文豪的女儿嫁给农民啦？咱倒不是说嫁给农民不好。我们的祖先不都是农民吗？

　　李白晚年不幸卷入永王璘事件，幸亏郭子仪为他求情，否则脑袋就像韭菜一样被割掉了。遇赦后穷愁潦倒生活凄凉，自己也觉得活着挺没劲的，61岁那年，酒后万念俱灰，心如枯井，模仿屈原，跳河喂鱼了。史书上也有说是病死的，也有说饮酒过度醉死的。反正死得不怎么伟大不怎么光荣。咱国历史上最牛的天才诗人就这样玩完了。

最可怜的是，李白生前一部诗集都没出版过，哪像现在，有点儿文化的人都能印个集子玩玩。李白雄伟壮烈色彩斑斓千奇百怪的一生，永远值得我们反复咀嚼玩味。李白诗篇万口传，天天读来都新鲜。江山再有才人出，李白的"风骚"是谁也替代不了的。

杜甫老汉

杜甫老汉可是个顾家的男人，大风刮了他家屋顶的茅草、宝贝儿子旧被子不暖和，他都写进诗里，最后从他们家的遭遇联想到天下其他读书人，希望大家都过上像咱们今天这样的美好幸福的生活。老杜对底层百姓的生活十分关注，有诗为证，"三吏三别"、《兵车行》什么的，感动了一代又一代人，最让大伙难忘是"朱门酒肉臭，路有冻死骨"，老杜可是咱老百姓的诗人，鲁迅先生说得更明白："杜甫似乎不是古人，就好像今天还活在我们堆里似的。"李杜白这唐代诗人"三剑客"，老杜的日子过得最艰苦，一辈子没吃过几顿饱饭，媳妇该做饭了，米还不知道在哪儿呢，老杜只好硬着头皮到处借米。因为连饭都吃不上，孩子们对他态度很不好。"痴儿不知父子礼，叫怒索饭啼门东。"儿子饿得实在是扛不住了，也就顾不得父子之礼，冲着父亲一阵怒吼，叫他赶快到邻居那里去讨口饭回来吃。安史之乱那年，老杜从首都探亲回家，"入门闻号咷，幼子饿已卒"。老杜自我检讨"所愧为人父，无食致夭折"。

您瞧，这是什么日子啊。

老杜59岁那年夏天，在湖南耒阳被洪水包围，一连9天没吃饭，被救后，一个喜欢他诗的粉丝，送来牛肉和酒，老杜可劲饕餮一把，结果撑死了。

死得很没面子很不上台面。今人都知道，饿得时间太长的人，第一顿只能喝稀饭，让肠胃一点儿一点儿地适应。老曹悬揣，像这样的好饭，老杜一生恐怕没吃过几回。后人给老杜"造像"，把老杜画得一脑门子思想，一脸沧桑忧国忧民的模样，根本就不知道那是因为老杜是饿的啊！

老杜的贫困，也不光是社会不重视文化人，很有些自己的原因。《唐才子传》说他"少贫不自振"，年轻的时候不努力不求上进。35岁以前，基本是靠当县长的父亲养活。35岁在古代，已经是一个很大的年龄了，苏东坡38岁就自称"老夫聊发少年狂"了。35岁那年，他父亲去世，杜甫才独自挑起养家的重担。老杜和李白一样，官本位思想非常严重，也和李白一样好说大话，自视甚高，大事没人让他做，小事他又不做。一心只想当官，却总不能如愿。偶尔有个机会，又让自己耽误了。没官做，开馆授徒，教教小孩子作文，弄些"束脩"，也能养家糊口，这是古代读书人的第二条路。老杜同时代的许多诗人都以此为营生，但老杜不屑为之，宁可沿街卖药甚至乞讨借贷吃别人的剩饭，"朝扣富儿门，暮随肥马尘；残杯与冷炙，到处潜悲辛"。

老杜的"悲辛"也有性格上的毛病。史书说他"放旷不自检，好论天下大事，高而不切"。还说很像他爷爷杜审言，性格"褊躁傲诞"。他爷爷是进士，是当时的大诗人，更是武则天的面首张易之兄弟俩的哥们儿。用今天的话说，张易之兄弟是皇帝的"小二""小三"。杜甫的爷爷杜审言"傍"上这样的人，所以有资格"褊躁傲诞"，人家也不敢不买账。老杜"褊躁傲诞"，耍大牌，就狂得不是时候了，更没人给面子了。过去，我们为尊者讳，光痛恨黑暗万恶的封建社会，从没批评过老杜。

您瞧老曹吧，没人发给咱个师长旅长干干，咱就老老实实勤勤恳恳地以舌耕为业，见了校长先问安，坚决服从校长的英明领导，靠政府发的束脩，买三室一厅，供犬子大学毕业，如今"桃李杏苹果鸭梨香蕉的满天下"，走到大街上，总有不认识的人喊"老师好"。偶尔敲篇狗屁文章，被可怜咱的编辑粘贴到报纸上，浪个虚名得个润笔，一家三口去小饭馆打个牙祭，油着嘴喷个饱嗝，横着晃荡出来，心里美滋滋的，精神物质双丰收，多好啊。

可老杜在官场赖了一辈子，才弄个员外郎，"六品副司长"，还是剑南节度使严武慕其名，向朝廷举荐的。老曹深深地感到，老杜作诗太成功，做人做事恐怕太不成功了。老曹就弄不明白，一个伟大的文学天才，怎么把日子过得一塌糊涂啊？倪萍姐姐那么忙，都知道把《日子》过好；"宋丹丹奶奶"的《月子》过得也不赖。但是诗人不幸，今人幸。倘若老杜日子滋润了，诗风还会沉郁悲怆吗？还能流传千古吗？我们常说"唐诗、晋字、汉文章"，它们代表了那个时代特别卓绝的艺术，也是人类精神活动的顶点。杜甫王羲之司马迁使这三种艺术永远不朽了。

老杜的"悲惨经历"，后来的墨客骚人又从中吸取了多少教训呢？难说啊……

最后，顿顿吃得肚儿圆圆的老曹实在忍不住了，悄悄问一句：老杜，您在天堂，能吃饱饭吗？老曹刚熬了一锅香喷喷的南瓜小米粥，要不要让灶王爷给您送两碗？您可是咱国诗坛的大腕，是诗圣，灶王爷他老人家多跑一趟也愿意的。

居易同志

白居易是咱国最牛的唐诗"三剑客"之一，比他还牛的有李白哥哥杜甫老汉。

李白这人除了写诗，心无旁骛，就知道吃喝玩乐，老想弄个一官半职，还不管家。一举杯就是斗酒，生了个儿子有点儿傻；养了个女儿，也没才气。

老杜倒是一个比较顾家的男人，也是兼顾天下"寒士"的诗人，从大风刮了他家屋顶的茅草时他的所作所为所诗所歌中，足以窥见一斑。而他的"三吏三别"更是感动了一代又一代过着"三吏三别"那样生活的人，比如老曹老赵老钱老孙老李。老杜的日子很忙也很清苦，就连后人给他"造像"，也把老杜弄得一脸旧社会，颇具代入感，是真正读懂了老杜。

但最关心底层人民生活的还是居易同志，有诗为证，什么《卖炭翁》《轻肥》《观刈麦》等，海了。孩子们在课堂上被唬得一愣一愣，深感居易同志太人民了。尤其在《观刈麦》中，居易同志还把自己臭贬一顿："今我何功德，曾不事农桑，吏禄三百石，岁晏有余粮。念此私自愧，尽日不能忘。"自我批评很深刻很具体很到位，这是居易同志非常阳光的一面。

其实，居易同志的日子过得相当潇洒，家里有池塘，可泛舟。宴请宾客，有时在船上，他命人在船旁吊百余只囊，里面装有美酒佳肴，随船而行，要吃喝时，就拉起，吃喝完一只再拉起一只，直至吃喝完为止。还有红袖在一旁伺候，这是居易同志非常奢侈的一面。

这并不耽误居易同志用诗歌做武器反映劳苦大众的生活，该写的还写，该行的还行嘛。能在享乐完了，吟几首《卖炭翁》这样的诗，也是一种心灵的净化，或者忏悔吧，像托尔斯泰晚年那样，最起码晚上睡觉踏实些。从古到今一个德行，你千万不要把哪个偶像想象得多么神圣多么高尚多么有道德，那真是把书读到狗肚子里了。

所以，居易同志也会自我放松，偶尔也潇洒一把。话说当年，他被贬江州当官时，有一天晚上送哥们儿到河边，正在话别。

忽然，一阵琵琶声传来……"哇，谁弹的？太好听了，太好听了，真是养耳也！"

用今天的话说，居易同志是超级音乐发烧友。他立马打发了哥们儿，寻声快步登上一艘民船，只见一位资深美女，用琵琶挡住半个脸儿和一只杏眼，娉娉婷婷地扭了出来。大有"云鬓花颜金步摇"之态，居易同志给镇住了。心想，嘿，江州这小地儿居然有这等尤物。两人一侃，原来都曾经是"京都户口"，如今"同是天涯沦落人"，思想感情瞬间成了零距离。琵琶女的老公做茶叶生意去了，居易同志的媳妇领着孩子在京城，因为江州的教学质量差，家眷没跟过来。于是，他深入群众深入生活了好几天好几天……又于是，一首传世之作《琵琶行》的初稿在江州诞生了！它成了一代又一代读书人的美味佳肴，吟唱了1200多年，谁吟谁的衣服上都沾满了泪水和鼻涕。当年，老曹就是这样，"'座中泣下谁最多'，青年老曹衣裳湿"。

居易同志一共在江州工作战斗生活了三年，后又添了个小序，《琵琶行》千锤百炼，终于成了今天我们读到的样子，616个字。减一个字则瘦，添一个字则肥。

　　翻造闻一多先生的一段话：《琵琶行》是诗中的诗，顶峰上的顶峰。在这种诗面前，一切的赞叹是饶舌，几乎是亵渎。从居易同志这边回头一望，今天的白话诗还能读吗？还叫诗吗？北岛舒婷顾城海子西川等也要靠边站！居易同志已经牛了1200多年，他老人家仍然要继续牛下去，那简直是一定的了！

　　直到现在，老曹还能把《琵琶行》和那个小序，背得滚瓜烂熟，时不时地温习一把，并且无限羡慕向往居易同志那样的丰富多彩的日子……

（2011 年 3 月 11 日《邯郸晚报》）

是谁让毕飞宇"躺枪"

今年第 1 期《文学自由谈》刊登了老曹的《毕飞宇，你实在不应该这样做》，对《文学报》上荆歌的文章《两个周洁茹》抒发了一点儿感慨。事后，《文学报》于 2 月 4 日在微信公众号上推送了江苏作家朱辉的文章《对荆歌〈两个周洁茹〉一文的说明》，并加了编者按。老曹读后，颇多不解。在老曹看来，《文学报》（本文所说的该报，包括其纸媒和微信公众号。）对"毕荆周事件"发表的两篇文章，貌似还原真相的辩诬，实则是另一种形式的"锦上添花"——说是"越描越黑"也未尝不可。《两个周洁茹》对"欠一夜"事件，可谓叙述清晰，描写细致。尽管已是十多年前的往事，但对毕、周之间的对话都写得清清楚楚，而朱辉说毕飞宇无辜"躺枪"，怕是与事实——确切地说，是荆歌之所述——不符吧，或者说，是过于低估了荆作家的记忆力和诚实的写作态度了。就凭这一二三四的"证言"，若想把毕飞宇洗白，真是异想天开了。貌似辩诬，实则坐实，如此一来，此事就是跳进扬子江也洗不清了——这可真是应了"不怕神一样的对手，就怕猪一样的队友"的网络谚语。可见，若说毕飞宇真的"躺枪"了，那这一枪还真不是老曹开的。

朱文的开头说"《两个周洁茹》读来蛮好玩"，《文学报》的"编者按"也说荆歌是在"趣谈"。老曹奇怪，这感觉怎么跟读者的感觉大相径庭呢？我接触到的读者，并没有觉得它有多"好玩"，也没有觉得那是"趣谈"，而是觉得非常无聊，十分低俗。难道该报和毕荆朱等作家对趣味的判断标准已经滑到普通读者的标准之下啦？老曹以为，倘若《文学报》弃用《两个周洁茹》，"欠一夜"就只能是几个当事人闲来无事"把玩"的旧事，顶多也就是他们在朋友圈中调侃的段子，根本见不着阳光。朱辉说："这件事，是小说家聚会。小说家言，当信史用劲读，那就寡趣了。"这个说法真是太轻松了。民间有句俗语叫"事怕颠倒理怕翻"。老曹忍不住像曾经请教过毕飞宇那样，再请教一下朱辉：倘若周洁茹是你的妻子或者妹妹，你还会这样说吗？更何况"小说家聚会"与"小说家言"是两个不同的概念："小说家聚会"是指写小说的人的聚会，而"小说家言"就是指写小说的人的作品。朱辉的言外之意是："欠一夜"确有其事，而《两个周洁茹》则是"小说"，其写到的毕、荆、周，并不是生活中的大活人。

那《两个周洁茹》到底是虚构的小说，还是写实的散文？这个问题老曹说了不算，朱辉说了也不算。谁说了算？大概是《文学报》说了算：它并没有把《两个周洁茹》当成小说，而是放在"人物版"的"作家说作家"栏目。显然，这就是一篇散文。而散文的情节是不允许虚构，必须真实；这一点，朱辉知道，荆歌也知道，因为这是常识。再说，当时还有一屋子参加笔会的"兄弟姐妹"，荆歌自然是不想瞎说也不敢瞎说，更没必要瞎说，他只是如实道来而已。既然如此，把《两个周洁茹》当作真人真事来读，或者像朱辉说老曹那样"当信史用劲读"，又有何不可呢？——至于它是否具备让老曹"用劲读"的分量和必要性，则又当别论了。

写到这里，老曹想起一件事：1990年年底，史铁生给《上海文学》编辑部寄去《我与地坛》，编辑部打算将其作为小说发表，但史铁生坚决不同意，他说，我写的是散文，不是小说。据说，编辑部要把《我与地坛》当小说发，原因有二：一是那期正好没有重点小说稿，二是《我与地坛》用了很多小说技巧，比一般的散文写法复杂得多。双方僵持不下，史铁生甚至想要回《我与地坛》，投给别的刊物。《上海文学》实在舍不得。最后双方妥协，既没有标明是小说，也没有标明是散文，而是以"史铁生近作"的归类发表。

史铁生自己知道《我与地坛》是散文，荆歌自己也该知道《两个周洁茹》是散文，朱辉心里也同样清楚这一点。既然是散文，怎么就不可以当成"信史"来读呢？对"欠一夜"事件的评说，"上升到道德高度"有什么不妥吗？——除非衡量作家和非作家必须用两个道德标准：非作家挑逗小姑娘是行为不端，见不得人，而作家做了这样的事，就成了文坛佳话，并且蛮好玩，好玩到值得大肆宣扬；况且，作家难道就有免受道德评价的特权吗？

按《文学报》"编者按"的说法，老曹的文章，"对当事人毕飞宇、荆歌、周洁茹都产生了困扰和影响"。老曹疑惑的是，这"困扰和影响"的始作俑者，不正是《两个周洁茹》和发表它的《文学报》吗？对毕飞宇的困扰可能是，南京大学里听毕老师课的莘莘学子读了这张报纸，将如何看待才华横溢、幽默风趣、平易近人又英俊潇洒的毕老师？"知天命"已经三年的毕老师，又何以面对比他小 30 岁左右的学生？再说荆歌，他已是"奔六"之人，想必他的孩子早已成人甚至成婚，这事万一让孩子知道，尤其是，如果这孩子还是个女儿，她会怎样看待身为作家的父亲？如果是儿子，儿媳会做何感想？说真的，"毕荆周事件"让老曹不由得想起当年迅翁怒斥"杜荃"是"才子加流氓"的旧案。

朱辉说，他是在周洁茹的朋友圈看到《两个周洁茹》的，以此来证明这是篇无伤大雅、没有伤害任何人的文章。周洁茹和她的朋友如何看待荆歌的文章，那是她和她的朋友的事，老曹不了解情况，不宜臆测。但可以肯定的是，周读此文的感受，绝对不会和毕、荆一样。此无他，是人性使然，而他们三人确凿无疑是有人性的。对这同一件事，世上焉有欺人者和被欺者、戏人者和被戏者都津津乐道回味无穷的道理？简单地说，前者是痛快了，后者是痛苦了，除非后者患有斯德哥尔摩综合征，否则，你打死我，我也不相信周洁茹对荆文及"欠一夜"事件不以为耻，反以为荣。从荆文中我们可以确定，周洁茹很在意此事：对"欠条事件"及其传播效果，"周洁茹很生气，给我打来电话，颇多责怪"。——当然，我们也不排除她事实上会有并不以为意的反应，那也许是时过境迁的十几年之后；或者，老曹确实是咸吃萝卜淡操心了。

老曹纳闷，堂堂上海滩的一张国家级大报，为何把身段放得如此之低，刊登出如此拿无聊当有趣的文章？难道是为了吸引读者眼球而有意为之？老曹不得而知。但是，《两个周洁茹》确实是实实在在地挑战了读书人和普通人的道德标准。老曹并非在恶意"大做文章",而正是为了让"文学之事能回归本意"——学过中国古典文论的人都知道,"知人论世"正是传统中国文学批评的一个重要方法。《文学报》不至于认为只有作品才算"文学之事",舍此而外的作家的种种都不在文学的范畴吧?否则,它也不至于开设"人物版"和"作家说作家"栏目了。

其实,朱辉的文章和《文学报》的"编者按",只能把"毕荆周事件"越描越黑,这种做法极不明智。设想一下,如果《文学报》坦坦荡荡地认个错,反而会让读者仰视、敬佩;当然,沉默以对也不失为一种明智之举。唯独选择在微信公众号上辩诬,才是最不理性的。最晚自1842年咱国被迫开埠以来,江湖上都说上海人和江浙人善于领风气之先,站位高,脑子活,但"毕荆周事件"却让这一方水土人杰地灵的美誉蒙羞。

老曹真诚地希望当事各方,能通过"毕荆周事件"反躬自省,举一反三,不要一而再、再而三地犯这种低级错误。老曹还想说,这个世界上,没有什么比虚怀若谷的胸襟和闻过则喜的姿态,更令人肃然起敬,更符合现代文明。

2017年2月24日

(此文刊于《文学自由谈》2017年第2期。)

我和王宗仁的一次"交锋"

春节期间泡图书馆，看到 2017 年 1 月 4 日《中华读书报》"作家访谈"栏目的文章《王宗仁：一生只做一件事》，文章写法简单朴实，记者问一个问题，王宗仁回答一个问题。

记者问的最后一个问题是：您认为自己的作品有何独特价值？王宗仁回答："任何一个被读者认可的作家，他们毫无例外都是以其绝无仅有的存在意义，矗立在文学史上的。也许并不是文学之巅，但是他的存在总是'这一个'。有了独特的题材，又具备了独特的表达方式，把审美意识浸透到整个创作过程，在读者中就有了立足之地。我努力这样做，也许达不到多么高的高度，但会不断往'高峰'攀去。写青藏高原，连泥带土地写，我一生就做这一件事。"

看完王宗仁的"豪言壮语"，老曹悄然笑了。按理说，王宗仁去过无数次青藏高原，应该知道"天有多高，地有多厚"，怎么还能说出这种不知天高地厚的话？怪不得俗语说，人贵有自知之明。看来这个自知之明真是太"金贵"了。王宗仁今年 78 岁，在中国当代文坛之散文这个小不点儿的"忠义堂"，他是天罡星，还是地煞星，抑或小喽啰，他自己难道不清楚吗？

记得好像是 2008 年秋天，王宗仁来到战国七雄赵国的都城邯郸；跟他同来的，还有在河北作协担任散文艺委会主任的一位女作家，是名校毕业的老大学生。她老家在湖北，而老曹也曾在湖北生活过十几年，便有几分亲切感。老曹看过她的东西，比较喜欢，读其文就想见其人。

邯郸在河北，也算历史文化名城，先辈遗泽至今日，舞文弄墨者甚多，一千多座位的大礼堂，"坑坑"都有一个恭恭敬敬的"大萝卜"，手里拿着本和笔；还有不少站客。老曹被安排在第一排就座。王宗仁拉拉杂杂，漫谈他的散文创作道路。他既无讲稿也无提纲，可谓"脚踩西瓜皮——滑到哪儿算哪儿"，通篇类似北方的"大锅菜"，白菜豆腐粉条肉片，什么都有，又什么都没讲清楚。从他的讲话中，可以听出他不是一个思维敏捷的人，观念也陈旧。讲汽车兵进藏如何艰难困苦时，他说："汽车在路上抛锚了，你拉着一车罐头，就是饿死也不能吃。"这让老曹大吃一惊：思想解放已经三十多年，他的花岗岩脑袋居然一点儿也没有开化。

等他讲完了，老曹走到主席台的边上，拿起一个话筒说："我对汽车兵坚守纪律的精神表示由衷敬佩，但我不同意王老师的观点。人的生命永远是第一位的。我觉得这时应该灵活些，汽车兵吃了罐头才能活下来，活下来才能修好汽车，修好汽车才能把罐头拉到兵站完成任务，最终送到各个哨卡。大家看过河南作家张一弓的获奖中篇《犯人李铜钟的故事》吧？大队书记李铜钟为了救老百姓的性命，在非常时期甚至违法开公仓借粮。后来县委书记也下令开仓放粮，最终被撤职批判……"

礼堂响起一片嗡嗡的议论声，大概《犯人李铜钟的故事》太有名，看过的人很多。老曹的话还没讲完，王宗仁失态了，他对着眼前的话筒大喊："就是饿死也不能吃！你没有当过兵，你懂什么！"

老曹惊讶地看着王宗仁，没想到其反应会如此激烈，实在不理解，他有必要这样对待一个和他平等交换看法的文学爱好者吗？老曹还是第一次遇到这样没有雅量的"著名作家"。20世纪80年代初，老曹曾在北京人艺礼堂听过王蒙和苏叔阳的两场文学讲座，他们对不同意见的回答，那真可以用谦和中有坚守、坚守中有谦和来形容。那是中国作家协会组织的系列文学讲座中的两场，演讲者都是当时中国文坛最活跃的一流作家。老曹至今记得苏叔阳讲座的开场白："前天是我的半师半友王蒙先生讲的，今天我坐在这里感到压力很大。我甚至觉得自己不配坐在这里。""文化大革命"前，苏叔阳曾在河北北京师范学院教党史，是老曹教书的学校里许多同事的老师，这些同事一天到晚把苏叔阳挂在嘴上，非常自豪，所以老曹对他的话也记得格外清楚。

老曹真没想到王宗仁的涵养竟是这样差。大概他在其他地方从来没有遇到过这种阵势，无论他说什么，大家都热烈鼓掌齐声欢呼，他的故事"征服"过无数文学爱好者。而此刻，他一点儿思想准备也没有，突然受到空前的挑战，难免会情绪失控。

主持人愣在那里，不知如何圆场。这时，邯郸日报社的一位副社长、转业军官、前上校，站起来"救场"了。他大声讥讽老曹，呼应王宗仁："你没当过兵，不懂这个道理。你连写散文都不配！"

老曹对那位副社长说："我是没当过兵，但我是老兵的儿子。我爹是1938年入伍的老八路，我给他当了50多年儿子，自信多少还是懂一点儿兵的。'文化大革命'前，我家有几乎全套的《红旗飘飘》，我少年时代是看《红旗飘飘》长大的。请问，我配不配写散文？"老曹这些话也是说给王宗仁听的。《红旗飘飘》的文章都是写老红军老抗联老八路的，就算那位副社长未必读过，王宗仁应该知道。老曹知道此时抬出老爹很无聊很无趣也很无能，但是在这种场合这种语境，这是老曹能想到的最合适的反驳方式。

下面又有王宗仁的"粉丝"呼应这位副社长，大声叫喊，让老曹下来。老曹看看王宗仁——他没有继续表达的欲望，只是铁青着脸呆呆地无目标地望着台下——老曹坦然走回自己的座位。

老曹下来后，河北省作协那位女作家讲她的一篇长篇报告文学的创作经历，讲得比王宗仁精彩多了，显然是有备而来。这时，老曹看到王宗仁还没有从刚才的暴怒中缓过劲儿来，五官多少有些扭曲，拿水杯的手直发抖，而且抖动幅度颇大，送了几次都碰不着嘴唇。老曹估计他可能快七十了，也不知有没有心脏病。老曹有些害怕了，连忙走到主席台的边上，接过他的水杯，拿起暖水瓶，往里续了一点儿水，递给他，对他歉意地笑笑。他当然明白老曹的意思，情绪逐渐缓和下来，老曹的心也放下来了。

女作家讲完，进入提问环节。一个邯郸的年轻作家说："请问两位老师，像我们文学爱好者，读什么书进步比较快？"女作家做了个谦让手势，请王宗仁回答。王宗仁可能觉得自己比那位女作家年龄长、水平高、名气大，又是北京来的"名家"，当然比石家庄来的"村姑"会念经，理应当仁不让。他语调舒缓，语气肯定："诗，读李瑛的；散文，读杨朔的；小说，读刘绍棠的。"老曹下意识地站起来，心想：这是哪儿跟哪儿啊？这不明显是误人子弟吗？旁边一位作家使劲儿拉住老曹。老曹一想也是，倘若再"发难"，没准儿真的要打120了。王宗仁啊王宗仁，你有多少年不读书了？这话，放在三十多年前说还算凑合，如今是21世纪，名家辈出，无论怎么排，也轮不上你说的这三位啊。对李瑛、杨朔和刘绍棠，老曹是尊重的，他们对中国当代文学都做出了贡献，但你把他们树为文学标杆，我却只能"呵呵"了。

王宗仁走后很长时间，"诗，读李瑛的；散文，读杨朔的；小说，读刘绍棠的"，成了邯郸文坛"教育"青年作家读书上进的经典段子；这个段子甚至传遍河北省。

那位和王宗仁同行的河北女作家也写博客。老曹和她联系了一次，她给老曹发字条说："邯郸之行，给我留下唯一印象的，就是曹先生的耿介风骨。"她过奖了。老曹只是有点儿"二"而已，做了一回说王宗仁"光屁股"的"老男孩儿"。会场肯定有比老曹更心明眼亮的人，也听出了王宗仁的错误，却选择了沉默。

这是老曹和王宗仁仅有的一次"交锋"。要想成为一个优秀作家，才气、学养和见识，三者缺一不可。才气，天赋的成分比较多；学养靠按部就班地上学读书，虽没有受过系统教育，凭借如饥似渴地海量狂啃文学名著、刻苦钻研古典文学来弥补并获得成功的也不乏其人；而见识，恰恰是才气和学养的综合体现，也是最关键最难得的。优秀作家往往在见识上超拔绝大多数人。如今，为数不少的作家写书时间比读书时间长，王宗仁应属此类。当代文坛，不知还有多少这样的人，拎不清读书和写作的关系，十几年、几十年不读书，或者读书甚少，注定攀不高也行不远。七分读书三分写作，甚至八分读书两分写作，才是正途。一位韬奋奖的获得者跟老曹说，美国对公务员每年读多少书都有规定，级别越高要求读书越多，更不用说作家了。

王宗仁说，他已经写了六百多万字。他可能不懂，文学从来就不是以量取胜。司马迁的"鸿篇巨制"《史记》不过五十二万字，老子的《道德经》五千字，白居易的《琵琶行》字更少，六百多字而已。老曹看过几篇王宗仁的散文"代表作"，还算通顺，偶尔还能机智地抖个小包袱，给读者一点儿小惊喜，也没有语法错误和错别字。但是，在老曹看来，王宗仁的散文没有任何个性风格，绝对没有他跟《中华读书报》记者吹嘘的"独特的表达方式"。他的散文，换上张三的名字也行，说是李四写的大家也相信，说是王五和赵六切磋合作的也没有人跟你抬杠。唯一的可取之处，大概就是题材上占到便宜了。

以老曹的观察判断，咱国文坛不乏起点很低、最终也没有蹦多高的作家。犹如马拉松比赛中跑完全程的最后那位选手，其可嘉之处，也就是那种精神了。

（此文刊于《文学自由谈》2017 年第 3 期。）

不要把汪曾祺神化及其他

最近，报纸刊物网络热闹非凡，铺天盖地都是夸汪曾祺的小说散文，如何如何牛，大有成立"汪曾祺拥趸俱乐部"之势，犹如"青藤和王小波门下走狗"之类的组织。

老曹原本也是汪曾祺的粉丝，一看这么多人无限热爱汪曾祺，老曹都有些脸红耳赤心跳，不好意思了。因为老曹有个怪毛病，大家不爱的人，老曹很可能爱，等到大家都去爱他，老曹或许又不敢去爱了。就像鲁迅在《魏晋风度及文章与药及酒之关系》说的，北伐军势力一大，很多人都说自己信仰三民主义了，是总理信徒。真的总理信徒，倒会不谈三民主义，好像反对三民主义的模样。

汪曾祺老牛呢，30多年前看了他的小说《受戒》，老曹就爱上了汪老汉。汪曾祺笔下的和尚多有趣，还能娶媳妇吃大肉，这样的和尚，哪个不想当？

可是汪曾祺再牛，他也是人。他不是人，也是人才。人才人才，不还先是人吗？是人就有不足，他的小说散文就一定有不可避免的这样那样的缺憾。

老曹不分析了，有现成的分析在那儿摆着呢。那个一天到晚，"谁红跟谁急"的韩石山，十多年前就"攻击"汪曾祺，写了三篇雄文：《话不能这么说》《莫把枯窘当功力》和《汪曾祺能写出长篇小说吗》。

韩石山毫不客气地说：在我看来，汪的小说散文，不过是中国旧笔记小说的路子，说得好听点儿，也不过是有魏晋文章的风致，对新文学来说，是倒退而不是创新。

孙郁似乎也表达过类似的看法，不过不是批评的口气，话语很委婉，大概这和孙郁是晚辈有关。更严重的是，韩石山还指出汪曾祺品格上的瑕疵：抗战时不服从国家的征调及把《沙家浜》剧本不做任何说明地收入《汪曾祺文集》。

比韩石山晚近 20 年，去年李建军在《文学自由谈》撰文，也诚恳地指出汪曾祺小说散文的不足。

对韩石山孙郁李建军表达的看法，老曹都是赞成的。咱国人特爱起哄，都捧汪曾祺和五年前的抵制日货，及不久前的不去乐天购物，全是一个德行一种思维方式。倘若再往前推 50 年，和"文化大革命"都争当"红卫兵""造反派"，没有本质区别。

有位学者说：中华民族不缺乏一些弱智的人群。老曹说：这些弱智的人记吃不记打。你如果真正读透读懂了《鲁迅全集》，你就会听到鲁迅长满胡须的嘴，用绍兴官话，指着外面乌泱泱的弱智人群，鄙视甚至恶狠狠地说：我最瞧不起的，就是你们这群废物。何时才能长点记性？

不算多余的话——一位朋友看了老曹的文字，说：的确有这么一部分人的心理都弱小，不自信，容易无原则地从众，害怕被孤立。另一方面，谁不跟他们一样，便攻击你，孤立你，打击你。这是人性的愚昧和恶。老曹以为这话，说得非常到位。

2017 年 5 月 14 日（晚）

当代作家思维枯竭了吗

——读蒋韵新中篇有感

一

最近，著名女作家山西作协副主席太原文联主席蒋韵女士的中篇小说《朗霞的西街》大有红遍文坛红遍全中国的趋势。《朗霞的西街》首发《北京文学》2013 年第 8 期，《小说选刊》2013 年第 9 期迅速给予转载。今年初，2013 年中篇小说排行榜滚烫出炉隆重揭晓，《朗霞的西街》更是榜上有名，且名次靠前。接着堂堂的《光明日报》又以 1500 字的正常篇幅，在 2014 年 1 月 12 日以《阴霾年代的美好人性——读中篇小说〈朗霞的西街〉》做了一定深度的解读或者"广而告之"。如今文学刊物的发行量极其有限，文学爱好者被大量分流，即使两个刊物发表也没有多少人关注更没有多少人阅读，至多只是在文学圈里风光风光。但是《光明日报》是国家级大报，发行量 100 多万份，读者都是掌握一定话语权的知识阶层，广大人民群众一下子知道著名作家蒋韵女士又有新作了。老曹就是看到《光明日报》才知道，跟一位写小说的朋友借来刊物看完的。

但是，老曹要严肃认真地告诉你，《朗霞的西街》是一篇实实在在的"模仿借鉴"之作，蒋韵女士"模仿借鉴"的是 1978 年中国社会科学院出版社出版的苏联长篇小说《活着，可要记住》，作者，瓦·拉斯普京。《活着，可要记住》是瓦·拉斯普京的代表作，荣获 1977 年苏联国家文学奖，成为 20 世纪 70 年代的畅销书，被称为"苏联散文的巨大成就"，并被许多国家翻译出版。

苏联把诗歌以外的文学作品都称为散文。中国 50 岁以上的文学爱好者，不知道或者没有读过这部小说的恐怕不多，因为此书当年风靡一时，评论界还写过不少颂扬赞美文章。此书还被"四人帮"倒台后的第一届文学讲习所列为学习教材。30 多年后又被莫斯科艺术剧院改编成话剧搬上舞台，更名为"活下去，并且要记住"。

二

《活着，可要记住》讲述了卫国战争最后一年发生在西伯利亚安加拉河畔的一个故事。当兵的丈夫安德烈因眷恋妻子、家庭及和平的乡村生活，在伤愈重返前线途中从医院逃回故乡，藏匿于离村子不远的荒山野岭，冒着随时都可能受到国家法律制裁的危险，与妻子纳斯焦娜频频相会，终于使多年不育的妻子怀孕。时间一久便被婆婆和村里人看出破绽，婆婆认为纳斯焦娜与他人有染，盛怒之下把纳斯焦娜赶出家门，纳斯焦娜只好寄居在同村女友家。公公深知纳斯焦娜的人品，不相信纳斯焦娜会做出这种伤风败俗的丑事。而且公公根据种种迹象判断，儿子安德烈可能已经很不光彩地回来了，而且就在附近。于是公公央求纳斯焦娜让他跟败坏家族名声的逆子见一面，纳斯焦娜矢口否认。巨大的精神压力使纳斯焦娜日夜不安，神志恍惚。纳斯焦娜隐约感到村里的人们正在监视她的一举一动，于是便决定通知安德烈赶紧离开。夜深人静的时候，纳斯焦娜划着小船，准备渡过安加拉河与丈夫告别。突然，村里的人们紧追而来。纳斯焦娜进退两难，怀着羞愧和绝望的复杂心情投河自尽。她今后不需要害怕不需要惭愧，不需要惊恐不安地等待着明天的到来，她将永远自由了。安德烈听到河面上人声喧闹，猜到与自己有关，便匆匆逃入原始森林。

我们再看《朗霞的西街》故事梗概。民国时期杂货铺小老板的独生女儿马兰花十八岁那年，嫁给二十八岁的国民党军连长陈保印。陈保印当兵前读过私塾粗通文墨，是个知冷知热的好丈夫，他们夫妻感情极好。后来陈保印升了营长，给马兰花在谷城买了一处宅院，安了个像样的家，马兰花也怀孕有喜。这时大规模内战爆发，最终国民党军战败，陈保印侥幸活了下来，他怀揣着解放军的一张"国民党军的弟兄们：放下武器，回家团圆"的传单、一小瓶长官发给他们自尽用的毒药和几根金条，一路南逃，来到了一个可以让他远走高飞的地方。他用金条换来了一张去台湾的船票。当他把这张珍贵的船票拿在手中，却犹豫了。最后对妻女的思念以及对时局的天真估计，他让出船票毅然北返，计划带上妻子一起离开大陆。他化装逃回谷城，才知道他的计划是多么可笑。夫妻偷偷见面，马兰花和家中原来的老女佣孔婶一起把陈保印藏在院子西厢房的一间小屋，后来觉得不安全，又把陈保印藏在后院的地窖里，整整八年，躲过了"镇反"等政治运动。为了保住这个天大的秘密，马兰花忍痛捐出半个院子，谢绝了医术高明心地善良的赵彼得大夫的非常难得的真挚爱情。但是最终这个秘密还是被女儿朗霞和女儿的同学引娣发现，而引娣的大姐谷城中学高中生吴锦梅也知道了。当吴锦梅和有妇之夫谷城中学美术教师周香涛的不正常恋情被周香涛的妻子向学校告发后，吴锦梅出于自保，卑鄙地向组织道出这个秘密。陈保印被枪毙，马兰花被判刑并死在狱中，孔婶领着朗霞回到自己的老家，而赵彼得大夫一直给朗霞和孔婶经济上以帮助，让朗霞觉得一个有赵叔叔的世界，还没有坏到底，给了朗霞活下去的希望和立志做一个好人的决心。

三

好了。两篇小说的故事梗概老曹给您列举出来了，只要是稍微对比一下，只要是没有偏见的智力正常的读者，不难看出蒋韵女士《朗霞的西街》的故事核心框架完全"模仿借鉴"了瓦·拉斯普京的《活着，可要记住》。《活着，可要记住》的女主人公纳斯焦娜藏匿了战场逃兵、丈夫安德烈，这时安德烈的身份已经是国家和人民的敌人，因为他想逃避全体人民遭到的命运。《朗霞的西街》的女主人公马兰花藏匿的丈夫陈保印，是国民党军营长是新生人民政权的敌人。两部小说的时代背景也大体相同，《活着，可要记住》是苏联卫国战争结束后，《朗霞的西街》是大陆解放战争结束后。

倘若把《活着,可要记住》这部小说比作一座大厦,那么妻子纳斯焦娜藏匿丈夫安德烈就是这座大厦的地基或支点。同理,妻子马兰花藏匿丈夫陈宝印就是《朗霞的西街》这座大厦的地基或支点,妻子马兰花藏匿丈夫陈宝印是支撑整个故事的最基本框架。抽掉妻子藏匿丈夫这个支点,大厦立即坍塌,小说必须彻底重新构思。

还算聪明的蒋韵女士八年也没有敢让马兰花意外怀孕,只是精心设计了马兰花深情而委婉地谢绝赵彼得大夫求婚的故事,为后面发生的情节做了铺垫。否则,《朗霞的西街》长得更像《活着,可要记住》。

一般来说,"模仿借鉴学习"他人作品大体分三种。第一种是抄袭句子,这是最露骨最拙劣最明目张胆也是最没有技术含量的,如 20 世纪 80 年代著名作家叶蔚林先生的中篇《在没有航标的河流上》涉嫌抄袭契诃夫的中篇《草原》。第二种是"模仿借鉴学习"立意和表现手法,还是 20 世纪 80 年代,著名作家白桦先生的电影《今夜星光灿烂》涉嫌抄袭苏联作家鲍·瓦西里耶夫《这里的黎明静悄悄》。这里必须提一句,我对白桦先生的风骨极为敬佩,三十多年前刊登《苦恋》剧本的报纸我至今珍藏;我几乎不读现代诗歌,但却经常朗读《从秋瑾到林昭》。但桥归桥路归路两码事。著名作家韩少功先生的小说《马桥词典》涉嫌抄袭《哈扎尔词典》,他的小说《爸爸爸》和另外一部我忘记名字的外国小说的一个章节极为相似,都是以一个傻子的视角看世界。著名导演冯小刚先生 2007 年的电影《集结号》在战争场面的刻画描写上,就"模仿借鉴学习"了 1998 年的美国电影《拯救大兵瑞恩》。第三种就是在故事构思上"模仿借鉴学习"他人作品,蒋韵女士的《朗霞的西街》当属此类。

四

蒋韵女士作为一位已经功成名就著作等身又拿过鲁奖的老作家,居然能够放下高贵的身段,"模仿借鉴"苏联著名作家瓦·拉斯普京 30 多年前就已经家喻户晓的"古老小说",是真虚心好学啊,不过胆子也太大了。有点儿像在众目睽睽之下，明目张胆地把别人的物件装进自己荷包，还大摇大摆大张旗鼓地走过喧哗繁荣的文学街市，引来一伙不明就里的群氓喝彩，蒋韵女士真是太糊涂太不自重太丢人太掉价，蒋韵女士的一世英名毁于一旦。写不出来，咱们可以不写嘛。反正咱们已经牛气过风光过，让年轻人去牛气去风光吧。该服老时就服老，即使是天才作家也不能永不停歇地"可持续发展"。狄更斯 26 岁就江郎才尽，他后来的所有作品只是不断重复自己。再说了，真的不"模仿"不"借鉴"就写不出好小说了吗？难道好诗真让唐人做完，好小说都让外国人写完了？今天，我们中国作家除了"模仿借鉴"就没有别的活路了吗？我看未必。毕飞宇的《玉米》、乔叶的《最慢的是活着》等中篇，付秀莹的短篇《爱情到处流传》，没有"模仿借鉴"任何人，不是也酷毙了帅呆了吗？尤其是毕飞宇的《玉米》，简直是对那个时代乡村女性生存状态和文化心理描写的绝唱，是一篇可以当作经典杂文慢慢咀嚼和长期反刍的难得佳作。借用陈村先生在《幸亏有个外国》一文里的话说，蒋韵女士如今摇身一变，从著名作家华丽转身为"著名学者"了，不过这样的"著名学者"到大学讲课是没有人肯下聘书的。

蒋韵女士的山西同事，著名作家文学评论家韩石山先生 1998 年在《马桥事件：一个文学时代的终结》一文结尾，貌似代表中国文坛站在山西太原他们家书房门口而不是北京天安门城楼上，曾信誓旦旦地欣喜地向中国广大作家及文学爱好者、读者庄严宣告：在一百零二年内，再也不会有人敢这样模仿外国作家的作品了。以模仿为特征的新时期文学，就这样结束了。从此中国的文学，不管怎样的平庸，总算进入了一个正常的时期。

气魄是够大的，架子端得也蛮像那么回事儿，但这是真的吗？我亲爱的韩石山先生。这才过去短短十五年，还不到一百零二年的五分之一，蒋韵女士就用她苦心经营的"模仿借鉴"之作狠狠扇了韩石山先生一记响亮耳光。老曹断言，蒋韵女士绝不会是中国文坛最后一位"模仿借鉴"他人作品的作家，以后还会有赵韵女士钱韵女士或者什么男士继续这种轻松自如、不用绞尽脑汁的"模仿借鉴"勾当。就如只要有官场就会有贪官有污吏不断滋生，野火烧不尽春风吹又生。有男欢女爱就会有偷情有通奸有奸夫奸妇有婊子有小姐绵延不绝前赴后继，这是人性，根本不以韩石山们的良好愿望为转移。谁能想到那么聪明自负眼空无物自以为料事如神，又治学严谨的学者型作家韩石山先生也会说出如此经不起推敲的昏话和傻话，蒋韵女士真是太不为山西作家争气、太不为中国作家争气了。您让韩石山先生今后还怎么在中国文坛混？他说的话还有谁会相信？他作的文还有哪家报刊愿意买？您这不是断了老韩家的生计活路了吗？庄子所言的中国儒家知识分子的一个特点和一个毛病，"明于知礼义而陋于知人心"，在山西作家身上被彻底颠覆被无情证明了。蒋韵女士颠覆了知识分子"明于知礼义"，"模仿借鉴"不对，而且很丢人，是连垂髫小儿都晓得的事，年满一个甲子的蒋韵女士居然一时忽视了忘记了践行了。韩石山先生证明了知识分子"陋于知人心"，你韩石山不想"模仿借鉴"，不等于别人不想"模仿借鉴"；你韩石山现在不想"模仿借鉴"，不等于将来你写不出来时、看见外国好小说时，手心痒痒得难以忍耐，不想"模仿借鉴"。谁也不要把话说满说绝，给自个儿也给别人多少留点儿余地，人心是最难测量的，欲壑最难填满的，这也是亘古不变的人性。

五

平心而论，《朗霞的西街》尽管是一篇"模仿借鉴"之作，老曹还得承认这是篇非常好看的小说，两万五千多字，老曹一个晚上读完，小说结尾朗霞来到赵彼得大夫墓前的大段表白把老曹感动得一塌糊涂。蒋韵女士的语言非常好，干净清新明朗充满画面感，是拍电影的好本子。故事铺垫有序，环环相扣，没有一丝破绽。几个人物都形象丰满有模有样，就连那个着墨最少的谷城中学美术教师周香涛，我们似乎都能看见他那临阵逃脱时懦弱的没有任何承担的猥琐胆怯的背影，没有他的逃避责任很可能就没有吴锦梅的出卖了。而且《朗霞的西街》所暗含的强烈的社会批判性老曹最为欣赏，国民党军营长陈保印真的就该死吗？1949年以后的那么多政治运动都是正确的吗？用今天的眼光看，我们该做怎样的反思呢？

作为写出《左传》《战国策》《世说新语》《史记》《水浒传》《金瓶梅》和《红楼梦》等皇皇巨著的后人的我们，不应该总是捡拾外国人的牙慧"模仿借鉴"过日子，不要辱没了我们伟大智慧的祖先。从遗传基因的角度讲，中国作家不应该弱智而应该是高智商。莫言先生获得诺贝尔文学奖，也证明了中国作家完全可以依靠自己的独特创作攀登世界文学的珠穆朗玛峰。文学贵在创新，新的立意新的构思新的语言新的人物。请蒋韵女士从今以后记住，塑料花即使再美丽也是仿制的没有生命没有芳香的假花。老曹和蒋韵女士和中国文坛的所有作家共勉。

过几天，老曹想去北京看望狡猾顽皮可爱的小孙子，顺便去中国作家协会创作研究室咨询一下，这样的"模仿借鉴"算抄袭吗？

（此文刊发于 2016 年 2 期《文学自由谈》。）

舌耕堂文学批评（四篇）

阎纲先生，话可不能这么说

这份 2016 年 6 月 13 日的《文艺报》，老曹保存两年多了，就是因为有些话要说，可是又不太好说，才拖到今天。这份《文艺报》的 2 版和 3 版，有六篇"陈忠实的创作道路研讨会发言摘登"，阎纲的《〈白鹿原〉的继承和超越》是第一篇，其他五篇略去不提。

阎纲的《〈白鹿原〉的继承和超越》一文，有这样一句话："在陈忠实看来，严重的问题不是教育农民，而是接受农民的教育。"

对阎纲的这句话，老曹不能认同。"严重的问题是不是教育农民"，因为涉及伟人语录，高深莫测，老曹暂时琢磨不透，没有资格谈，更不想谈。但是"在陈忠实看来……而是接受农民的教育"，这句话显然是严重错误的。

陈忠实描写的《白鹿原》，经过清朝灭亡、辛亥革命爆发、五四运动和共产党兴起，一个没有皇帝的新时代在中国大地已经开始。这些，无一不是西方工业文明冲击的结果。农民即使拥有再多的优秀品质，作为一个阶级，他们已经不是先进生产力和先进生产关系的代表。中国已经有了大机器生产和随之而来的民族资产阶级和工人阶级，以及提倡"德先生""赛先生"的先进知识分子。农民应该接受的是当时最先进的思想文化教育，而不是倒过来。倘若真的倒过来，那就是开历史的倒车。

如果按照阎纲说的，"在陈忠实看来……而是接受农民的教育"，那么"文化大革命"中，把 1000 多万"知识青年"，驱赶到农村接受贫下中农再教育，也是应该也是正确，他们更不应该回城了。其实这 1000 多万"知识青年"，绝大多数是狗屁知识都没有的初中生。他们中的大部分人，回城后没几年就沦为下岗职工就是实证。老曹不否认《白鹿原》是一部伟大小说，陈忠实是一位伟大作家。但《白鹿原》又是一部宏阔雄壮而又精致悲伤的，农耕文明的渐渐消失的挽歌。陈忠实以他的深刻思考和睿智理解，恋恋不舍地为 4000 多年的农耕文明画上了一个圆满句号。陈忠实更为我们解读那段历史，提供了巨大的想象空间，突破了原有的固定框架。阅读是对创作的再创作，作者是作品的起点，读者是作品的归宿。因此，《白鹿原》很有可能是，"城头变幻大王旗"后最牛的一部长篇小说。

老曹以为当代中国，有两个人最了解中国农村和中国农民，一个是邓小平，另一个就是陈忠实。邓小平把土地还给农民，陈忠实写出传世之作《白鹿原》。

对阎纲先生发言还有几个问题，老曹也有不同看法，这里按下不表，以后再说。

最后，再容老曹说句刻薄话，否则老曹就不是老曹了：我们切莫把名人的"大便"当成"黄金"。哪怕那个名人是你老师，是你哥，是你爹。

老曹对阎纲先生非常敬重，但是该批评的，还要一吐为快。因为当代文坛把名人的"大便"当成"黄金"买卖，已经成为一种大趋势。莫言的"鼻涕"和"黄痰"不是被很多刊物当成高级"口香糖"或者怪味"巧克力"供在头条了吗？

陈忠实先生也"马尔克斯过一次"

老曹有个翻阅旧书刊的习惯，最近，看文学评论家任芙康的一篇旧文，《我不是要跟他抬杠》，写他和文学评论家李建军等人到云南某地辅导当地作家的故事，由李建军的发言，他生发出来的一些感慨，这些感慨击中了中国文坛的某些病灶。任芙康的文章很幽默，是这样开头的："为着真实，本文第一句话，使用他深度厌恶的句式：李建军不同凡响的发言，是在会议临近结束的时候。"明眼人一看即知，任芙康故意山寨了一个马尔克斯句式。接着任芙康写了李建军毫不客气地批评了一位女作家三篇小说的开头克隆《百年孤独》的开头——易风产生割掉自己耳朵的念头，是在易加尧往家里带第十九个女人的时候。老费知道自己成了烈士，是在多年后的一个中午。李娅和柳小云是在部队撤退时掉队的。任芙康分析了普通作家山寨博尔赫斯、马尔克斯，是为了上稿，因为掌握版面权的"博学专家"，就认这狗屁玩意儿。下面，老曹要说的话拐弯了。据说，陈忠实的《白鹿原》已经被文学界定位为 20 世纪中国当代文坛最伟大的长篇小说。老曹当然拥护。可是，请诸君看看《白鹿原》的开头——

白嘉轩后来引以为豪壮的是一生里娶过七房女人。这个句子跟上面的三个句子有本质区别吗？陈忠实只不过比其他山寨者"点化"得稍微巧妙些罢了，大师嘛，还能白"大"了。但那"马尔克斯的烙印"，依然十分明显，就像阿Q头上的癞疮疤。

老曹觉得小作家克隆外国名家情有可原，陈忠实这样的一流作家山寨马尔克斯，就不能原谅。和尚摸得，"陈忠实们"也不能摸。因为一流作家是引领文学潮流的，是创造最新的文学表现手法的，倘若"陈忠实们"的创新能力都枯竭了，遑论二三四流作家。

马尔克斯说过，他最佩服的作家是托尔斯泰。托尔斯泰就是一五一十地顺叙，而顺叙又是最难写的。

老曹最喜欢的中年小说家是毕飞宇，毕飞宇这个男人极少玩花样，就是像托尔斯泰那样老老实实、一笔一画地顺叙。

其实，认真看过《白鹿原》的读者，一定认为，白嘉轩这辈子最倒霉的就是接连死了六个媳妇。所以陈忠实那个"马尔克斯式的开头"，是个反生活情节反人物心理的大病句。真不如改成：白嘉轩这辈子最悲摧的就是连续死了六个媳妇，差点儿把家底花空。

我们用常情常理推之：刚结婚一年就死老婆。再结婚又死老婆……一连死了六个老婆，对一个年轻人的打击该有多大。"豪壮"在哪儿？又有何理由"豪壮"？怎么会豪壮？哭都来不及，甚至上吊的心都有了，这才是正常的人物心理。

其实陈忠实也是如此写的，白嘉轩的第六个老婆胡氏死后，陈忠实写道："嘉轩完全绝望了。冷先生开导他说：'兄弟，请个阴阳先生看看宅基和祖坟，看哪儿出了毛病，让阴阳先生给禳治禳治……'"（《白鹿原》第一章最后一个自然段。）

所以，老曹觉得陈忠实那个"马尔克斯式的开头"，是自相矛盾的。而且还是故作惊人之笔，纯属赶当时"蜂拥"《百年孤独》的时髦，为模仿而模仿。白嘉轩年轻时接二连三死了六个老婆，既晦气又花钱，"臭名远扬"，无论后来何时想起，都没有任何理由生出"豪壮"的感觉。

《白鹿原》成书时，陈忠实整整50岁，已然是一位相当成熟的作家，似乎不应该犯这样的错误，尽管陈忠实也是应该犯错误的——这个句式是老曹"山寨"王安忆批评汪曾祺的，非老曹独创。王安忆在《听汪老讲故事》里说的。

备注：任芙康《我不是要跟他抬杠》，刊登于2016年8月31日《文艺报》

读杨绛先生《洗澡之后》的两个困惑

十几年前，老曹看过杨绛的长篇小说《洗澡》，觉得还能看，很大程度把《洗澡》当"史书"看，犹如把杜甫的诗当"诗史"读。前些年有人盛赞《洗澡》是当代《红楼梦》，还有人盛赞《洗澡》是半部《红楼梦》加半部《儒林外史》。这样的话，亲朋好友之间嘻嘻哈哈说说，让老人乐和乐和，无所谓。倘若真要写成文学评论或者纪念文字，必须谨慎。尤其说《洗澡》是半部《红楼梦》加半部《儒林外史》，那真是把《洗澡》读歪了，没有真正读懂。我们不能学那个大嘴巴的王朔，许多年过去，王朔自个儿的"《红楼梦》"还在肚子里憋着，没有生出来，不知何时"一不小心"流产。

年初，看见实体书店卖杨绛的《洗澡之后》，精装，小 32 开本，不足 130 页，很漂亮，拿在手里蛮舒服。也好奇"洗澡之后"穿上什么"衣服"，请回家一本，一炷香工夫学习完了。

《洗澡之后》的前言杨绛写道——

《洗澡》结尾，姚太太为许彦成、杜丽琳送行，请吃晚饭。饭桌是普通的方桌。姚太太和宛英相对独坐一面，姚宓和杜丽琳并坐一面，许彦成和罗厚并坐一面。有读者写信问我：那次宴会是否乌龟宴。我莫名其妙，请教朋友。朋友笑说："那人心地肮脏，认为姚宓和许彦成在姚家那间小书房偷情了。"

我很嫌恶。我特意要写姚宓和许彦成之间那份纯洁的友情，却被人这般糟蹋。假如我去世以后，有人擅写续集，我就麻烦了。现在趁我还健在，我把故事结束了吧。这样呢，非但保全了这份纯洁的友情，也给读者看到一个称心如意的结局。每个角色都没有走形，却更深入细致……我把故事结束了，谁也别想再写什么续集了。

杨绛在《洗澡之后》的结束语再一次强调——许彦成与姚宓已经结婚了，故事已经结束得"敲钉转角"。谁还想写什么续集，没门儿了！杨绛这些"云山雾罩"的话，把老曹彻底整晕。"晕定思晕"后，老曹敲这篇小文讨论两个问题：一、许彦成和姚宓之间的友情真的那么纯洁吗？二、真的有人想续写《洗澡》吗？

老曹先说第一个问题：许彦成和姚宓之间的友情真的那么纯洁吗？

为写这篇小文，老曹重读《洗澡》，重点放在"姚宓和许彦成之间那份纯洁的友情"上。姚宓和许彦成在姚家那间小书房到底偷没有偷情，"心地肮脏那人"说了不算，杨绛的朋友说了不算，杨绛自己说了更不算，谁说了算？

《洗澡》里的描写说了算。请看：

"小书房里只有一张小小的书桌，一只小小的圆凳。这时许彦成坐在小书桌上，姚宓坐在对面的小圆凳上，正亲密地说着话儿。她的脸靠在他膝上，他的手搭在她臂上。"（《洗澡》188 页。）

请问读者诸君，这是正常的男女同事交往方式吗？这样的动作超越没有超越人们约定俗成、能够接受的程度？哪位妻子允许另一位女士，把脸靠在自己丈夫的膝上，还允许自己丈夫把手搭在这位女士的臂上？哪位丈夫允许自己的媳妇，把脸靠在另一位男士的膝上，这位男士还把手搭在自己媳妇的臂上？

除了这样的动作传情描写，《洗澡》中眉目传情的描写就更多了，许彦成的精神早已出轨，他见到姚宓不久，就在精神上彻底背叛妻子杜丽琳。行动上，跟杜丽琳分居，不住卧室住在自己单独布置的"狗窝"。他几乎天天下午去姚宓家陪伴姚宓的妈妈听音乐，显然"醉翁之意不在酒"。许彦成和姚宓还有你来我往的"情书"。更有"未遂的结伴香山一游"，许彦成和姚宓已经如约到了西直门，许彦成因为这样的担心没有跟姚宓坐车一起去爬香山："假如他和姚宓同上'鬼见愁'，他拿不定自己会干出什么傻事来。"（《洗澡》133 页。）以常情常理推之，许彦成和姚宓的关系亲密到何种程度，许彦成才有可能这样分析判断自己？

还有，姚宓甚至对许彦成说："我就做你的方芳。"方芳是单位图书室的管理员，她星期天在图书室的藏书房跟情人苟合，丈夫跟踪而至，破门而入，方芳抱住丈夫，让情人穿衣逃走。

许彦成听了姚宓说"我就做你的方芳"，给姚宓写信："我说不尽的感激，可是我怎么能叫你做我的方芳呢。我心上的话有几里长至少比一个蚕茧抽出的丝还长，得一辈子才吐得完，希望你容许我慢慢地吐。"（《洗澡》175页）姚宓对许彦成的感情表白，许彦成对姚宓的感情回答，已经到了赤裸裸的无以复加的地步。哪里还有半点"纯洁友情"的影子，完全是实实在在的情人关系。

《洗澡之后》24 页，许彦成在最高学府图书馆的书库，见到在这里脱产进修的姚宓：

姚宓忙去找书，忽见许彦成走到她身边说："阿宓，我好想你。"姚宓吓了一跳。她说："这是书库呀。"许彦成说："教师可以进书库。这也等于说，以后我们可以天天见面。"姚宓激动得书也不会找了，全是许彦成帮她找到的。幸亏这天书库里没有几个人。

请问，这像是只有"纯洁友情"人说的话吗？只有"纯洁友情"姚宓激哪门子的动啊。

《洗澡》和《洗澡之后》这样的描写叙述还有很多，足以证明许彦成和姚宓之间根本不是什么"纯洁友谊"，许彦成是婚外恋，姚宓是第三者。

小说出版后就是"公器"，交给社会。读者看完或者畅谈阅读体会，或者抒写评论文章。无论作者名气多大，在文学批评面前，谁都没有豁免权。更何况"那人"说得很有道理，更谈不上什么"心地肮脏"。从小说的叙述描写看，许彦成和姚宓的"友情"一开始就不纯洁。而"偷情"是个外延很大的形容词，难道只有上床开练，才算"偷情"？这样理解"偷情"是不是太狭窄太庸俗？对许彦成这样的高级知识分子，对姚宓这样的大家闺秀，"偷情"的"门槛"就应该设得高些。况且杨绛在书中，是把许彦成和姚宓定位为"学养修养双馨"的人，这种"几乎式的搂搂抱抱"，完全可以定位为"偷情"。不能把许彦成和姚宓"混同于普通的老百姓"，他们早已超越柏拉图式精神恋爱的界限。两人约好只做"君子之交"，最后却走向婚姻殿堂，这不是自己扇自己脸蛋吗？

老曹要说的第二个问题：真的有人想续写《洗澡》吗？

老曹实在不明白杨绛怎么会有如此"防人之心"。有朋友跟老曹说，20世纪90年代初有"钱迷"续写《围城》，出版了《围城之后》，钱锺书极为反感，状告出版社侵权。所以杨绛担心有人续写她的《洗澡》。

杨绛真是想得太多，把《洗澡》看得太重。首先，《洗澡》的故事情节比《围城》简单得多，每个人物的故事可以进一步展开想象描写的空间，远没有《围城》那么"纵深"，可以发挥的余地极小。其次，知识分子"洗澡"以后的生活，在许多文艺作品中都有反映，很难写出新意。再次，"前车之鉴"在那儿摆着，真正有能力续写《洗澡》的作家，干吗自找没趣，做这种"为杨绛作嫁衣裳"，费力不讨好，甚至挨骂的事，天下有这样的傻瓜吗？即使有作家写了，出版社也不会冒着吃官司的风险去出版。最后，《洗澡》又不是伟大的经典，根本不能跟《围城》相提并论。人啊，还是不要把自己和自己的那几本小书太当回事。当代人的夸奖不作数，几十年以后，还有人提起你，看你的书，那才是真本事。萧红去世 75 年，《呼兰河传》仍然畅销。如今还有谁看丁玲的《太阳照在桑干河上》？不管你当初得过什么奖。

《洗澡》不是《红楼梦》，许彦成不是贾宝玉，杜丽琳不是薛宝钗，姚宓也不是林黛玉。

《洗澡》也配不上半部《儒林外史》，杨绛没有塑造出范进、胡屠夫以及严监生等进入文学画廊的典型人物。《洗澡》就是《洗澡》，它让后人知道了那段历史，这已经相当了不起。为此，老曹向杨绛老人鞠躬致敬。

至于那位"心地肮脏"的读者，读出"乌龟宴"的感觉，那是他的自由，谁也无权干涉。不过老曹请杨绛彻底放心，即使您不写《洗澡之后》，也没人续写《洗澡》。

杨绛的弟子和粉丝，不要误会老曹，老曹和你们一样敬仰她老人家。只是老曹心存疑惑，提出就教方家。

阿成先生，让老曹怎么说你啊

特喜欢阿成的短篇小说，如《良娼》《年关六赋》《二母亲》，阿成的小说让老曹品出咱国野史和诗词歌赋的味道，语言棒极，尤其是《良娼》，真可视为现代汉语的典范。也欣赏阿成为《小说选刊》写的"名家素描"，如《笔阵横刀邓一光》等，他写邓一光让老曹最难忘的句子是："邓一光是中国文坛的巴顿将军。"后来老曹看陈世旭写的《常山高士贾大山》："河北名家陈冲说，如果世界上只有两个聪明人，那蒋介石第二，贾大山第一。"

由此，愚笨的老曹终于醒悟，写文章一定要有令人难忘的名句。这个名句即使你不完全认同，也挑不出大错。可是最近整理旧杂志，看了阿成写的《流年惊风雨，今个叶广芩》一文的"名句"，就让老曹觉得离谱了。

请看："这个叶姓本身是派生于清代叶赫那拉之皇族的。知道了这样的渊源，再悄悄地端详叶大姐，人也一下很不同起来，横看竖看，觉得她很像年轻时代的慈禧。尤其是叶大姐的笑，感觉像刚刚被册封时的慈禧，特别有感染力。"

老曹看到这，就想：阿成呀，你这是夸叶广芩，还是骂叶广芩？有这样夸人的吗？老曹说你长得帅，酷似20世纪30年代后期和40年代前期在南京"认真办公"的汪精卫，你高兴吗？

慈禧在历史上是个什么角儿，你难道不知道？知道为何还用充满艳羡赞颂的笔调写她？在你看来叶广芩应该为有慈禧这样的祖先而骄傲了：我叶广芩是皇室后裔，出身不凡。

老曹真不知道，今天秦桧的后人是否也可以这样想：俺是南宋国务院总理的后代，先祖曾是一人之下万人之上嘞。

还有一个问题，老曹想请教阿成：你真的见过慈禧年轻时的照片？尤其是她刚刚被册封时的那张？老曹可以肯定，你根本没见过。慈禧被册封是1854年，19岁。1888年美国柯达公司才生产出胶卷，同年柯达公司发明了世界上第一台安装胶卷的可携式方箱照相机，照相技术传入中国最早是19世纪末。

现在各种书籍插图和网络上慈禧的照片，均为慈禧晚年照片。没见过怎么写得跟真的一样？人物素描可不是小说。老曹也想请教叶广芩，阿成如此"恭维"你，你也心安理得地消受？套用官二代富二代的说法，你还真把自己当成"皇二代"或"皇三代"了？老曹绝对没有让你替慈禧赎罪背黑锅的意思，但是身为慈禧后人绝不是值得向世人炫耀的资本。

老曹记得，40多年前，有那么一段时间大家都是比穷，谁家穷的时间长，谁最光荣。一提出身，甲说，我家三代贫农。乙必然说，我家五代贫农。丙想都不想，马上说，我家八代贫农。很像1958年的放卫星。韩石山调侃：你家八代贫农，30年算一代，你家240年就没出一个能人，把日子弄得好过一点儿？

如今倒过来了，一说出身就是比阔，谁家阔得久，谁最荣耀。真是豪门望族或者大地主大资本家，那倒也罢，张贤亮就说自己是三代资本家，这是真的。

有些人就可笑了。祖上既无千顷良田，更无机器轰鸣的工厂，或者实力雄厚的钱庄商号，怎么办？当然有办法，挂上一个同姓的历史文化名人。比如姓范的就说是范仲淹的后代，姓苏的就说是苏轼的后代，姓柳的说是柳宗元的后代，姓孔的自然是孔子的多少多少代子孙。自己这样说，朋友也跟着瞎起哄。更为可笑的是，有些不入流的专家，自己的姓跟哪位历史文化名人都不沾边，不惜把祖宗留下的姓都篡改了，挂上自己研究的那位历史文化名人的姓，以后吃这碗饭，底气就比别人足些。

说白了还是不自信，拉大旗作虎皮。自己是老虎，还用得着假祖宗那张脏了吧唧的旧虎皮吗？其实英雄不问出身。鲁郭茅巴老曹的后人，没出一位大作家。倒是山东高密东北乡，一个相貌平平的农家苦孩子，把诺贝尔文学奖大大方方揣进自己的口袋里。

"人从宋后羞名桧，我到坟前愧姓秦"。阿成写《流年惊风雨，今个叶广芩》这篇小文时，大概忘记这两句诗。至于叶广芩，大部分读者并不在意她是否皇室后裔这些八卦，更在意她的小说写得是否好看。即使祖上先前真的阔过，最好还是学学，已经去世的史铁生的淡定境界和谦卑笔墨，看看人家在《记忆与印象》中是如何描写身世。往日的比穷跟今天的比阔，是一枚硬币的两面，其实质一样。阿成把叶广芩跟慈禧拉扯上，即此种文化心理作祟。

阿Q的祖上先前也阔过，可瑞士银行没给他留下一块袁大头，又有何用？他仍然房无一间，地无一垄，住在土谷祠，靠打短工为生，只摸了小尼姑头皮一下，就激动好几天，想跟吴妈困觉，反被秀才狠狠揍了两杠子。

备注：《流年惊风雨，今个叶广芩》和《记忆与印象》，刊登于 2001 年 9 期《小说选刊》。

2018 年 8 月 30 日改就

很会码字的彭东海先生

——随意敲打的潇洒犀利妙文

一

一张报纸办得让读者喜欢，肯定有一大批优秀作者支撑，彭东海先生无疑是邯郸日报社庞大作者群这个灿烂星空中，最明亮最耀眼最独特的一颗，我以为。还有几颗是你我他是老甲老乙老丙老丁。

许多年前我就认识彭东海先生，我第一次品尝野菜馅饺子就是在彭东海先生家，"拉皮条做媒客"的是邯郸市作协主席赵云江先生，我知道了彭东海先生是复旦大学中文系毕业的潇洒才子。他和赵云江先生韩鹏先生一彪人马也到曹家寒舍便过饭，他开凤尾鱼罐头不太熟练，菜刀砸在水泥地上，火星四溅刀刃翻卷疑似农民起义，"霹雳一声震哪乾坤啊，打倒土豪和劣绅啊"。一次，他对我说，他进复旦写的第一篇作文是《从邯郸到邯郸路》，老师捏着他的作文一角，拎起来甩一甩对全班同学说，这篇文章写得有意思啊……快20年过去，彭东海先生学老师说话的俏皮口气，似乎就在耳边。是啊，复旦大学在邯郸路220号，当然是"从邯郸考到邯郸路"。今年，我的一个晚辈考上复旦大学医学院，我去送了，我这个邯郸人在邯郸路上徜徉，无比自豪。

二

我知道彭东海先生很会码字，在网上"暴走"过他的博客，一目五行地扫荡过他发在一个小众杂志上的东西，都是一些尺度比较大的随意敲打，当然那些文字也彰显了他的才华更彰显了他的个性，但我没有太在意。他毕竟在复旦大学中文系的宿舍睡过四年，那些东西不算个啥，就跟女人会生孩子、男人能扛煤气罐上楼，说那是好文章是侮辱了他。直到看了他发在晚报上的《左氦－3右婵娟》和《猫冬的人性》，我才彻底服气，被他镇住。我认为前者是晚报近年来发表的最独特最科普的随笔，后者是晚报近年来发表的最潇洒最深刻的随笔。两篇文章风格迥异，他两套笔墨齐备，这更加难得。

先说《左氦－3右婵娟》，此文是"中秋特刊"约稿，作文者都知约稿难写，写好更难。可彭东海先生此文写得千姿百态气象万千汪洋恣肆，看了让人眼花缭乱耳目一新，信息量大，发人深省，显示了彭东海先生不同于绝大多数业余作者的少有的独特知识结构。他把中国传统的"月亮文化"和科普知识一锅煮了，把"月亮"和"月球"一勺烩了，切入点真是绝了！

开头上来就是个略微发荤的幽默段子，世俗而又紧扣现实，一点儿过渡都没有，根本不给文章戴帽，不落俗套——"段子说有一天在月亮上，八戒正企图跟嫦娥'婵娟'一把，忽见窗外有异样，八戒迅疾出巡；未几返回，收了耙子说，没事，是一个叫杨利伟的。"

看完立马抓住读者，八戒是丑男，嫦娥是美女，癞蛤蟆吃天鹅肉，他俩正要"婵娟"被杨利伟无意中碰上，耽误了流程，能不引人往下读吗？婵娟本是形容词，作者让它摇身一变成为动词，赋予只可意会不可言传的新意。作者的真正用意却不是简单荤你一下，这个段子就是文化与科技的嫁接，八戒是中国传统文化，婵娟是月亮文化，杨利伟代表现代科技。于是也为整篇随笔定下调子，文章以此调门，作者调动多年积累的有关月亮的古今中外的传说和知识及人类征服月球的缭乱历程——太空中6614个航天器、李白340多首与月亮有关的诗、苏联第一颗人造卫星、阿姆斯特朗踩在月球上的大脚印、月光女神莎拉布莱曼歌唱月亮的轻歌曼舞、上帝是个宇航员，等等。作者排空驭气奔如电、升天入地写个遍，酣畅淋漓汪洋恣肆铺排渲染成文，最后畅想未来，人类从月球取得氦－3这种既安全高效又清洁无污染的新能源，结尾是个自撰的科技与文化结合的幽默段子，有科普读物味道但绝对又是美妙独特的文学作品，这样的牛文不是只读文史哲的人能够写出来的。邯郸的作家应该扩大自己的阅读面,天文地理航天物理化学生物通吃博览,向彭东海先生学习。有人说最好的评论是和原作者对话,是以原作者为假想读者交流。老曹简单粗略的解读不知能否与彭东海先生的创作思路接轨。

《猫冬的人性》与《左氢 -3 右婵娟》风格完全不同,严肃庄重冷静,而且是那种手握解剖刀式的冰凉的冷静。内容复杂深刻,涵盖的外延比较广,更难解读,是聪明人写的智慧文。思绪跳跃,文字洒脱机智,偶尔俏皮一下但绝不诙谐更无幽默。从东风二汽卡车运来的大同煤跳跃到激情广场和日耳曼青年对女同事迷茫深情的眼神,从朝阳沟的银环跳跃到电影《黑皮书》的荷兰姑娘和作者的一个奇幻梦境等。文章谈史论今,举重若轻,许多句子令人深思警醒,堪称经典警句。

请看:"他们很少有发出自己声音的机会,一生站位的原则是与大多数人保持一致,一旦孤立就会怀疑自己。"反躬自省,我们是不是这样察言观色可怜巴巴地生活了一辈子? 再请看:"历史有四季,二战时的欧洲和'文化大革命'时的中国,都曾是人性的冬季。""文化大革命"过去才 30 多年,被卑劣人性伤害的痛苦记忆还在,曾经流血的伤口还没有彻底愈合,那是我们民族的古拉格群岛。还有:"从小儿,我们这一代孩子们就都学会了站队、表态、选立场、排斥异己,为所隶属的队伍做不计代价的冲杀。我们以为人生来就是分拨儿的。我们从小儿就把自己交给了团伙儿,我们觉得人如果没有一支队伍收纳简直不能活。童真是坚定有力的,像河底的石子,翻滚颠簸,却终究留在了今天的水底。所谓童真,乃是我们赤裸无羁状态下的人性。"这些犀利深刻无情的剖析像一面镜子羞得我们无处藏身。

整篇文章看似信笔写之,似乎全无章法,其实深文周纳,处处藏有机关,精心结构匠心独具。正如会打扮的女人看不出打扮的痕迹一样。当然也有一些为使文章丰腴的闲笔,会写文章者都懂得闲笔其实不闲,否则文章只剩几根筋骨没有血肉,丰腴也是文章一美。随笔的特点就是夹叙夹议天马行空作文半径比较长,是有头脑有思想人玩的游戏,知识贫乏者智力平庸者思想侏儒者揽不了这活儿,码字人都清楚散文好写随笔难敲。《猫冬的人性》题目起得也好,人性像蛇或熊一样冬眠，"猫"在寒冷的严冬，等待春天来到时苏醒。此文还让我想起 20 世纪 70 年代末 80 年代初风靡大陆的日本影片《人性的证明》，此时《草帽歌》凄凉动人的旋律回荡环绕在我码字的书房空间。

三

前几年，彭东海先生还给晚报写过一篇很棒的随笔《坚硬的〈朝阳沟〉》，反思分析豫剧《朝阳沟》变成咱们邯郸人"婚礼进行曲"的原因。影响颇大，喜欢者甚众，反对者亦颇多。一篇文章发表后有争议甚至有比较大的争议是好事，就怕发表后没有任何动静，那才可怜，既是作者的悲哀更是报刊的悲哀。我基本同意彭东海先生的观点，但是有一点不同，我觉得许多邯郸人更多是喜欢《朝阳沟》那欢快喜庆具有地方特色的音乐曲调而不是唱词。正如易中天先生最近发表的文章《那时我们也唱红歌》一文所说，其实现在许多人早晨或者晚上在激情广场唱红歌，也是喜欢那音乐，跟歌词跟内容没有必然联系，不信你把歌词改一下。

除了《左氢-3右婵娟》，《猫冬的人性》和《坚硬的〈朝阳沟〉》，都是他随意敲打的潇洒犀利妙文，敲完挂在博客上，编辑向他要稿，他手指头一点就过去了。他意不在此，他能做的事会做的事很多也做了许多事，20 年前他策划拍摄的广告就得过大奖，他做出品人的 26 集电视连续剧《亲情树》拿过电视剧飞天奖，听说他最近正在筹备拍摄一部电影。

彭东海先生这套笔墨给国内任何一家大牌报刊写专栏都能胜任，优秀写手是邯郸文化实力的具体标志，作为邯郸人，我为有这样优秀杰出的同道而骄傲。我不见这位牛人已经多年，只是搜了他的博客才知道他在中国艺术家的著名栖息地宋庄安了新家。粗略算来他也步入"50 后""年整半百"，更加睿智成熟的人生刚刚开始，才华进入鼎盛时期，文字更加炉火纯青，遥祝他活得自在舒服，像他的文字那样潇洒张扬漂亮。

2013 年 12 月 30 日

给中国辞赋家协会副主席王维中先生的一封信

维中兄你好：

三年前时任晚报总编辑和峰先生，邀请你、我和市委宣传部的一位老领导一起给晚报写时评，和峰先生总想找个时间把咱们三人拉在一起聊聊坐坐，但是终因大家都忙，缘悭一面。活儿还是干起来了，我从文字里认识了你，你作文角度刁下笔狠，颇有杀伤力。后来，陆陆续续在几本杂志的封面和插图瞻仰了你的"真容"，"活人"终于还是未见。这没什么，我这辈子也见不着李白，不影响我喜欢李白的《将进酒》《蜀道难》《梦游天姥吟留别》。

维中兄，月初在晚报读到你的《雅雨赋》，很喜欢，反复吟诵，尤喜"欲听雅雨之韵，且画桥停棹，古镇盘桓"和"若寻夫雅雨之灵，当去潇潇雨巷，蔼蔼茶园"两段。你的《雅雨赋》令我想起余光中先生的名篇《听听那冷雨》，当即翻出两文并读，妙不可言。你的雅雨和余光中先生的冷雨，滴滴点点滴滴淅淅沥沥淅淅，洒在我心头洒在我书桌，我轻轻吟默默想静静听细细嗅，清清爽爽清清。雅安的雅雨和台北的冷雨交汇编织成密密的雨网罩住了我，我陶醉其间。

美文共欣赏，好饭大家尝。第二天我问一位喜爱古典文学的朋友看了晚报的《雅雨赋》否？他说当然看了，他还到寒舍送我三期你主编的《新建安诗刊》，第三期就有你的《雅雨赋》。三期《新建安诗刊》浏览一遍，真为咱们邯郸骄傲，在物欲横流金钱至上的当下，还有这么多清心寡欲的高尚之士，在诗词歌赋里留恋徜徉，追求心灵的安宁，那种境界那份心境让我想起范仲淹《严先生祠堂记》和苏轼的《放鹤亭记》的"主人翁"，实在令人敬佩。我在读书笔记里抄录了你的《勉志联三则》：做人是第一学问，吃苦为不二法门。披古通今，不过做人二字。经天纬地，必经吃苦一途。家国乐忧皆堪入论，古今贤圣也可怀疑。

维中兄，不知你有没有这种阅读体会，许多文章在报纸上初看，觉得还不错，放在刊物里就觉得逊色了，编在书籍里似乎就觉得不太妥当了。我称之为，刊物书籍具有的某种"放大性"，刊物书籍能"放大"文章的优点和缺点，使两者都更加醒目。真正的美文放在刊物和书籍里会更好看。大概是报纸、刊物、书籍，一个更比一个高级，读者在阅读过程中会有意无意地对阅读物提出同样阶梯式的心理期待。

手拿典雅的《新建安诗刊》第三期，再次吟诵《雅雨赋》，更加喜爱"欲听雅雨之韵，且画桥停棹，古镇盘桓"和"若寻夫雅雨之灵，当去潇潇雨巷，蔼蔼茶园"两段，还特别欣赏结尾对文章主题的升华："呜呼，当世多以新奇迅疾为尚，存雅裕遗风如雅安者几希。心为物役，利使膝挛，终不知心之适归，更无往而不舛。今日之所逐，或为昨日之所弃焉！"无此结尾，此文至多为中上品。有此结尾此文必是上品，拿 2013 年全国辞赋最高奖"屈原奖"当是实至名归，理所当然。

维中兄，下面开始然而了。然而即使现代文学巨匠迅翁的文章，在学人眼里也不是篇篇生辉字字珠玑，也有高下良莠之分。白话文巨擘毛润之也不断修改自己的文章。下面老曹要冒犯维中兄了，这也是维中兄"教导"老曹的：古今贤圣也可怀疑。老曹总觉得《雅雨赋》小序可改之处有三，只是老曹一孔之见，未必对。文章之事本是见仁见智，尤其无伤大雅的细微末处，但有时细微末处推敲起来更耐人寻味，蛮有意思。

维中兄小序原文——"癸巳年三月，雅安地震，举国衔悲。方家张友茂编《雅安诗赋集》以志纪念，约余属文。余每游历巴蜀，必于雅安勾留。雅安以雨得名，曰雅雨。犹记雨中古朴淳和景象，常使人我两忘，恍如世外。今夜对风雨飘摇，临窗怀远，慨然为雅雨赋辞曰。"

可改之处一，"方家张友茂编《雅安诗赋集》以志纪念，约余属文。"最后一个短句"约余属文"不如改成"嘱余作文"或"嘱予作文"。

中华民族行文的一个优良传统是抑己扬人，处处抬高他人，放低自己。维中兄你看范仲淹《岳阳楼记》首段——"庆历四年春，滕子京谪守巴陵郡。越明年，政通人和，百废具兴。乃重修岳阳楼，增其旧制，刻唐贤今人诗赋于其上，属予作文以记之。"

范仲淹无论政坛地位还是文坛声望都高于滕子京，但他还是说"属予作文以记之"。

可改之处二，"余每游历巴蜀，必于雅安勾留"。第一个短句"余每游历巴蜀"那个"余"字完全可以删掉，改为"每游历巴蜀，必于雅安勾留"。

维中兄，你仔细阅读中国古文，会发现一个非常明显特点，就是上下文能看明白的前提下，尽量省略主语，延伸到白话文也一样，我和著名作家文学评论家韩石山先生专门讨论过这个问题，我们认识相同，但这个特点被许多人忽视了。省略主语的最大好处是，文章干净雅致流畅朗朗上口，用最土的说法是读起来舒服。

咱们随便举几个例子，请看李密《陈情表》首段——"臣密言：臣以险衅，夙遭闵凶。生孩六月，慈父见背；行年四岁，舅夺母志。祖母刘悯臣孤弱，躬亲抚养。臣少多疾病，九岁不行，零丁孤苦，至于成立。既无伯叔，终鲜兄弟，门衰祚薄，晚有儿息。外无期功强近之亲，内无应门五尺之僮，茕茕孑立，形影相吊。而刘夙婴疾病，常在床蓐，臣侍汤药，未曾废离。"李密省略三个主语。

再请看陶渊明《桃花源记》首段——"晋太元中，武陵人捕鱼为业。缘溪行，忘路之远近。忽逢桃花林，夹岸数百步，中无杂树，芳草鲜美，落英缤纷。渔人甚异之。复前行，欲穷其林。"陶渊明省略三个主语。

下面例子和维中兄小序最为相似，宋代词人姜夔代表作《扬州慢》小序——"淳熙丙申至日，余过维扬。夜雪初霁，荠麦弥望。入其城四顾萧条，寒水自碧，暮色渐起，戍角悲吟；余怀怆然，感慨今昔，因自度此曲。千岩老人以为有黍离之悲也。"请维中兄细观，姜夔第三个长句"入其城四顾萧条，寒水自碧，暮色渐起，戍角悲吟；余怀怆然，感慨今昔，因自度此曲"前面明显省略一个主语"余"，根本不影响理解，读来还很舒服颇顺嘴。

可改之处三，"今夜对风雨飘摇，临窗怀远，慨然为雅雨赋辞曰"。第一个短句"今夜对风雨飘摇"怎么读怎么别扭，音节不上口，把介词"对"变成双音节词"面对"就好多了。再把最后的"辞曰"删掉，结尾变得铿锵有力不再拖泥带水。请听："今夜面对风雨飘摇，临窗怀远，慨然为雅雨赋。"气势夺人干脆利落戛然而止，还给人一种前途兀然陡起悬崖绝壁，逼人抬头仰望之感。

经老曹"手术"的小序——"癸巳年三月，雅安地震，举国衔悲。方家张友茂编《雅安诗赋集》以志纪念，嘱余作文。每游历巴蜀，必于雅安勾留。雅安以雨得名，曰雅雨。犹记雨中古朴淳和景象，常使人我两忘，恍如世外。今夜面对风雨飘摇，临窗怀远，慨然为雅雨赋。"

老曹还有个想法和维中兄交流。当代中国能够直接阅读古典文学的人可能越来越少，简化字的流行几乎把阅读古文变成一种专门技能，中学也在逐渐减少古文篇目，还有人们对中文或说对语文的偏见，所以欣赏写作诗词歌赋成了类似围棋一样的小众高雅爱好，这是无人能够改变的历史趋势。巴蜀怪才魏明伦先生早早嗅到这点，另辟蹊径开始用白话文写赋。摇身一变，从著名剧作家和著名杂文家，变成白话文辞赋大家，各地纷纷重金邀请，很快暴得大名。他的创新作品中，《岳阳楼新景区记》为最。他早年一起蒙难的兄弟，文化学者张云初先生是我的朋友，"文化大革命"初他们被批为自贡市"三家村"，张老对我讲的这一切。

魏明伦先生的经验维中兄不妨借鉴，两条腿走路，传统辞赋仍写，牛刀小试也玩玩白话文辞赋，让辞赋这种高雅文学走进大众，赋予其新的生命力。许多传统艺术都面临这种困境，都在思索变革，中国的京戏外国的古典音乐都如是。京戏伴奏已经加进西洋乐器。国际乐坛新星，36岁的摩尔多瓦小提琴家帕特里夏·科帕奇斯卡娅用自己的非凡想象力，把人们十分熟悉的古典曲目演奏得像从来没有听过一样。黑鸭子演唱组演唱的《长征组歌》，进行了独树一帜的处理，给人一种全新感受，很受欢迎。刀郎也把许多老歌做了非常个性化的处理，吸引了大批听众。这也是一种与时俱进吧。

维中兄，我还看了第一期《新建安诗刊》你的《东湖赋》，写得也不错。《东湖赋》的结尾明显是从苏轼《后赤壁赋》结尾化来，这是读书有得，文学史上这样例子比比皆是，迅翁谓之翻造。今人古诗写得再好能超过古诗十九首和唐诗吗？今人作赋填词再好能超过宋玉司马相如苏轼辛弃疾李清照吗？我们写出的诗词歌赋能像他们的儿子女儿孙子孙女就很不错了。维中兄亲任邯郸市诗词楹联协会主席并主编《新建安诗刊》，还身体力行写了大量优秀作品，续接建安风骨，以文化彰显古城魅力，为邯郸文化强市建设做出自己独特贡献，功莫大焉，老曹钦佩。

老曹顿首再拜

2014 年 7 月 12 日

第五辑　老曹评记

不看曹澍你后悔

崔东汇

对于曹澍先生，邯郸人是不陌生的，我更是景仰已久，是曹先生的粉丝。记得在 20 世纪 90 年代，曹澍先生的大名几乎每周都能在邯郸的各个报纸上看见几次，当然，那时我的视野也就是本地的报刊。其实，曹先生在全国各地报刊发了许多作品，多次被转载。他的散文杂文一篇接着一篇，锋芒犀利，真知灼见，才情氤氲，纵横自如，我确实很喜爱和羡慕，有时我还把曹先生的文章剪下来压在玻璃板下当作范文学习。但是，我那时太贪玩，并没有像曹先生那样认真为文，当然我也没有曹先生的那两下子。可我没有想到。十多年后我终于见到了曹先生，而且成为好朋友。

后来我才知道，曹先生离开邯郸文学圈子，一是集中精力培养儿子，二是工作忙。我与曹澍先生只见过两面，第一次是今年 4 月的"散文沙龙"上，由王克楠兄介绍，我们的手握在了一起。可能就是缘分，我们一见如故，似乎本来就是熟悉的朋友。曹先生拿着他从书店买来的《2007 年中国散文排行榜》一书，我没有想到，曹澍先生对我入选的散文《婚事》竟是那么喜欢。他翻开我的那篇，我发现，在有的段落句子下面画着道道，他看得那么仔细，很让我感动。因为人多，我与曹先生交谈并不多。吃饭后我把自己散文集子送给了曹先生一本，请他指教。

令我没有想到的是，曹先生竟然在 5 月 24 日下午打电话给我，对我的散文给予了肯定和赞扬。我粗心，第一次见面时竟忘记给曹先生留电话，害得他找克楠询问我的电话。第二天上午"散文沙龙"活动，主题是讨论"灾难与文学"，就在讨论结束之时，曹先生说他新写的一个稿子愿意读给大家听听。这我才知道是关于我散文的评论：《弟弟你大胆往前走》。曹先生对我的散文给予很高的评价。

自此，我和曹先生电话联系多了起来。可令我没有想到，不久前在我的博客竟然发现曹先生踩的脚印。我顺着脚印追踪过去，哈哈，曹老师也开博了。在这里，我看到了曹老师许多文字，如他本人性格一样，曹老师的文字性情率真，没有掩饰和矫情，也了解了他许多过去的生活，更加喜欢他的文字和人品。自然，曹老师的文字比我十年前看到的更老辣，更有味道。

当然我说的没有曹先生写得好，不信你就到"老曹的博客"看看，你肯定有收获。不看你准后悔。

2008 年 6 月 16 日

曹刀笑吟澍新腔
——曹澍杂文随笔散文艺术特色漫谈

郭连莹

　　文学是语言的艺术。无论何种文体，其思想性、艺术性与可读性，都是通过语言的载体来完成的；语言的好坏关乎文章品位的高低，从中也能窥见作者的学识。汪曾祺说得好："探索一个作者的气质、他的思想，必须由语言入手，并始终浸在作者的语言里。"他进一步解释，语言具有文化性，作品的语言照出作者的全部文化修养。现实生活中，往往是写作者众，而语言风格鲜明者寡。走进曹澍先生的杂文随笔散文，才知道这是一位很会"玩"汉语语言的人。不必看作者姓甚名谁，只要是他的文章，读上几句话，你就会叫出"曹澍"的名字。鲜明的"曹氏语言"已形成个性的"曹氏风格"，他的杂文及随笔散文受到寻常百姓喜爱和专业报刊的青睐，便不足为奇了。近几年，其大作一发而不可收，集束式重磅炸弹散落于大报大刊。不说市级报刊及时评专栏，仅2010年，他就在《杂文报》《杂文月刊》发表杂文26篇，其中一篇被《广州日报》和《文摘报》转载，两篇被《杂文报》评为月度最佳杂文，一篇与另外三人组成河北杂文专版参加全国杂文大赛。在《散文百家》发表散文4篇，其中的《百家讲坛侃爷易中天》被《散文选刊》12期转载。2011年，《散文选刊》第4期又转载了他的《舌耕逸事》《师德教育心得》；《经典杂文》3期转载了《查尔斯的雅量和伍部长的"德行"》。2012年，在《散文选刊》《名作欣赏》《散文》《散文百家》《延河》等刊物刊发作品，其中，《名作欣赏》5期发表《精读梁衡先生》，万余字，实在是牛人牛文；此外，《杂文报》发稿5篇，其中的《老曹，打点儿钱》被《今日文摘》和《中国剪报》转载……收获是丰硕的，蓦然回首，才发现他操着锋利的"刀"在杂文随笔散文里游刃有余，严肃的表情里时不时透出狡黠的笑，嬉笑怒骂之间，即树"解牛"新风，令人快慰而刮目。

文如其人，一点儿不错，好像曹澍天生就是冲着杂文来的。他不会"宛转蛾眉马前死"，但从他嘴里常常能吐露出新腔。韩石山先生说："腔调，是随着时势而流转的。"我想，杂文也是随着时势而流转的。杂文是文学殿堂中一种比较特殊的文体，它的形式灵活，可以抒情、叙事和议论，好的杂文应该具备思想性和个性。鲁迅曾说："杂文是感应的神经，是攻守的手足，是匕首和投枪。"曹澍的杂文和他的人一样犀利率真，语言干净明快，常常剑走偏锋，别出机杼，他从不附庸风雅跟着潮流式文章，模仿别人的语言。他的自嘲与幽默的语句，有着思想的硬度和现实的穿透力，直抵读者的心灵深处，要么有所思考，要么不禁莞尔。

从变革的时代和普遍的人性出发，在迷乱浮躁众声喧哗的文学语境中，曹澍秉笔直书，"敢于正视淋漓的鲜血，敢于直面惨淡的人生"，以轻松而辛辣的语言敲击某些表象化的存在，透视国人所遮掩的人性的弱点与社会事实真相。比如《放点儿胡椒，放点儿糖》，让人一眼看到我们生活中的种种习以为常的陋习，作者既放"胡椒"又放"糖"，于是，端给读者的"菜肴"也便五味杂陈。那些来自生活基层，又引领读者穿越生活表层，抵达生活里层的真善美，通过他的文本让我们的精神为之一振，并感受作者对生活真相的追思与诘问。作家与一般人的不同之处就在于他有着悲悯的情怀，有着对现实社会的深切关注和精神承担。我读曹澍读出一位知识分子的风骨与担当，致使他的文本呈现出与众不同的价值取向：是否保有一个知识分子的良知与警醒，是他创作主体的立场。在他的文字里，没有"天凉好个秋"式的感叹，也不见"杨柳岸，晓风残月"式的描写与抒情，他有的是"我自横刀向天笑"的豪气，他的文字里充满"钙质的骨头"。用曹澍自己的话说就是："为文崇尚《捕蛇者说》《为徐敬业讨武曌檄》，不玩《醉翁亭记》《后赤壁赋》；亲近鲁迅喜欢《记念刘和珍君》《魏晋风度及文章与药及酒之关系》，远离梁实秋的雅舍、周作人的苦茶和林语堂的菜谱。追求犀利深刻，不玩隽永清淡。"他这一拂袖"不玩"不要紧，关键是这位老"孩子王"在逗孩子玩之余的"追求"——心慕脚追，两手拨拉文字，不舍昼夜，稍不留神就鼓捣出另一番洞天。

　　就是这样一个人，为人为文风风火火、我行我素，我学不来。熟悉曹澍的人有共识，他直率而豁达，真诚而透明，不做亏心的事，不说违心的话，"奔六之人"了，不时有孩童般纯真的举止和笑容。面对精彩而无奈的生活，在教学之余，几十年的读书思考与写作实践，他寻找到一种属于自己的表述方式，乃至属于自己的语言句子，建构了一种个性鲜明的文本形式，以杂文的方式抒写性灵，也明理醒世。在把杂文玩得风生水起、活色生香之后，他的散文随笔作品风格也被浸染得"很曹氏"，读来，别是一般"杂味"在心头，意趣盎然。因为散文随笔和杂文都可以归为散文的"大家庭"，所以，他的散文随笔，无形"混搭"了杂文微量元素，致使他的散文随笔别具一格，让我呼吸到一丝春雨后的新鲜空气。这些文章拓展了散文随笔写作的手段和思路。如他的散文《舌耕逸事》《我的同事孙老师》《儿子"泡妞"了》等；随笔《从小混混儿到半吊子读书人》《百家讲坛的侃爷侃姐侃妹和侃妞》等，他把常人眼里挺严肃的事儿，用鲜活的语言调和得很好玩儿，有趣味、耐读，可谓：雅俗共赏，老少咸宜。他笔下的人物很少用形象思维去刻画，几近白描的手法，寥寥数笔，简单勾勒，人物形象即刻跃然纸上。

　　无论是散文随笔还是杂文作品，曹澍的很多句子都很生动有趣，说着别人没有说过的话，语带诙谐，而且密切观照现实生活，从生活中来到生活中去，做到深入浅出。其文章之见解精确独到，语言诙谐幽默，尤其是结合当下社会现实，借古讽今，针砭时弊，揭示出生活、事业、修为、治国等方面的一些小道道，文中充满睿智和理趣。既传递出丰富的人文历史信息，又丝毫不给人掉书袋似的滞涩之感。

　　读曹澍的文章，给人以原初本真的质感。为了自己的信仰，他敢于亮剑，敢于劈刺辩驳的大胆发言，周身还洋溢着真人真言的活泼生气、快人快语的青春锐气。也许，在有些人眼里，仗义执言的曹澍很有些"愤青"的"生气"吧。但是，你不得不承认他的文章还是相当有生气的。在曹澍作品中，既有庄的寓意，又有谐的躯壳，庄与谐是矛盾的，又是统一的。可以说，他在创作的时候，是寓庄于谐，寓教于乐；作为读者，我们在欣赏的时候，是求谐得庄，因乐受教。因此，在今天这个电视网络冲击人们眼球的"娱乐至死"的年代，文学作品不仅不应该排斥娱乐性，而且应当设法增加趣味性，以赢得更多的读者。这，以舌耕为主业、笔耕为副业的业余作家曹澍先生，他做到了。

2013 年 9 月 7 日

琢句炼字赋新篇

——曹澍《我的同事毛老师》简析

郭连莹

老曹的散文《我的同事毛老师》洋洋洒洒三千余言，我是打印在纸上品味的。上班间隙，忙中偷闲，读这样的文章，真的是享受。老曹笔下的人物形象鲜活，用词活泛考究，行文老到流畅，掩卷合目，一位活生生的毛老师向你走来，像电影片段一样于脑海中忽闪忽闪地显现。老曹把人物写得真是生动传神，呼之欲出。所以，《散文百家》首发之后，被《散文选刊》再刊，足见其分量之重。

细节刻画人。在散文大家族里，我认为人物散文较难把握，难就难在写出人之精神，否则就成了小学生记叙文。小说的要旨在于为文艺的百花园增添新的人物形象，而人物散文通过描摹人物的现实生活，为人物"立像"，凸现人的性情。老曹的这篇文章用几个生活细节，生动形象地刻画了"我的同事毛老师"。不妨随手拿出三例——"毛老师'喊课'时，下巴微仰，脖子拉长，中间的'嗓子'非常突出，像是鼓个大核桃；声音洪亮，在走廊都听得清清楚楚，抑扬顿挫，很有节奏感，他拉长调和放缓速度的地方，准是重点或难点。"多精彩处的语言，看到"嗓子"一句我忍耐不住多次想笑，很个性的"喊课"，形象、贴切的描述。"上完课，批完作业，毛老师点上一支烟，把两只大脚往办公桌上一放，半躺在沙发椅里，手握一本《中篇小说选》或其他，就谁也不理了（指不理老师们）。有时，我走过去翻翻目录，毛老师谦虚地说："我是看热闹，您是搞研究。'"一位数学老师的情趣、爱好跃然纸上。"如果他儿子又是第一，他就点上一支烟，往人多的地方一坐，笑眯眯地举着看。"无情未必真豪杰，怜子如何不丈夫。一位为人师、为人父的男人的自豪与骄傲活灵活现。老曹就是这样擅用细节，注重墨色五彩，旨在传神，写人物时抓住特征，寥寥数语，境界全出。

从上述的例子可以看出，老曹正是以细腻的笔触、匠心独具的细节、诙谐幽默的语言，为阅读公众展示了令人心动的生活场景。很长时间了，这样的文字想忘记都难。他着实在"观察、想象、描绘"上下了功夫，不管是小说还是散文，注重文字的细节，也便延长了文字的生命，我认为。

用词打动人。写诗讲究"诗眼"，那么，我认为句子也有"句眼"。句子中的动词及一些成语、词组的灵活运用，就是一句话的"句眼"。老曹的文字，用词相当考究、活泛，尤其是一些动词的精到，为句子、为整篇文章增添色彩，打动读者。"'泡'图书馆的""顶不济也是个'玩'地理的""全上初三'拼'中考""很能'抓'大小男士的眼球"……这些动词很有味道；还有一些形容词被赋予新意，耐人寻味。"学习都很'生猛'""露出两颗'老'虎牙"……"毛老师非常'宝贝'自己的儿子"，名词动用，新鲜而有生气。此外，老曹的胆儿特大，经常对一些司空见惯的词组动手脚，极尽偷梁换柱之能事。"掌上明球""四大名厨"……

词语作为文章的基本要素之一，责任重大，用得新，用得活，用得妙，的确能够达到词半功倍的效果。就像相声中的包袱，就像机器上的精致部件，点缀着文章，精彩纷呈。一篇好文章，必须在"词语"和"句子"上下功夫，反复推敲锤炼。古人"两句三年得，一吟双泪流"的苦吟，今人难以企及；琢句炼字尚未成功，写作同志仍需努力。

行文感染人。巧妇难为无米之炊，米有了如何"为"很关键。就像这篇文章，人物、细节、词汇等基本要素有了，组织文章要靠个人，是名厨就能做出佳肴。老曹老师不愧为名校的"四大名厨"，捋起袖子便为同事毛老师摆出一桌风味大餐。

文章开门见山，洗练平实，交代了毛老师的身份。"毛老师是我的哥们儿兼同事，教数学；毛老师的媳妇，是我的同事，教英语。"随后，老曹亦庄亦谐，辅之以丰富的佐料，以白描的手法，勾勒烹饪，出锅一桌曹氏美味——一位勤勉敬业、情趣涵养、相"妇"教子、达观知足的同事毛老师"很立体"地站立我们面前。虽然他"无论怎么看，也不像一位和蔼可亲的人民教师"，但他在我们心目中业已是一位很"生猛"的和蔼可亲的人民教师了——蛮可爱！你看，"毛老师的房子并不大，才70多平方米，又是顶层，但我从未听毛老师抱怨过天热、睡不着觉，或者羡慕谁谁又买了130平方米的大房子。""往楼顶铺张凉席，点支小烟，喝口小酒，抬头看看满天小星斗，给儿子讲个小故事，真是神仙过的小日子。"此情此景，我忍不住想套用圣人孔子称赞其高足颜回的话来敬献毛老师："贤哉，毛老师也！一箪食，一支烟，在陋室，人不堪其忧，毛老师也不改其乐。贤哉，毛老师也！"

我在想，老曹虽然写的是同事毛老师，留下影像，立此存照，却又不是一个人在战斗，仿佛是他们那代人的时代缩影——清贫且不改初衷，执着于教书育人的一代老教师的光辉写照。在他们面前，我们真的无处藏身。

我不懂教育也没有接受过正规高等教育，是真正的粗人、糙人，但，这并不妨碍我对毛老师们的仰望；我没有见过也许永远见不到毛老师，但，这并不影响我对老曹文章的喜欢。毛老师立体的身影会铭刻在我的心中。

2013年11月2日

说给老曹的三句话

郭连莹

　　曹兄，您的文章个性，小弟喜欢。您平日里肯用功，书读得多，博古通今，这是弟学习的榜样。您的文风幽默，时评文字更是观点鲜明独到、笔锋犀利辛辣，颇受网友追捧乃至有所争议——这，实在情理之中的。因您敢于直言，文章被新浪网管一删再删，成为被重点盯防的对象之一。您文章的可读性是毋庸置疑的。

　　最近，看了您博客里的文章和回帖，有了些许"火药味"，您似乎也有点儿情绪化地回复。请君且坐片刻，听小弟说上三句闲言碎语——

　　第一句：不妨宠辱不惊。"宠辱不惊，看庭前花开花落"，说来容易，做来难啊！你我朋辈乃凡夫俗子，大多为"顺毛驴"，伟大如老毛者未能幸免，当然，老曹您也难以免俗。面对不同的声音，保持一种"禅定"的姿态，难；兼蓄并容、不温不火，也难！苏轼说："匹夫见辱，拔剑而起，挺身而斗，此不足为勇也。天下有大勇者，猝然临之而不惊，无故加之而不怒，次其所挟持者甚大，而其志深远也。"故，面对反对自己的人，请多一份淡然，多一份尊重，既做"大勇者"，又不失谦谦君子之风。

　　第二句：不妨自我嘲讽。历史会有定论或早有定论，但总会见仁见智。"横看成岭侧成峰，远近高低各不同"，自然景观和事物一样，不同的人会有不同的看法，一千个人的心目中会有一千个哈姆雷特。再者，闻道有先后，术业有专攻，应该允许别人有不同的言论哪怕是悖论。来的都是客，全凭嘴一张——欢迎来到自己博客园地的每一位朋友吧。中国文人哪个不是牢骚满腹一肚子不合时宜？旷达如苏东坡从海南回来也在抱怨：心如已灰之木，身如不系之舟。所以，回复网友的评论时不妨适当自嘲，尽量少去挖苦他人，以守为攻，达到"不战而屈人之兵"的目的，此乃"善之善者也"！所以孙子说："上兵伐谋，其次伐交，其次伐兵，其次攻城。"所以，有时候，您可辅以自嘲的形式，以兄长幽默之长，克对方观点之短。咱没必要剑拔弩张、针锋相对，更不必恶语相向，要做"善之善者"。

第三句：不妨温柔似水。常言道：木秀于林，风必摧之。您斗士一般的文字，自然招惹别论。与人辩论，最好不要颐指气使，也不宜小觑对方而抬高自己。有"敌"叫阵，以曹老的年纪，不轻易用外家拳过招为好，还是施展内功，以柔克刚、四两拨千斤为妙。市井无赖以及泼妇骂街的路数与您这样的高人无缘。这让我想到"水"。回击招式温柔似水如何？先哲老子对水的解读印象尤深：上善若水，水善利万物而不争……夫唯其不争，故无尤。……水几于道；道无所不在，水无所不利，避高趋下，未尝有所逆，善处地也；空处湛静，深不可测。……天下莫柔弱于水，而攻坚强者莫之能胜，此乃柔德；故柔之胜刚，弱之胜强。真是"美好如水""温柔如水""坚强如水"啊！我想，以老兄阅历之丰富、文字之功力，像水一样游离于他人的论调之间是不在话下的。雷声大，不一定雨点多；言辞厉，不一定分量重；体格魁，不一定威望高……回复的帖子，曹兄是否在尖刻的同时，再多一份似水的温柔呢？窃以为：有时候微笑要比怒吼的杀伤力更大！

"百花齐放，百家争鸣"是网络的呼唤；"有则改之，无则加勉"是做人的境界；"就事说理，以理服人"是为人的修养。与人争辩得彰显出人格的高迈。

看过您的大作及与个别人的争端，随口说出心里想说的话。在您面前，真的不敢说教，这是小弟的一得之愚，贻笑大方，还望曹兄多多赐教。

2008 年 9 月 8 日

老曹的四句话

郭连莹

老曹的四句话——是在他看了我的《说真话的勇气》一文之后，即刻在电话中说与我的。

拙作《说真话的勇气》在今日出版的《邯郸广播电视报》第 23 版刊发。文章其实酝酿已久，是作为书信拟寄于昔日语文老师的。白老师如今从县里到了市里，在别人眼里，他是局长，而在我的心目中，他依然是一位严厉而值得尊敬的老师。这篇文字，只不过道出了作为学生对老师说的心里话。

中午下班刚到家，老曹就打来电话，说正在小区报亭，刚买了一份电视报，读到了我的文章，迫不及待地想对我说四句话——

第一句话：文辞优美，情真意切，与平时在网上的回帖风格迥异，是一篇很不错的抒情散文。

第二句话：行文老到，诗词典故的引用，信手拈来，不留痕迹，有文采也有思想深度。

第三句话：呵呵，虽然只见过两面，但感觉是很好的哥们儿，就直说了吧！老弟这篇"准拍马"文章"拍"得恰到好处，不像记者或其他文人那样露骨，令人厌烦；你是站在另一个角度，不露丝毫媚态，难得！你老师应该感到满意。

第四句话：有两个字需要修改，倒数第二段最后一句话"试想，仕途险恶，谁又肯冒天下之大不韪去'作秀'呢"中的"天下"二字改为"官场"更为贴切。

听了老曹的四句话，我忙道谢不迭，并戏言：咱没钱送礼，只能用文字给"领导"拍马了。话虽这么说，但面对老师，我只想由衷地说话、说真话。说真话——这是老师给予的一种教诲。

2008 年 9 月 4 日

一本书·一颗心·一生情
——得南帆《关于我父母的一切》一书札记

郭连莹

今日，收到曹澍兄馈赠的南帆先生的大著《关于我父母的一切》，感激。感激之余是"感动"——感动于他题写在扉页上的那句话"送给可以结交一生的朋友——连莹"。一句话使我一路沐浴初冬的温暖。

回到办公室，心绪难平。随手给曹兄发去短信——"好书！'可以结交一生的朋友'：不多的文字令我受宠若惊，足以陪伴温暖我未来的岁月。我会珍惜这份情谊，努力以作品回报您的鼓励。谢谢大哥厚爱！"

曹兄即刻回复："认识你是我的幸运！我很珍惜咱们的友谊！"我回道："谢谢抬爱！生活中能遇到您这样的知己真好，我之幸运啊！人生得一知己足矣。"曹兄下面的短信让我感动沉思了良久——

"我是一个交友比较挑剔的人，从我对身边一些人的看法你可看出。但我认可你：人品好，有才华，很难得！"

上述内容是我去年写的，写在南帆《关于我父母的一切》一书最后的空白页上。时间在 2010 年 11 月 7 日上午 11 点多。

多年养成的一个毛病，喜欢在刚刚得到的新书的最后随手涂抹几句与书有关的话，类似于"日记门"之类的事儿。多年后，在某地，当我翻开书的封底之际，与书的"艳遇"故事也便恍然如昨……

这本书有点儿特殊，特殊在曹兄的题字。每每拿起书，于我而言都是一种鞭策。做人，做事，作文，等等。

　　书是人类进步的阶梯吗？开卷真的有益吗？

　　"每个人都可能看到自己的世界，每一个时刻都可能重新发现世界。"书的封底赫然在目的话让我略有警醒，有必要"日三省吾身"。

　　一本书，一颗心，一生情。从书里，我应该"看到自己的世界"，更要"重新发现世界"……

2010 年 11 月 7 日

为历史披上艺术的外衣

——读老曹《请君自看这段史》

郭连莹

再看这篇文章，又有了新的感受。我把此文当作一种有思想的文化散文来品，自以为是地认为还可以动动手脚，也许会更好一些。曹文谈古寓今，有自己的视角，借历史酒杯浇自己块垒，思想性强，不赘言。在此，我只想从自己的喜好出发，单就文本上闲言碎语，从提高艺术水准与审美愉悦的角度，说几点看法。

关于题目：作为文章的题目，还是浅明确定，一看就知道命题人的意之所向为好。文题之意，古代有些是难以先知的，如枚乘《七发》，柳宗元《三戒》等，不看文章内容就不知所云；即使没有数目问题，如韩愈《进学解》、李翱《复性书》，别人也难以知道究竟要怎样解，如何复。现在，一般的文题都能明显地表示命题人的意愿。而老曹的这篇《请君自看这段史》，想知道老曹的确切用意，相当难。在我的眼里不太明朗，外延太广，倘若换上其他的一段历史，也可以这么用，有些"万能题目"的作用。想起《美文》杂志副主编穆涛先生关于"题目"的一个比喻："题目是人的帽子。要显眼，要分明，一眼望上去就知道了是警察，还是医生，警察中还有治安和防暴的区分。医生戴的要看仔细，高低适中。再高耸一些是厨师，低伏贴切的是教友。生活中的帽子要讲究艺术，更要讲分寸。"窃以为本文的题目"不艺术"也没有把握好"分寸"。题目是纲，其余都是目；纲举目张。换一个切合这50年历史的题目，会更好。

关于语言：散文是语言的艺术，特别是汉语写作，语言的艺术呈现，具有独特的魅力。将某些信息，经过艺术加工，缀字成文，呈现在散文里的语言，应该具有多种审美价值、认知价值。梁衡先生说得好："我认为一篇散文，如果只是传达了一些信息或知识，还不能叫文章，文者，纹也，要有花纹，要美。又因为文章是在人的精神世界中往来的方舟，其写作主体和阅读主体都是有思想的人，所以它一定要传递一些新的有个性的思想。这样笔者才吐而后快，读者才开卷有益。"本文叙述了1860年至1911年，这50年"值得我们永远回味"的历史，信息量丰富，但缺少"纹"，语言的文学性似乎不足，少了一些味道，缺了一点儿润泽。有人把语言比作"思想的外衣"，如果用曹氏的眼光去看历史、用曹氏的语言去说历史、用曹氏的思想去辩历史，给曹氏思想穿上曹氏特有的活泛、随意、幽默、辛辣的"语言外衣"，也许会增添文章的可读性。宛若一装修好的居室，还需要玄关的设置和饰品的点缀，使呆板的空间生动起来。

关于行文：谈行文是一个很抽象的问题，不同的人作文会有不同的表达方式。行文其实简单而复杂。说简单，是作者踏着按部就班的步伐，顺着既定的路径走即可；说复杂，有如要去远处观景，沿途的路线、乘坐的工具、陪同的人员等，都可以不同，不同的方式会有不同的效果。当前的散文过于同质化，平铺直叙，没有气场，没有核，没有境界。我认为，这篇文章如果能够借助自己特有的叙述和诙谐调侃的语言，在抵达的路上曲径通幽——这便增添了文字的艺术性。50年的历史大事件众多，要注意事件之间的衔接，要有吸引力。这里有具体的历史，用怎样的线去串联？需要思考。我想，不妨用一下春秋笔法，进而达到"用词细密而意思显明，记载史实而含蓄深远，婉转活泼而顺理成章，穷尽思辨而无所歪曲，警诫邪恶而褒奖善良"的效果。想起庄子，庄子的文章境界大，但取材都很具体，事物虽具象，但指向都是大的，朝向通途大道。庄子还把大事举重若轻，做到轻描淡写，这样的例子在他的文字中俯拾皆是，比如他把帝王治世比作厨师做菜，劳心劳神劳力，食客还会挑肥拣瘦，说三道四。老曹对历史内行，如果再在行文上下点儿功夫，这篇文章也便多了艺术性。

对老曹的文字指手画脚，有些不敬，望曹兄海涵！一孔之见，贻笑大方。

2012 年 9 月 27 日

为曹澍画像

梦漪

我并不认识曹澍，但我熟悉他的名字，爱读他的文章。每每周末，只要市报星期刊一到，我总是迫不及待地先睹为快。以前，我从未注意过曹澍这个名字，偶尔一次，我在星期刊上拜读了一篇题为《我活得不潇洒》的文章，没想到此文具有极大的吸引力，语言风趣幽默，富有生活情趣，使我阅读再三，爱不释手。从此，我记住了曹澍这个名字。打这开始，我时刻提高警惕，绝不放过署名为曹澍的文章。凡是他的文章，我都会读好几遍方才过瘾。如果星期刊上没有他的名字，我会很失望的！我发现我"中毒"了，中了曹澍的"毒"。曹澍的文章，不仅语言精练，诙谐幽默，而且还专说大实话，雅俗共赏，老少皆宜，实在是让我佩服得五体投地。只是我喝的墨水太少，没有他妙笔生花的本领，有些力不从心，实是不能用恰当的语言来形容他的文章之妙，只能简单地用寥寥数字、只字片语来表达我对曹老师文章的喜爱之情。闲时，我一个人呆呆地想，这位曹澍曹大人该不会是曹雪芹后代吧！他长什么样子呢？于是我想起了《我活得不潇洒》当中的那位受气的文人形象。于是乎，我就斗胆依葫芦画瓢地加以想象。我想，他一定是瘦高的个子，鼻子上架着"二饼"，留着分头，中山装是一年三季的行头，口袋上一定插着一支或两支钢笔。也许胆子小，文绉绉的，一说话满口的名词儿。还有，他的职业也一定是"教书匠"，而且在家绝对是个"顺民"，一定是说了不算、算了不说的身份，对老婆唯唯诺诺、忠心不贰，是一个不折不扣的"妻管严"、模范丈夫！他平时抽烟，也不会是什么高级的品牌。你看，他连买书都要向夫人编瞎话才能蒙混过关，你想，他舍得抽高档烟吗？即使是买菜，他也得精打细算，去买一些直不起腰杆的"大路货"。对于时令蔬菜，他虽心向往，然却敬而远之，不敢问津，只有眼气别人的份儿。想想曹老师，其一介文弱书生，满腹经纶，才高八斗，学富五车，居然也如此落魄，真不知道这个时代的知识分子的价值在哪里。不过，换个角度看，曹老师却是个热爱生活、性格乐观的人，虽处事低调，但他活得其实很潇洒，因为从他轻松幽默的语言当中我可以感受到。我又想，曹老师没准儿还常常胳膊夹着书本，边走路边考虑着家庭大事和国家小事，即便撞了树，也是一副绅士的模样，边弯腰捡眼镜，边连声说"对不起，对不起"呢！唉，都什么时代了！世界上居然还有如此书呆之士？这不，放学铃声一响，曹老师马上就像得到了特赦令从办公室里那极不显眼的办公角落百米冲刺般地弹出门外，直奔菜市场采购大路菜。要是回家晚了，又该挨老婆的数落了，谁让他挣钱没老婆挣得多呢！看看我们的曹老师，多可爱啊！他是个很懂生活的人，并且很有情调。

别看曹老师在学校不声不响，默默无闻，却常常被人当作笑料来取笑。因为他不敢巴结领导，所以住房才会又小又窄。你看他写文章滔滔不绝，可一到领导家去办事，却又显得哑口无言，手足无措，连坐人家的沙发都不敢大大方方，只能忐忑不安地坐在沙发角上。看到这儿，我真为曹老师着急，您怎么这么没用啊！有事找领导，您就不能事先拟好腹稿，然后再喝上二两小酒，见了领导不管三七二十一，您只管闭上眼背诵腹稿啊！

也许曹老师就是这样一个人，天生有些胆小，然生性善良，公正明理，虽满腹学识，却在生活中也显得有些无奈。尽管他是这样一位在现代人看来"又笨又憨""书呆子"气十足的人，可我还是从内心敬重这样的人，毕竟现实中这样秉性"原始"的人太少了！因为大多数的人都下了"海"，学"油"了，在如此大环境的熏陶中，不"油"的人恐怕不多了。说了这么半天，我还是不敢肯定，我想象的曹老师是否与现实中的曹老师能对上号。

不过没关系，我想用不了多久，我会登门去拜访他，到时候一见面不就知道了？！

　　（写于20世纪90年代初期，具体时间不详，大约是1993年或1994年间。）

老曹其人

王海民

老曹，雅称曹澍先生也。汉光中学教师，高级。说是老曹，其实已到了该叫"曹老"的年龄，老少同事，都呼老曹，并非不尊，只是太熟，老曹听之，乐之。所教学生背后，也皆曰：老曹，老曹。老曹得知，莞尔，不以为忤。

老曹极热心，对我。工作之初，老曹见我不是很帅，主动为我"个人问题"忙碌。其时，还不甚熟，带我跑东奔西，相亲一打，均无所成。而且，相亲之后，邀我到家做客，老曹亲自掌勺，做了几个拿手家常菜，西葫芦炒鸡蛋，印象最深；这么俗的材料，也能做得如此美味，真不愧是"作家"！

知我喜欢读书，一向书籍第一、儿子第二、夫人第三的老曹，竟然从家中为我带书两本，包好书皮，郑重交我，一再嘱咐：好好读。书名已忘，情景尤新。老曹的书房，我是为数不多的参观过的人之一。乍进书房，琳琅满目，四壁书墙顶天立地，人几无可立之地，真是书山仰止！汉光中学校长吴世民曾说，曹老师家的书比咱们学校图书馆的书都多。我后来方知，当时，老曹已是邯郸市颇受读者欢迎的业余作家。

我生性懒惰，文才薄如纸，不知老曹看上我哪根筋，逼我爬格。我说："老曹，我无才无心无德。"

"有我托着，还怕没有好文出生？"言里语外似乎说"严师岂无高徒"。威严与自信穿透眼镜片，令我不敢直视。可惜，我翻脑淘浆，白驹过隙，竟无一文变成铅字。凡此种种，今日思量，真愧对老曹也！缘分啊！我如是自语。

老曹极幽默，上课。老曹上课颇具特色。听说，前几年上课，每课必抱厚厚一摞书。学生读了《朝花夕拾》，怀疑老曹效法藤野先生。但老曹比藤野利落多了，蛮时髦的一个老帅哥。手握茶色超大号太空杯，昂首挺胸，目视前方，巍然方步，跨入教室，环视，曰："上课！"声赛洪钟。上老曹的课，学生一般极难"思想走私"，除非你用棉花把耳朵塞上。当然，这主要归功于老曹的历史课是真历史，老曹常讲些课本中不愿意披露的"历史"——你们看，这本书是这样说的；这个事件还是以这本书为准。老曹还给学生放映自己珍藏的各种公开出版的历史光盘。

这些年，老曹上课又引进新项目：冷不丁的一声"我靠""牛"之类的时尚词汇，令学生笑翻！去年上课，竟然请了"驴哥"和"狗弟"——就是街上卖的电子宠物，驴哥有一尺多高，狗弟有点儿小，来课堂"走穴"。讲到精彩处，老曹会隆重推出二位嘉宾表演，驴哥"顶呱呱"、狗弟"嗷嗷嗷"，摇头摆尾，唱和对吟，煞是好看！学生疯了似的叫笑，校长以为出了什么大事，连忙跑过来观看，然后摇首而去。某生，欲出高价据为己有，老曹不予，只是大方地赏该生拥抱一下"驴哥"。

老曹的板书，极为个性，满黑板盛不下几个字，为什么？一则字如其人，高大勇猛，二来，这样的字写得实在累人，老曹吃不消。某主任看不惯，认为不合规矩，不能为后生树榜样，但学生喜欢，不用作太多笔记，还能学东西，何乐不为？老曹依旧，学生依然喜欢老曹。学校让学生对老师考评，老曹得分最高，学生写道，最爱上的课是历史课，老曹也被评为学生最喜欢的老师。学生在汉光中学贴吧更是直言不讳：曹澍老师最棒。

缘分啊！学生如是说。老曹极匹夫，于国事。

我们的一位同事说，"老曹极有匹夫精神"！的确，身兼人师与作家二职，肩负社会良心之责。老曹曾借用著名作家韩石山先生的话："如果我现在不说，将来有人问：'老曹当时到哪儿去了？他不是挺牛吗？'我怎么回答？"

老曹的文字，似当年竹林七贤，虽尖锐却中肯。自从在年轻同事的帮助下扔掉稿纸和钢笔，从商场抱回一台笔记本电脑，实现了"现代化"，走上"建博"之路，即建设有"老曹特色"的博客。开博四年已经成为邯郸市影响最大、思想性最强的博客。最近老曹刚刚荣获新浪网颁发的"风云博主"勋章。逛老曹的博客已经成为不少网友每天必做的功课之一。在凯迪社区，老曹的粉丝更是不计其数。每发一文，跟帖无数，点击率上万。尽管上网时间不长，老曹已经成为凯迪社区最具影响力的作家之一，呼风唤雨，地动山摇。

老曹所写内容无所不包，大到地震奥运，三鹿奶粉温州动车、唱红打黑抵制日货，批判极"左"路线呼吁探索政改之路；小到家长里短鸡毛蒜皮、富二代官二代飙车撞人打人撒野、幼教虐待儿童、高中生拒绝购买校服被迫退学，总之观民生察疾苦，大有柳宗元《捕蛇者说》之遗风。品文者津津有味，连呼过瘾。只是苦了老曹，年老眼花，手指僵硬，打字速度极慢，一篇长文，经常敲到下半夜还未敲完。只好把"笔记本"背到学校，第二天上午大课间，找来学生打字冠军，20分钟搞定，奖赏学生德芙巧克力一块。第三天，学生打字冠军主动跑来问老曹：老师，今天还打不打？德芙巧克力真好吃。

老曹近来十分郁闷，博客所发之文，挂不了几天就被没收。质疑网管无数，回言："您的文章已被转移，给您带来的不便，深表歉意。"再发再收，人家来者不拒。有网友评论："屡发屡毙，屡毙屡发，看老曹博客，谁是赢家。"老曹真如文天祥诗所言，"臣心一片磁针石，不指南方不肯休"。博文多次"易容"，终达"曲线救国"之目的。老曹欢呼！

缘分啊！网友如是评。

区区一文，只是"管中窥曹"，想细知老曹其人，请到百度搜索"邯郸曹澍的讽刺幽默博客"，或读邯郸市著名作家曹德全先生的大作："文化邯郸，星空灿烂"之五，《尚须鲁迅精神在——漫评曹澍先生的杂文写作》。

补记：我刚把《老曹其人》发在自己博客上，就有邯郸市著名文艺评论家郭连莹先生的打油诗跟上了——

老曹是个宝，嬉笑怒骂靠。

学生高呼牛，网友低语妙。

为师极幽默，做人特爽豪。

铁肩担道义，博文辉燕赵。

王海民：汉光中学科教处副主任，优秀青年语文教师，书虫一个。

（此文刊发于《邯郸文化》2012 年 11 期。）

老曹，你用的是哪把尺子

刘猛

阅读如旅程，常有意想不到的风景。其中，有些风景说是"艳遇"，亦不为过。

几篇相关文章，放到一起，阅读的次序不同，往往心智加工的结果就不一样。盖因人难免先入为主，先读到的东西容易把你带偏了——这里要说的其实是三篇文章：老曹的《我看郜元宝眼里的"杰作"》、汪曾祺的《星期天》及郜元宝的《一篇被忽视的杰作——谈汪曾祺的〈星期天〉》。

照一般常理，先读汪文，再读郜文，后读曹文，才是比较恰当的，合乎文章产生的先后顺序。可是，我的阅读我做主，这次我是先抓到什么就读什么。因为，近年追读《文学自由谈》上老曹的文章有些上瘾，于是乎先读了曹文，又读了汪文，最后读了郜文。一路读下来，快哉大半天，兴头是奇了怪地越来越高。

读曹文，感觉是老先生开学堂，讲得洋洋洒洒，有理有据，头头是道，不时现身说法，亦能体谅他人（批评对象）。

读汪文，一下子进入了老作家摆下的龙门阵，故事曲折，语言明快，篇幅不长，读了却让人有余音不绝、欲罢不能之感。

读郜文，视野宏阔，议论精辟，真有学者气派，建构了清晰的文学坐标系，横轴是普遍性的文学语言与章法结构，竖轴是上海特有的地方风情与人物心态，立了如此坐标，汪文从被忽视的存在升格应重视的杰作，真乃是应有之义，读后感觉毋庸再多的言语。

郜文说汪文是"杰作"，为何老曹却偏偏不这么看？我粗浅阅读过三篇文章后，这是一个盘旋脑际挥之不去的问题。要释困惑，只有重读。再读曹文，发现味道变了，完全变了。新的感受是曹文的认证很乏力，破绽有几多。怎么会这样？冷静细想一番，我发现这是曹文衡量"杰作"同时用了三把不同的尺子所致。这三把尺子是："群众的眼睛""作家的语言""评者的私爱"。

先来说第一把尺子——"群众的眼睛"。这应当说是比较外在的标准。用老曹文章中的话说，就是"作者一定要相信读者永远比自己聪明"。《星期天》于1983年10月在《上海文学》杂志上首发，然后又收进1985年8月出版的汪氏小说集《晚饭花集》，老曹以为，当时"汪曾祺如日中天，声震寰宇，一股'汪曾祺热'已经席卷全国"，"正常情况下，一位一直被读者和评论家高度关注，一致看好的著名作家，怎么会有'杰作'被忽视？"老曹的看法，似乎也合乎一般常理。但我记得，汪曾祺自己曾说过，小说得有人读进去，才算是创作的最终完成。换句话说，一位作家的创造性与超越性，对读者（包括评论家）的关注与阅读水平也是有相应要求的。不过，究竟怎么个要求法，这个问题一时恐怕也是"蛮难讲的"。当然，一般读者发现杰作的能力肯定不如专业读者或评论家。老曹也是这样想的。他举例说，"百年百种优秀中国文学图书"的"复评委员会"和"终评委员会"都是"中国文坛最优秀的评论家"，但《星期天》就是没有被这帮"权威"们选入《汪曾祺短篇小说选》中！老曹啊，老曹！选与不选，这其实常常也是一个问题呐。中国古代历史上，皇帝选妃往往交由大臣们去办，都三宫六院七十二妃了，不是仍然有皇帝喜欢溜出宫去，与民间的青楼女子"暗通款曲"吗？文学的选本，亦可作如是观。如果嫌这个比喻庸俗无聊，太过遥远，那么就说一个亲近而又现实的例子吧。您不是一直推崇韩石山吗？谢冕曾一个人在不到两个月的时间里，先后主编了两套内容多有重复的"中国文学经典"，韩先生翻看后，发现问题多多，于是跟谢先生"急"，公开质疑"谢冕：叫人怎么敢信你"。谢先生却一直保持"不看不回应"的姿态，倒是几个非常尊师的门生即刻赶过来"挺"师

"灭"韩，一起撸起袖子对老韩大声嚷嚷——"你以为你是谁"！这件事在当时文坛的动静肯定不能算小，难道老曹您没听说过？反正，那时的一个北大权威是这样，而面对一群"权威"的"初终评委员会"，难道您真"敢信"他们能"将20世纪中国最好的文学作品一网打尽"？我想，也不至于吧。

再来说曹文中运用的第二把尺子——"作家的语言"。对文学作品来说，杰作不杰作，根本上还得看语言。汪曾祺自己也说过，"写小说就是写语言"。与曹文同期的《文学自由谈》上，还有两篇文章是说语言之重要的：一是龙冬的《文学的未来就是"写语言"》，一是陈九的《语言在语言之上》。

运用语言这一把尺子，老曹一开始就指出了郜文"有把青春痘说成美人痣的嫌疑"，并着力分析汪文中一段描写沈裕藻的文字，说它至少有"有两个非常明显的缺点和两个可以讨论的地方"。果真如此吗？说真的，本人初读曹文时感觉他说的道理似乎也能成立，可在接着读汪文时，却神不知鬼不觉地将老曹指出的"明显缺点"和"可以讨论的地方"给忘光了，等回过头再来读曹文时，才发现其认证存在一个非常明显的缺点——非文学性的思维认证；说得更完整一点儿，就是企图用追求事实的科学性语言，来否定捕捉形象的文学性语言。

瞧瞧老曹的两个反问："我"何以断定沈裕藻"一辈子不吃任何蔬菜"？难道经常吃煎带鱼就能吃成金鱼眼睛了？如果一个"理工男"提出上述疑问，或情有可原，可这是后面又反过来夸赞汪文高超的语言艺术性的老曹啊！那么，即便基于科学性的逻辑，老曹这番反问的道理能成立吗？很遗憾，不能成立。对沈裕藻的晚饭，"我"其实可以知道他吃什么，难道不可以打听一下吗？基于常识，说一个人"一辈子不吃任何蔬菜"只能是一种比较夸张的说法，而夸张正是文学表达常用的一种修辞手法。至于"金鱼眼睛"，跟前面的叙述其实也是有逻辑关系的。估计老曹不会绘画，当然，我也不会，但我知道画家画人常常是先画轮廓后画眼睛，眼睛一活，整个人物就全活了。所以郜文说这是"点睛之妙"肯定不是违心的吹牛，而是他深知好的文学语言常常是能给人带来直接而生动、有画面感的语言。

　　至于曹文说到的"两个可以讨论的地方"，也可进一步讨论一下：其一，曹文认为，"两个括号做补充说明，影响了读者的阅读快感"。作为"读者"，我读汪文这部分时，真的没有感觉阅读快感受影响。补充的文字放在括号里，而不是用加注释的方法放在页面下端或其他地方，这样做其实最不容易打断阅读节奏，要说"板滞"更是无从谈起。

　　其二，曹文认为，"他的每天的中午饭……"一句话中的"的"字多了三个，删掉后，文句就"更加干净流畅上口"了。我以为，这是老曹想当然了。其实，中文"的"运用固然受汉语欧化的较大影响，不过，好的中文表达总是藏着一个秘密，这就是语言内在的节奏。前面提到的陈九的文章，虽然多少有那么一点"王婆卖瓜"之嫌，但其中"中文的节奏，平仄的规律，是中文独特的优势"这一条，却是颠扑不破的真理。我也曾读过汪老的不少文字，总的来说，他短句用得多，长句用得少，如《星期天》中这一长句的运用，一句话还加了两个括号补充，用了四个"的"，这样的长句确实比较少见。但作为读者，你在不得不"慢读"的过程中，是不是更加能感受到沈裕藻在吃的方面特别特别的讲究？而要伺候这样的"主子"，让他能"流畅上口"得有多难啊！所以，借用木心"《红楼梦》中的诗词像水草"这一说法，汪文的长句你也得放在水里（小说中）才好看，而不能把它挑出来脱水，再烘干，那就不是文学语言了，没生命了。

　　当然，曹文还在后面指出汪文中"一男一女，在房间里做点什么勾当，隔壁可以听得清清楚楚"这一句中的"勾当"一词显得多余，有违文学的"含蓄之美"。老曹也太过追求含蓄了。要知道，"勾当"一词一般专指男女之间的"那种事"，而"那种事"之外的其他事，隔壁人听了也算不得犯了多大的禁忌，所以，我真忍不住要提醒老曹：哪怕您是校勘典籍的朝官，最好也不要做出将此处"勾当"去掉的"勾当"。

　　令人纳闷的是，老曹前面"杀鸡用牛刀"般地指出汪文中一段话的语言有问题，后面却又禁不住为汪文中的另一段话（即开篇不久后，紧接着的"自报家门"式的人物出场）表现出来的"深厚的古典文学功底和语言天赋"赞叹不已，甚至说："这种静态人物的出场方式，对作者的语言要求极高……汪曾祺可以这样写，换个人能吗？"我第二遍读到老曹这段文字时，真不知是笑好，还是哭好。这不是老曹打自己反嘴吗？汪曾祺同一篇小说的两段话，语言运用水平的差异在老曹的眼里"差距怎么就那么大呢"？认为《星期天》是杰作的郜元宝，难道真没想到认为它不是杰作的老曹所想的这一点？再说，老曹都把汪老的语言功夫说到顶了，甚至"超过"郜文所想，就凭这一点，它怎么也算是杰作了吧？

最后，再来说说曹文的第三把尺子——"评者的私爱"。

郜文说，汪曾祺的《星期天》"真正具有20世纪40年代末浓郁的上海都市气息"，是"对没有'现代'生活经验却偏要写'上海往事'的年轻一辈上海作家进行一种善意的启蒙和警示"。老曹的观点却几乎与此完全相反，他以为，"汪曾祺在上海住的时间还是太短，他对上海女人恐怕还没有吃透"，并且郜的这番话"不仅有错误，还有失厚道"——失厚道是郜对那些上海作家"宣判了文学上的死刑"，而错误则在于，郜的"理论"可以推导出"没有其他时代的生活经验永远不能写那个时代"这一结论。

汪曾祺对上海女人到底有没有"吃透"，这个问题对我们这些外人（非"外地人"）来说，恐怕也是"蛮难讲的"。不过，老曹对郜的"这番话"很明显没有"吃透"。郜文并没有宣判谁死刑，也推导不出老曹总结的那个结论。一方面，郜文强调的"'现代'生活经验"，说具体点儿应当是都市的、快节奏的、工业的、个体的、契约的、多元的，与其相对应的是乡村的、慢节奏的、农业的、群体的、习俗的、单一的。因此，它与老曹所推导的"当代"的"生活经验"，并不构成历史的延伸关系。另一方面，所谓"生活经验"也不完全等同于老曹后面举例认证的"生活经历"。经历偏客观，较外在，经验则偏主观，较内在。经历相同的两个人，经验可能会相异甚大。经历都是"一手"的，没有"二手"的，而经验却是"一手"与"二手"纠缠在一起的，有时甚至难分彼此。人的记忆或想象若是被"暖风"一"熏"，都难免会"直把杭州作汴州"。可以这么说，那时的上海之为上海，因为它是"乡土中国"

（费孝通语）的一块"精神飞地"，是全球语境下东方神秘的"欲望魔都"。对于这样的上海，没有丰富的"'现代'生活经验"，谁以能写得出？反过来，写出了，谁又能读得懂？所以，郜文对汪文这方面所做的肯定性评价是相当准确而到位的。

　　老曹对学院派文章提出的一些概念显然有些隔，但凭他的聪明与敏锐，他知道郜元宝对汪文的高度评价，肯定有两者独特的经验彼此勾连或相通的地方。老曹说"《星期天》是写上海生活，郜元宝在上海生活了30多年，偏爱《星期天》"，这只能算是"萝卜青菜各有所爱"式的"一己私爱"而已。一篇有学术价值的评论绝不会止于私爱的。私爱之说，其实也是郜文开头毫不隐讳、公然宣称的。一个时代有一个时代的文学，"此一时也，彼一时也"，即便一时"公认的杰作"，仍需时间的不断淘洗。人皆有私爱，如果郜元宝的私爱与老曹的一样，老曹也就不说什么了。因为不一样，老曹就将他人的"私"字当成"一闪念"给"狠斗"了起来，并用王朔借鲁迅说大师的话来"给自己壮胆"。我这样说，不是企想像老曹与王宗仁那样与老曹来一次"交锋"，也不是企想像老曹劝毕飞宇那样劝老曹"你实在不应该这样做"，而是因为我也找到了一份"私爱"。老曹说，"汪曾祺的《星期天》，老曹32年前就看过，印象较深，写中学教师生活，老曹的同类人，自然多看几眼"，这几句话让我心有戚戚焉。本人也曾在中学任教有年，也特别想看看别人是如何写中学教师的，与您老曹相比，我真是非常惭愧自己是在32年后才读到《星期天》这样"随便之中，自有法度"（郜元宝语）的好作品，一时感到惊为天人，喜欢莫名。《星期天》中有个"史地教员史先生"，他算是小说中的一个小角色了，"首饰店出身"，"他的脸有一点像一张拉长了的猴子的脸"，但"他有一桩艳遇"。后来史先生一谈起这件事，就说："毕生难忘！"史先生的这四个字，其实也是我对这次阅读之旅特别想说的话。

注：刘猛，江苏理工学院教授

（此文刊发于《文学自由谈》2017年第6期。）

尚须鲁迅精神在

——漫评曹澍的杂文写作

曹德全

文学必须贴近生活

我认识曹澍先生是在 40 多年前。曹澍的父亲是一位可敬的老干部，1938 年投身抗日战争的烽火，新中国成立初期任县委书记，"一五计划"时期转业到军工企业。在他父亲任汉光机械厂厂长时，曹澍全家从兰州迁到邯郸，在工厂里我们相识。从家庭情况看，曹澍是高干子弟，他受的文化教育和政治熏陶都是正统的，用一句最准确的话说就是：曹澍根红苗正。他和这个政权有着天然的"血缘"联系，没有一丝"先天性"的敌意。他的父亲为这个政权流过血，他的大伯为这个政权献出了生命。我了解，他是读着《红旗飘飘》长大的，他比我们中许多许多人更加热爱新中国。

这位根红苗正的子弟是一位文学爱好者，很早就在报刊上发表作品，很有见地，我们常常聚在一起，讨论文艺创作，相互间比较投缘。改革开放以来，他的杂文创作有很大的突破，具有非常鲜明的个人特色，在我们文化邯郸的天空上他是一颗独具魅力的新星，这颗新星新在他的杂文具有鲜明的鲁迅风格，是我们邯郸新文学大系中不可或缺的一种文学样式。

要谈曹澍的杂文写作必须从二三十年前说起。那时的杂文创作几乎是断档的状态，到了 20 世纪 90 年代，这支队伍才悄悄成长，他们的笔下显现出犀利、率真、干净、明快的担当，他们笔走机杼，直击腠理，用自嘲与幽默的语言，用结结实实的文字，穿透读者的心灵，成为邯郸文学界独具风格的彩虹。有人说我们的生活五彩斑斓、和谐小康，不需要鲁迅先生的写作风格。毫无疑义这是对的。又有人说，我们的生态环境充满危机和灾难，和鲁迅当时所处的社会背景不同，问题相似，需要鲁迅的写作风格，需要匕首和投枪，需要为社会诊脉、疗伤式的写作。毫无疑义这也是对的。前一种说法是基于这样的前提：我们改革开放三十多年，经济生活已经有了翻天覆地的变化，我国社会达到小康的程度已经非常高了，和谐，平安，康宁，歌舞升平，百花竞放，现在是我国历史上最好的时代。因此，我们不需要鲁迅。因此我们要"鲁迅大撤退"，要"去鲁迅化"，旗帜性的鲁迅在今天知识界的地位是不必要的。

这是一个被"消费社会"吞蚀了的说法，鲁迅的撤退当然可以理解为是适应时代的现实需要，但是，去了鲁迅（我这里说的主要是他的投枪、匕首似的杂文），全变成歌功颂德美文（我这里还包括风花雪月的写作）就算适应了现实需要吗？才不一定哩。

卡夫卡说，诗人和作家"比社会上的普通人要小得多，弱得多"。因为诗人和作家体察万象的敏感神经更脆弱，他们的感受更"疼痛"。

我的意思是：一个有生气的社会，一个健康的家庭，一个直立的人，是需要监督的，是需要医生的，是需要借鉴和警钟的，一句话：在文化上是需要鲁迅（的写作精神）的。中国的杂文写作、邯郸人的杂文写作、曹澍的杂文写作正是社会、家庭、个人所需要的。

杂文家是勇于担当的散文家

从杂文的主题意义上理解，曹澍的杂文具有明显的担当意义。当我们的高官们吃喝玩乐花天酒地卖官鬻爵忙碌得不亦乐乎的时候，当他们把大笔大笔的人民血汗钱装进了自己的腰包时候，当没有人对他们监督、无以管教的时候，作为公民的我们毫无作为的时候，该不该思想敏锐的作家们写篇杂文劝说劝说呢？该不该给那些毫无节制的高管敲敲警钟呢？我说是应该的，是必须的。

在《老曹家的"最新决定"》一文里曹澍这样写道：昨天，老曹和媳妇背着儿子，召开家庭政治局会议，做出一项重要决定：

隆重庆祝老曹诞生57周年和和媳妇认识26周年，要搞一个大型庆典和一系列庆祝活动！

……当老曹和媳妇把重要决定告知老曹的儿子时，遭到老曹儿子的强烈反对。

老曹的儿子说：咱们家和我的同学家比，又穷又脏又乱又差，需要改善家计民生的地方太多了。大便器天天漏水，修了好几次都修不好，你们不知道？为什么不买个新的？热水器时冷时热，还经常漏电，我已经被电了两回。不该买个新的？电视必须使劲儿拍一下才有影儿，否则只能当收音机听。那个破沙发断了一条腿，拿两块砖垫着。我的床睡了20年，都快散架，一翻身就咯吱咯吱乱响，让你们买个新的，就是不买。说老实话，咱家除了三个人，什么都该换。老曹为了省钱天天晚上熬稀饭，只有咸菜，没有青菜和肉蛋，我经常半夜被饿醒。老曹还说，白天吃干，晚上喝稀，这简直是虐待青少年。你们为了一时的虚荣体面，打肿脸充胖子，根本不顾我的基本生活需求。还有，我的教育资金至今没有落实。

老曹说：曹儿子，你的眼界太窄见识太低！咱家搞这个隆重庆祝老曹诞生57周年和和你妈认识26周年的纪念活动是为了扬老曹家的威风、长老曹家的志气，意义非常重大。你没注意咱单元那些邻居经常对咱家嗤之以鼻吗？认为咱家人均收入最低，属于"发展中家庭"。咱家这回要倾全家之财力，办好这个活动。他们人均收入高，但他们办得了这样的活动吗？你一定要理解，你不理解也得听我们的，咱家实行的是"父母集中制"，子女没有发言权，民主讨论暂时不符合咱家的家情，等将来你有了孙子再实行……

这哪里只是一个家庭的决定啊，这哪里是简简单单的铺张浪费！文章的批判锋芒是显而易见的，它指向社会上的好大喜功，没节制地奢侈和浪费掉该办正事的资金。

我读他的作品感觉行文流畅，寓意深刻，在轻松里感觉到割肉似的疼痛。

曹澍是用匕首把自我解剖开来，用自残、用苦肉计来比喻社会，展现出自己的"连血带骨头"的心怀，他的作品篇篇稿、句句话充满着曹澍的血泪，充满着他对社会的苦心规劝，既有铁骨铮铮的硬汉子精神，同时又有洞悉生活的沧桑和悲凉。

曹澍的父亲是一位可敬的老革命，是一位打天下的老战士，打天下者坐天下。曹澍虽然没有"坐天下"，曹澍只有一个小小的说话的天下——自己的杂文写作，还是他用自己的笔挣来的，而不是什么人任命的。他关心国事，心是滚烫的，语言是火热的。他的心没有被"消费社会"吞蚀掉，没有简简单单地说唱家庭里的淡事和菊香。他用他手里的笔进行至善至美的言说，他通过他的文本给我们的精神里注入钙质的原料。曹澍与一般的杂文作家与一般作家不同之处在于他有着极其强烈的悲悯情怀，有着对现实社会的强烈自我承担意识。读曹澍的文章你能读出一位公共知识分子的风骨。这风骨致使他的文本呈现出与众不同的价值取向：它保有着一个知识分子的良知，针砭时弊是他创作主体心灵的明确无误的张扬。

曹澍的写作体现了当代公共知识分子的净言和担当的可贵情怀，语言新颖，思想深厚。改革开放以来有许许多多杂文作家应运而生，也有许许多多的杂文期刊创刊。邯郸的情况令人愉快，在这个时期产生出了一大批杂文作家，最具有代表性的作家就是曹澍……这里只讨论曹澍的创作。

汪曾祺说："探索一个作者的气质、他的思想，必须由语言入手，并始终浸在作者的语言里。"我们就从曹澍的语言风格说起吧。

在《学习周哥哥，超过周哥哥——鲁迅，中国人永远的精神导师》一文里曹澍有极其精彩的比对，其中一段如：

鲁迅语："自然'喜怒哀乐，人之情也'，然而穷人决无开交易所折本的懊恼，煤油大王哪会知道北京捡煤渣老婆子身受的酸辛，饥区的灾民，大约总不去种兰花，像阔人老太爷一样，贾府的焦大，也不爱林妹妹的。"

曹澍感想：时代不同了，年薪几十万、几百万的董事长，"非常理解本企业下岗职工的酸辛"。雇保镖看家护院，走哪贴身警卫都跟着，坐骑安"防蛋"玻璃……

从前，焦大是不敢爱林妹妹，而不是不爱。哪有傻大粗黑的长工，不爱细皮嫩肉的地主女儿？土改时，这样的"爱情故事"还少吗？

但如今，焦大哪天发了横财，林妹妹想巴结焦大，还怕巴结不上呢？因为林妹妹再熟读唐宋文学，也不是博士。人家焦大的征婚启事上写着：征美女博士！

我们的时代前进了，林妹妹不够格了。我们的现实是：大批的林妹妹被先富起来的暴发户所包养，大批的女博士被社会主义抱养大的资本主义早产儿所欺凌。我们的"石油大王""灾区饥民"比比皆是，让人惊叹着历史性的讽刺意义。

这是曹澍风格具有代表性的段落。曹澍的想象力是极其丰富的，两个不同的时代两种不同的社会现象，拿来做近距离的比对，其调侃性、幽默感显露无遗，其思想锋芒是再明显不过的了。

他用同样的比对在《德国政要是怎样请客吃饭的》一文里，对外国高官们的形象做了简单的描写。

1985 年，一个代表团前往联邦德国访问，受访的是德国社会民主党主席勃兰特。当时东、西德尚未合并，联邦德国政府还在波恩办公。勃兰特宴请中国客人，只在波恩大街上随便找了一家普通的饭店，这里因为客满，他们要等座位。宾主双方各五人，菜也很简单。对这个现象勃兰特解释说，他们不是执政党（当时），党内有的是钱，可是绝不能挥霍浪费，否则人民看在眼里，肯定会影响日后的竞选。

接着，第二天，属于基督教民主党的科尔总理宴请中国客人，早餐是……曹澍写了下边一段文字：……除了牛奶面包水果饮料，主客双方每人只有两个荷包蛋。吃蛋时，科尔不小心碰破了自己盘中的荷包蛋，流出很多蛋黄。吃完荷包蛋，科尔撕了一片面包把流出的蛋黄擦了擦，又吃了。这时盘子里还有一些蛋黄没擦净，科尔居然当着中国客人的面，端起盘子用舌头舔，直到把盘子舔得干干净净才罢休。

这哪里是简简单单的生活习惯问题啊，这哪里只是一个国家的体面问题啊，文章评论的只是吃饭这样的小事吗？他肯定的是在地球村的另一个部落里还有这样一些人，他们有截然不同的生活态度，是值得我们借鉴的。曹澍的劝说是：我们这样刚刚富起来的国家、刚刚脱离了贫困的民族，更应该无一例外地珍惜我们的粒粒辛苦啊！

节俭光荣，节俭高尚，节俭是一切上升者的个人品格的体现！鲁迅说："杂文是感应的神经，是攻守的手足，是匕首和投枪。"曹澍的杂文也是匕首和投枪，他的匕首和投枪投向的是非正常思维而造成社会公害的人，投向的是不称职的官员和利用社会公器贪污腐败欺压群众的高官，时代不同，职能一样。

曹澍的杂文不是匕首不是投枪，而是银针而是体温计。它们结构完整，一事一议，主题集中，说清即停。

曹澍的随笔不是匕首不是投枪，而是银针而是体温计。它们风格结实，原汁原味，直抒胸臆，亲切透明。

曹澍的文章不是匕首不是投枪，而是银针而是体温计。它们原始本真，了然质感，在问题面前敢于亮剑，在社会毒瘤上敢于进击，真人真言，生动活泼，青春锐气，浩然大气，学养深厚，既有庄重的寓意，又有诙谐幽默的躯壳，读来解气、解渴，又耐饥。

在邯郸的文化人中，曹澍是公认的读书最多的人之一，从他的文章中也能明显窥出。

曹澍的文章如其人，他从不两个面孔，从不多重内心。他是个性情男人，文如其人，他本人就如他的文章，曹澍好像天生就是写杂文的。杂文是文学殿堂中一种比较特殊的文体，它的形式灵活，可以抒情、叙事和议论，可以针砭时弊，提示国人，曹澍的一腔热血满腹经纶全在这里表现出来了。

曹澍的杂文随笔，包括散文，篇篇精到，没有无病呻吟与应景之作。语言诙谐幽默犀利张扬潇洒明快简洁鲜活跳跃，而且富有音乐感。针砭时弊，揭示出生活、事业、修身、治国等方面斑疵，小事件大道理，充满睿智和理趣。无论他的杂文、随笔还是散文，语言特点非常鲜明，熟悉他的人，根本不用看作者姓名，看几行就能判断是曹澍的文章；不熟悉他的人，看几行就会眼前一亮，牢牢记住曹澍这个名字。老文联主席高扬先生说，我最欣赏曹澍的是他的语言，他的语言非常独特。语言在他的手里像是面团，想怎么捏就怎么捏。你读曹澍的文章，可以看出他写作非常轻松，一泻千里酣畅淋漓，文章很有气势，颇有韩愈、东坡之风。曹澍的随笔散文都有很浓的杂文味道，他在"嬉皮笑脸"的自嘲中暗藏着袖箭和机锋，在貌似玩世不恭的调侃中透射出剑芒与寒光。触到底线时，他又嘻嘻哈哈地持一种皮里春秋的笔法。这正是读者喜欢他的原因，也是曹澍为文的追求。曹澍在杂文界和邯郸都拥有着大量读者，有人说，邯郸有点儿文化的人，谁不知道"曹克吐温"啊？曹澍的许多文章发到凯迪社区，都被编辑推荐到首页，他的粉丝很多，有些粉丝甚至送给他价值1000多元的全套《剑桥中国史》和其他好书。

鲁迅的时代不再重复，曹澍的时代已经活蹦乱跳地展现在面前。有些现象发展了、严重了，有些问题淡然了、改变了。历史不是简单的重复，历史是选择，只选择那些信仰坚定的勇士，只选择那些敢于亮出自我价值的杂文新人！

银针和体温计

我说曹澍不是匕首不是投枪，而是银针而是体温计，是说曹澍的文章是一个正常社会的正常文化现象。我们举例来说：

20世纪90年代，曹澍所写的读者普遍反映良好的随笔《我活得不潇洒》，通过知识分子世俗生活的描写，反映中国知识分子的无奈和边缘化，发表在《北京晚报》上。《北京晚报》编辑部接到不少读者的电话，表示对作者的感谢。在《邯郸日报》发表更是好评如潮。一位资深评论家说，这是一篇大俗大雅之作，是邯郸文坛多年少有的大众喜闻乐见的作品。一些的地方报纸也有转载。

随笔《混了半辈子》，在《杂文报》发表，被《东西南北》杂志和许多地方报纸转载。随笔《我不想娶漂亮媳妇》，在《河北日报》上发表，《北京晚报》《羊城晚报》《大众文摘》转载。他运用逆向思维，在随意的大胆机智幽默的调侃自嘲中传递着乐观向上的积极生活态度。

进入新世纪，曹澍的创作蓬勃高涨起来，举例说明：

2008年高考刚完，曹澍谈高考的杂文《很多人比你优秀，但你比很多人优秀》在《邯郸晚报》《新闻周刊》时评专版甫一发表，就在考生和家长中引起强烈反响，人们争相传阅。后来被《邯郸文化》用在卷首语，《邯郸散文》转载。许多读者给编辑部打电话，有的读者复印十几份送给亲戚朋友的孩子看。这是《邯郸晚报》《新闻周刊》时评专版创刊以来，发表的第二篇本地作者的稿件。

《韩寒：安徒生笔下的小男孩儿》在2008年12期《邯郸文化》发表，温王林总编说，这是能上国家级刊物的好稿。此文因锋芒太露语言过于犀利被两家报刊婉拒，没有被更多的读者看到，不能不说是个遗憾，我们也更加佩服温王林总编辑和任希平副总编辑的胆识。

这一年，我们成功地举办了奥运会。向世界显示出我们的国力，张扬了中国人的志气。

2009年，杂文《"严重的问题是教育女士"》在《邯郸日报》发表，随后被《杂文月刊》转载，并入选《2009年中国杂文精选》。

同年，随笔《放点儿胡椒，放点儿糖》在《邯郸晚报》发表，马上被《特别关注》杂志转载，此刊发行量300多万份，号称"成熟男士的读者文摘"。

这一年，伟大的共和国度过了她光辉灿烂的60周年，普天同庆。这一年，我们国家破天荒地取消了全体农民的农业税。这是自古以来，人类社会的破天荒之举。这一年，在城市对所有弱势群体实行最低生活保障体系，这也是大姑娘上轿头一遭啊。

2010年，杂文《查尔斯王储的雅量和伍皓副部长的"德行"》在《杂文报》发表，后又被《经典杂文》转载。

2010 年在《散文百家》发表随笔《侃爷易中天》，先被《广州日报》转载，又被《文摘报》转载，最后被《散文选刊》转载。

2010 年在《散文百家》发表散文《舌耕逸事》，被《散文选刊》转载。

2010 年在《杂文报》发表随笔《孩子，到爷爷这来》，被《散文选刊》转载。

2010 年和田奇庄等四人代表河北省杂文界，组成"河北专版"参加首届全国杂文大赛。

2011 年在《杂文报》发表曹澍的随笔《流氓气豪杰气英雄气》又被《特别关注》杂志转载。

这一年，截止到本人写稿的时候，曹澍发表作品逾 100 篇，值得庆贺，包括《儿子不在家的十个不亦快哉》《百家讲坛两侃爷》《从小混混儿到半吊子读书人》《舌耕逸事》《父亲的六个爱好》《快乐的女出租车司机》等。

这一年，国人迎来了党的光辉历程 90 年纪念，我们的国力、民力各方面都达到前所未有的高度，13 亿人过上了太平幸福的生活。

有了国家的蒸蒸日上，国富民强，才有了曹澍的杂文，才允许有曹澍的银针与体温计似的杂文、随笔的出现，文化园地里才容得下他（们）这些另类独秀的鲜花竞相开放。

一件社会效果良好的信

还有一件事在我们邯郸不能不提，就是 2009 年 2 月，曹澍给新当选的邯郸市市长写了一封公开信，题目就叫"公民老曹向公仆老郭说几句心里话"，曹澍以他特有的幽默调侃的亦庄亦谐的笔墨，对邯郸市的文化、教育和体育工作提出了自己的一些建议，情真意切，"忧市忧民"之心跃然纸上。信的内容之一是他列举了许多城市和那个城市的文学期刊共生共荣的实例，他呼吁邯郸市应该创办一个像模像样的文学期刊，以表明政府对文化、对文学的重视，并匹配邯郸这样的有悠久历史的文化名城。

　　这封信可圈可点之处颇多，不乏真知灼见。现在只说两点，第一点就是，这封信直接说明了曹澍的公民意识的觉醒。一个堂堂正正的公民，像曹澍一样不应该顾忌什么长什么官的，需要办的应该由谁来办的，就叫谁来办得了。

　　第二点就是这封信所起的作用。这封信后来在网络上发出，再后来《花信风》杂志以头条特稿的形式公开发表，在邯郸市引起不小的震动。不少机关干部都知道邯郸有个胆大包天的"公民老曹"，胆敢对市长"称兄道弟"地提意见，并且为他捏一把汗。但后来的事实证明这种担心纯属多余，人们没有看到时代的进步，也低估了执政者的胸襟和雅量。

　　再回到曹澍的杂文写作上来。我与曹澍交谈甚多，在谈到他的文学价值取向时，曹澍说："我为文崇尚《捕蛇者说》《为徐敬业讨武曌檄》，不玩《醉翁亭记》《后赤壁赋》；亲近鲁迅，喜欢《记念刘和珍君》《魏晋风度及文章与药及酒之关系》，远离梁实秋的雅舍、周作人的苦茶和林语堂的菜谱。追求犀利深刻，不玩隽永清淡。"

　　一句话，对待古人和今人，他拒绝平淡，他拒绝无为和清闲。文化勇士曹澍，应该得到足够的重视。我作为一个文化老兵，要说的话是：社会的健全发展，劳苦大众的无奈渺小需要曹澍，邯郸文坛需要曹澍。为了这些需要，希望曹澍把脚下的路走下去，为建设和谐、公正、民主的祖国坦坦荡荡地向着光明前进！

　　弟弟你大胆地向前走啊，向前走，莫回头！

　　　　　　　　　　　　　　　2011 年 8 月 31 日星期三于半梦斋

　　　　　　　　　　　　　　（此文刊登于《邯郸文化》2011 年 10 期。）

第六辑　老曹追记

安息吧，老曹！

——在曹澍追思会上的发言

叶红

我是曹澍的妻子叶红。我非常感谢大家能组织这次曹澍的追思会，我为曹澍有这样的亲朋挚友感到骄傲，感到自豪！谢谢大家！

曹澍 1954 年 1 月 25 日出生于河北省石家庄市。从小跟随父母在石家庄、兰州、邯郸生活学习过。1971 年 12 月至 1981 年 2 月，在湖北工作；1981 年 2 月，随父母调回邯郸，在汉光机械厂工作；1985 年 3 月，调到汉光学校任初中历史教师，直到 2014 年 1 月退休。2019 年 12 月 29 日因胃癌在邯郸病逝，享年 65 岁。

我跟曹澍是 1985 年结婚的。由于他在学校工作，自然培养孩子的任务就落在他的肩上了，我儿子从小学一年级到高三毕业，学习基本上是他管起来了。高考考入了北京工业大学。

曹澍是一个很有生活情趣的人，比如他在生活上是很讲究的，吃饭穿衣从不凑合。刚结婚时不会做饭，但他敢下手，十道菜一个味。后来肯钻研，为了学一道菜的做法甚至去饭店后厨观摩，没多长时间厨艺就提升到十道菜十个味。我跟他这么多年，吃了很多美味，我最喜欢吃的一道菜是姜丝炒大虾。到现在没有一个饭店的这道菜比他做得好。每个菜怎么买、怎么洗、怎么切、怎么炒，怎样装盘都有讲究，每道菜品必须色香味俱全。我一上手，马上挨批。

我做饭在他眼里就是糊弄，到现在我也不会做饭。曹澍在花钱方面从不计算，基本上属于"月光族"，活得很潇洒。

曹澍 2008 年以前发表的文章我基本上全看，感觉挺有意思；2008 年以后，我就回北京工作了，他的文章我很少能看到。有一次等火车买了一本《读者》（原创版），看了几篇觉得没有一点儿味道，我还是更喜欢曹澍的文章。他每天晚上读书写作都要到 12 点以后。买书、读书、写作是他这一生最大的爱好。

曹澍 2008 年以后坚持冬泳，直到去世前两个月。冬泳确实对他的身体有非常大的好处，活血化瘀，他的皮肤基本上没有老年斑。

关于曹澍的病：

曹澍是 7 年前开始吃饭噎的，我一发现就让他去看病，但他怕查出不好的结果，心理压力大，始终没去看病。刚开始大概每两个月吃饭噎一次，到后来越来越频繁。每次吃饭必须全神贯注，细嚼慢咽。如果不小心噎着，得一个多小时才能缓解。从 2018 年 7 月开始消瘦，当时体重有 160 斤；到 2019 年 8 月，只有 120 斤了，一年的时间瘦了 40 斤。去年的中秋节，吃了一个月饼，噎了 8 个小时。我当时在珠海，让他第二天去看病。他去邯郸市第一医院看病，医生说需要做胃镜检查，医院要求必须有家属陪同，他找冬泳好友韩力杨教授陪着去的。市第一医院给出的病理切片结论是癌不除外，没有定性。2019 年 9 月 25 日，我们拿着邯郸市第一医院的病理切片到石家庄四院会诊，结论是低分化腺癌。经过进一步的 CT 拍片，发现腹部有积液，腹膜下淋巴肿大。医生说他这种情况已经不适合做手术了，只能保守治疗，就是化疗。曹澍也想尝试做化疗，但医生说化疗期间必须鼻饲，他说我还要冬泳，怎么可以被束缚在床上，决定放弃治疗，10 月 13 日回邯郸继续冬泳。他想以坚持冬泳抗击癌症，可是到了 11 月 20 日他的身体已经很虚弱了，朋友建议他不要再冬泳了，换成室内游泳对他应该好一些。11 月 21 日，我陪着他去邯郸市游泳馆问了一下，65 岁以上的老人必须持有医院出具的健康证，他那时瘦得只剩 110 斤了，没有医院能给他开健康证了。不能游泳对他来说生活就失去了意义。12 月 13 日开始绝食，每天饮水很少，基本不进食，有时实在太饿了太渴了也喝西红柿汤。就这样把曹澍耗尽了，他于 2019 年 12 月 29 日凌晨 3 时走了。

曹澍是一个非常坚强的男人。他无论何时何地，都坚持自己的原则，从不阿谀奉承。在工作上，在写作中，在生活里，都是这样。在他病重的后期，他坚守的原则就是不能没有尊严地活着，不能给家人造成过重的负担。就是这样，他很快就离开了我们。他走得没有痛苦，没有怨悔，他实现了自己的愿望。

老曹走吧，安息吧，天堂没有痛苦！请大家原谅他的不辞而别，他是很要面子的人，他想让大家永远记住一个生龙活虎，一个英姿飒爽的老曹。不愿意让大家看到在病痛折磨中瘦骨嶙峋的老曹。

曹澍遗嘱：骨灰撒到湖北省宜都市清江。

安息吧，老曹！

最后再次感谢大家！

曹澍妻子叶红

2020 年 1 月 2 日

旧年将逝老友永别

——《舌耕逸事》作家曹澍于 2019 年 12 月 29 日病逝

李延军

2019 年的最后半天，惊闻那个风度翩翩的骨鲠之士老曹匆匆离世！悲伤之余，顿感这才是我交往多年与众不同的老曹。犹如他一生写的最后一篇犀利杂文，为自己人生画上了一个巨大的惊叹号！

12 月 18 日，是他发给我的最后一次微信之日；11 月 1 日，是他打给我的最后一个电话之日；9 月 21 日，是他与我最后一次访友吃饭之日。

他的病情我是知道的，他不接受常规的医疗方案，有自己的理性选择，我也是知道的。关于他身后的选择与安排，也给我说过一些，但我总觉得一切为时尚早。他这种病，我判断至少还能拖上一两年。

放弃常规治疗后，他依然坚持每天到赵苑游泳，雷打不动，顺其自然，希望用自己的意志与疾病抗衡到底。对自己的最终离开方式，他做过各种设想与计划，等生活不能自理前尝试实施。他说他一生都有尊严地挺直着脊梁行走于世间，走得也要堂堂正正，体面尊严。没有尊严地苟活，不是他的选择与性格。他不愿给这个世界留下一个没有尊严的形象，甚至反复叮嘱，让我不要把他生病的消息告诉别人。

他一生积攒下大量藏书，本来想公益捐出，但再三考虑后，还是决定将藏书留给志同道合的朋友。他说把自己的藏书有空了分分类，通知相关喜欢的文友，大家分分就处理了。11 月 1 日，他还在电话上说，他将文艺评论类的期刊杂志已分拣出来了，想送给我，看我哪天有空过去拿。他无论说什么，我都一口答应着，总觉得还早。12 月 18 日，他还在微信联系我。没想到噩耗来得这么快，犹如他一生的为人做文风格。风风火火，口无遮拦，疾恶如仇，堂堂正正，洁身自爱，风度翩翩。

无论他采取何种方式离开这个世界，我都是有心理准备的。唯一没想到的是，他走得如此匆匆！但我觉得也是他所希望的方式，优雅地来，优雅地去，风度翩翩，坦坦君子，永远是他留给我们的形象！

还没想到的是，2019 年竟是这样结束的！老曹远去，世上少了一位君子，我又少了一位挚友，甚至使我感到是否预示着一个时代的结束。没有老曹的时代，没有老曹的朋友圈，不知未来会怎样？！

2019 年 12 月 31 日

给曹老师的一封信

李延军

曹老师：您好！

十多天没收到你微信了，再过几天就放假了，本来放假了准备去看你，顺便把你给我准备的书拿回来，再聊聊我最近写的长宁系列文章。

2019 年的最后一天，我终于把长宁文章写到暂告一个段落，松了口气，提前下班刚回家，突然收到梦漪的微信，多方打听才知道你居然已走两天了。尽管我早已知道，你早晚要走，但 2019 年 12 月 31 日知道你走，对我来说还是太突然了，我一时没有反应过来。闷了一会儿，我把消息告诉你弟妹小刘，尽管她也知道你的情况，但对她而言，也太突然了。她一下子哭出了声，她边哭边说，怎么好人不长寿呢？曹老师多好一个人啊，每次来咱家都带牛奶面包，文质彬彬，还喜欢吃我给他煮的稀饭。惹得我一时控制不住情绪，抽泣了半天才平静下来。

曹老师，你每次离开或回邯郸都要给我打声招呼，见上一面，你常把我们见面说成是来我家蹭饭，永远记得你那一贯的幽默口吻："延军有空吗？想到你家蹭顿饭吃，你们家小刘做的饭好吃！"

记得有一次，你又说要来我家蹭饭，可小刘回了老家，你说没事，聊天是主要的，吃饭自有办法。那天，我一开门，居然看你提着方便面火腿肠来了，说，这不，今天的饭解决了，简单省事儿。我长这么大，没见过你这么串门的，自备干粮而来。曹老师，这次我们小刘在家，还准备放假了过年期间，再请你来我家吃顿饭，也好见见你常说想见而一直未见到过的被你夸做"天才"的侄子，也是你的弟子。我早已知道，你能吃我家小刘的饭会越来越少。没想到你这么快就走了，永远也请不到您来家吃饭了。

曹老师，还有一事告诉你，你这一走，兄弟姊妹都知道了，今天都来了，估计出乎了你的意料。你常嘱咐我保密，这次保不住秘密了，你也没有秘密可保了，也不用再小心翼翼保密了！

你与众不同，行踪不定，一会儿北京，一会儿石家庄，我深深理解，也恪守我们之间的君子约定，为你行踪保密。即使你已身患重症，还郑重叮咛，让我为你保密。我还是在傻傻地履行着对你的承诺。

当你告知我你可能重症在身时，我不以为然，凭你的自律毅力，不抽烟，不喝酒，每天坚持游泳锻炼，甚至坚持别人不常涉足的冬泳，而且你还曾告诉过我，一定要坚持游泳，把身体锻炼得棒棒的，要活到你期望的某一天的到来！我当时的第一反应是，市医院水平有限，也可能误诊，劝你再去石家庄或北京复查一下。你很平静地肯定告诉我，这不是什么疑难杂症，很容易确诊，十有八九没什么疑问。

记得那是个星期天，我正百无聊赖之际，你来电话了。那时我刚学会开车，正在兴头上，我说正好，说曹操曹操到，你在哪儿？我开车带你到附近散散心吧。你说不去，要游泳，现在已到赵苑。我知道你的脾气，每天游泳，雷打不动，即使得知自己已重病在身，依然坚持。但鉴于你当时的情况，我竭力劝你，今天就算了，即使上班还有个星期天，是不是？那次你第一次没有坚持自己的意见，听从了我的安排，一起到了个风景优美的所在，还拜访了很久不见的老朋友。

没想到，那是咱哥儿俩的最后一次见面。那次你跟我谈了你身后之事，以及最终的离去方式。还说，延军你会开车了，我就不用打的麻烦别人去找离去的地方了。我依然不以为意，当时你虽然比以前有些消瘦，但依然精气神十足，说话依然铿锵有力，你说的这一天我觉得依然很遥远，不禁哈哈大笑，满口答应。本来那天我想多陪陪你，邯郸附近你想去哪儿，我就陪你去哪儿。可你说，晚上嫂子回来，商量你的治疗问题。我就未敢多耽搁，早早把你送回了家。

后来收到你从石家庄发来消息，说病情确切，正在同家人商量治疗方案。当我后来再问你时，你说已回邯郸，采取自然疗法，坚持游泳，与疾病对抗到底。我知道你这样说，还是有底气，有资本，凭你老曹的身子骨，顶个一年两年没问题。这更是你有尊严的选择，符合你的一贯秉性与见识。

后来的情况似乎也在证明着我的判断，你依然像以往一样，时不时给我发一个你认为不错的微信，我也时不时给你回应一下，有了新文章还像以前一样发给你评判把关。我的文章往往有了你的评判，我才有拿出去的底气。你不仅评判我的文学文章，还评判我的学术论文。

记得有一次，我带人在峰峰考察，中途就接到你的电话，对我的学术论文大加赞赏，一说就是一个多小时，害得我把客人都带丢了。今年我又在写一篇长文章，一如既往，我又把写好的一章章发给你，请你评判把关。12月4日，我收到你的回复，仅一句"文章不错，题目起得更好"。我感觉不像你的回复，有些敷衍。以往你都是长篇大论，甚至有时嫌文字表达不够，还亲自给我打电话，把问题说透。我一直忙于这篇新文章的创作，没太在意，想等完全写完了，再找你详谈，听取你的意见。

现在我想起来，我太自私了，忽略了你的病情。12月4日，离你走的日子还有25天，估计你已没有力气看我的那些长篇大论了，但你还是于12月10日、11日、14日，一直连续在给我发着微信，最后一次是18日发的微信。我于12月21日晚上发去一篇文章后，再也没有收到你的微信。但我依然没有想到你会病入膏肓。直到12月31日，得知你已与我不辞而别，再也不能收到你的微信了！

12月18日到29日，短短10天，曹老师，你走得也太着急了！再急也该读完我这篇文章啊！你这一走，这世上再也没有像你这样认真读我文章的知己了！以后再写文章，还不知道能拿给谁看！曹老师，你不读我的文章也行，走时也该给我说一声！你的这次离去，不但不跟我打招呼，更没有交代给你保密，却给我保了个大密。人人都说你狷狂，臧否世事，口无遮拦，可我知道你比谁都小心，不仅小心自己，更是时时嘱咐我小心。小心的你，走得也这么小心。连我这个小心的人也不放心。即使你精心设计，走得如此小心，悄无声息，可还是走漏了风声。如今这么多人都知道了，他们都来了，老田来了，连莹来了，梦漪来了，刘易来了，建旗来了，老马来了，东汇来了，记书来了，老温来了，吉文来了，来了一大堆朋友，柴大哥家的女公子甚至都把消息发到澳洲了。

我知道，这可能不是你的心意，可你没嘱咐这事要保密，怪不得大家，这是你一路走来的兄弟姊妹发自内心的诚意，希望你能接受！你走了，你教过的弟子还在，你交过的朋友还在，你做过的事儿还在，你写过的字还在。这一切的一切，都在泄漏着你的秘密，你该欣慰才是，别再怪大家了！

曹老师，如果你觉得不满意，看到这些，记得给我写回信，告诉我你的意见，把不满发泄到我身上。我知道，你很擅长给人写信，你给我写信，给老韩写信，给老易写信，给兄弟姊妹写信，给公民写信，给公仆写信，给"文学自由谈"写信。书信体是你的拿手文体，今天我也东施效颦，给你写了这封信，希望你不要见怪，原谅兄弟一回！

可这信写好了，把我难住了，我不知道你的地址，不知道如何寄给你。曹老师，等你安顿冷静下来后，记得把地址告诉我，我把这封信寄给你。你不用担心，地址我不告诉别人，依然为你保密！

我在线等你的消息！

兄弟：延军

2020 年 1 月 1 日

老曹，我的好兄弟

岳寒

我和曹澍相识于 2007 年，他小我一岁。在邯郸散文沙龙的一次聚会中，我们一见如故，相识恨晚。此后我们开始了一段"如胶似漆"的交往，我们一起喝酒，一起唱歌，一起游泳，一起写作。我们争得面红耳赤，我们常常互相指责。我们发起了多次活动，我们都对彼此朋友掏出了心窝窝。后来我到岳城水库农家院定居，他更是频繁下榻的常客。

从 2012 年到 2019 年，由于持续的外界压力，我俩的关系突然哑火。我常常向朋友倾诉，与曹澍失联是我平生的最大憾事。直到 2019 年 9 月，我喜出望外，终于接到了他的电话，令我万分震惊的是，电话中他竟是交代后事。他从容平静，仿佛在谈论另一篇文章，想必早就有了充分准备。

他终于来了，下车之时，我们两个老男人紧紧拥抱，久久不愿松开。这也是我生平唯一的一次。

于他的去世，我没有太多悲伤，因为与其在痛苦中挣扎，还不如升入天国自由自在。更因为他留给了我们众多脍炙人口的杰作，会一直陪伴我们不离不弃。

我常常想，地球是浩瀚宇宙的奇迹，人类是所有生命中的奇迹，有幸经历一段生命历程，乃是奇迹中的奇迹。老曹比谁都清楚人生的价值，生命的意义。于是他选择了文学，并付出了常人难以想象的努力。他没有满足于稿纸频频变成铅字的虚荣，选择了掇笔十年苦心孤诣。年过五十的他，居然能背出梁衡 3000 多字名篇《觅渡、觅渡，渡何处？》以及众多大家之作。他博览古今，通晓中外，终于参透文字生命力的玄机。

苍天不负老曹，老曹不负苍天！在互联网降临中国大地的春天，他才思泉涌，迸发出了全部生命能量。篇篇佳作如刚刚出壳的鸡雏，如欢唱奔流的溪水，为中国方块字增添了独有的亮色，"曹克吐温"的锋言疯语令无数阅读者或开怀解颐，或拍案叫绝，或掩卷沉思，或怒火中烧！抓紧生命的分分秒秒，老曹创造出了当代文化人可望难即的奇迹！

天国中的老曹也许会潇洒地告诉仰慕他的后来者：若想学步邯郸，必先苦读十年。

老曹是爱憎分明的人，是有高度公民责任感的人，是世俗环境难容的人，又是个性张扬不时引起争议的人。但大家都知道，他是一个大写的人，也是我由衷钦佩难以效仿的人。

老曹，我的好兄弟，有缘与你成为朋友，我对你永远充满感激。兄弟，请走好。

2020 年 1 月 2 日

曹澍，我的好兄弟

老田

一见如故

2008 年秋，我和老曹在邯郸散文沙龙第一次见面，三句话没说完就觉得遇到了知音。我俩年龄相当，我大他不过两个多月，人生经历大体相同。父亲都属于老革命，都经历了"文化大革命"，当过黑五类子女，都喜欢文学写作。对过去的历史有完全相同的看法，对时事政治理解基本一致，加上天下兴亡匹夫有责的共同文人志向，于是我们之间开始了"如胶似漆"的交往。

老曹认识我不久就打印了我的所有网文，共四大本。他还写了一篇文章对我好一通夸赞。我的《公民话语》一书出版后，收到不少好评，也有幸认识了许多朋友。但是写出如此到位的评价文章，老曹是第一人。从这篇潇洒快意的文章中，我也领略了他非同一般的文字功力。

吓了一跳

第一次到老曹家，让我长了见识。我家有三个书柜，比起一般人来书不算少。可他的家堪比小型图书馆，十几个书柜，案头、茶几，甚至卫生间，除了书还是书，他把自己完全沉溺在知识的海洋里。他告诉我自己读书特别认真，遇到好文章字斟句酌，勾画点评。不理解透彻绝不罢休。有的文章他不仅一笔一画抄写，还向小学生一样逐字逐句通篇背诵。他坚持每天高声朗读散文、诗篇，用心体验古人的情景心境。我也喜欢读书，但是由于插队下乡，当煤矿工人，基本上都是见缝插针学习。书看得不少，多是浮光掠影，浅尝辄止，从未下过如此苦功——令我顿生敬意。老曹后来断不了督促我读书，特别是精读好文章，我一直没有做到。原因是我知道自己不是做学问的人，即使钻进去，也难有收获，干脆不费此气力了。

率性直爽

传统印象中，谈到书生总爱加上文弱二字。老曹则不然，他平素热爱运动强身健体，经常表现出气势强悍的一面。谈到诸多乱象他常常大爆粗口。对独夫民贼不共戴天，对贪官污吏切齿相向。他不但说，而且写。诸多嬉笑怒骂文字，酣畅淋漓，入木三分，赢得无数网友激赏，让人大呼过瘾。在现实生活中，他很少示弱。遇到排队加塞的人，他总是出面制止。若遇无赖欺凌，他早有准备，随身携带的帆布绿书包，除了杂志还用报纸裹着一把锋利菜刀。他曾经拿出来说：想欺侮我？门都没有！我拿出一把匕首道，我也经常携带，防人之心不可无嘛。不过自从有了高铁安检，这玩意儿都歇菜了。

中国人最讲面子，老曹的个性是当仁不让，有话讲在当面，许多人接受不了。有几次朋友聚餐，老曹批评对方的话棱角锋利，我忙打圆场，他还是说个不停。他认为既是朋友，就要实话实说。2010年底，我出国考察回来，朋友们在天然居饭店给我接风。有位当记者的朋友听说后赶来，一坐下就谈太极拳如何受到高层重视。老曹作色而起说，这是文化圈的朋友论文议政，你那套江湖货色别在这儿兜售。要不你走，要不我走。那位记者连忙道歉才避免了冷场。

邯郸散文圈有个月度沙龙，聚集了不少文学爱好者，散文写作小有成就。这种聚会评价作品大都拣好听话说，批评则点到为止。老曹特别认真，品头论足直言不讳，弄得一些自我感觉良好者很是尴尬。由于口无遮拦，老曹在邯郸文化圈得罪过不少人，但平心而论，他在乎的只是文人的立场、观点、品位，其他事并不放在心上。然而，对视面子如生命的人来说，老曹的出现却让他们如芒在背，乃至目为仇寇。

老曹敢出风头。他曾撰文说，在全校奖励优秀教师大会上，老曹领奖时得到学生们特别热烈的掌声。老曹当即向全场数千名学生飞吻致意，刹那间全场沸腾，几近失控，以后学校再也不敢给老曹当众颁奖。2008年散文作家王宗仁来邯郸给文学爱好者讲课，我和老曹一起到场，老曹听到王宗仁让大家学习杨朔散文就忍不住了。此前我们曾议论，20世纪60年代初困难时期，国人苦不堪言。可杨朔的散文无视民间疾苦，一味粉饰太平，毫无文人应有的风骨。王宗仁发言刚结束，老曹忍不住提出意见。我觉得老曹说得不错，可王宗仁与会议主持者缺少风度，争执起来，弄得老王很是狼狈。老曹曾任《邯郸文化》副总编辑，有一次主持年会，到会者以作家学者为主，也有政府官员、知名演员参加。老曹衣着得体，出口成章，挥洒自如，把官员、演员摆布得团团转，俨然一副大明星派头，令人刮目相看。有人觉得老曹很难相处，我却觉得老曹以及和他同类型的人最好相处，因为他们讲道理，只要出以善心，以诚相待，一定是最可靠的朋友。

心细如丝

表面上看老曹很粗犷，其实他非常细致。他写文章一丝不苟，在他的文章中极难发现错字病句。如果不是字字句句精心锤炼，细心修改，反复校对，不可能如此完美。中国生僻字多，读错在所难免。在长期交往中，我注意到，老曹从未犯过此类错误。南方都市报整版发表了记者上官敫铭的文章《老田挑战"邯郸现象"》（2009年5月29日）老曹多买了一份给我，还特别细心地说，我查了一下，记者叫上官敫（jiǎo音缴）铭。我不认识那个字，也懒得查。如果老曹不跟我说，说不定哪天我就会闹笑话。有一次，邯郸一些文友到岳城水库来玩儿，我姐夫特地在水库边小饭摊招待大家，事先买了一条十多斤的大鱼，饭菜也很丰盛，在湖光山色中就餐别具特色，大家很满意，我也很高兴。等大家走了我才知道，老曹暗中操作，提前和老板结了饭钱。有一年秋天，他和王建旗到我的农家院，我做了水泥场地，在两端墙上打了膨胀螺丝钉，拉上网子就可以打羽毛球。他看到一侧的螺钉打到邻居家后墙，便提醒我说，老田，你提前和邻居说了没有？一定要说。我还真没说，因为常与邻居在一起喝酒吃饭，我觉得这点儿小事不足挂齿。其实老曹说对了，对方果然在事过很久后表达了不满。由此可知，老曹对人情人性体察得多么细致敏感，难怪他写的文章每每能引起读者共鸣。

曹克吐温大作

老曹曾对我说，在邯郸文坛，李春雷写的报告文学第一，你写的政论时评第一，我写的幽默杂文第一。其实，我认为，老曹的曹克吐温疯言锋语在中文世界可谓独步天下，无人能及，是当代少有的幽默大师。古人云：书之无文，行之不远。在老曹的文章中，无一字无依据，典故俚语都运用得恰到好处，浑然天成，足见其文化功底之深厚。一篇短文能让读者感同身受，忍俊不禁，进而乐不可支，绝非一般作家所能达到的境界。写文章让人哭容易，让人怒容易，唯独让人笑不容易。我认为，如今中国文坛对待曹澍杂文的评价，就如同早年欧洲画坛对待凡·高一样。相信总有一天，老曹的幽默杂文会得到广泛认可，必将在中文世界雄居一席之地。

我曾经尝试用他的笔法写评论文章，终是画虎不成反类犬。我知道，自己没老曹功力，这辈子也不可能赶上。

“少妇杀手”老曹

老曹曾撰文称自己是少妇杀手，并非徒有虚名。他将近一米八的身高，消瘦健硕，气宇轩昂，常着名牌运动装，加上不凡谈吐，卓越见识，肯定不缺少妇追捧。当然，老曹也有一些弱点，一是耳背（也许与长期游泳耳朵进水有关），二是牙齿脱落，早早安上了假牙，三是说话偶尔口吃。但老曹有得天独厚的优越条件：夫人叶红毕业于同济大学建筑学专业，从单位出来后，被大牌建筑公司高薪聘请，天南海北忙碌，一年到头很少着家。儿子先是到北京上大学，后来在北京工作成家。老曹身为高级教师不缺钱花，独守百十平方米空巢，想招蜂引蝶轻而易举。

老曹却不这么想，他说，为了给儿子在北京买房安家，老婆到处奔波吃苦受累，绝对不能做对不起人的事。再说自己几十年为人师表，学生遍布邯郸，自己若有不堪之事被风传，何以为人？

邯郸文化圈的才女中，有不少人对老曹印象颇佳，但他从不制造可乘之机。久而久之，人家也就失去了对他的兴趣。在这个如同《红楼梦》所说，除了门口的石狮子，没有一处干净的环境中，能做到守身如玉，实属凤毛麟角。对儿子曹野马，老曹可谓倾情奉献。为了辅导儿子学习考上重点大学，他牺牲了最热爱的业余写作，那正是各家媒体频频刊登老曹文章的黄金时期。后来，担心写作影响儿子，他放弃了自己热衷的关注家国民生题材，选择了被冷落的文学批评。为了让儿子生活得体面，他们夫妻尽洪荒之力购置了复式楼。

再读《老曹，打点儿钱》一文，不禁为其舐犊深情动容。不做对不起家人的事，不做有悖师德的事，不做对不住朋友的事。老曹不是没有欲望，只是不肯为欲望牺牲原则。他多次对我说，你我有了一定知名度，多少眼睛都在盯着，必须加倍珍惜自己的羽毛。在谈到文品、人品时他斩钉截铁地说，人要活得像人才配得上人字，否则就是对人字的玷污。试问今日中国，几人敢出此言！

我与老曹

老曹从认识我的第一天，就把我当兄长看。他看重的是我主张的公民理念、对于各级官员理直气壮的批评，尊重我的维护百姓的合法权益，以及督促政府改进工作、服务于民的理念。他常常说，中国文人是三斤半的鸭子二斤半的嘴，能说不能干。老田不仅坐而论道，更是起而行之。中国文明进步太慢，根源就在于知识分子不能挺身而出行使公民权利。有了挚友的认可，我的公民行动更加自信。

我和老曹都喜欢游泳，在岳城水库，我们游一两千米不在话下，但老曹的冬泳能力、蝶泳技术我却无法相比。我们也喜欢到卡拉 OK 唱歌，与张小童、梦漪等文友多次到大众歌厅一展歌喉，他唱《伏尔加船夫曲》《莫斯科郊外的晚上》，我唱沙家浜智斗选段，可谓尽情尽兴。我们还喜欢约上几位文坛好友到饭馆小酌闲聊，和柴振海、马新民、张吉文、李延军、王建旗、曹德全、郭连莹等好友的聚会，总是那么开心，惺惺相惜，万语千言，滔滔不绝。多少次餐后老曹都推着自行车陪我走上几里路，甚至送我到家门口。那些年，接老曹电话几乎是每天不可缺少必修课，常常一打就是半个多小时，经常得找借口才能打断。

老曹不断把他的好友引荐给我。他和前文联主席高扬先生很熟，老曹介绍我们数次相聚，得到了老人家不少鼓励。老曹与岳岐峰的公子是发小，一直保持着密切交往。经老曹推荐，岳先生到邯后，专门设宴与我会见。老曹断不了与散文、杂文杂志的编辑见面，总是热心地推荐我。老曹爱护我，有时比我自己更甚。外面有人说我的闲话，我往往一笑置之。可老曹如果见到，定有一场舌战。据我所知，这种情况曾经发生过多次。

互联网时代给了老曹放纵文笔的机会，时间极其有限。他抓住难得的机会，留下了近百篇足以流芳千古的妙文，然而教师身份又让他不得不重新收敛。加上儿子曹野马进入国家最高建筑设计单位，担心影响儿子前途，2013 年后，他不得不减少乃至中断了与我的交往，这令我十分伤感。我曾对不少朋友说，人生许多事都可以放下，唯独让我放不下的就是失去了曹澍这位挚友。

我俩恩怨

老曹对我有过怨气，起因是一场误会。2012 年凯迪网络组织线下朋友聚会，主题是撰写家史，准备在邯郸开个见网友面会。我和老曹都是凯迪知名网友，与主办人王一名都是好朋友。按说，无论如何都应该叫老曹参加。我想找一个高档次的会议室，但要花不少钱。有位朋友愿意无偿提供，并提供免费服务。但此人与老曹有点儿过节，曾表示，有老曹的场所不要叫他参加，这令我非常为难，最终我没有通知老曹。老曹得知情况后大为光火，并深感委屈，认为我不够朋友。我再三向他赔罪，他都不依不饶。直到 2019 年 8 月，他突然给我来电话，说明病情之后，他又提起了这段往事。他说，你在会场上不好叫我，下午大家到丛台公园参观时，你为什么不通知我和朋友见面？我说，我确实考虑不周，不够意思。事实是开 30 多人的会议，一天时间连来带走，忙得我真是昏了头。但转念一想，老曹平时为我付出百分之一百二，关键时刻却换来我漠视冷落。将心比心，谁不着急生气！我知道自己错了，正因为他太在乎我，才刻骨铭心无法承受。在这件事上，我越想越感到对不住老曹，真想当众下跪求得他的原谅。可惜，老天再也不给我机会了。

老曹之死

好在老曹还是原谅了我。2019 年 9 月，老曹和李延军专程来到我的岳城水库农家院。六七年未见面，我已两鬓斑白，老曹越发羸弱。他一下车，我俩就紧紧地抱到一起，我们泪眼模糊，久久不肯松开，这是我平生第一次如此热烈地与另一个男人拥抱。

老曹来到我家，详细叙述了患病治疗过程。他说，现在只能吃流食。中秋节吃了一小块月饼，由于没有充分咀嚼，噎到食管折腾了五六个小时，苦不堪言。他说自己早已想好了，不开刀，不化疗，不住 ICU。到了无法忍受的最后时刻，要么跳楼，要么吃安眠药，要么绝食，一了百了。其实，他早有预感，几年前他就转发过别人的一篇文章，谈到了上述想法。我们本来商量好，此后请他到我这儿住些日子，宽宽心，多聊聊。我知道他喜欢吃天津产大黄油饼干，便从网上买了一箱，拍照片发微信给他，请他过来一起品尝。他连回了几个谢谢，以后便不再联系。

后来，听他的夫人叶红女士说，老曹是绝食八天后去世的。对患绝症的人来说，这可能最痛苦的死亡方式。对于老曹的选择，我能够理解，因为不亏欠任何人是老曹始终不渝的做人原则。如果选择跳楼，会惊扰他人。如果吃安眠药，可能让爱妻遭受置疑。如果拖到失去意识，很可能全身插满管子人财两空。他不来我的农家院，是不愿让我分担病痛折磨。不告诉朋友，是不愿人看到他脱相心里难受。还是基于上述原则，他不愿接受丧事随礼。反复叮嘱夫人，一定要在火化后再通知我等。

即使到了生命的最后时刻，哪怕遭受最可怕的痛苦折磨，老曹也不改变恪守不渝的人生原则，这需要多么坚强的意志，又是何等崇高的境界！生当为人杰，死亦为鬼雄！曹澍当之无愧。

2019年12月29日，我接到了曹澍去世的噩耗。2020年元月3日，我邀请了20多位邯郸朋友，在锦江饭店多功能厅举办了追思会。这是我平生第一次主办这样的活动，本想让现场气氛轻松些，可是，听了叶红介绍后事，我已泣不成声。

老曹生前曾表示，愿意把自己的服装交给我处理，喜欢的就留下，剩下的捐献给村民。事后，叶红女士整理了几大包送给我。以前和老曹交往，我从不注意他的穿着。这次看到衣服才发现，他的衣物很上档次，很有品位。更重要的是，有的我穿上很合身，很增色。于是，我多留了一些。穿到身上，感到老曹还时时陪伴着、温暖着我。

人生得一知己足矣，今生有缘结识老曹，我知足了。老曹先我而去，未必是坏事，起码不受病痛折磨了，无须遭受疫情困顿了，用不着为逆情悖理之事怒目相向了，也不必先天下之忧扼腕叹息了。值得庆幸的是，你用生命精华凝结的篇篇文字永远保留在互联网上，你用一生努力塑造的品格让我们懂得怎样成为大写的人。

再：我在岳城水库虎头岗山坡上买了一块坟地，安葬了父母，将来我也会长眠于此。我本来想将老曹的骨灰安葬到这里。可叶红告诉我，老曹嘱咐把骨灰撒到年轻时生活过的湖北清江。那我就为老曹立个衣冠冢，我坚信，天国的我们将永远为伴，再不分离。

2020年2月16日

匆匆，太匆匆

——追思曹澍老师

梦漪

一

新年的第一天，我却没有丝毫的喜悦和快乐，因为在昨天——2019 年 12 月 31 日这个最寒冷，也是年末的最后一天，我接到一个噩耗：我所尊敬的我市著名杂文作家曹澍老师于 2019 年 12 月 29 日凌晨 3 时因病去世。曾经，曹澍老师对我在写作方面给予过很多指导，既是我的良师又是益友。在 20 世纪 90 年代初期，我在《邯郸日报》星期刊拜读过曹老师很多作品，特别是他那幽默风趣的语言，别具一格写作的风格，具有强烈的亲和力和感染力。以致后来，我的写作风格，也多少受到了曹老师的影响。在十多年的交往中，他经常向我推荐一些好文章供我学习和参考，也多次给我提出许多好的建议和方法……很多情景历历在目，恍如昨天。

惊闻曹老师不幸离世，我的心情十分沉痛和难过，总有一种恍若隔世之感，感觉曹老师不可能离世，这一定是假消息，一定是一场误会……其实，我也知道，这是自己在欺骗自己，或者说想逃避残酷的现实。这种突然失去朋友和亲人的感觉，我也曾多次经历。然而，我们无论多么不想让他们离去，但在死神面前，我们却显得十分脆弱、无助和无奈，甚至束手无策，只能眼睁睁地看着他们离我们远去而没有回天之术。

　　我在心中默默祈祷：曹老师，请您一路走好，天堂里没有疾病，没有痛苦，没有寒冷，也没有纷争。但愿您在天堂依然笔耕不辍，享受游泳的快乐，但愿我们来世还能成为朋友……

2020 年 1 月 1 日

二

　　我已经记不清有多久没有见过曹澍老师了，甚至连我们最后一次见面的时间和地点也早已模糊。虽然很久没有见面，但我和曹老师通过电话和微信还时常联系，只是后来我感觉他的电话越来越少，有时，在微信上的留言也会很久没有回音。这种情况，大概有一年时间。

　　我与曹老师的"相识"，确切说是 20 世纪 90 年代初。那时，我刚二十出头，是一个"文学青年"，喜欢阅读书报，常在单位订阅的《邯郸日报》星期刊上，读到署名曹澍的文章。其文笔流畅，语言风趣幽默，富有生活情趣，使我阅读再三，爱不释手。特别是那篇《我活得不潇洒》，多少年来我还记忆犹新。也就是从那时起，我对曹澍从内心产生敬仰，还为其写了一篇小稿《我为曹澍画像》，想象这个我喜欢的作者在生活中的模样。

　　也许，我和曹澍老师真的有缘。从 2003 年开始写作，到 2008 年时，我已经是一个在报刊上发表过 200 多篇作品的作者了。其中，有不少作品都是受曹澍老师的影响，语言描写上不乏调侃自嘲和风趣幽默。我还建立了新浪博客，吸引了来自全国四面八方的读者。一个偶然的机会，我发现"曹澍"在我的博客留下了"脚印"。那一刻，我既兴奋又惊喜，忐忑很久，才壮着胆子给对方发了一个小字条，表示自己是他的粉丝，对他仰慕多年，希望他能对我的作品给予指点和帮助。曹澍很快给我回复了。他说让我去散文沙龙上见，并约定了时间。这真是一个好消息！随后，我在博客上发出了多年前写的那篇小品文《我为曹澍画像》让曹澍去看，没想到得到了他的肯定和赞许，他还说我画得像他的模样。当时，我很受鼓舞。最终，我和曹澍老师在散文沙龙上见了面。此后，曹澍老师成了我博客里的常客，经常光顾留言，对我的文章进行鼓励，并提出修改意见，使我受益匪浅。我们的友谊也从那时延续至今。

后来，我们见面的机会多是在参加文化活动和朋友聚餐时。平时，虽然与曹老师见面不多，但更多的是通过电话和博客进行交流。他时常向我推荐一些精品文章让我阅读和学习。他告诉我，要多读名家和经典作品，多读文学刊物上发表的作品，那些都是编辑精心挑选的上乘之作。学习好作品不会走偏路。平时，他在《邯郸晚报》或《文学自由谈》上发表了文章，也会打电话告诉我，让我去他的博客里看原文。他还推荐我把文章发到凯迪社区，使我拓宽了视野，接触到了更多的好文章。在他的鼓励下，我写了不少作品，有散文、小说和民间故事，都得到了他的肯定。曹老师认为我在写作方法上已经很成熟了，但还需要再提升一下高度。为此我一直在努力。

有一次，曹老师从我博客上得知我遇到"碰瓷"被敲诈，十分关心。他打电话问我，为什么不报警。我说对方人多，我不方便报警，否则会吃亏。曹老师沉吟半晌说，要不我发动文友们一起去抗议，帮你把钱要回来。虽然我感觉这办法不太靠谱，但是，我能理解曹老师作为一介文人，他是真心想帮我，只是他想不出更好的办法而已。我便把自己的顾虑告诉了他。曹老师意识到了这一点，怕对我的人身安全不利，便嘱咐我以后出门要小心，遇事一定要打电话找朋友帮忙。

以后，曹老师参加活动少了，但他的博客却频繁更新，写出了很多脍炙人口的文章，我闲时常去看他的博客并留言。见面的机会虽然少了，但依然可以通过网络进行交流。

2016年年底，我搬了新家，特意打电话邀请曹老师来家里认认门。曹老师说他在北京，等回邯后一定来我的新家看看。于是，我就一直等着曹老师回邯的消息，每隔一段时间，就打电话问问他在不在邯郸。结果，回复总是要么在北京，要么就是在石家庄照料母亲。

2019年的某一天，我和曹老师打电话，再次邀请他来我家做客，当时感觉他说话似有气无力，不像过去那样底气十足。他告诉我说，他母亲刚去世，心情不好，来我家的事等过段时间再说。我想，曹老师此时正处于伤心阶段，确实不是时候，就对他说要节哀顺变，保重身体。等又过了一段时间，我再联系，他又说自己生病了，身体不好，不便出门。我提出帮他找中医看看，他说一直在进行着中医治疗。我又几次提出想去家里看望他，也被他婉言谢绝，或说在石家庄，或说不方便。这让我有点儿疑惑，曹老师这几年为什么如此低调，好像有点儿太沉寂了。我问了其他朋友，他们说曹老师这几年连电话都不轻易接，就好像失去了联系。

直到 2019 年 12 月 31 日下午，好友连莹的微信留言，让我一下子蒙了！他发来了一张截图，是曹澍老师的爱人发给他的短信。上边写道：曹澍已于 2019 年 12 月 29 日凌晨 3 时去世……顿时，我感觉脑子"嗡"的一下，像做梦一样不真实。因为在我的印象中，曹老师是游泳健将，常年冬泳，身体倍儿棒，他怎么说没就没了呢？！我不相信！当疑问再次得到印证后，我的眼泪一下子模糊了视线。因为他曾经多次承诺要来我家做客。没想到到头来这竟是一句无法实现的诺言，一个永远的遗憾。

曹老师，您就这样匆忙地走了。您至死都没有告诉朋友们您生病的真相，也没有给我们探望您的机会，甚至就连遗体告别这样的心愿都不能满足我们，都没有留给我们机会。可以说，您把生前最美好的形象留在我们的记忆里，然后静悄悄有尊严地离开了这个世界，消失得无影无踪，让人无处找寻……

从此，我们再也接不到您的电话，听不到您的声音，再也看不到那个叫"清江蛙人"的微信发出信息；从此，我们再也读不到那个叫"大陆老曹"或"曹克吐温"的作家带着风趣幽默、带着犀利锋芒、带着嬉笑怒骂、脍炙人口的好文章、新文章；从此，邯郸文坛陨落了一颗巨星，失去了一位可敬可爱、敢说敢当的杂文作家和良师益友。

曹老师，您一路走好。

2020 年 1 月 5 日凌晨

悼曹澍先生

王士录

先生仙逝不胜哀，
生前往事尽如来。
幼年不堪父母苦，
壮岁犹惜人间才。
广交挚友论天下，
教书育人志慷慨。
思想激昂抒胸臆，
化作英魂荡尘埃。

悼曹澍先生

姚伊飞

在散文沙龙里看到曹先生离世的消息，震惊和难过不已。同时也看到不少文友都表示悼念之意，可见曹兄人缘甚广，交集朋友众多，在邯郸这方文坛上，绝对是出道甚早、赫赫有名的大才子了。他文学上的成就我就不再赘述，相信大家都读过太多他洋洋洒洒的大篇幅。我只借此机会，追忆老兄在我心目中的形象。

有人说他桀骜不驯，有人说他狷狂自大，有人说他性格偏激……在我看来，老兄并非如此。他恰恰是个亲切、和善、友爱、智慧的人。只能说他因为写杂文的缘故，而常有上述之表象，但那并不是真实的他。

老兄也是因博客而与我相熟，他主动给我打来电话，开口就是唤我"飞飞"，一点儿也不见外。我们有时通电话一两个小时，他滔滔不绝，妙语连珠，所说的话又极富智慧和人情味。这可能因为他是老师的缘故，表达能力非常强，而且感染力也很足，从而使这种对话充满乐趣，有时能引得我哈哈大笑，连连称是。

在生活方面，他也是个良师益友，知无不言，言无不尽。我记得当年在关于让儿子学文还是学理的选择上咨询过他，他的一番极有见地又极现实的话语，直接让我醍醐灌顶，做出了决定。老兄是个很现实的人，他毕竟从风风雨雨半生走过，人生智慧足够丰富。但他现实而不世俗，风姿独立，自有一番风骨。

　　曹兄的具体年岁我并不知道，但他高大挺拔，还爱锻炼身体，在我印象中生活也很自律，他绝对应该是长寿的人，却不想命运就这样和我们开了个大玩笑，这几年都没怎么见过他，却在2020年即将到来的岁末，送来了这样的噩耗，令人难以接受。

　　从此，我的通话里再没那个叫曹澍的来电了，再也听不到老兄那声亲切的"飞飞"了。邯郸文化界少了一位恣意飞扬的文学斗士；你我少了一位良师益友，少了一位受人尊敬的兄长；中华大街上被绑彩灯的行道树们，也失去了那个为它们"喊疼"的奋笔疾书者。

　　虽说，人都是向死而生，最终结局殊途同归。但我依然惋惜，依然难以平静，依然难过心痛。

　　曹澍先生千古，他依然活在你我心中！

2020年1月2日（晚上）

怀念曹澍老师

张小童

家里有事，始终无法坐下来。但是今晚，无论如何得坐下来，把这些话写下来。

曹老师走了。太快了，一点儿精神准备也没有。曹老师家住广厦，我住广泰，两个小区挨着，可以说我们是邻居，日常出门，时常能遇到。曹老师平时爱骑一辆旧自行车，每次遇到都会下车，路边聊几句。

因为下岗没工资靠写报告文学为生，曹老师很称赞我这一点。有一次我抱着一堆材料下车遇到曹老师，他说："哥们儿，你写不完的活儿给我干呗，我也想挣点儿钱。"我说："曹老师你有工资我没工资，我累死都得把活儿干了。"

有一次聊到俄国文学，我说特别喜欢巴别尔，但我在书店只找到了《敖德萨故事》，没找到《骑兵军》。曹老师说："我有，我送你吧。"我以为曹老师只是说说，没想到，隔了几天，他电话我到小区门口，真把《骑兵军》送来了。我不好意思："看完我还。"曹老师说："真的送你了。"这以后，曹老师还送过我一本书《1978—2008中国优秀短篇小说》，还特别嘱咐看一下阎连科。这两本书我都很喜欢。那时我没工资不大舍得买书，心里非常感激曹老师。

后来，曹老师听说我去外地开笔会能见到丛维熙老师，电话我："小童，我这里有他的《混沌》，能不能麻烦你让丛维熙老师给我签个名。"出门最爱

371

轻装的我爽快答应了。在北戴河请丛维熙老师签名时,老人家说:"呵,这么远这么沉,你还把书背来啦?"我把曹澍老师的名字写给丛老师,很认真地完成了任务。借此机会,我也与老人家谈了好一会儿《混沌》。这本书我经常不能连续看下去,有时会难受得喘不上来气,得出去转一圈再接着看。实话说,我也有一本《混沌》,我也很想让丛维熙老师给我的《混沌》签名,可是,书太沉了,我只带了曹老师的。回来把书还给曹老师,曹老师也非常感激我。

(现在,这两位老师都离开了我们,好在两位老师的文字还都陪伴着我们。)后来我搬到高开区了,出门碰不到曹老师了,也少联系了。很感谢曹老师对我的关心和帮助。我的一个中篇《完美的左手》在《飞天》发个头条,曹老师听说了,大大鼓励我一番。

2016年,我出了一本书《O3》,曹老师又电话我:"听说你出了一本少儿书,还被列为中少社金牌作家书系。哥们儿,太为你高兴了。送我一本吧,我要给你写评论。"曹老师拿到书后没几天又电话我:"哥们儿,我是老师,在学校最讨厌不好好学习的孩子。这个书评我不写了。对不起啊,我主动要求写的又反悔了,对不起啊哥们儿。"

我表示非常理解。曹老师为安慰我,一再说:"你这书肯定有人给你写评,少不了人给你写。"

后来有人告诉我,曹澍老师对我的《O3》评价不高。我表示,书出来有人看,有不同见解,是好事。

听到曹老师离去的消息,除了难过我还有些不放心,曹老师不会觉得没有给我写评而不高兴了吧,因为最近两三年我们没联系。后来看大家文章知道,曹老师近两三年与大家都没怎么联系,心中稍有安慰。

还记得与曹老师等几位兄长一起到田老师在岳城水库的家,还记得与曹老师在游泳池相遇的情形。在我的印象里,曹老师是一个多么精力充沛生龙活虎的人啊,怎么会走了呢?

想起已经离开我们的刘振声老师、王铁红大姐、赵英华老师和刚刚离去的李永全老师,这几位老师在最后的日子,我或去探望过,或在事后聊表过心意，唯有这位曹老师，曹哥们儿，一点儿机会不给人。

　　实在忙，写得流水账一样。昨夜只睡了一个小时。就这样吧。只能这样了。

　　曹老师走好！各位老师老友安康啊！

2020 年 1 月 2 日 23:33

怀念曹澍先生

——追思一位神交已久的博友

阿明同志

在我的博客里面有一位尊敬的师长，虽未谋面，但一直视他为心中最爱戴的人。他就是我的新浪博友，河北作家曹澍先生。

前不久，惊悉曹澍老师于 2019 年 12 月 29 日因胃癌与世长辞，这是曹澍老师妻子叶红发给我的信息。得此噩耗，真的不敢相信，瞬间我的眼角不觉湿润，往事涌上心头。

那是 2011 年 7 月，我开通新浪博客，借此平台，广交朋友，受益匪浅，其中就包括曹澍先生。我们结识已有六年，喜欢他的文章，以此对他有深刻了解。他的笔触犀利，观点明确，是我所重点关注文史类的博客之一。因此，我很快就走入他的文字中。博客就是一处自己的园地，喜欢它的自由与奔放；喜欢它的文、史经、哲。曹先生博学，又是历史系科班，在阅读他的文章中，得知曹澍先生武汉大学历史系毕业，曾做过中学教师，并在河北文学界颇有名气，是一位实力派的散文作家。我用心地将他的作品制作成《曹澍博文集》。我认真品读，细心咀嚼，几乎每篇不落地潜心学习，而写出自己的读后感。《心中的曹澍先生》发表在阿明博客里。择日，曹澍先生将此文转载在他的博客，并加上恣意盎然的按语，有不少朋友点赞。从此以后，我们的交流更加频繁，相互交换了通信方式，并邀请我加他微信好友。他年长我十多岁，不客气地以兄长自居，我也就默认这位才华横溢、风流倜傥的哥哥了。

曹澍先生的文章写得好，人品也好，一直以敦厚的大哥形象与我友善相处。追思既往，对我而言就此三点小结：一是教我读书。一旦进入友情往来的范畴，曹澍先生的长者风范自然流露，呵护有加。他言真意切，从不玄虚掩饰。曹澍告诉我，读书就要读鲁迅的书，作文就要向古文学习。读鲁迅的书长智慧，读古文长笔力。二者兼顾，即便写不出好文章，对自己的修养提升也大有裨益。受曹澍先生的影响，近年来，我比较系统地阅读了《鲁迅全集》和古文知识。遇到疑惑的地方，及时向曹老师请教，他诲人不倦，不厌其烦，引导我穿插了解历史知识，多重思考，并要我常年订阅《随笔》杂志，拓宽视野，洞察是非。而读大先生的文集，让我有着不同一般的考虑问题的视角，心底有了无穷的远方和高屋建瓴的识见，不再斤斤计较于点滴小事，不再小肚鸡肠地自怨自艾，不再风花雪月地悲悲切切，在素常的矫情写作中注入硬朗的底气，活得更加明白；曹澍老师告诉我读古文，就读《古文观止》，那是我们文化人的祖先。那是一座高山，那是一湖清泉，可谓是取之不尽用之不竭。我知道他博闻强记，见贤思齐，数百篇古文和鲁迅的几十篇散文，以及毛泽东的所有诗篇，等等，都烂熟于心，不一而足。他是下了笨功夫、苦功夫，且融会贯通，心有所系，所以他下笔如有神，文章写得有血有肉。著名作家、"文坛刀客"韩石山先生也是曹老师的好友，得知曹老师去世极为痛惜，不觉感喟万分，"我有最好的一种纪念方法，就是把他写进一本书里。一篇小文章，是写不尽老曹的！"我静候着韩石山老师的文章，会有鲜活的曹澍老师的重新亮相。

二是促我健身。有次交谈中，曹老师知道我坚持了半年游泳，很是兴奋。说我们既是文友，还是游泳的同道！曹老师带着自豪的语气说，他坚持游泳已经20年，尤其是坚持着冬泳，已经成为他雷打不动的生活习惯。为了便于交流，曹老师推介我游泳的公众号，微信里时不时发他游泳的视频和照片，那是一种得意嘚瑟的自信。我在小城生活，没有室外游泳池，他说有机会要走出去到露天游泳池更好。我们当地也是有冬泳团队的，我却很少联系，真是辜负了他的一番期望。而他，常年生活在石家庄，有时也逗留邯郸，有时也小住北京他儿子那里，反正无论他在哪里，都少不了游泳的锻炼。每每看他的照片，鱼翔浅底，蛟龙出海，各种姿势优美，肌腱发达，哪里像六十开外的老者？或许，正是他这样的常年坚持游泳，遮蔽了我的双眼以为世间美好永存。有了他的鼓励，我几乎每天都能坚持游泳。我也乐意将游泳过程中抽筋乏力等情况向他诉说，他则告诉我要吃钙片，普通的钙尔奇就中。说你也是五十多的人，注意身体保养。言犹在耳，人已远去，斯人斯情，倍感凄凉。按他这样良好的健身习惯，我笃定以为曹老师一定高寿，有生之年，我们会有机会见见面，聊聊天，突然之间天人永隔无法让我接受。也许，胃病已是曹老师多年陈疾，他只是觉得不便告诉我，只是由于他的坚强，才使他带病坚持工作 20 多年。这时候，我才觉得我们只是文友，只是兄弟，距离生活的真切接触端地隔阂了一点点。我以前不了解他的病情，当下更无意于打听他的妻子叶红老师，斯人已逝，万事皆空，一切个人的信息也将远遁，只是我的心底的悲哀，却是无名的疼痛，丝丝袭来，怎能自已？

三是劝我开朗。我与曹澍先生博客往来六年，得益最大的就是开心豁达。其一，曹老师爱开玩笑。他自己说每天有三门功课，即三个一工程。早晨大声朗读一个小时的古文或散文名篇，或者看窗下一个小时的美女，再就是游一个小时的游泳。没有迂腐不堪，没有矫情虚假，我初看就是笑出声，再看就是眼落泪，今天追思更是感喟万分。因为这是真性情，因为这是真文人，读书写作爱美人，风花雪月平常心，男人只要没病谁人不是如此爱美女呢？只不过有人能写《废都》，有人能当庄之蝶，而我所尊敬的曹大哥只不过给眼睛和嘴巴过过瘾而已！曹澍先生身材魁梧，气度非凡，标准的美男子。2017 年 12 月 7 日，我将曹澍先生的照片发到朋友圈里，附上这样的一段话："邯郸的曹澍先生，心中的老师，从少年文质彬彬青涩可爱，到青年的英气逼人饱满激情，到当下的玉树临风精神挺拔，自然而然离不了知识的滋润思考的力量。"一时间惊艳了诸多好友，好评如云。博友也是微友的三妹点赞他"是一位潇洒的老帅哥"；北京的田亚新大姐则说，"看照片，曹公老年最儒雅风度"。由此看来，曹澍先生是很会生活的人，用当下的话说颜值不浅，曹澍先生爱美女爱江山爱祖国互不耽搁，岂不美哉！其二，曹老师讲话特别快，特别急，一句赶似一句。许是他当老师的职业习惯，许是他常年吟诵诗文带给他的便捷思维。我觉得与他交流，如果能够完整地记录下来，未必不是一篇好文章！你看，他除了表达清楚准确之外，对我哪怕是攀谈中简单的停顿，他都能听出想法与分歧来，迅速复述你的本意，加以适当的分析与理解，非常完美地让我认同。其三，他认为，世间每个人都有自己的美好生活，没有必要用别人的眼光去看待自己；别人的眼光未必的是正确的。一个人只要有完美的家庭，子女听话，孙辈健康，晚食以当肉，安步以当车，无罪以当贵，就可称为幸福。咱们都是平民百姓，写作不能跟莫言比，工作不能跟市长省长比。开开心心每一天，自自然然过一生，岂不幸哉？

有限的接触中，我知道曹澍先生是散文名家，幽默风趣。我们两者相距不远，曹老师人在邯郸，我在许昌，动车只是两个小时的时间，终其一生，没有相见。是喜是悲，孰能明白？对我，未必不是一件引以为憾的事情！在我的生命中有了曹澍先生，他热诚地指导我读书，他热情地褒扬我游泳，他抱着师长之心鼓励我走好自己的人生路，不可偏离自己内心的坚强与自信，我都心领神会。我可以告慰先生的是，您的博文集我会视为宝物，常读常新；您在微信中发给我的照片、视频和电话录音，我都会百倍珍惜，这也是我能够触摸到您灵魂的地方。借重您的热诚，换位您的思考，我会沿着您指引的方向，大步流星地走下去，逐步成熟成长成为真实的自己。

这个特殊时期，宅在家里，我听着曹澍老师的话，将韩愈的《师说》《进学解》《争臣论》等多篇文章背得滚瓜烂熟，也是一种精神的补偿。门外有死神的幽灵，心底有退之的圣文，这份美好与笃定是曹澍老师赐予我的修为，我要感谢他，我要缅怀他，我要写出一篇文章来纪念他！或许穷其一生，我没有曹澍老师那样的才华，没有曹澍老师那样的成就，但既然有缘大先生，有缘古文化，就必定束身自爱，砥砺情操。日有寸进，有所提升，先生之灵，岂敢辜负？

花开花落，生生死死，每个人都是生命的过客，每个人都有心中的老师。先行的曹澍先生，您一路走好，天堂没有疾病；在余下的日子里，我会秉持您的性情，当好您的学生！用一世的思念，化作无声地行动，不枉兄弟一场，不枉神交时光！

　　心中的曹澍先生，我永远地爱戴您！

2020 年 2 月 29 日

以文字的名义向曹澍先生致谢

曲宗红

　　忽闻曹澍先生去世，惊愕之余更是五味杂陈，我印象中的曹老师精神焕发，骨感清瘦的面容放射着活力，如同他笔锋犀利的文章一般刚劲。而且从他交好的文友、评论家射天狼老师（郭连莹）的博客里了解过，2014 年 1 月 25日是曹老师的六十大寿，由此推算他生于 1954 年，到 2019 年 12 月 29 日 3 时离世的那一刻，还不到 66 岁，在各项长寿指标一再延长、加码的今天，这个年龄尚属年轻人的范畴，纵然"黄泉路上无老幼"，以曹老师的乐观风趣、直言快语，也不是这个年龄就该走了的，怎么就说走就走了？

　　与曹老师过往甚密的几位文友在微信朋友圈上发消息，方知他逝于癌症。"癌"这个字就是个令人望而却步甚至毛骨悚然的字眼，既成事实，我也就无话可说。于我，与生前的曹老师交往程度并不深厚，甚至也就是 20 世纪末及 21 世纪初在邯郸散文沙龙上的几面泛泛而已，但他笔锋犀利而又时常爆出冷幽默的杂文令我叹服，在我步入文学大门之初，他就已经是享誉一方的杂文作家，尤其是 20 世纪 90 年代后半期至 21 世纪初，来去自由、思想解放、百花齐放的邯郸散文沙龙是曹老师时常光顾之处，他评论与会作者的文字如同他的行文，只要与他思想不对路的，一针见血直击要害，直白得毫无情面，当时我还很年轻，自知没散文大家们写得好，也对曹老师的文评有些犯怵，害怕会因为他的评论伤害好不容易攒起来的自信，所以极少在沙龙上读自己作品，即便偶尔展示一二，也是发表在市级以上纸媒之后，感觉毕竟过了责任编辑的眼，潜意识地形成了一些小骄傲，自然有了底气才敢读。直到有一次，我去深圳出差回来，捎带脚儿将一些见闻攒成感悟，报社副刊老师确定了发表时间并通知我，我大有扬眉吐气之感，兴冲冲地在散文沙龙上朗读即将变成铅字的游记《世界之窗的"窗"》。其中有句写某领导人给"世界之窗"题字的文字，一笔带过，却被曹老师听出了问题，评论时特别提到了这个细节："干吗非要特别说明是某某领导人题写的名字？他题不题字与你写不写散文能有多大关系？"我作解："就是顺带一下而已，没什么意义。""没意义的文字就是废话，废话还是少说或不说的好。"

曹老师这几句话，我都不知滚烫的脸该往哪儿搁了，心里暗自翻白眼儿，嘴上唯唯诺诺道着不由衷的感谢。会后有午餐，我心里的罅隙尚未抹平，就故意躲着没跟曹老师坐一桌，但曹老师串桌喝酒时却坐在我身边，特意向我解释：我说的是主观感受，话糙理不糙，别介意啊小丫头。说着冲我举起了酒杯。

曹老师一个"小丫头"的称谓令我稀释了对他的抵触，随后他拉着著名散文作家王克楠老师，一左一右，给我讲散文创作应当如何巧妙而言简意赅地体现主旨，能少而精地反映问题就不要多那么几个字，一定注意以小见大，而不要空洞地以大压小，最后则成了哗众取宠甚至自取其辱的笑谈。我记住了曹老师的论点，并在后来的写作中尝试，果然受益匪浅，不仅获得了较高的发稿率，在规格较高的征文赛事上也多次获奖，但这都是后话。

自那次散文沙龙后，我因家里琐事缠身连续多次未参加散文沙龙，待我开始重返时，曹老师再也没与我在同期的沙龙上出现过，后来方知他为照顾孩子去了北京，而我，依然在邯郸的文学圈内外周转，写文字，做工作，有时在文友或曹老师博客发现他的新作，也会仔细阅读，还会想起当年曹老师给予我的写作指导，并为后来专门以文字服务的工作岗位打下良好的基础，而这一切，曹老师或者并不知晓，藏在内心的谢意也没机会使得曹老师得知。到了如今，我只能在追思会上向他的遗像道一声：曹老师，谢谢您！

这一声感谢，是发自内心的，愿曹老师天堂有灵，能听到我的声音。

2020 年 1 月 3 日清晨

纪念一位文友

天涯

今天是 2019 年 12 月 31 日，本年度的最后一天。微信群里同往年一样，喧嚣热闹，各种各样的祝福、贺卡接踵而来。可我这样懒惰至极的人，没给任何人送贺卡，熟悉的朋友也都知道我恶习难改，懒得整那俗嗑。唯一例外的是前几天，我只给一位朋友写了几句问候、祝福的话。几天过去了，仍没见她回音。若是往常，朋友回不回音，我都不会放在心上。可今年不同以往，我心里真的犯嘀咕。早上 7 点 30 分了，我还懒在床上看手机。东翻翻，西看看，然后再到朋友圈里撩一眼。突然几个字把我惊住了，"纪念夫君曹澍"。

发出了确认信息之后，我像得了强迫症，惴惴不安，不断地看手机。既盼望着尽快得到消息，又害怕那噩耗真的传来。下午 3 点 31 分，那可怕的消息到底还是被证实了。

我这人有点儿出格，有好几个"男闺蜜"。这在我们这一代人中似乎是不多见的。曹澍可以算是"男闺蜜"之一吧。特别感谢这些"男闺蜜"的太太，她们在我这里没有一个"吃醋"的。和曹澍相识也是通过他太太。曹澍是笔杆子，他太太却手懒，所以我到美国之后，和他们夫妻的通信，每次都是曹澍回复。在信中他常会寄上几篇他发表过的小文，让我欣赏。有的写得特别有意思，我还记得，其中有一篇题目叫作《我活得不潇洒》，是写他们居家过日子的鸡毛蒜皮。文中写道：要钱没钱，要房没房。进了农贸市场，时令蔬菜从不问津，人家的菜篮里姹紫嫣红，鲜亮水灵，翠绿的韭菜，带刺的黄瓜，肥厚的蘑菇，红艳艳的西红柿。咱的菜篮，不是一株憨头憨脑的大白菜，就是一根傻大白粗的胖萝卜……住筒子楼一间，晚上和妻儿同挤一床，想和老婆恩爱一下，又怕儿子醒来看见，破坏了为父的形象，只好做个有妻的和尚……常逛书店，看见新书，摩挲摩挲封面，虽然心里喜欢得不得了，但书价吓人，咱囊中羞涩，只好假装没看上，让营业员放回原处，那样子既滑稽又可怜……携儿上街，路过水果摊，儿子水汪汪的眼睛，直勾勾地盯着黄灿灿的香蕉，直咽口水。一问价格，只好给儿子买几个长疤眼的残疾苹果解馋。儿子吃完，还嫌儿子剩的苹果核太大，要过来又啃两口，还舍不得扔掉……搜肠刮肚，绞尽脑汁，熬上好几个子夜，挤出一篇千字文，自己欣赏得不行，乐颠颠地送进报馆，碰上个才气横溢的编辑，一目十行之后，吐出四个字，"毫无新意"。咱脸儿烫烫，灰溜溜地走了。我活得不潇洒……曹澍的语言风趣幽默，言辞犀利。他曾在各报刊发表过不少文章。看他的文字，每每让人忍不住喷饭。

曹澍是一所学校的历史老师。他的教学风格洒脱，深受孩子们喜爱。他坐拥书城，读书万卷。家里所有的地方都被书占满了，包括卧室、走廊、阳台，甚至连厨房里都是书柜。有一次在他家聊天，谈起某一篇文章。他说："遗憾，今天来不及了，否则给你复印一份。"当即他太太就说："你就给她吧，还复印什么。"没想到曹澍却诚实地说："舍不得。"当时，我就觉得他特别可笑、可爱，能这么坦率地说出"舍不得"的人恐怕实在是不多。

曹澍还是个烹调高手，什么菜要放红糖，什么菜要放白糖，他都说得头头是道。赴美读书前，回单位办理手续，曾在他家吃饭数日，每天都是他掌勺煎炸烹炒。2007年夏，我回国时，还和其他朋友一起，在他家吃的饭。那时，他还是个风度气质绝佳的帅哥呢。

我的博客也是在曹澍的煽动下开的。后来，我们在博客上时有交流。对彼此文章的批评建议也都直言不讳。后来就渐渐地不见他写文了，我当时以为他可能是把文章都投给了纸媒吧。大约是在2017年9月的时候，我的微信被他拉黑了。结果直到今年才得知他患了重病。就在前不久，我曾经想给他写几句话，让他太太转给他，可又怕让他产生压力，弄得好像要告别似的。我以为他至少还能拖上两三年，真没想到他的脚步如此匆匆。

在新年钟声敲响的时候，在祝福的声浪中，又收到了一首歌。歌词唱道："昔日的相识怎能遗忘，一起度过的那些时光。为了往日的岁月，善意在我们心中荡漾……"

愿天堂里的曹澍还是那么享受读书，享受冬泳，还是那么洒脱、快乐。

2019 年 12 月 31 日

远去的野马
——痛悼曹澍兄

张忠军

遥想当年

相遇恰逢吾兄喜得贵子

抑制不住喜悦

取"野马"之名

怒放豪情

于三尺见方的阔野执鞭

引领多少英俊

踏上理想的征途

二十余载的驰骋

刻下多少足迹

若金黄的落叶

在大道抬着一只又一只

向前迈进的脚步

怅别后再闻吾兄音讯

欢欣的泪花尚未抹去

忽然的噩耗

又把这泪珠滴碎

在元日到来之际驻足

伫立成碑

你这年轻的老骥

依然志在千里

听新年敲响的钟声

奔腾的万马为吾兄送行

2020 年 1 月 5 日

想起老曹

吴杰

收到今年第 1 期《文学自由谈》，读到刘猛先生的《想念你，老曹》，突闻老曹（曹澍）竟然于 2019 年 12 月 29 日因病溘然长逝，让我的心久久不能平静。

老曹，一个我从未见过面的人。他远处河北邯郸，我常年居于四川资阳，可谓天南海北，各据一方。但是，一次文学讨论将我们拉在了一起。2017 年上半年，老曹接连在《文学自由谈》撰文发表《毕飞宇，你实在不应该这样做》（2017 年第 1 期）、《是谁让毕飞宇"躺枪"？》（2017 年第 2 期），就毕飞宇、荆歌、周洁茹一段陈年往事进行了批评。对此，我提出了异议，认为老曹是站在所谓的"道德高度"拿起大棒吓唬人，并撰文《老曹，你又何必呢》，发表于《文学自由谈》2017 年第 3 期；同年 6 月 19 日，该文又被杂志微信公众号推送。

就争论之事，老曹没有撰文予以回击，只是在其微博中将我的文章进行了转发，并在公众号推文后留言（他的微信名是"清江蛙人"），全文如下：

老曹要说的第一句是：非常感谢吴杰先生对"毕荆周事件"的关注，并撰写长文给予分析。

第二句话：老曹认真阅读了吴杰先生的文章，深感吴杰先生是位很会作文之人，谋篇布局，章法老道，行文思路清晰，逻辑性强。

第三句话：但是，吴杰先生这篇"翻案文章"没有做成功。"毕荆周事件"已经被荆歌和《文学报》，牢牢地钉在当代文坛的耻辱柱上，无论谁也拔不下来了。今后，无论荆歌走到哪儿，人们都会说：你知道吗？这小子手里还有周洁茹写的一个欠条呢。就像孔乙己消失后，掌柜的说：孔乙己还欠 19 个大钱呢。

第四句话：算是回答吴杰先生文中的疑问，看美女何以能养浩然之气。大师鲁迅谈《红楼梦》那个段子，吴杰先生应该晓得。"道学家看到了淫，经学家看到了易，才子佳人看到了缠绵，革命家看到了排满，流言家看到了宫闱秘事。"

这看美女也如此。老曹看了美女，觉得生活真是太美好了。能多活一天，就抓紧时间多看几眼。

原铁道部叫什么军的人看了美女，想干什么，老曹就不知道了。吴杰先生，你知道吗？

老曹问吴杰先生好了。他始终不赞同我的观点，这在我意料之中，也是很正常的事。在文学这个领域，一旦发生争论，很难有谁服过谁的，难怪"文人相轻"。但是，我较为欣赏老曹能比较心平气和地看待这场小小的论争，虽然最后一段字里行间带有讽刺意味，但毕竟没爆粗口。这在当代文坛也算少见了。现在的文坛是"好"字连篇，你好我好大家好，不允许出现反对意见；特别是有所谓的"著名""大家""大师"等头衔的名人在场时，那更是文学立场要保持高度的一致，谁要敢说出不同的意见，那绝对是犯了忌。

老曹在《我和王宗仁的一次"交锋"》（载《文学自由谈》2017 年 3 期）中谈起了他 2008 年当众反驳著名散文家王宗仁的往事。据他讲述，王宗仁听了反驳后表现得很失态："他对着眼前的话筒大喊：'就是饿死也不能吃！你没有当过兵，你懂什么！'"会场上，《邯郸日报》的一名副社长和一些粉丝让老曹从主席台上下来，甚至仗着官员和当过兵的身份吼他："你没当过兵，不懂这个道理。你连写散文都不配！"一场文学讲座上演了一场修养的较量。

类似的事情，我也曾遇到过，不过结果完全不同。去年，应本地作协之邀，参加了一位本土作家的长篇小说改稿会。这位作家是本地某媒体的一把手，业余写点儿小说。由于是本地举办的第一次改稿会，作协还专门邀请了省作协的一名官员作家到会。中午吃饭时，官员作家定了改稿会的基调：既然是改稿会，前提就是不能"棒杀"——说白了，就是不能"一票否决"。我当时没怎么在意。下午会上轮到我发言时，我就直抒胸臆，认为这部长篇小说上下部结构不紧密、情节不连贯，建议与其生拼硬凑写成一部长篇，不如把它分成两部中篇来写。与老曹面对的情况不同的是，这名官员作家比王宗仁有涵养多了，一直静静听完包括我在内所有人的发言，最后在总结讲话中重提了改稿会的基调，没点名地否决了我的意见：明明就是一部长篇小说，你硬要让人家把它改成两个中篇小说，这就属于典型的"棒杀"了。对此意见，我肯定是不赞同的。可惜我少了老曹那点儿耿介风骨，没有"下意识地站起来"，选择了沉默。

作为《文学自由谈》十多年的忠实读者，我对老曹在杂志上的异军突起，着实感到不可思议。

第一次读到他的文章，是他发表在《文学自由谈》2016年第1期的《给易中天先生的一封信》。当期，他还成了杂志的封面人物：头发花白，戴一副黑框眼镜，外套里面一条醒目的红色花格围巾，下扬的嘴唇透露出一股倔傲刚直之气，整个人看起来精神矍铄。向易中天先生开炮，应该是他第一次在《文学自由谈》上发表文章，接下来，他一发不可收。在2016—2017年两年时间里，先后在《文学自由谈》上发表了8篇文章，每年4篇，篇篇剑指文坛著名作家——

他批评《易中天中华史》"是一台个人专场'通俗演唱会'"，"不久的将来，《易中天中华史》就会重新回到造纸厂成为纸浆"；

蒋韵荣获老舍文学奖的中篇小说《朗霞的西街》，在故事构思上是模仿借鉴苏联长篇小说《活着，可要记住》，认为"写不出来，咱可以不写嘛""该服老时就服老"；

汪曾祺的短篇小说《星期天》只是一篇正常水平的小说，"而郜元宝在评论中为了把《星期天》夸成杰作，却未免有把青春痘说成美人痣的嫌疑"；

王宗仁"观念也陈旧"，散文"没有任何个性"，"唯一的可取之处，大概就是题材上占到便宜了"；

中华辞赋家协会副主席王维中的《雅雨赋》可改之处有三，建议他"两条腿走路，传统辞赋仍写，白话文辞赋亦可牛刀小试"。

…………

8篇文章，有7篇语言犀利，直指对方问题所在，丝毫不留情面，在一定程度上有鲁迅先生那种"不克厥敌，战则不止"的不屈精神。但他与王维中商榷《雅雨赋》的《给王维中先生的一封信》除外。王维中何许人也？河北远大实业集团董事长，中国辞赋家协会副主席、河北省诗词协会副主席、邯郸市诗词楹联协会主席、燕赵辞赋研究院院长，所作《雅雨赋》曾获中国辞赋家协会最高奖——屈原奖。不过这些头衔、身份、地位对老曹来讲，应该算不了什么，正如他自己所说的："无论作者名气多大，在文学批评面前，谁都没有豁免权。"但是，通读8篇文章，包括他微博中刊登的诸多文章，这篇文章还是"宽容"了些，使用了他很少运用的先扬后抑表达手法——其实，严格意义上来讲，"抑"都还算不上。因为通篇文章都包含了老曹的谦逊之词："当然这只是老曹的一孔之见，未必对""或属野人献曝，让你见笑""愚笨之人的愚直之言，尚祈嘉纳"……从这里看出来，老曹毕竟还是凡人，也免不了俗。他和王维中毕竟都在河北邯郸生活，虽然据他在文章中透露未见王维中"真人"，但毕竟曾一起应报社之约写过时评。同处一地，所谓"低头不见抬头见"，笔下还是要留情的。

不过，这不影响我对老曹的喜爱。毕竟，我也是俗人一个。对老曹这篇文章的质疑也许就是以小人之心度君子之腹，或许，老曹真的很喜欢王维中的文章。

从2018年起，老曹突然销声匿迹了，我再也没有在《文学自由谈》上拜读过他的文章。后来在百度搜索"邯郸曹澍"，走进了他的新浪博客和凯迪网络社区论坛。至今，他的博客和论坛上刊出的文章都停在了2018年，只有一两篇。新浪博客只在5月7日晒出了《山西文学》2018年第5期的封面和目录，上面有他的文章《读〈山西的文脉〉之鄙见》，但只有存目没有正文。至于凯迪网络社区论坛，3 月 9 日晒出了《读韩老〈山西的文脉〉之鄙见》原文，8 月 30 日晒出了《舌耕堂文学批评（四篇）》，这两篇文章分别剑指韩石山和阎纲、陈忠实、杨绛、阿城五个文学名人。不同的是，第一篇文章内容丰富翔实，论证过程扎实，第二篇则蜻蜓点水，浅尝辄止。从不同渠道了解到，原来老曹这期间先是忙于照顾生病的母亲，后来母亲去世使其备受打击，"心境不太好，写不了东西"，最后自己竟然也不幸身患癌症，溘然去世。也许，《读〈山西的文脉〉之鄙见》成为他在刊物上发表的最后一篇文章，而《舌耕堂文学批评（四篇）》则成为他公开于世的最后一篇遗作。

斯人已去，那位每天"站路边欣赏三十分钟时尚美女"以养浩然之气的老曹走了，痛矣，悲矣！老曹，虽然我与你之间从未见过面，也持有不同的意见，但是，我真的喜欢你——

喜欢你对书的挚爱（"结婚前我每月工资的三分之二用于买书；结婚后每月工资的三分之一用于买书，持续了二十多年"），喜欢你性格的直率（"老曹最喜欢的中年小说家是毕飞宇，毕飞宇极少玩花样，就是像托尔斯泰那样老老实实、一笔一画地顺叙"），喜欢你的剑拔弩张（"我们切莫把名人的'大便'当成'黄金'，哪怕那个名人是你老师，是你哥，是你爹"），更喜欢你那种大度的胸襟（"我写了东西，你不'掸'我，不帮我提高，我活着又有什么劲儿？"）。

神交不必论年辈，一夕清吟万境如。老曹，希望你一路走好！

2020 年 3 月 31 日

想念你，老曹

刘猛

说是逢九必乱，又说乱中可以取胜，当然，我们都清楚，关键是，胜要胜在你我都活着。还有两天就 2020 年了，你却悄悄走了。

一年前你照料好母亲的后事，心境不太好，写不了东西，还告诉我睡眠也不太好，常失眠，有时吃安定药也不管用。后来又说不停地消瘦，掉了 20 斤，接着又掉了 10 多斤。我没敢多想，因为你仍在经常游泳，甚至大雪天还冬泳。这，多牛 ×，身体不会有大问题啊。现在好了，你长眠了，我再听不到你声音了。

还记得 3 月底的时候，我来邯郸看你，在你广厦小区的家里住了三天。你每天照应我一日三餐之外，我们便聊天，瞎聊，胡侃，政治小道、文坛八卦、各自的生命史，甚至动念未发的单恋，以及过往仓促下笔而未及完成的半页情史。我们一起慨叹，生命似乎有多种可能，但我们能自己操控的其实也不多。我们似乎都无法堪破生命的秘密，我们沉默，沉默也是交流。

第三天，我们 10 点多钟便早早吃完中饭，打车出门，先逛了大胡子书屋，又去了你常去的露天游泳馆。大胡子书屋，是你每月购买《小说月报》《小说选刊》等最新书刊的地方。听你和老板娘聊天，一会儿书柜上的什么什么书，一会儿各自家里的什么什么人。我选了几本《随笔》杂志，买了。因为知道是你的朋友，我一点儿都不好意思还价。出门时，你叹息道，十年前邯郸有好几家书店，生意多好，看书的人多啊，现在是花果零落，只剩大胡子这一家还在苦苦撑着。到游泳馆，你不叹息了，你快活神气起来了。我们一起脱了，只剩下短裤。你便开始笑话我长了一身肥肉，说我平时不注意身体不重视锻炼，我知道你就差说我肠肥脑满了。我下水只坚持了十几秒，便爬上岸穿衣了，完全不能适应只有 10 摄氏度左右的水温。你呢，在水里尽情地仰泳、蛙泳，还一个劲儿地让我给你拍小视频，以便你发朋友圈里显摆，嘚瑟。其间，你还上岸一次，看了看我拍的视频。你不满意，说我拍了一些多余的镜头，手机摆的角度也不好。你说，一定要拍一个连贯的，一气呵成的视频。我心里笑你，好你个"清江蛙人"！（这是你使用时间最长的微信名。后来，你爱人告诉我，你的遗嘱是不留骨灰，将其全部撒到你儿时成长的湖北宜都市的清江。）游个泳也弄得跟大人物畅游长江似的，就想让全世界的半边天都知道，顶你；让另半边天也知道，怕你。因为你健康着呢，因为你转着呢。想着你转着的劲儿，我不服气，隔日离开邯郸前我微信发朋友圈时，决定以《在邯郸幽会作家老曹》为题戏耍你一番，以解我心头之小恨。因为不长，也还记得的，我写道：

老曹，本名曹澍。中学退休教师。看他运动，你会以为他是教体育的；看他文章，你会以为他是教国文的；再听他聊天，你定会认为他是教历史的。他说，这三门课他都教过，而且教得还不错。

他又说很感谢遇到一位嫉妒心强见不得他好的校长。他语文课受学生欢迎，就让他改教历史。后来，历史课教得顺，便又让他教体育……校长容不下学生光赞美老曹，而不赞美自己，最后决定让老曹做个闲人，管管图书资料室。

老曹仍很开心，一边读读闲书，一边写写杂文与文学评论，很快便名扬纸媒的杂文报刊及网络上的凯迪论坛与博客中国。自己给自己起的网名也不断更新迭代，从"邯郸老曹"变"河北老曹"，再变"大陆老曹"，最后是"走向世界的曹克吐温"。

互联网时代，原来难以想象的联系都有可能发生。据说，美国作家马克·吐温的重孙女马克·莱温斯基是个喜欢中国文化的女文青，她一再地通过网络向老曹抛媚眼，但老曹爱国不媚外来女，愣是很久不做回应。另据知情者说，老曹私下说过，此莱温斯基非彼莱温斯基，实在无法让他克林顿起来。

他对我说过，他最想过的生活，是一位农民起义领袖所过的"三泡人生"：泡古书，泡江河，泡××。

目前，前两泡，他自创条件已经完全实现。近十年前，他交往上我这个大学教师后，总是欲言又止地对我表示几分羡慕几分钦佩几分嫉妒。诱导之下方知，他坚定地认为：泡妞机会多的是当官的、有钱的和我这种有"大学问"的三类人。

我一再对他说，高校混的不一定都是有大学问的，我就是个没啥学问的教授。还跟他举例说，当年沈从文先生给张大小姐写第一封情书，若要是放今天被网络及时曝光出来，恐怕从文先生的人生路就要完全被改写了，"完蛋"也说不定，要是那样，再后来夏志清先生《中国现代小说史》中最精彩的一章当然就跟着没了。当然喽，正因为我没什么学问又惧怕冬天的严寒，所以格外羡慕老曹三泡减一泡的快乐生活。

我们的交往大致如此，我这次来邯郸必须做的两件事是早就想好的：一、睡一睡他的书房，看哪些古书被他宠幸过。二、游一游他的泳池，体验一把他经常冬泳的感觉。

今天春阳高照，在老曹的鼓励下，我终于下水试了一把。哇，真凉，水温12摄氏度，硬撑20秒，赶快爬上岸，更衣室里跑。

跟老曹的幽会，总算还深情，总算还刺激。再见，总说别人瞎扯的可爱的老曹！你读到后很兴奋地语音留言给我，大意是：鸟人，感谢你把我写得如此，哈哈，好玩好玩。我知道你有"每天站路边欣赏30分钟时尚美女"的雅好，便喜欢给你微信里发美女照片，本意是为了节省你站在街头欣赏美女的时间，尤其是大冬天和大暑天，我怕你冻坏了或热坏了，三个钟头也难见到一个美女。如今人们都忙着挣钱，吃着各种调味料配制的速食，在急急的行走中仍不忘时时翻看手机，累了，喝一口或于丹牌或陈果牌的心灵鸡汤解乏，又能有多少亮眼的美女在大街上悠闲地走着呢？每次发，我都希望你能回个笑脸。前几天不是过洋节嘛，我给你发了一张放在圣诞盒子里面的美妞照给你，你却再不回复我了。又三天，我在"胡适学人交流群"中偶然看到邯郸的老田在转发你五年前写的《一位退休老教师的自白》。真的是，好一个偶然啊！因为两年前你告诉过我，你跟老田在十年前曾如热炭一般燃烧着拥抱过，过过很长一段大碗喝酒大块吃肉，且更能激扬文字粪土当年万户侯的快意生活，后来却因执着于"友之友，非吾友，难共处，一刀断"而分道扬镳，形同陌路。十年后的你对我叹道，人生憾事，莫过如此。我特地将老田转发的信息截图给你看，是想告诉你，你的朋友肯定仍然把你当朋友呢，你们应当捐弃前嫌，宽恕对方，不留遗憾。你仍没有回复我。昨天是 2020 元旦，上午我在苏州办书房正为"校长阅读书目研制项目"的专家论证会而忙得焦头烂额，突然收到嫂子发来的信息，说，你三天前走了。

一时间，我呆坐着，鼻子发酸，泪珠噙在眼里，半天落不来。面前一大堆备选的图书，我什么字都看不见。

啊呀，你，你怎么就走了？你不是答应我，春天来临的时候到龙城我家来玩吗？你不是答应我，等病情稳定一些再写一点儿好玩的东西给我看吗？我们不是还计划着啥时有余钱了，我们一起出国去看看吗？

两三个小时后，我加上了老田的微信，接着又读到了他的祭文《老曹，我的好兄弟》。也知道了，四个月前，就是在你病情被确诊之后，你电话给了多年不接他电话的老田。你们之间终于有了流着纵横老泪的"两个老男人紧紧拥抱"。老田说，苍天不负老曹，老曹不负苍天！老田又说，你为中国方块字增添了独到的亮色！

我了解老田不是很多，但他说你的这两句话，我是相信的。当然，肯定不是凭我对中国方块字有多大范围的了解，而是我与你相处之间的直觉。读你的文字，听你聊天，我也搞不太清楚，怎么就会一下子被你给迷住了。后来，你我熟悉了，开始打得火热，我对你说，逛你的博客就是"逛窑子"。你说，那你就是"最开心的老鸨"了。我呢，在高校一边教书，一边做着 GDP 式的科研，一有呼吸不畅快的时候，我便去读你的文字，偶尔再打打电话同你聊天。感谢生活，让我有手机有网络，还有你老曹。

尔曹身与名俱灭，不废江河万古流。是的，谁都会死，人只能赖活一时，但谁也不能赖着不死。不是说，人事有代谢，往来成古今嘛。可是，尔曹是尔曹，你是老曹啊。你是邯郸老曹，你是大陆老曹，你是曹克吐温，你是曹克吐温斯顿丘吉尔。曹克吐温斯顿丘吉尔，简称曹尔，就是你啊。

你没用过"曹尔"的网名，是我瞎联想的，我希望我写你的这篇祭文中多一份快活，一如你牛×烘烘的许多文章。在我目前有限的生命时光里，我自感也算是读过无数文章的人，但能让我记住并享受其中精气神的也没有几篇，你的文章肯定在这之中。自从十年前，你我从网上结缘，你越来越鸟我，喊我博士，也说我是鸟人。在邯郸露天游泳馆，你跟其他游泳同道介绍我，说我是不装×的大学教师，是地地道道的文化人。

你高看我了。中小学生都怕的古文、作文与周树人，我至今也怕呢。你不是常同我说，刘猛啊，要多读古文名篇，不读熟悉两百篇，那能写文章啊，可不能糟蹋汉语啊。

2016年，你成了《文学自由谈》首期的封面人物。一鼓作气，趁热打铁，两年里相继发了七八篇之多。我每每看了，文气磅礴如海，走笔运斤如风，羡慕，妒忌，恨。你说，博士，你写啊，你那么多想法，怎么不写出来呢？我说，你不是说要读熟两百篇古文才能写文章嘛，我哪敢写。你又说，读和写，双管齐下，相得益彰。2017年底，我，一个曾经的文学青年开笔了，而打头炮用的题目就是，"老曹，你用的是哪把尺子？"真是做梦也想不到，我竟然也上了《文学自由谈》年度最后一期的封面。这题目一看就是抬杠嘛，而且事实上是你让我抬的，我不跟你抬，我能跟谁抬？你跟易中天抬，你跟蒋韵抬，你跟毕飞宇抬，你跟王宗仁抬，你跟郜元宝抬，我谁都不抬，我只跟你抬。

我"掐架"了你，还上了封面，我问你心里生气不，难受不？你说，瞎话！我生什么气，难什么受？我高兴还来不及呢。不是我激发你，你能写得出让这名刊编辑青睐的文章吗？才不会呢。我写了东西，你不批评我，你不鸟我，不帮我提高，我活着又有什么劲儿。

活着，就得有个劲儿。这是你常说的。读古文，你有劲儿。游泳，你有劲儿。写作，你有劲儿。病情确诊后，医生说你可以选择化疗，但饮食需要鼻饲。你告诉我，你立即放弃了，因为这意味着你不能读、不能游、不能写了，这还活个什么劲儿。你告诉我，你准备好了，就死磕到底吧。

这是你认定的，活着的尊严。你我一样省吃俭用，送儿子出国，见世面，长见识。我们都清楚，我们的文字生涯只能得一点儿古人文字的恩惠了，但无法更多享受外文带来的恩惠。送孩子出国，既是舐犊的本能，又是未了的心愿。

我不想再写了，我对你背四句古诗文啊——前两句：曹随天规纵浪大化，澍泽吾心不喜不惧。后两句：曹尔肉身虽已灭，不废文气万古流。我背得对吗？亲爱的，老曹！你不是说，古人的文字，多偷几次就是你自己的了，但最好是暗着偷，千万不要明着抢。概括一下就是，暗偷光荣，明抢可耻。你不是又说，偷古人的文字，古人最高兴，他们会认为，你才是最对得起他们的真正的后人。汉语就是这么玩大的，变美的。你说过吗？是的，你那次就这么随口一说，我在心里记下了呢。愿你安息。

2020 年 1 月 2 号于赴邯郸"曹澍追思会"的高铁上

深切怀念我的同学曹澍

岳伟光

君在泉下泥销骨，我寄人间雪满头。我的同学和朋友曹澍，因病去世已经整两年了。曹澍在邯郸的文坛朋友，要为他出一本纪念文集，这足以证明大家对他的怀念与尊重。作为他的同学和朋友，我把自己与曹澍一生交往的一些事情写出来，纪念已远离我们而去的曹澍。

我与曹澍相识于 1964 年的九、十月份。曹澍的父亲从甘肃白银调到邯郸汉光机械厂，他随父母到了邯郸，转到了我就读的邯郸市师范第一附属小学四甲班，与我成为同班同学。当时我们都住在联纺，他住永乐里，我住在跃进里，隔一条中华路，相距不过二三百米。每天早晨，我到他们家与他和他妹妹一起到校，放学后一起回家。儿时的生活就是那样，上课、玩耍、吵闹甚至打架。记得有一次我们两个不知为何大打出手，把对方的语文书都给撕了。和好之后，学期过半也没有新书可买，只能各自把语文书粘一粘继续使用。让我印象最深的是他的见识，他在甘肃兰州生活过，班里没有同学去过那么远的地方，见识自然不一样。记得老师讲库尔班大叔那一课，老师问什么是哈密瓜，那时候物资奇缺，供应紧张，消息闭塞，全班同学面面相觑而没有人知道，只见曹澍举手回答说：哈密瓜就是甜瓜，全班哄堂大笑，他不服气地告诉大家，兰州的白兰瓜与新疆哈密瓜一样。事实就是如此。其实，那时候别说学生不知道，估计老师也不知道白兰瓜与哈密瓜一样。当时，我们班自己办了一个小图书馆，就是同学把自己家的书拿来放在一起，供大家借阅。曹澍的一本《科学家谈二十一世纪》，我印象特别深刻。当时国家著名的科学家如华罗庚等在书中描述了他们对 21 世纪科学发展的展望。看完后，同学们都对科学家描述的 21 世纪的美好生活羡慕不已。憧憬着什么时候才能享受那样的生活呢。感谢改革开放，融入世界的中国科学技术迅速发展，已经远远超出了当年科学家的描述。老百姓的生活水平也有了很大的提高。

后来"文化大革命"爆发，他父亲又被调到湖北筹建三线工厂。他母亲出身不好，家里难免受冲击，我们家也被冲击。但是在那个年代这是难以启齿的事情，我们都没有提及受冲击的事情，但我们之间的友谊没有因此受到影响。1967 年初，他们举家迁往湖北，曹澍来信告诉我他们家到了湖北宜都，长江边上一个县城。

再次见到曹澍是 1982 年初，他从湖北调回邯郸，到家里来找我。从此，我们的交往一直没有间断，直到他去世。

见到曹澍后，知道他父母调到石家庄五机部的一个设计院，他则到汉光机械厂，到厂办的汉光子弟学校当老师。当年我们分别时还是乳臭未干的孩子，十几年过去都已经长大成人，参加了工作。我当时刚有小孩儿，曹澍还没有成家。我们都经历了灭绝人性乌烟瘴气的"十年浩劫"、震惊全国的林彪事件、顺应民意的打倒"四人帮"、蓬勃兴起且前途未卜的改革开放……经历了这一切之后，我们的知识和见识都是当年无法比拟的。

志趣相投，喜好读书，知识面广泛，关心国计民生——共同的兴趣爱好，使我们之间的关系更加密切。经常聚在一起，谈天说地，议古论今，抨击社会上的不良风气。那时候经济条件较差，也不时兴聚餐。经常是我到他的单身宿舍或者他到我家里，一聊就是两三个小时。

1986 年，我调到天津，虽然不在一个城市，但是由于经济的提升，交通的便捷，社会的发展，使我们之间的交往更加紧密。只要有机会，曹澍会来天津，我也会去邯郸。后来，他夫人到北京工作，曹澍经常住在北京，我们在北京也经常见面。每次到了一个地方都会见面聚餐，神聊一气。记得有一次我们就在石景山一家麦当劳一人要了一杯咖啡聊到深夜。我们也一同旅游，去了太行大峡谷、皇城相府、小浪底水库、太原、晋中等地。一同访友，曹澍到梁衡家里做客，请我陪同前往。到太原拜访韩石山先生，邀请我和爱人一同去太原。邯郸的一些文化界朋友曹德全、田奇庄、任和平、马新民等都是他介绍我认识的。

以我的观察，纵观曹澍的一生，他有几个突出的地方。笔耕不辍终成全国知名杂文作家。说来惭愧，曹澍何时开始写作的，我还真不清楚。可能和他在宣传部门工作过、在武汉大学进修过、还当过语文老师有关吧。我知道曹澍的第一篇文章是《我不喜欢漂亮媳妇》。这篇文章经《北京晚报》一刊登，邯郸和其他地方报刊相继刊登。此后一发不可收拾，在写作的道路上越走越远，越写越好。曹澍的文章，既有市井小民的喜怒哀乐，也有惊天动地的国家大事，有和风细雨的赞美，更有对社会阴暗面的无情鞭笞。他的作品文笔清新，脍炙人口，嬉笑怒骂，让人看了十分过瘾。进入计算机互联网时代之后，曹澍更是顺势而为，在歇笔十年后，重入文坛，登上了他个人互联网写作的高峰。

曹澍以"曹克吐温""邯郸曹澍""大陆老曹""清江蛙人"等网名，在新浪博客、凯迪社区、博客中国等经常发表文章。这几个网站在互联网名气很大，影响广泛。凯迪社区的猫眼看人、原创文学等几个论坛，博客中国的头条和评论区，在国内最敢讲话，极其活跃。曹澍的文章不时出现在计算机的荧屏之上。新浪博客，曹澍的粉丝达70万之众。在凯迪社区猫眼看人几个主要论坛，曹澍文章的浏览量从几千、几万，最多达20万。在博客中国的评论区，曹澍文章的评论数经常名列前茅，博客中国的头条，经常有他的文章。曹澍的文章方方面面，涉及广泛，但是最能吸引读者的还是对国家命运的担忧，对老百姓生活的极大关注。像全国著名的杂文报、文学自由谈、长江文艺丛刊等报刊，曹澍的文章也常被刊登。以他的辛勤、睿智、幽默，终成全国知名、名噪邯郸的杂文作家。著名作家梁衡先生看了曹澍《精读梁衡》一文之后，特意邀请他到家里做客。山西著名作家韩石山先生，也是看了曹澍的文章，邀请他到太原做客的。

坦荡的胸襟，率直的性格。曹澍性格率直，有时几近不近人情。认识他的人都知道。但是，不近人情的背后是坦荡的胸怀。

20世纪90年代，曹澍由于经常在报刊上发表文章，也出于他对写作的爱好，想调到邯郸市日报社，托我找熟人疏通一下。我觉得应该，也觉得问题不大，就答应了下来。那时，我父亲的同事部下还身居要职。为此，我还专门到邯郸去了两三趟。虽然我竭尽全力，事情还是没有办成。我不但觉得很没面子，更觉得对不起老同学，心里十分过意不去，几次表示歉意，曹澍不仅没有丝毫抱怨，还好言相劝，让我不要往心里去。我们之间的关系没有因此而受到丝毫的影响。

曹澍的性格，更多的是在他的文章显见其锋。对那些不入他法眼的人和事，不管名气多大，才气多高，人气多旺，他都照样指名道姓，或直言揭露，或反唇相讥，或者诙谐地取笑，丝毫不留情面。在当今吹捧拍马之风甚嚣尘上的文坛，可谓是一股强烈又清新的新风。与那些乌烟瘴气的东西激烈碰撞，全力抗争。被他点名的就有大名鼎鼎的易中天、孙犁，还有汪曾祺、毕飞宇、冯唐等著名作家和一些著名刊物。

前几年，山西作协副主席蒋韵女士的中篇小说《朗霞的西街》，读者众多，好评如潮。不少文学刊物相继转载。曹澍看过之后，以他敏锐的文学嗅觉、广泛的涉猎，认定此作涉嫌抄袭中国社会科学出版社1978年出版的苏联作家瓦·拉斯普京的长篇小说《活着，可要记住》。曹澍在网上和刊物上引经据典撰文指责，引起巨大的反响和争论。我还参与了讨论。

虽然这段公案不了了之，但曹澍的卓识与勇气可见一斑，令人敬佩。2015年秋，曹澍与朋友到天津旅游访友，他的朋友与天津《文学自由谈》杂志的主编很熟悉，想借机把曹澍介绍给这位主编。在去拜访这位主编的路上，朋友十分委婉地劝曹澍，说话写文章都要委婉一些，意思表达出来即可，没有必要那么激烈。朋友是一片好心，但是曹澍明确地告诉那个朋友，说他不会为登几篇文章改变自己。好在朋友没有在意，况且那位主编对曹澍也很欣赏。后来，《文学自由谈》每年都要约曹澍好几篇稿子，直至他病重辍笔。

酷爱读书，认真思考，为公民社会鼓与呼。曹澍爱看书，从他的书房就可以看得出来。他的客厅、书房、卧室都放着书柜，林林总总有近万册。他还常年订阅《炎黄春秋》和《南方周末》这两份当时在国内最敢说话的报刊，对于一个中学教师是一笔巨大的财富，也是不小的经济负担。但是曹澍坚持从自己微薄收入中拿出相当一部分购书。我爱人对曹澍的藏书印象深刻，为此专门请天津的一位西泠印社会员曹志宏先生刻了一枚"曹澍用书"的印章，送给曹澍。曹澍去世后，他夫人打算把这些书分送给朋友。郭连莹先生提议把这些书放到一个图书馆，以便更多的人受益。最终，他的大部分图书捐赠给了广平莫恩公学的图书馆。学校领导十分重视，特意用一排书架专门摆放曹澍的藏书，并明显标出"曹澍先生藏书"。使得曹澍的藏书能为培养下一代发挥作用。曹澍的夫人为这些书逐一钤印，并说多亏了邯英送给曹澍的这枚印章，不然的话，为这么多册书签名是多大的工作量啊。

曹澍不仅喜好读书，更难能可贵的是更勤于思考。我和他都是同一时代的人，接受了差不多的教育，家庭状况差不多，"文化大革命"期间家庭都遭受冲击，也都喜欢看书。对"文化大革命"的错误，对国家的失误都有自己的看法。但是在对极"左"路线的深刻认识方面，在对那段历史错误的批判方面，曹澍的认识比我清醒得多，也深刻得多……实事求是地评判、抨击，现在看起来无所谓的议论当时听起来像是春天的惊雷，以致许多熟悉他的同学都戏称曹澍说话"反动"。

我是很长一段时间以后，读了许多书，听了许多议论才认识到这一点的。曹澍是一个名副其实的"红二代"，根红苗正。他的父亲是抗战时期参加革命的老干部，是党和国家的高级干部；他的大伯为革命献出了生命，叔叔也是抗战时期参加革命，只是需要照顾家里没有离开家乡，是他们巨鹿县资历最深的党员。共和国的大厦有他们砌上的砖瓦，共和国的征途上有他们的汗水和热血，他们执行过极"左"路线，他们也同极"左"路线进行过不同程度的斗争。除了"文化大革命"，曹澍的生活基本上是一帆风顺。但是他却能从国家和老百姓的角度深刻思考过去发生的事情和正在或者预见未来的事情。这里面有所谓红色基因的传承，有对于祖国深深的眷恋，有对普罗大众芸芸众生的无限同情和热爱，更是敢于独立思考。因此就有了他对"文化大革命"、对极"左"思潮等错误进行深刻的揭露和批判，对国家发展过程中出现的问题和错误尖锐的揭露和批评，对改革开放和取得成绩给予热情的讴歌，对如何经解决改革开放带来的问题提出自己的建议。曹澍认为，任何政党和国家，都不可能不犯错误。他认为必须对过去的错误进行彻底的反思，必须实事求是，建立现代政治制度，在中国共产党的领导下，才能一步一个脚印地逐步推进。就像当年改革开放那样。国家只有这样，才能减少动荡，平稳发展，老百姓的生活才不会受到大的影响。建立一个公平正义的社会，使人民群众当家做主，让老百姓能够安居乐业，是老一辈共产党人的不懈追求，也是我们这一代和后代的奋斗目标。因此曹澍毫不犹豫地拿起手中的笔。东汉班超投笔从戎，为国家建功立业。曹澍却用手中的利笔，投身思想文化的旋涡，同极"左"思潮进行坚决的斗争……曹澍对任仲夷的功绩和胆识赞不绝口，经常写文章向读者介绍。李春雷的报告文学《木棉花开》发表后，在全国引起很大的反响，曹澍也写文章介绍这篇文章。我看这篇文章就是他介绍给我的。

我父亲在邯郸工作多年，他熟悉经济工作，关心百姓的疾苦，勇于改革开放。工作中，他有许多建树。比如：邯郸市引进农民资金卖早点，办旅店、饭店，邯郸二建的计件工资，都是开城市改革之先河。曹澍经常和我谈论这些事情，对我父亲也十分敬重。我父亲去世后，曹澍写文章纪念，如《邯郸出了个岳岐峰》《一个封疆大吏的"反动话"》，以及将我父亲的一些工作照，比如和任仲夷合影，发表在凯迪社区的猫眼看人、原创文学几个论坛，浏览量最多达十万之多等。苏文勋先生以我父亲在邯郸、唐山、河北的工作为背景，写了长篇纪实文学《山之巅》。曹澍看到初稿后认为写得很好，征得作者的同意，他亲自动笔把这部书稿缩编成十几万字，连载于《邯郸文化》2013年1—12期，反响很好。苏文勋先生把曹澍和马新民先生所写关于我父亲的文章作为《山之巅》的跋。正确地对待生与死，其实就是正确地对待死亡。人到老年，死亡就是摆在每个人面前无法摆脱的问题。如何正确地对待死亡，曹澍在这个问题上给我们做出了榜样。

前些年，我们闲谈时，说到生老病死的事情，也谈到癌症治疗的好坏得失，曹澍就说，他若得了癌症，不治疗，也不连累家人，自己到一个别人找不到的地方了此一生。想不到他一语成谶。

2019 年七、八月份，曹澍的朋友韩石山要来津旅游，我和爱人邀请曹澍一同前来。曹澍说他的身体不太好，瘦了不少，待调养一阵子再来。后来他回邯郸，说他吃中药调理一下。我以为他就是肠胃不好，不想 9 月份他来电话，说吃中药没什么效果，他到医院检查说不太乐观，但是医院没有结论。后来在邯郸检查的结果不知为何含糊其词，我就催促他到其他医院去检查。后来他到石家庄省四院检查，结果非常不幸，检查结果表明是贲门癌四期，医生告诉他只能先化疗，看治疗结果再定下一步如何治疗。曹澍明确告诉我他不治疗。当时由于到了国庆节，家里事情很多。就不断地通电话，询问他的病情，催促他进行必要的治疗。但是他都拒绝了。10 月 11 日，我和爱人专程到邯郸去看他。一见面我们大吃一惊，半年多没有见面，他已经瘦得不成样子。我和爱人一再劝他进行一些必要的治疗，他一概拒绝。那时候他吃饭还可以，还每天去游泳。他说他要用他自己的办法同癌症做斗争。他的态度非常坚决，我们也只能尊重他的决定。

2019 年 11 月 20 日，我到邯郸去。一打电话是在医院，我以为他在治疗。到了医院才知道，曹澍是自杀未成，被人发现，到医院治疗外伤。他爱人告诉我，他之所以自杀未成，是因为他的血液太黏了，流动性极差，都流不出来了。可见他身体的机能差到了什么程度。我再三劝他治疗一下，他依然拒绝。有一次，我爱人与他通电话，他告诉我爱人，他感觉到生命正在离他而去。听了他的话，我们默默无语，只能在内心为他祈祷。

2019 年 12 月 21 日，我去看他，虽然那时候他只能喝一些肉汤，极其衰弱憔悴，但是他仍然很注重仪表，穿戴依旧十分整洁。他告诉我他的身体状况差到了极点，也不想再见什么人，他希望给大家留一个良好的形象。曹澍的一番话，让我感觉到我们很快就要永别了，心中自是无限伤感。2019 年 12 月 29 日，不幸终于降临。我接到曹澍爱人叶红的电话，告知曹澍去世的消息。

　　虽然知道这是躲不过去的事情，听了这个消息也是百感交集，心情十分沉痛。像曹澍这样对待死亡，一般人是做不到的。许多人都会尽最大的努力活下去。但是曹澍绝不认同这种态度。他对癌症进行治疗的原则，就是一切治疗都不能影响他有尊严有质量地活着。一度他在家人和我们的劝说下，同意进行化疗。但是他了解到化疗时可能要鼻饲，就断然拒绝进行化疗。他的自杀，虽然没有成功，但是他坦然面对死亡的勇气，让我们肃然起敬。曹澍在生命最后时光的表现，对待死亡的态度，让我敬佩不已，也是我们的榜样。他的朋友韩石山听到曹澍去世的消息，十分感慨地说：曹澍真是一条汉子。曹澍离开我们已经两年了。但是，他整洁的仪表、挺拔健硕的身材，寓意深刻、尖锐犀利的文章，都永远留在我们的记忆中。

2021 年 12 月 30 日